文化的较量

中国企业民族精神与文化品格

WENHUA DE JIAO LIANG

林锋◎著

中国经济出版社
CHINA ECONOMIC PUBLISHING HOUSE
·北京·

图书在版编目（CIP）数据

文化的较量：中国企业民族精神与文化品格 / 林锋著. -- 北京：中国经济出版社，2020.10

ISBN 978-7-5136-6370-0

Ⅰ. ①文… Ⅱ. ①林… Ⅲ. ①企业文化 - 研究 - 中国 Ⅳ. ① F279.23

中国版本图书馆 CIP 数据核字（2020）第 194278 号

策划编辑　刘若凝　汪　京
责任编辑　孙东健　陈利军
责任印制　马小宾
封面设计　任燕飞设计工作室

出版发行　中国经济出版社
印 刷 者　北京富泰印刷有限责任公司
经 销 者　各地新华书店
开　　本　710mm × 1000mm　1/16
印　　张　26
字　　数　348 千字
版　　次　2020 年 10 月第 1 版
印　　次　2020 年 10 月第 1 次
定　　价　78.00 元
广告经营许可证　京西工商广字第 8179 号

中国经济出版社 **网址** www.economyph.com **社址** 北京市东城区安定门外大街 58 号 **邮编** 100011

今日之中国，不仅是中国之中国，而且是亚洲之中国、世界之中国。未来之中国，必将以更加开放的姿态拥抱世界、以更有活力的文明成就贡献世界。

——2019 年 5 月 15 日习近平在亚洲文明对话大会开幕式上的主旨演讲

前言 百年变局中的文化较量

不知不觉，我们步履匆匆地迈进了21世纪的第三个十年。

这是一个众声喧哗的世界，唯其如此，却更加令人觉得孤独难耐；这是一个焦虑不安的年代，唯其如此，却更加令人觉得身心迷乱，无从寄托。

在过去一年中，网络上流传最广的一句预言就是："2019年可能是过去十年最差的一年，但可能是未来十年最好的一年。"这话听起来十分悲观，但也的确有某种"山雨欲来风满楼"的气息。是的，一个百年未有的大变局，一个回到"丛林法则"的大争之世，似乎已经不可避免。在世界范围内，逆全球化潮流滚滚，民粹主义纷纷粉墨登场。备受瞩目的中美关系变数频生，中美经贸摩擦经历了一年多的刀光剑影，十几轮的反复磋商，虽然最终签订了第一阶段的协议，但这只是一个逗号，不是一个句号，后面还会有漫长的第二阶段、第三阶段……令人担忧的是，美国似乎已经认定中国是战略竞争对手，中美之争大有从经贸领域向金融、科技领域等全方位扩散的趋势。美国甚至组建了太空部队，要在地球之外和中国较量一番……

中美这两个世界前两大经济体之间的较量，将对人类社会和人类文明的未来产生怎样的影响，以及最终的结果如何，没有人能够预言；但所有人似乎都已经看清楚，中美之间的较量，注定是一场长期较量！很有可能不是以五年计、十年计，而是以百年计！从这一点上来说，这堪称一场“世纪较量”，是21世纪的百年之争！

说到这里，我们似乎有必要将眼光投回20世纪70年代。在《纽约时报》的一篇文章中，英国著名历史学家、哲学家汤因比向全世界说出了一个大胆的预言：“21世纪将是中国人的世纪。”这是一个后来屡屡被提起的预言。只不过在当时，没有多少人会认真将其当一回事。但汤因比对此坚信不疑。他当时就已经深刻地认识到，在这个世界上，如果人类社会真的走向大一统，那么就不能依靠军事武力，也不能靠科学技术、经济贸易，而是要靠思想道德，才能够给世界带来真正的和平。中国以儒家思想为代表的“大同”思想，是形成世界统一的根本动力。“己所不欲，勿施于人”，不管过去、现在还是未来，都是世界各国和平安定的一剂良方！

当然，汤因比也不是随便说说而已，他的论断建立在四个坚实的基础上。

第一，中国有着世界上1/5的人口。今天中国已经有14亿人口，不但总数世界第一，而且中国人还是世界上最勤劳的。这样的一群人不停地勤奋劳动，创造创新，改革开放四十余年所取得的辉煌经济成就是必然的结果。从中华人民共和国成立初期的一穷二白，到如今我们成为世界第二大经济体，实现和平崛起，这是一个人类历史上的奇迹，是独一无二的。

第二，中国人有着极高的智慧。请注意这里说的不是聪明，而是智慧。中国人的智慧集中表现在中华优秀传统文化、红色革命文化和先进文化上面。中华文化、中华文明是世界范围内唯一传承至今的，历经数千年岁月沧桑、风雨洗礼而未曾中断，而且在今天中华民族走向伟大复兴的征程上，又焕发出新的生机，继续为中国和世界贡献新的智慧。

第三，中国有着一个坚强的领导核心——中国共产党。中国共产党创立百年来，所取得的成就举世公认。事实证明，只有中国共产党能够救中国，也只有中国共产党能够领导中国。

第四，中国虽然在科技方面落后于西方，但是中国人一定会在科技领域奋起直追，中国的现代化一定会实现。这是因为中国人有着超强的学习能力，在长达两三千年的时间，中国始终处于世界舞台的中心地位，只不过近代以来，随着西方工业革命的开始，中国才开始落后。但中国这头睡狮一旦醒来，积极向西方学习，完成工业化是迟早的事情。如今，经过一百多年的奋斗，中国已经成为世界制造业大国，在经历了第一次工业革命旁观、第二次工业革命落后、第三次科技革命追赶，在第四次科技革命方兴未艾的浪潮中，中国已经能够和世界强国并驾齐驱。“弄潮儿向涛头立，手把红旗旗不湿”，中国人完全有自信成为科技驱动、创新驱动的国家，走出一条自己的道路。

另外，需要指出的是，我们应该更加全面地理解汤因比的话。他所说的“中国”，除了现实意义上的中国，还有一层是建立在文化意义上的，就是“文化中国”。汤因比显然对“文化中国”有着强烈的情感认同和精神归依，他甚至动情地说过：“如果有来世，我愿意生在中国。”这句话，我们可以理解为更多是从文化角度上来讲的。汤因比所理解和认知的“文化中国”，是以儒家思想为主流，以及道家思想、佛家思想、兵家思想、法家思想、墨家思想等共同构筑起来的“文化中国”，这个“文化中国”，是超越时空横亘古今的，是不受现实的地理国界限制的。这个“文化中国”，是写在“二十五史”里的中国，是唐诗宋词、书法绘画里的中国，也是散文小说、戏曲评弹里的中国；是国家的庙堂大事，也是百姓的柴米油盐、喜怒哀乐，是永恒变化着的，是可以时时触摸、可以被全世界不同肤色不同文化的人共同感受和认知的中国！

也许，这个“文化中国”才是美国在21世纪的百年时空里注定要一直面对的最强大对手，也是一个根本无法战胜的对手。

无独有偶，就在2020年新年伊始，以严肃独立著称的英国三大报之一的《卫报》在其官网刊发了英国剑桥大学高级研究员马丁·雅克的文章:《过去十年属于中国，未来十年也将如此》。马丁·雅克指出:“在过去十年里，全球经济增长的主要源泉一直是中国而非美国。同样在未来十年，中国在全球的影响力将与日俱增。”在一系列坚实数据的支撑下，这一结论显而易见。

和汤因比一样，马丁·雅克也对中国崛起进行了评述，认为“这是过去十年中，人类历史上最不同寻常的经济格局变化的故事”。“中国的崛起是在历史上少见地改变了世界格局的重要事件之一，只是在这十年间，西方世界才开始意识到中国的崛起即将也必将改变这个世界。”

是的，中国的崛起已经成为现实，中国的崛起也必然将改变世界，但我们也应该清醒地认识到，要真正让“21世纪是中国人的世纪”预言成真，我们还有漫长而艰辛的路要走，我们注定还要经历更多的风雨洗礼，接受更多的挑战磨砺。因此，我们必须未雨绸缪，做好全方位的准备。这些准备包括现实层面:政治、经济、军事、科技……其中既包括长远的眼光，更要有科学的规划。在党的十九大报告中，明确提出全面建设社会主义现代化国家分“两步走”的战略安排:到2035年，基本实现社会主义现代化；到2050年，建成富强、民主、文明、和谐、美丽的社会主义现代化强国。只要我们按部就班，扎扎实实做好自己的事情，梦想就一定能变成现实!

相比较而言，在文化层面上，“文化中国”的建设似乎很难一下子有这么清晰的规划和一系列具体的行动方案。但是，我们既然认定“文化中国”是中国相比于美国最大的优势，是我们取得这场世纪较量胜利最后的王牌，是关乎两国国运、关乎两个文明终极较量的决定性力量，那么就必须有“一万年太久，只争朝夕”的紧迫感，必须马上行动起来。毕竟，“文化中国”的建设是一个长期过程，需要丰厚的底蕴，保持长时间的连续性，是要经过数代人的努力，一以贯之地传承、建设、发展和创新的。文化的较量才是终极的较量，要想在最后的较量中胜出，就必须从现在开始，着手重新审视和认知“文化中国”，捕捉新鲜因素，注入新的精神和活力，方能决胜未来！

而不管是现实层面的社会主义现代化建设伟大事业，还是文化层面的“文化中国”建设，中国企业无疑都当仁不让，需要自觉肩负起责任和使命！其理由有三：

第一，中国企业是中国参与全球市场竞争的重要力量。经过改革开放四十多年的磨砺，包括国有企业和民营企业在内，中国企业已经组成了一支浩浩荡荡的“航母编队”，在全球市场的激烈竞争中一次次展示中国力量。美国发动对中国的贸易战，首先打击的就是中兴、华为等一大批中国高科技企业，从这一点就可以明白，他们已经切切实实感受到中国企业的竞争威胁。2019年的数据显示，中国企业在“世界五百强”企业中的数量，第一次超过了美国。其中，仅仅在五百强榜单上排名第61位的华为这一家企业，就令美国头痛不已，甚至不惜举全美国之力围追堵截，使出流氓手段，尚且不能令华为屈服。可想而知，一旦中国企业从整体上完成从量到质、从大到强的转变，未来不可限量！

第二，中国企业是中国故事、中国文化的重要讲述者和传播者。中国企业在世界范围内的影响力与日俱增，中国制造、中国创造、中国智慧和中国方案已经走到了五湖四海，代表中国向世界展示了不一样的发展方式、不一样的治理方法，也为世界各国展示了一条通向更加光明和充满希望的未来的道路。

第三，中国企业通过各自的不同实践，共同完成了对民族精神、文化品格的传承和创新。中国企业的企业文化建设，从20世纪80年代开始“文化自发”，模仿借鉴西方现代企业文化，到21世纪初的“文化自觉”，开始建设我们自己的企业文化；再到2008年国际金融危机之后的“文化自信”，企业文化建设回归中国化、本土化，开始寻找中国企业文化的精神、品格，探索建立中国范式，总结中国经验。接下来，随着中国企业纷纷吹响争创世界一流的号角，企业文化也将在这个过程中发挥更加重要的作用，提供更为强大的精神支撑！

当然，企业文化建设不是一蹴而就的，是一个长期化的过程。要坚持三个原则：

第一，民族性原则。作为中国企业，首要的一点就是要坚持中华民族的精神底色，坚持以中国文化的基本品格来作为核心支撑。这一点是不能动摇的。虽然我们现在都在说全球化，要去全球化市场中参与竞争，但是在文化上，我们一定要旗帜鲜明地亮出我们的身份，突出我们的个性。这也是文化不同于经济的地方。正如同人一样，一个个性分明的人，才是真正全面发展的人。中国企业文化必须有自己的个性。

第二，时代性原则。“文化中国”是一个动态的、不断变化的复杂文化体。“文化中国”不是写在书本上的，不是一旦形成就一成不变的，而是活跃在我们生活中，根据时代的不同而做出相应的调整和变化的。正如有中国学者做过的一个著名比喻，“文化是一条流动的河”，她从远古的历史中发源，一路流淌，不断吸收新鲜水流补充进来，因地制宜，顺势而变，不断改变行进方式，最终归入大海。只有如此，文化才能永葆青春和活力，才能穿越漫长的时空，一次次涅槃重生。因此，对企业来说，“没有成功的企业，只有时代的企业”，企业文化建设，不能超越企业的这种时代性限制，而必须深刻反映时代精神。

第三，适宜性原则。企业的发展不可能千篇一律。企业文化建设也不能一味地求大求同，而是一定要和企业的具体发展历程、发展阶段、发展目标，与企业具体的生产、经营、管理等结合起来。说到底，企业文化建设的最终目的是塑造“企业人”，而每一个企业所需要的“企业人”不一样，对“企业人”的塑造方式方法也不一样，只有适合企业的才是最好的。不能说中国企业就一定要完全地中国化，学习西方企业就是不对的；也不能说建立现代企业文化就一定要学习西方，认为中国的就是传统的、不可取的。中国文化、中华文明之所以历经几千年而不断，成功地生存至今，有两个最大的特点：一是大，“海纳百川，有容乃大”，兼收并蓄才能够集得大成；二是久，只有不断地调适，不断地灵活调整以适应环境，才能达到和谐。所有企业都有基业长青、成为百年老店的梦想，假以时日，相信世界上长寿企业最多的一定在中国，这是中国文化的根本特质所决定的。

以上关于“文化”说了这么多，其根本目的，还是在于唤醒我们每一个中国人对中国文化的脉脉温情和崇高敬意，拨动我们每个人内心深处那根文化之弦。当那空灵的琴声响起，当那声音从每个人的精神世界中心迸发，穿透出来，在我们和他人之间激荡，引起一阵阵天籁般的共鸣，我们会发现，其实我们的文化之根，我们的精神之魂，一直都在那里，虽然历经千年沧桑，风霜浸染，而从未改变！因为那是中华民族的心灵栖息了数千年的家园。那是诗，是歌，是与天地大美融合一体的存在，是我们所有中华儿女、龙的传人的生存依靠和精神归宿，是中华民族之所以是中华民族的根本理由。

让我们一起来追寻这个独特的文化印记，去感受那最温柔的触动吧！

目录

卷三 互联网时代企业文化十大关系——知名企业之文化比较

卷四 中国企业文化名家访谈录

卷一

中国企业民族精神

第一章

诚信

谈到中国文化的精神，如果是一个外国人，即使在中国生活和工作了很多年，也会觉得无从说起。因为他只是按照自己的文化惯性，根据自己的文化路径，用眼睛去观察，用头脑去理解一切，而不像我们中国人——我们是用心灵在观察，用心灵在思考，用心灵在体验。20世纪初被誉为“文化怪杰”的北京大学教授辜鸿铭就给中国人下过一个很有意思的定义：“我们所过的是一种心灵生活。”是的，正是这种心灵生活而不是头脑生活，把我们和西方人区分开来。

既然是心灵生活，那么我们去追寻这个问题的答案，就应该向内心探索。而在任何一个中国人的内心深处，早已写着两个清晰的大字：诚信！

诚信，虽然是两个形状不同的汉字，却是二而一、一而二的，表达的是同一个意思。在《说文解字》里面，“诚”的左边是一个“言”字，右边是一个“成”字。而“成”在《说文解字》里其实又是一个单独的象形字，是一把长柄的斧子和一小块木头放在一起。用斧子来劈开木块，象征斩物为誓，以定盟约。将“言”和“成”字组合在一起，就是说过的话一定实现的意思。“信”在《说文解字》中也是如此，左边一个“人”，右边一个“言”字，意指从人口中说出的话会得到遵守的意思。

“诚信”，两个字都跟人联系在一起，一方面，这说明人是能够讲诚信的；反过来，从另一方面去理解，这也是对人所做的一个规定：讲诚信的人，才是真正的人，也就是我们所说的“社会人”。如果一个人不诚信，那么他就只是一个“自然人”，是和飞鸟走兽等禽兽一样的动物，谈不上是一个有尊严的智慧生命。小孩子生下来是不懂得什么叫诚信的，但是我们对他进行启蒙教育，第一堂课就应该是诚信，这样他就算迈上了走向“社会人”的第一步。只懂得诚信的道理还不行，还必须去身体力行，将诚信通过实实在在的行为展示出来，才能真正成为一个“人”。

诚信，通俗地讲，就是要真诚、诚恳、守信，要对别人真诚地袒露自己的内心，不管是通过语言，还是通过行动，展示出来的是一个全然的、真实的自己，没有任何的伪装，也没有任何的欺骗。尤其是在人与人的社会交往中，在面对摆在面前的利益的时候，真诚不欺就更加可贵。这种不欺首先是对自己真诚，其次是对别人真诚，表里如一，不会为了满足自己内心的欲望而去花言巧语，也不会为了讨好别人而掩饰自己的本来面目，故意装扮出一副另外的样子。二者都设置了诚信的前置条件，因为是有条件的诚信，所以都是虚伪的，是假诚信。

真正的诚信是什么样子的？在孔子的时代，诚信还不是连在一起的，而是分别来讲的。诚，体现在孔子学琴上。《史记·孔子世家》中记载：孔子跟随师襄子学琴，一连十天都停留在一首曲子上。师襄子说：“可以了，你已经弹得很熟练了。”孔子说：“我只是对旋律懂得了，可是还没有明白其中的道理。”又弹了几天，师襄子说：“可以了。”孔子说：“我只是懂得了一些道理，可是还没有能够领会其中的意境。”又过了几天，师襄子说：“可以了。”孔子说：“我虽然领会了其中的意境，可是我还没有领会到作曲子的是什么人。”又过了几天，他忽然说：“我明白了，我仿佛已经可以看到那个人了：他肤色黝黑，体型高大，眼光明亮，仿佛一个拥有四境的王者。这个人除了周文王还有谁呢？”师襄子听了，起身冲他恭敬地作揖道：“你说对了，我老师传授这首曲子的时候，就是这么说的，这正是周文王所作的《文王操》啊！”通过这个故事，孔子向我们展示了“诚”可以拥有怎样的力量：可以沟通先贤圣哲，可以和自己的先祖对话，可以和天地万物对话！

至于“信”，孔子讲得就更多了。《论语》中多次记载他和弟子们谈论信。其中有一句最为经典。《论语·为政》中说：“人而无信，不知其可也。大车无輗，小车无軏，其何以行之哉？”孔子用自己熟悉的赶车这件事情做比喻，没有车辕与轭相连接的木销子，大车和小车都没有办法行走。人如果失去了“信”，靠什么在这个社会上立足呢?《论语·颜渊》中还有一句著名的话：“民无信不立。”以信立，在孔子看来，这是做人的根本。信，首先是自信，也就是一个人将自己的信仰建立在诚信基础上。做人要自信，这是天经地义的事情，是从人生一开始就确立的信仰。其次是他信，也就是赢得他人的信任和追随。最后是互信，互相将诚信当作约定俗成的做人标准，在此基础上建立起沟通的牢固基础。小到一个家庭，再到一个团队，最后到整个社会，乃至全天下，诚信成为通行的法则和普遍的信仰，大同世界就会成为可能。

对于诚信，孟子还有进一步的阐发。在《孟子·离娄上》中说：“诚者，天之道；思诚者，人之道。”这就将“诚”上升到了天地宇宙的本源的高度上。为什么说“诚”是天道呢？这里的“诚”有两层意思：一是最基本的，呈现，看见。日月星辰，春夏秋冬，大自然是明明白白展示给我们的。她没有任何东西是需要遮蔽起来不给我们看的。她全然向我们展示整个的存在，春风化雨、阳光雨露，或者狂风暴雨、飞沙走石，不管对我们来说是好是坏，她都一览无余地呈现给我们。二是真实，不欺。大自然的规律是非常强的，例如太阳的东升西落，白天和黑夜的昼夜交替，春夏秋冬的季节转换，古人通过长时间观察，制定了天文历法，二十四节气，可以精确地预测气候变化，指导我们的生活和生产，千百年来亘古不变。大自然这种规律给我们以安全感，犹如在母亲的怀抱里一样没有焦虑。只要按照自然规律，夜卧晨起，春种秋收，一切就没有好担心的。

既然“诚”是大自然的本来面目，那么人是从自然中来的，自然也应该秉承这一本性，因此就有了“思诚”，就是自然而然地回归自己的本源。思诚，同样有两层意思：一是信诚。就是我们所说，对诚无条件地相信。实际上“信诚”这个词的出现比“诚信”还早了几百年。《逸周书》中说：“成年不尝，信诚匡助，以辅殖财。”是否相信诚，可以看作一个人是否成熟的标志。这种相信是一种完全的自觉，是不言而喻、不令而行、不需要经过头脑的思考而由内心做出的本能抉择。二是践诚，诚是在自己和他人之间一个连续展开的过程。对自己来说，诚是自觉。对他人来说，诚是践行。通过实实在在的行动，让别人看到你是一个真实的人，一个言出必践的人，一个一诺千金的人。这样的人，在孔子和孟子看来，就是人格上圆满而行为上坚定的君子。

那么，对于今天的中国企业来说，我们应该如何用诚信来塑造“企业君子”呢？

根据企业的特殊性，可以具体划分为以下四个层次：

第一，企业对员工要讲诚信。企业不应该把自己和员工仅仅看作雇用和被雇用的关系，因为人与人之间的关系不可能这么简单。因为我们是中国人，而在中国文化里，人与人之间是要讲“仁”的，是要有温情、友情的。企业更应该把员工当作自己的家人一样，不管是资方，还是劳方，大家都来到企业这个大家庭里，彼此休戚与共，构成了一个小型的命运共同体。企业兴，则员工荣；企业亡，则员工辱。企业必须意识到，自己的命运就维系在每一个员工身上。企业不是高高在上的主人，而应该努力服务好每一个员工，做好每个员工的公仆。只要企业摆出这样诚恳的姿态，员工自然就会激发出主人翁意识。

第二，员工对企业要讲诚信。如今，企业间的人才流动比过去要频繁许多。曾经那种择一企而终老，几代人都在一个企业的情形，已经不多见了。相反，一种新的观念开始流行：通过频繁跳槽来丰富自己的阅历，增加自己的薪酬待遇。很多企业也失去了培养人才的耐心，而是通过挥舞钞票、高薪挖墙脚的方式去其他企业挖人。这些做法会给人造成一种错觉："只要有能力，讲不讲诚信不重要。"其实，这只是表面现象。真正成熟的企业，需要的还是德才兼备的人才。德在才先，德就是诚信。因为一个人如果没有德的约束，越有能力，对企业造成的伤害就会越大。一家有着卓越追求、堪称"百年老店"的企业，是不会允许这样的员工来损害自身利益的，更不会对其委以重任。从更深的文化建设层次上讲，文化需要传承和稳定，因此不会允许对企业没有文化认同的人进入企业，文化认同最不能容忍的就是欺骗。

第三，企业对社会要讲诚信。企业是一个经济组织，但是企业的生存和发展离不开社会这个大环境，企业在为社会提供产品同时，都在消耗社会资源。企业因此而负有反哺社会的责任和义务。企业当然要赚钱，但是决不可图一时之利，以牺牲社会环境为代价。这里包括有形环境（如生态环境），也包括无形环境（如社会风气）。企业文化是社会文化的一个亚文化，企业文化"细胞"保持"健康"，社会文化的"生命体"就不会"生病"；企业文化"细胞"如果是带毒的、畸形的、发生了变异的，社会文化"生命体"就会"生病"，甚至形成"毒瘤"。因此，企业一定要有超越经济利益之上的追求，要实现经济价值和社会价值的完美统一。

第四，企业要对自然讲诚信。企业和人一样，对自然要抱有敬畏的心态。对自然，我们永远不能有凌驾于其上的傲慢心态，而应该以自然为师，永远向自然学习，顺应自然而不是妄图去改变自然。企业是自然和社会资源的消耗者，因此更应该抱着绿色发展的追求，努力去成为新的能源的创造者和提供者，以弥补自然资源的不足。正如"诚"字最开始就是在人类和自然之间架起一座沟通的桥梁，是人和自然立下的盟约一样，今天所有的企业都应该重新来审视这份盟约，重温我们对自然的诺言。

第二章
责任

谈论过中国文化的“诚信”特质之后，我们自然而然会想到另外一个词：责任。

“责”，在《说文解字》中解释为：“责，求也。”其在甲骨文中的形象是一束带刺的荆棘，包围着一枚象征钱币的贝壳。因此，也有用荆棘抽打、鞭笞，催促人还债的意思。后来的“责”与“债”就通用了。可以看出，这是在描述人与人之间的一种特殊关系，是人在进入社会后产生的与经济行为相关联的一种复杂社会关系，带有强制性质。

我们也可以理解，在这个时候，作为“人”的主体意识还没有觉醒，还需要借助外力来对人的行为进行强制性约束。甲骨文的出现和使用是在殷商时代，那时候社会形态已经基本完善，经济活动一度非常活跃，但是并没有取得主体地位，而是作为神的仆人、神的奴隶，是和牲畜一样作为神的祭祀品而存在的。但随着武王伐纣，周取代了商，一切发生了天翻地覆的变化：人取代了神，人成为天地之间独立而完整的存在，人有了主体意识，有了自觉担当。这种主体意识和自觉担当，就是“任”。“任”，在《说文解字》中的解释是：“任，符也，从人。”其甲骨文形象是巧妙的工具和人的组合，字面意义是聪明能干的人得到了任命，被委派去办事，也可以引申理解为人因为掌握了奇妙的工具而变得更有能力。这就是通过理性的智慧，懂得了自觉承担责任的重要性。以其能担责，故能成事。

作为周文化的奠基人，周公旦对如何成为一个“人”进行了精心的思索。从父亲周文王那里传下来的《周易》，其实已经给出了答案，这个答案就是“君子”。很多人都认为《周易》只是一部占卜之书，其实周文王更赋予了其“君子文化”的含义。“君子”不是一个空洞的概念，在周文王那里，君子文化有一个明确而清晰的核心，那就是“义”。这个字在甲骨文里面，是一个“羊”字和一个“我”字的组合。羊是向上天祭祀献上的祭祀物品，是吉祥的征兆；“我”是一种威武锋利的战具，表示即将展开的战争。只不过这场战争是正义的，因而是祥瑞的。战争的目的不在于掠夺，更不是杀戮，而是为了维护正义，为了和平。也就是说，维护和平、维护正义是人成为“人”必须背负的第一层责任。

但是，周文王虽然用一个“义”字阐述了人作为“人”存在的意义和价值，却没有进一步阐述如何去实现这一宏大的、高尚的道德目标。一个人如何成为君子？在通向维护和平、正义的终极追求目标上，如何一步一个脚印，而又确定不迷失方向？周公旦由此而赋予了君子文化第二个文化内核，那就是“礼”。“礼”字在甲骨文中是许多用绳子串在一起的玉和一架有脚架的建鼓。击鼓献玉，体现的是对上天的恭敬。这个“敬”就是礼。那么除了恭敬地对待上天，还应该敬谁呢？就是要敬自己的祖先，这是一个家族赖以存在的源头。再就是作为妻子，要敬自己的丈夫。因为丈夫兼有家庭中的顶梁柱和社会上的栋梁之材的双重身份。最后是作为子女，要尊敬、孝顺自己的父母。这样一来，尊敬先人、孝顺父母就成了君子要担负的第二层责任。

到了孔子这里，对君子文化进一步做了阐述，又增加了一个关键内核，那就是“名”。“名”这个字很有意思，在甲骨文中是一个“口”，加一个“夕”字，就是在天黑的时候大声呼喊。呼喊什么？当然是呼喊自己的孩子回家。这是每个父母自然而然会做的事情，也是作为孩子最幸福的时刻。那么，这个字和君子文化有什么关系呢？孔子进一步将“名”提升为名誉、名分。正如父母对孩子的爱出自天性一样，孩子对父母的爱也出自天性。那么这种天性在家庭之外、在没有血缘关系之间的人群中表现为什么呢？就是忠。作为臣子对一国之君的感情，就是忠诚。同样，作为国君要像父母爱自己的孩子一样爱护臣子，同样是忠诚。只有这种忠诚是相互的，国君和臣子才会有各自的名分，各自的名誉。

为了详细阐述自己的这一观点，孔子用一生的心血写了一部大书——《春秋》。用孔子自己的话说就是：“知我者，其惟《春秋》乎！罪我者，其惟《春秋》乎！”《孟子·滕文公下》在提到这句话时，前面还有一句：“《春秋》，天子之事也。”这句话很重要。孔子写《春秋》，写的是天子的事情，而孔子的写法和史官不同：史官是秉笔直书，孔子则是用曲笔，为尊者讳，为王者隐，强调的是天子名分的正统，是对乱臣贼子的挞伐。于是，臣之尊君，君之爱臣，由尊君而爱国，忠诚成为君子的第三层责任。

从周文王开始，到孔子为止，经过三位大贤对君子文化的阐述、补充和完善，我们可以看到，君子文化已经成为中华文化的核心。一个人要成为君子，就必须自觉担负起三层责任：追求和平、维护正义的道德责任；尊敬先人、孝顺父母的家庭责任；维护名誉、精忠报国的国家责任。只有将这三个层次的责任都能够勇敢地担负起来，并且用自己的一生去践行，才能够成为一个真正的君子；然后在此基础上，再将人间伦理与天地宇宙的大道融合在一起，最终成为圣人。

那么，具体到企业来说，企业的责任又是什么呢？

对企业来说，企业责任对应企业的性质不同，可以分为三个不同层次。

第一，企业的立身层次。企，是一个“人”字与一个“止”字的组合。当然下面的“止”也可以看作“足”，也就是人靠什么站立的意思。那么企业靠什么立身，靠什么来获得生存之道呢？一方面，企业要脚踏大地，实实在在、一步一个脚印地去拼搏奋斗；另一方面，企业是由人组成的，而人是有精神追求和精神生活需求的，因此又必须时常仰望星空。企业要立身，必须兼有物质生产和精神创造，二者缺一不可——这可不仅是赚钱，或者先赚了钱再去搞文化建设那么简单。二者其实是彼此依存，同时发生的。

相对来说，这个层次对应的责任就是“忠诚”。忠诚同样是交互的：员工要对企业忠诚，企业也要对员工忠诚。员工要自觉爱企如家，将企业当作自己安身立命的地方，当作自己实现人生抱负和才能价值的平台；企业则在为员工提供物质报酬同时，还要将企业建设成为员工的精神家园。

第二，企业的立业层次。企业不是孤立存在的，而是社会组织的一个“细胞”，是介于家庭和社会之间的一种特殊的经济组织形式。企业的生产经营管理活动不可避免地要和社会发生关系，影响到社会上的一个个大大小小的区域。企业的发展离不开营商大环境的资源支持。因此，企业就像一个在母亲的怀抱中得到精心呵护、哺乳养育的孩子，一旦成人之后，第一件事情就应该是孝顺父母。不过，对社会来说，对这种关系更准确的描述是“奉献”。企业在发展到一定阶段后，就应该向社会开放自己的资源，包括有形的物质资源和无形的知识文化资源，向社会源源不断地输送产品、人才、品牌、文化等，为社会“造血”。

也就是说，这个层次的企业，所承担的责任就是“奉献”责任，是企业从对内自觉到对外自觉，从利己到利他，这也是企业获得尊敬的必由之路。

第三，企业的立德阶段。企业像人一样，在追求财富、获得财富之后，还要经过一个至关重要的考验阶段，就是如何使用财富。很多商人都是在经历了千辛万苦的创业阶段之后，因为不懂得如何正确使用财富而遭遇失败，真正能够经历过这一历练的才能成为企业家。同样，企业要成为世界级的大企业，就必须在这一关接受考验。如何使用财富，就要看什么是对国家和人民有益的事情，什么是能够促进人类社会进步，不计成本、不计得失、无所畏惧，一旦投入其中就勇往直前，直到最后胜利。

因此，这个层次的企业责任就可以说是“正道”责任，是天下大义的层面。

第三章 本善

“人之初，性本善。”这是《三字经》开头第一句话，相信所有中国人都耳熟能详。

“人性本善”，这也是中国文化和文明非常牢固的一块基石。为什么说人性本善？很多人都会有这样的疑问。尤其在近代以来，我们接触了西方文明，发现西方文明是建立在“人性本恶”的基础上，认为每个人生下来都带着罪恶，都是有着自私自利的动物性的。因此，每个人的一生就是努力摆脱这种动物性，努力去通过创造财富、贡献社会以洗刷自己的罪恶，完成救赎，从而最后在生命结束后圆满地升入天堂。这种对人性的认识和我们是如此不同，以致我们无法判断孰优孰劣。

其实，换一个角度，我们大可不必为此纠结。这就像我们在对自己的孩子进行启蒙教育的时候，第一句话告诉他就是：“要做一个好人。”而我们的孩子并不会问我们：“为什么要做一个好人？”如果他们真的这样问了，或许我们也不能够一下子回答上来，因为我们自己的父母就是这么教育我们的。做好人，并不是为了获得什么好处、奖赏，在以后的人生岁月中会获得什么样的丰厚回报。做好人就是做好人，我们一代代的中国人，就是这么传承下来的。这是我们对人的一个规定，一个强制性的约定俗成的规则。反之，如果违反了这个规定，不管你的人生达到一个什么样的高度，都无法得到其他人的文化认同。

人性本善，既然这是一个规定，那么我们就沿着这条思路展开，我们的普遍性的人生将会是什么样子的，而我们又将怎样去实现自我价值。

对此，孟子有一个完整的论述：他认为支撑人性本善的，有四根栋梁之柱，也就是“四端”：“恻隐之心，仁之端也；羞恶之心，义之端也；辞让之心，礼之端也；是非之心，智之端也。人之有是四端也，犹其有四体也。”恻隐之心，就是不忍。譬如我们看到一个刚刚咿呀学语、蹒跚走路的小孩子，就要掉到一口深井里了，我们谁都会觉得不忍，忍不住要去拉一把。羞恶之心，就是廉耻。人类最早有廉耻就是懂得遮蔽自己的身体，再后来就是以自己落后、别人先进为耻辱。以自己不肖、别人贤达而感到耻辱。能够清楚地认识到自己的不足，然后发奋。辞让之心，就是谦虚。懂得将利益和其他人分享，而不是自己独吞。懂得利己与利他的关系，只有先利他而后才能利己。即使自己有能力，也要多想着为别人谋利益，去帮助更多人，而不是唯我独尊。是非之心，就是有理性的判断能力。不管对人对事，都能够秉持公平原则。

以上“四端”，由“四心”对应仁、义、礼、智四种行为，这样一来，人性本善就从一个抽象的规定变成立体的、丰满的了。我们要遵从人性本善的规定，那么按照这仁、义、礼、智四种行为去行事就好了。只要将这四种行为，像火一样燃烧起来，像泉水一样汩汩地流淌，就会同气相应，得到许许多多像自己一样的人的呼应、支持，天下就至善至美了。

和西方由“人性本恶”生发出的人生主题“救赎”不同，我们由“人性本善”生发出的人生主题是“成圣贤”。善，只是我们的生命先天根植的种子，是在我们所有人内心深处一点隐约的光亮。显然只有这一点光亮是不够的，我们要去将这一点光亮点燃，扩充到我们整个的身心。要像对待一面镜子那样时时擦拭，不使它染上一点尘埃。对此，儒家给出的修行功夫就是“诚意、正心、格物、致知”，端正自己的内心，让内心的火焰燃烧起来，然后将这光火投射到外在的大千世界，万事万物，这叫作“内圣”，而这只是成圣贤的第一步。至于第二步，就是将这种“独善其身”的行为扩充到社会、国家乃至整个天下，叫作“兼济天下”。这也有一套完整的修行功夫，叫“修身、齐家、治国、平天下”，先管理好自己，再管理好家庭，然后管理好国家和天下。这是一个逐步展开的过程，也是一个不断升华的过程，最后是天人合一。

几千年来，一代代的中国人正是在这种“内圣外王”的人生实践中，传承和发展着中国文化，也正是因为一代代圣贤出现，从而形成了一个薪火相传的精神谱系，从尧舜禹汤到文武周公，到孔孟老庄，再到“二程”、朱熹等人，一直到王阳明，每一位圣贤都是在继承，也是在创新。

而不管怎样的传承和创新，有三个基本的原则可以说是一直没有变过的。

第一，谦的原则。谦，在《周易》的六十四卦中，是唯一的六爻皆吉的一卦。也就是说，一个人的一生只要秉承着“谦”的原则，不管做什么事情，都不会有过错。因为“谦”是一种主动的选择，是一种自甘就下的姿态。以老子为代表的道家所推崇的水，一个最大的特点就是“谦”，《道德经》中说：“江海之所以能为百谷王者，以其善下之，故能为百谷王。”而且从这个自然现象中可引申出一个著名的哲理：不争而胜。“以其不争，故天下莫能与之争。”同样，以孔子为代表的儒家对“谦”也是推崇备至。周文王拘而演《周易》，后来孔子作《十翼》解读《周易》，都对“谦”赞不绝口。而且儒家在自然界中也找到了“谦”的一个代表性事物，就是梅花。据说，周太王的大儿子泰伯喜欢梅花，在自己家的院子里种了很多梅花。后来，周太王有意传位给小儿子季历以及孙子昌，泰伯就和弟弟仲雍一起逃走，以示让位之意。临走的时候，泰伯折了一枝他最喜爱的梅花，一路奔走来到荆蛮之地的吴国，继续种植梅花，因此当地又被称作梅里，其种植梅花的习俗一直流传到今天。后来，泰伯的后人延陵季子出使列国，仍然以梅花作为自己独特的身份标志。梅花之谦，在于其让尽百花，百花开时我不开，百花开尽，寒风凛冽，梅花于冰雪风霜之中开放，给人带来美的同时，也让人不得不赞叹其品格之高洁。谦逊而不卑微，独自面对风雪，怎会不赢得喜爱呢？因此，梅花就成为君子的象征。孔子称赞品德高尚的君子，总是将泰伯“让国之德”作为最高的道德。《史记》亦尊“吴泰伯世家”为列国第一。

第二，勇的原则。勇，就是勇敢，无所畏惧，勇往直前。对此，孟子在《孟子·公孙丑上》篇中有一句话：“虽千万人，吾往矣！”这无疑是对“勇”最好的概括和形容。为什么一个人面对千军万马仍然无所畏惧，这样的勇气从哪里来？就是因为“道之所在”，因为心中坚定地相信自己所做的事情是对天下苍生有利的，这就是孔子所说的“理直而气壮”。当然，勇不是凭借自己的强大力量去让对方屈服，更不是以大欺小、以强凌弱。孔子自己就是一个身材高大、武力绝伦的人，从父亲叔梁纥那里继承的先天禀赋让他本可以成为一个顶天立地的勇士，可是他却温文尔雅，谦虚恭敬，从来不展示炫耀自己的武力。他最推崇的君子是像季札那样，身上佩戴一把锋利的宝剑，却只是作为礼的象征。宝剑锋利，无坚不摧，佩剑的君子却小心翼翼地呵护，不轻易出鞘，以免让别人受到惊吓。而一旦要涤荡邪恶，又雷霆万钧，绝不退缩。

第三，和的原则。和，从简单的字面意义上来说，就是和平。只有将内心的谦逊和外在的勇敢结合发挥到极点，才能够为这个世界带来和平。人人都渴望和平，可是和平不是上天的自然恩赐，而是要靠主动作为换来的。这就是为什么要我们人人都成为君子，人人都去劝善、行善，将内心的善念点亮，然后将这点光亮推而广之，成为普照天下的仁爱之火、希望之光。只有这样，人类社会才会拥有永久的和平，繁衍永存。

总之，“善”只是一个简简单单的字，然而又有着无比丰富的含义：它就仿佛西方神话中普罗米修斯从上天那里盗来的火种，要保护火种时时燃烧，不被熄灭，已经非常艰难；而要将每个人心中的火种都连接起来，燃烧成一片燎原之火，就更加困难。

人人皆可成圣贤，这是我们祖先对我们最美丽的期许，也是最殷切的叮咛。可是这也是我们每个人一生所能遇到的最大挑战：成为圣贤，何其艰难！因为这不仅要求我们和自己内在的动物本能去作战，去克服最基本的动物性本能，而且要求我们进一步用理性去判断我们所做的事情是否只是对自己有利，还是兼顾他人获利。如果只是自己获利，那就只是功利主义的层面；如果兼顾他人获利，甚至能够为了他人获利而主动牺牲自己的一部分利益，那就上升到了道德层面，摆脱了“自然人”的身份，成为一个真正意义上的“社会人”了。但只是如此还不够，还要从“社会人”层面进一步提升，成为高级意义上的“自然人”，即“宇宙人”。“宇宙人”超越了一切的世俗生活，着眼点不再是欲望、功利、道德，而是宇宙。遵从宇宙规律，听从内心的生命韵律，人与物和，物与天和，天人合一，将有限的生命融入无限的宇宙。按照冯友兰先生对于人生的划分，分别是自然境界、功利境界、道德境界、天地境界。前面两个境界其实是物质境界，后面两个境界是精神境界。而对于天地境界，冯友兰先生还有一个补充，可细分为四个层次：知天、事天、乐天、同天。他参考孔子自述说，“五十而知天命”就是知天，“六十而耳顺”就是顺天命，也就是事天，“七十而从心所欲不逾矩”就是同天。至于乐天，孔子自述时未涉及，但《论语》记载孔子“乐”的地方随处可见，乐是心灵之乐，精神之乐，即乐天。我们普通人的一生，能够达到第三个境界就不错了。而要真正成为圣贤，非踏入第四个境界不可，这就需要莫大的机缘、智慧和历练了。

那么，对于企业来说，又如何将这三个普遍原则运用于自己的实践呢?

如果说，作为我们个人，人生的目的或者使命是“成圣贤”，那么对企业来说，目的或者使命只有一个，那就是培养有自己文化烙印的“企业人”。

企业要培育“企业人”，第一个原则自然也是“谦”的原则。“谦”，在《周易》里面是有着具体的行为指导的。对于企业的领导者来说，就是劳谦。“劳”，是能者多劳，是劳苦功高。《庄子・天下》中记载：“昔禹之湮洪水，决江河而通四夷九州也。……腓无胈，胫无毛，沐甚雨，栉疾风，置万国。禹大圣也，而形劳天下也如此。”形劳天下，是一种主动担当、敢于牺牲的奉献精神。即使因此而被误解，也会任劳任怨。对于企业的员工来说，则是㧑谦。这个“㧑”字，是“指挥”的意思：一是指要主动作为，主动行谦、用谦，将谦的态度转化为谦的行动；二是指要将具有谦的品德、能够任劳任怨的有专业技能的人启用起来，或者说能够主动作为，去发现人才，将更多的人才用到合适的岗位上去。这样一来，有了上位者的劳谦和下位者的㧑谦，就会在企业中形成一种鸣谦的积极氛围。“鸣”，是同声相和，同气相应，上通下达，和谐一致。这样的企业在内部是团结友爱的，对外也是攻坚克难、无往不胜的。

企业培育“企业人”，对应的第二个原则是“勇”。企业，说到底是要参与市场竞争的。而在西方关于现代市场经济竞争的理论中，其根本性法则是“物竞天择，适者生存”的丛林法则，说得直白一些，就是弱肉强食，强者通吃，大的吃小的，而弱者只能被吃。这种鲜血淋漓的丛林法则，对于习惯了温文尔雅的君子式生活的中国人来说，自然有些不习惯。因此，才有人比喻说，中国人是善良温驯的羊群，而西方人则是凶残狡猾的狼群。当狼群遇上羊群，中国人在市场竞争中的失败似乎就是必然的。因此，中国人要参与市场竞争，必须也变成狼群。可是，这里面有一个问题，那就是西方人参与市场竞争，最原始的驱动力是亚当·斯密说的利己主义，这和司马迁在《史记》中所说“天下熙熙皆为利来，天下攘攘皆为利往”以及谚语中的“人为财死”是没有区别的。问题是：只有利己驱动，完全遵循丛林法则，就会导致强者愈强而弱者愈弱，形成财富的极端占有和分化，最后爆发毁灭性危机。丛林中的生态尚且有一种天然的平衡，更何况人类文明创造出来的市场经济呢？因此，马克斯·韦伯提出了新教伦理，认为人与人之间是平等友爱的。作为上帝的“天之选民”的财富创造者中的强者，同时也有义务为那些相对弱小的大多数人提供慈善援助，于是就有了财富的流动性回归。这在我们古代的商业思想中其实也有体现。老子说：“天之道，损有余而补不足”。《史记·货殖列传》记载，陶朱公“十九年中，三致千金，再分散与贫交疏昆弟。此所谓富好行其德者也。”只不过，中国式富豪富而好德、散财济世是个人自觉行为，而西方富豪慈善行为是有一定强制性的，是受到宗教精神和世俗法律约束的。

简单点说，中国人参与市场经济竞争，不但要适应环境，而且要改变环境。一方面是顺应市场经济的竞争环境，学习狼群的群体作战和不屈不挠精神，学习狼群在恶劣环境下的忍耐和机会来临时的奋不顾身，学习狼群对自然秩序的顺从和对生存法则的敬畏，等等，增强我们的本领。另一方面，我们也要赋予市场经济以人情味儿，毕竟我们不是禽兽，不是羊更不是狼，我们是人，是有着高级智慧的情感动物。我们的理性足够帮助我们找出共赢乃至多赢的策略，不会为了争夺眼前一时一地的利益而不择手段，而会谋求长远，和谐共生。

明白了这个前提，我们在市场竞争中的勇，就不会只是一往无前，不会只是以经济利益的获得作为衡量成败的唯一目标。有时候，为了道义，为了着眼于长期合作，我们也许会做出一部分忍让、后退，甚至是一部分牺牲，委曲求全。但因为我们心中有远大的目标与追求，有着更为宏观的、整体上的卓越意识，我们所秉承的是宇宙法则而不是丛林法则，是更高层次上的更高思维，所以我们并不会计较眼前的得失，不会计较个人的利益损益。也只有做到这些，我们才算真正具备了大勇大智。

企业培育“企业人”，对应的第三个原则是“和”。“和”，在国家层面上，是和平，是国家与国家之间和平共处，彼此互相尊重对方的文明和文化，文明互鉴，经济互通，你中有我，我中有你。在社会层面上，是和谐。不同地域、不同文化风俗、生活习惯的人们彼此接纳，交流融合，为了共同的富裕、文明、幸福、安乐的目标而齐心协力，一起奋斗。在企业层面上，分为内外两个部分。对内是上下一心，步调一致，搞好企业的生产经营管理，创造独具企业特色的精神和文化。对外是积极反哺社会，参与社会公共事务，与各方一起促进社会发展。

我们要注意到一点，正如很多人常说的：“一个人的能力越大，承担的责任就越大。”对于企业来说也是如此。伴随着中国改革开放走过四十余年，我们已经产生了一批世界级的大企业。但是真正意义上的“大”，不仅仅指的是你的规模、你的体量，更是指你能够承担多大的责任。中国企业在世界范围内，影响力扩大是事实，但需要承担更多的责任也是事实。我们很多企业显然还没有准备好这一点。别的不说，最基本的一点，就是我们首先要承担起作为中国企业的文化责任，这就是传播好中华文化，讲好中国故事。尤其是将“协和万邦、和衷共济、四海一家”的中华文化精神，通过企业载体传播到全世界。也许，中国企业要最终迈过从大到强的门槛，这就是最为关键的一步！

第四章

厚德

自从人类摆脱茹毛饮血，走进刀耕火种的时代，就和土地建立了密切的关系。

甚至可以更进一步地说，一部人与土地的关系史，就是一部人类文明史。

土地，是大自然对人类的恩赐。不同的土地养育了不同的人，并由此酝酿、发展成为不同的文化和文明。华夏文化发源于一片特殊的地带——黄土地带。据学者黄仁宇在《中国大历史》中说："这片地带的土壤有着一个天然的特点——纤细有如面粉，可以供原始的工具耕耘，如木制之犁及锄。"于是，中国最早的农业就这么发展起来了。而因为黄河——也是因为水中含有大量的黄土泥沙而得名，其夹带的泥沙曾经达到过46%，几乎达到了南美洲亚马孙河夹带泥沙最高值12%的4倍——经常淤塞河床，大规模、长距离溃决堤坝，泛滥成灾，因此又催生了一个中央集权国家的早早形成，也因此而形成了华夏民族的团结特性。

这些都是土地对人们的直接影响，那么反过来，人们又是如何顺应这种影响，如何从与土地的朝夕相处、在潜移默化中做出相应改变的呢？

在经过商王朝的神灵崇拜，进入周王朝后，人的主体地位得到了确立，人得以与天、地并列，并且主动效仿天、地，不断学习增益自己的德行。

“德”，在《说文解字》中说：“升也。”这个字在甲骨文中是一个会意字，左边是一条道路，右边是一只眼睛向上方直视。因此，这个字就有了两个基本的含义：一是要采取行动，犹如人一直在路上行走一样；二是眼光要向上看，要不断地登高、攀登，不断地增益自己的德行。

在古代圣贤看来，大地无疑有着深厚的德行，是可以效仿的对象。

对于地之德，《周易》中的坤卦给出了非常完整的概括：“象曰：至哉坤元，万物滋生，乃顺承天。坤厚载物，德合无疆。含弘光大，品物咸亨。”请注意，这里指出了大地的几个根本特性：一是包容，二是柔顺，三是广阔，四是处静，五是通达，还有一个隐藏特性，就是光明。

第一是包容。地和天不一样，天是创造万物生命的，地是生养万物生命的。我们最常用的一个比喻就是“大地母亲”。的确，大地就像一位慈爱的母亲，在她眼中，万物都是自己的孩子，而她对所有的孩子一视同仁，并没有什么偏私。她给予所有的孩子同样温暖的呵护，提供足够的生长条件，帮助他们按照各自的特性生长，直至生命终结。

第二是柔顺。大地是母性的，这一点很重要。在《周易》的卦辞中，用了一个更加形象的比喻：一匹怀有身孕的母马。马是用来和代表天道的龙作为对比的，龙马精神，乾坤同健。而这匹马是一匹母马，她的性情非常柔顺，但是目标又非常坚定。她必须为自己腹中的小生命负责，要为这个生命的顺利成长负责。她同时又顺从自然的规律，顺从生命的个性，而且很注意与同类和平地相处。

第三是广阔。这一点在爻辞六二中有形容：“直、方、大。”“直”就是正，正道、正直。只要坚守正道和正直，就不会有什么过错。孔子在《论语·雍也》中说：“人之生也直，罔之生也幸而免。”人的一生就是要坚守正道，做一个正直的人。如果不坚守正道、不正直，也能够在这个世道上生存，而不招致灾祸，那真是太侥幸了，也是不可能的。“方”，就是规律、规矩、法则。大地是有轮廓的，以前人们说“天圆地方”，土地是四四方方的，是整齐有序的，那么人生应该秉承什么法则呢？这就是“义”的法则，也就是合宜的、适宜的。在商代的时候，井田制就已经开始出现。“井”字中间的那一部分方方正正的田地，叫作公田；外面部分不太规则的部分田地，叫作私田。私田可以由奴隶们去耕种，但是所有人必须共同去耕种中间的公田，公田的获得必须上交。到周朝，井田制就成为普遍实行的土地制度了。大，是指大地的广大无边，也是指我们的心胸无限宽广，可以接纳天下苍生，万事万物。这样不但能够与天下和平共处，也能与自然连接一体。

第四是处静。静，是大地的一个突出的特点。在古代人们的感知中，大地是非常安静的。虽然偶尔也会有地震、火山喷发，但总体上，大地是处于一个整体稳定、平和的状态。虽然在土壤中有着众多的种子在萌芽，在生发，有着很多的小生命在活动，但大地却保持着整体上的安静状态。之于人生，就是我们要做到无欲无求。这种无欲无求是一种内在心灵的自我满足、精神丰富的充盈状态，也是我们对外在世界的无所求。大地对其养育的万事万物都没有要求，正如一个母亲从来不会要求自己的孩子有所回报。她只是顺从每个生命的特性，帮助其成长。唯其沉静、安稳，无欲无求，才能激发每个生命的潜能，成为生命本来应该成为的样子。于是，小草成为小草，大树成为大树，花朵成为花朵，而蝴蝶成为蝴蝶。没有一个生命不是沿着自己的生命轨迹成长。老子推崇的“无为”，其实就是这种母性之道，也是我们的人生之道。

第五是通达。大地似乎是没有尽头的，是四通八达的。大地从来不封闭自己，而是向四面八方敞开。她不给自己设定应该接纳什么，拒绝什么，而是来者不拒。她对万事万物都有着一种天然的、博大的爱。这种爱让她很容易和自己的同类在一起，与各种事物都保持着良好的沟通。对于我们的人生来说，我们的一生其实都在学习沟通的本领：我们需要和自己的内心沟通，和外部的世界沟通，与人群沟通，与自然沟通，甚至可以说，生命的存在就依赖于沟通。生命一旦停止了沟通，彻底封闭了自己，那么生命也就走到了终点，将不复存在了。

第六是光明。大地为什么会有光明的特性？很多人会对此心生疑问。所有生命的孕育，不都是在黑暗中静悄悄地进行吗？的确如此，但是一切的生命，又都有一个共同的特性，就是向往光明。大地含藏万物，但是大地并不仅仅是容纳而已，她还要进行转化，赋予它们以积极、向上、向往光明、热爱生命的特性。这样一来，当种子萌芽，当生命破土而出，破茧飞舞，我们就会看到一个活力四射、喧闹非凡，一个美不胜收、如诗如画的春天。而在这个时候，大地是得不到赞誉的，没有人知道她的功德，可是她的“德美”却已通过万事万物最美的一面展示了出来。对于我们的人生而言，也是如此，象曰：“君子黄中通理，正位居体，美在其中，而畅于四肢，发于事业，美之至也。”一个人只有真正达到“德美”的极致，他的一生才堪称圆满。

以上就是我们对“德”的一些基本认识。与前面的“善”联系起来，我们会看得更明白一些：所谓人生，就是先有善，而后有德。善是德的种子，而德则滋养善。德是我们在这个现实的世界中，将善从一粒种子小心翼翼呵护，精心细致灌溉，最后培育成一棵参天大树甚至是一片广袤无垠的森林的过程。有的人能力小一些，只是修炼自己的德行，这样的人培育而成的是一棵大树；有的人能力大一些，在修炼自身德行的同时还能教化天下，这样的人培育而成的就是一片森林。树木也好，森林也罢，都是美化和提升我们的人生的一部分，都称得上善莫大焉。

那么，具体到企业来说，应该如何培育德行，从而将善发扬光大呢？

首要的一点，必须认识到，企业所培育出来的“企业人”，和普通的、个体的“自然人”“社会人”都不一样，“企业人”是有着企业这个经济资源和其他丰富资源作为支撑的强有力的存在，可以通过充分调动这些资源，做一些“自然人”“社会人”所无法完成的事情，因此其能量巨大，产生的影响力也巨大。以今天的很多高科技企业来说，企业所从事的某一项科技项目的研究，很有可能对人类的未来命运产生影响，可能给人类带来希望，也可能带来祸患。这就要求“企业人”必须有道德来作为约束，其拥有的力量越大，其所要修炼的道德也随之越厚重。

企业的道德修炼，首先就是包容，也就是放开襟怀，海纳百川，虚心求贤。21世纪最稀缺的资源是什么？是人才。当今世界范围内，人才已经成为决定一个国家的未来、一个民族的兴衰的关键性力量，更不要说人才对企业的影响。而人才是不分国界、不分地域的，不同文化背景、不同人生阅历、不同观念的人才，要聚集到一个企业来，对企业的襟怀气度、包容能力是一个严峻挑战。尤其中国的企业必须放弃单一的“成功/失败”的二元评判标准，而代之以多元性评判标准，不那么急功近利，而是给人才足够的容错空间和循序渐进的成长时间。

对于企业的领导者而言，“柔顺”就是要成为母亲式的领导者，而不是父亲式的领导者。父亲式的领导风格意味着权威，意味着高高在上，甚至会独断专行，通常这都是由职位或者权力所带来的强制性领导力。而母亲式的领导风格意味着随和，意味着和员工打成一片，允许每个人自由发表意见，不压制每个人的创意火花，这就是我们常说的非权力性领导力。一个人是否真正受尊敬，不看你在什么现实位置上，而看你在员工心目中的位置。顺民意，自然得民心。

坚守正道，这对所有的企业来说，其实都应该是强制性的战略选择。只不过对于正道，中国和外国企业的理解也许会有一些偏差。西方的企业在现代市场经济的理论下，将逐利作为第一选择，甚至是唯一选择。但逐利必然带来短期行为、投机行为甚至恶性竞争行为。虽然西方社会的法制相对要健全一些，但仍然无法阻止资本的贪婪，从而一次次陷入资本狂欢与经济危机周期性爆发的“末日之舞”。中国企业则不一样，我们所探索和实践的是社会主义市场经济，共同富裕是我们的一个独有追求，公平和公正被我们放在利润的前面，以对道德的追求来遏制资本的贪恋，就会避免陷入整体性疯狂和迷乱，通过道德和法治的双重钳制，资本就会更多被用来造福广大的人群。

静，可以理解为企业的战略定力。虽然我们身处一个众声喧哗、躁动不安的时代，但是今天这个时代更需要企业保持足够的战略定力，专注、执着，对着既定的目标发起一次次冲锋，而不是今天打一枪，明天换一个山头进攻。很多企业不是死于没有机会，而是机会太多。“乱花渐欲迷人眼”，一旦迷了眼，甚至乱了心，胡乱折腾一番，企业就会伤筋动骨。这么折腾两三次，人心散了，企业也随之走向了终结。

再说通达。在今天的信息时代，人与人的沟通变得前所未有的简单，然而这样的沟通更多是碎片化的，是短时性的，是支离破碎的思想沟通。真正意义上的沟通交流，人与人的心灵相契相知，一个生命与另一个生命的完全融合，仍然是一件再困难不过的事情。企业说到底是要和顾客沟通的，而如何与顾客进行真正有效的沟通、全面的沟通，就必须需要企业真心实意地对待顾客，坚持顾客至上，客户第一，且奉行不渝。

光明对所有的企业来说都是最难做到的，但也是最值得去努力追求的。我们在什么时候会渴望光明？——当我们置身于黑暗中的时候。当我们在一团漆黑中摸索前行，前方远处的一点微弱光亮都足以令我们欢呼雀跃，激动不已。其实，企业的每一次创造创新，都是在黑暗中蹒跚独行，跌跌撞撞，周围是一片全然的黑暗和寂静。在这种情况下，有的企业会走下去，有的企业就会选择放弃。另外，企业会在发展过程中的某一个特殊时期遭遇极端事件，内外环境都极其艰难，似乎以企业一己之力根本无法自救。这种像溺水之人的绝望感，很多企业都经历过。但谁能够在这时候坚持下去呢？是那些内心怀有坚定希望的强者。他们和我们普通人一样，也知道生而有涯，生命有限，但他们相信人生生来就是为了胜利，为了爱与欢乐，为了希望和明天而存在的！他们在最困难、最绝望的时候，也会选择赋予人生以欢乐的明快色彩，最终迎来光明。

化逆境为顺境，化绝望为希望，化阻力为动力，或许这一个“化”字，就是人生存在的根本意义吧！正如大地在几万年的时间里，将深藏地下的枯枝烂叶、动物骸骨转化成了煤炭和石油、天然气，成为我们今天现代文明赖以维系的能源。人生的意义，就在于将我们所经历的痛苦、磨难，经过岁月的磨砺和积淀，经过我们的心灵酝酿，最后转化为灿烂的精神光芒，如同明亮的灯塔，为世人在迷雾中指引方向！

第五章

自强

老子说："知人者智，自知者明。胜人者有力，自胜者强。"

作为人类，我们天生就有一种向外部世界探索的本能。从最初生命诞生的那一刻，我们的眼睛就开始了向外探索的过程。随着我们视力的增强，身体的成长，我们对这个世界愈发好奇：日月星辰，一花一草，都令我们感到新鲜不已。当然，我们最熟悉和最需要探索的世界还是人的世界。我们先是与自己的家人之间建立起联系，然后和陌生人建立起联系。成年后的世界，一个最主要的能力就是与陌生人打交道。由于向外探索的本能，使得我们更加关注他人，也更容易聚焦于他人的不足：比较是难免的，而我们总习惯性地发现他人身上存在某些不足。这有"当局者迷，旁观者清"的因素，也有我们复杂的心理因素在内。总之，一个人能够准确而客观地判断别人，就叫作"智"，也就是聪明。

但真正的聪明是向我们自己的内心去探索，去了解自己是怎样的一个人。"我是谁？""我从哪里来？""我要到哪里去？"这是亘古以来，就已经存在的永恒、普遍的问题，也是每个人一生中，必然会遇到、必须靠自己去探索并最终给出答案的"存在者之问"。向自己的内心探索，其冒险和精彩程度不亚于向外部世界探索。这其中因为没有同伴同行，只能孤军作战，而更显得困难。

探索内在，我们才会了解：我是谁？为什么我会是这样的一个存在？为什么我对这个世界的认识是这样的而不是那样的？为什么我对别人的判断是这样的而不是那样的？探索到最后，就会有一个全新的清晰而完整的结论：原来我以前对事、对人的那些认识，很多都是不完整的，甚至根本是错误的。我是一个独立的存在，又是一个与他人连接，与天地万物浑然一体的存在，从来都没有分开和割裂，也无所谓对错、好坏、善恶、丑美。存在的就是最好的，存在只是存在本身而已。通过这种内在探索发生的改变，我们对外部世界的认识亦焕然一新。这种境界，不是言语所能形容的，正如对一个目盲之人，你无法形容光明。而对于体验过光明的人，你也无须对他形容，因为光明就在那里。

“明”，是一种比聪明更高的境界。“智”，或者说聪明，是通过我们的眼睛、耳朵收集到信息，综合了他人的判断和我们自己的判断，经过掺杂个人经验的理性分析而得出的结论，这是一个一步步由过程导致的结果。而“明”是我们内心的直觉，是可以一下子全然感知到的境界。

同样，胜人者有力。一个人能够胜过别人，一定是因为他具有某种特别的能力——可以是体力上的生理优势，也可以是智力上的禀赋优势。当然，还有其他的来自社会上的力量，例如权力的力量、金钱的力量等。这些都是人们最早体会到的，能够让自己胜过别人，让别人听命、服从于自己的力量。还有更为强大的，例如军事上的力量，科技上的力量，让人类可以成为世界的主宰，甚至成为更高级征服者。但力量这东西，令人渴望拥有，也令人心生恐惧。人类可以是力量的拥有者，也可以成为超级力量的征服对象。例如，我们今天正在研究开发的人工智能，现在只是我们的工具，是一种强大的科技力量。可一旦人工智能开启自己的进化程序，拥有了自主意志，那么其拥有的力量将是无法想象的，对人类来说将是不可抵挡的——那时候，人类将怎么办？

所以，对力量的追求绝不是终极的追求。真正比拥有力量更值得去追求的，是追求自我的克制，是对人类的各种本能或者疯狂的欲望做减法，而不是无休止地做加法，甚至乘法。这才是人之所以为人的高级智慧。虽然生命的存在就是无休止的繁衍、扩张，但是人类是不一样的。作为人类，我们能够体察到我们置身其中的地球家园的资源是有限的，而不是无限的；我们对资源的利用必须是克制的，而不能是无序的。伴随着科技进步，我们人类进入工业革命以来的三百年，在创造了过去三千年的物质财富总和的同时，也将地球家园千万年乃至上亿年积蓄的资源消耗殆尽，尤其是我们的工业活动对气候变化的影响：全球变暖正在成为人类的头号大敌，再不团结一致采取坚决行动，任由人类的贪婪和自私欲望无休止膨胀，我们最终只能被迫逃离地球！

自胜者强，请注意这个“强”字，在最早的时候它是另外一个字：“疆”。在《说文解字》中，它的解释是：“从弓从土从畕。”以弓计步，丈量土地，而三横表示画界。因此，“疆”，就是界的意思。“强”，就是懂得分界，能够自我画界，自我设限。一个真正的强者不仅知道自己该去做什么，而且知道自己不该去做什么。自己给自己设计了一个牢笼，将自己无与伦比的力量给限制起来，这样做有两个好处：一是集中力量，做自己该做的事情，将对社会的利益贡献到最大；二是约束自己，将因为自己的失察或者无心之失所犯的错误给别人造成的伤害降到最低。这样即使犯了错误，还有改正的余地，有机会从错误中汲取教训。

这种自我设限、自我克制的功夫，其实也正是儒家修炼的“克己”功夫。在《论语》中，孔子多次和弟子们谈论到“仁”，而且在回答弟子颜渊的时候，更是明确指出：“克己复礼，为仁。”仁，就是要克制自己的私欲，然后通过自己去影响周围的人，最后帮助整个天下恢复到先王时代以礼治国、礼行天下那种和谐有序的文明秩序轨道上来。礼，小到约束百姓的日常生活交往，一言一行；中到朝堂之上，君臣之间的相处之道，一议一策；大到国家与国家之间，诸侯们的政治、经济、军事、文化等交往，无不有统一的礼节、礼仪、礼法等作为约束。这样一来，我们再看春秋时代宋襄公图霸的故事就会有所深思。《左传·僖公二十二年》记载，宋国和楚国作战，宋国的军队已经排好了队列，楚国的军队还在渡河。大司马子鱼建议宋襄公："敌众我寡，请击其半渡之师。"宋襄公却回答："不可。"后来楚国军队上了岸，还没有排列好队形，子鱼又请发动攻击："趁对方立足未稳，请立即发动攻击。"宋襄公回答："不可。"后来对方排列好了队形，双方开始作战，结果宋国的军队大败，宋襄公的大腿上也被射了一箭。国人都埋怨宋襄公：这不是自己给自己制造了一场败仗吗，不是咎由自取是什么？宋襄公却这么告诉大臣和百姓："君子不再伤害已经受伤的敌人，不俘虏头发斑白的老人。古代行军打仗的规矩，不能凭险隘的地形阻击敌人。我宁可吃败仗，也不能违背古代的规矩啊。"后面，子鱼还有一段话，大致是说宋襄公太过迂腐，后世的人们也大多嘲笑宋襄公，空有强大的国力和兵力，却图霸失败，徒成笑柄。然而换一个角度，宋襄公显然是在维护一种礼节，他还活在过去先王时代那个以礼建立的和谐秩序世界里。在那个世界里，即使在兵戎相见、你死我活的战场上，也必须遵循礼的强大约束，因为这才是君子之道，才是堂堂之师。

与此形成鲜明对比的是，《左传·昭公十二年》记载，楚灵王倚仗着强大的武力，四方征战，武力达到了巅峰。但是，郑国的贤臣来告诉他，这样做是不对的。楚灵王听了，一连好几天吃不下饭，睡不着觉，难以抉择。不知道是该放弃武力，还是应该继续去实现自己的霸业目标。最终，他无法克制自己的妄念，继续征战，结果第二年就被逼自杀了。孔子对此有一句评语："古也有志：克己复礼，仁也。信善哉！楚灵王若能如是，岂其辱于乾溪？"可见，楚灵王的失败就是因为不能自我克制、不懂得遵循礼道约束的重要性。否则，也不会落得那么悲惨的下场！

那么，作为儒家代表的孔子和作为道家代表的老子，为什么不约而同地都强调"克己"的重要性，将其视为做人做事的不二法宝呢？

这是因为，他们都从一部共同的文化典籍那里继承了这一思想，即《周易》。

《周易》是一部君子之书，讲的是君子之道。这部文化典籍是周文王倾注毕生心血著成的，也是周文化的奠基之作，是一部散发着人文光芒、充满理性智慧的大书。后来的继承者周公旦不但继承了这一精神，还将其应用于实践，制礼作乐，创造了一个理想世界和一种和谐秩序。对于《周易》的研究，每一代都有大学者，但到了周王室衰弱的时候，就没有什么人去关注这部书了。不过，作为周王室守藏吏的老子却是一位有心人，他一定仔细研读过了这部书，而且从中悟出了很高的智慧。据推测，孔子后来学习和研究《周易》，应该也得到了老子的指点。

作为《周易》的六十四卦之首，第一卦就是乾。“乾”为象形字，左边为日出之象，右边为水气蒸腾之象。合在一起，就是随着一天中太阳的变化，水气也在变化，给人体带来的炎热体感亦随之变化。我们知道，在人类社会的发展历史上，每个民族都经历过早期的太阳崇拜阶段。我们的先民对太阳也有过崇拜，但随之在周文化里转为了理性的思索：人，应该如何效仿太阳，去修炼自己的德行呢？这就是乾卦产生的深层原因，围绕着人与太阳的关系展开。

第一层关系，是自健。象传说：“天行健。”健，就是精力充沛、力量充盈。太阳给人的第一直观感觉就是其热力充沛。每天早晨，太阳一出来，大地就会被从黑暗中唤醒。寒冷被驱散了，温暖的阳光给万物带来生长所需要的热量。到了中午时分，一天中太阳的热力释放达到了顶点，灿烂的光芒让人们不敢直视，炽热的温度让人们汗流浃背。然后是到了黄昏，太阳将热力释放一空，带着疲惫的身躯缓慢地落下去。第二天，太阳又一次升起来，这么日复一日，年复一年，永不停歇。

乾卦中，对太阳的这一特性给出了四个形容词：元、亨、利、贞。元，就是元其始大。从一开始就包含了将来成为广大的基因。恰如一粒种子，尚未萌芽的状态，就是一棵参天大树的种子，而不是小花小草。

太阳初升，恰如一个婴儿，貌似柔弱无力，实则照耀天下，赋予万物以生命的。亨，就是生生不息。由太阳照晒而蒸腾出来的水气，流布天地之间。地面上的水升腾到天上，再在天上形成雨水，滋润万物。利，就是有利于万物生长。太阳光所提供的能量具有神奇的转化作用，万物都靠吸收太阳光的能量，完成生命的转化。贞，也就是正，公正、公平。阳光普照，没有任何的偏私。对世间万物，都给予一样的照耀关怀。

那么，对人来说，如何将元、亨、利、贞的四大原则应用于自我的道德修炼呢？孔子对此在象传里做了解释。元，就是善其始。做人，首先要固本培元，一定要注意培养自己的先天之气。有了这种元气，我们就有了精气神。亨，就是意之通。我们要先做到和天沟通，然后再去和人沟通，体天知人，我们就获得了“知”，也就是具备了智慧。利，就是义之和，也可以解释为“物之和”。物我兼利，自己和别人双赢。不去做伤害自己的事情，也不去伤害别人，不去伤害自然，这样就不会有违反自然法则和伤害人伦的行为。贞，就是正道。要做到坚守正道，做人做事，以正道、正直为永恒的原则，就会增益德行。只要坚持将以上这四大原则贯彻在我们的一生中，自然就是“健”了。

第二层关系，是自强。象传曰：“君子以自强不息。”自强，就是自我克制。太阳之德，很重要的一点就在于自我克制。太阳具备无穷无尽的热力，可是这热力在一天中是有三次变化的：早晨温暖，中午炽热，黄昏消退。太阳并不是一味地释放自己的热力，而不顾及万物的死活。相反，太阳是遵循着某种固定的规律的。除了一天的变化，还表现在一年四季上：春天温暖，滋生万物；夏天炽热，促进生长；秋天消退，等待收获；冬天隐晦，积蓄力量。这样黑白交替，四季往来，亘古不变。人们就可以利用太阳的这一恒定秩序，来安排生活和从事生产了。

我们都知道，有一个古老相传的神话叫“后羿射日”，说的是在古代的时候，天上一下子出现了十个太阳。太阳们争着表现自己的武力，拼命地释放自己的热力，结果将大地上的河水都蒸干了，庄稼禾苗都烤焦了。人类中一个叫后羿的英雄挺身而出，用弓箭射下了天上的九个太阳，只留下一个太阳。这个神话故事不可考证，但传递的信息很明确：一旦太阳不能克制自己、恣意运用自己的力量，那将给人类带来毁灭性的打击。

在乾卦中，有很多自我限制、自我警惕的描述。例如，初九“潜龙勿用”，九三“夕惕若厉”，上九“亢龙有悔”。龙是指阳气，当太阳隐藏在黑暗中，也就是黑夜当值、白昼隐退的时候，阳气非常微弱，是不能够急于求用的，就是“潜龙勿用”。对于我们来说，这时候是我们修养德行的最初阶段，如果德行未有大成，是不能急于做事情，更不能图谋功利的。“夕惕若厉”就是在夜晚与黎明交接的时候，阴阳转换，阴阳二气冲突激荡，是最危险的时候，但在危险中也隐藏着积极的变化。对于我们来说，就是当每天结束、夜深人静的时候，想一想自己白天有没有犯错误，对于人和事有没有尽心尽力，再想想自己德行还能否进一步完善。“亢龙有悔”是指阳气太盛，盛极而衰。对于我们来说，就是要提防“骄”，位高必骄，这是人之常情，然而也可能因此而埋下祸根。

第三层关系，是自由。这一层关系是潜藏的，也是很少有人阐发过的。乾卦用九说：“见群龙无首，吉。”群龙无首，就是没有谁争着要去领导别人，要用自己的力量去强行获得权威，因为龙都是非常有力量的，一旦用强，必然发生冲突、争斗、流血，所以“群龙有首”并不见得是一件好事。“无首”意味着没有一个固定的首领，每一条龙都能够谦逊、潜藏，做好对自己的管理，各安其份，各行其是。需要协调配合的时候，又能够团结一致，合而为一。这才是“群龙无首”的真正含义。龙，自由自在，随心所欲地变化升腾，或潜或见，或跃或飞，而最高的境界就在于一个“无”字。“无”字当有多重解释：无穷，变化无穷无尽；无形，没有固定形状，根据环境变化多端；无限，始终注意提升自己的道德行为，在开放的天空中一直向上提升，没有德行的终点；无为，不执着于建功立业，强行突出个体，而追求整体和谐。

对于我们来说，就是我们的精神要和龙一样，追求“无”的自由之境。首先，我们要有宽广的心胸，虚怀若谷，虚掉自己的欲望和执着，也虚掉对身外之物的贪婪，对他人取得成就的嫉妒，或者利害冲突发生时候的嗔怒。其次，我们要始终保持向上的追求。要在世俗的世界里保持一颗出世的心，时时刻刻仰望星空，让精神遨游于浩渺的宇宙中，与天地同在。再次，我们要接受自然的不可预知、不可尽知，接受万事万物皆有意外，学会“法天”，也就是以天为师，追寻超越于个体经验之上的理性智慧。

那么，对于企业来说，应该如何将这三层关系与实践相结合呢？

我们先来看第一点，自健。对于企业来说，这是题中应有之义，就是必须时时刻刻专注于自我生存、自我发展、自我完善、自我超越。企业不论在何时何地，无论市场环境如何风云变幻，修炼好内功都是第一位的。只要具备一颗足够坚强的心，就能抗击风雨侵袭。

说到底，企业是人的组合。企业与企业之间的竞争，说到底还是人与人之间的竞争。如何培育人、使用人、成就人、留住人，是任何企业在任何阶段都必须面对的重大课题。而人的需求是不断变化的，从物质需求到精神需求，从价值实现需求到幸福快乐需求，企业要真正建设成为每个人都认同、能产生归属感的精神家园并不容易，但唯其不易，才值得去做。尤其中国的企业，除了承担经济责任，还有政治责任、社会责任，而建设精神家园的文化责任也是要主动承担的。很多企业都会将“家”文化作为自己的追求，“家”文化其实只是一个方面，更高层级上还应该是“家国”文化，家国同构，“天下兴亡，匹夫有责”，这样就会拥有更为宽广的襟怀和更为崇高的理想。也因此，企业会获得更有激情、更为持久、更加澎湃的自我驱动力量。

第二点是自强，即自我克制，对企业来说就更具有哲学层面上的指导意义和现实层面的实践意义。哲学指导，就是给企业的发展安上了一个“紧箍咒”。我们都知道，古典小说《西游记》中的孙大圣法力无边，可以大闹天宫。但他虽然有一身本领，天上地下来去自由，却被如来佛祖压在五行山下五百年，直到观世音菩萨点化他去西天取经，又给了唐僧一个紧箍咒，套在了孙悟空的头上，才最终组建起了一个成功的西天取经团队。那么，为什么要先限制住孙悟空的力量？就是要他为善而不为恶，防止他将巨大的力量用在做坏事上，难成大道。同样道理，任何企业都要给自己预先设置一个“紧箍咒”，要时刻清楚地知道自己不能做什么。企业在生存阶段或许还没有明确的认知，一旦进入高速发展时期，企业就可能在资本驱动下有疯狂扩张、多元化的冲动。但冲动是魔鬼，多元化对很多企业来说等同于不归路。一定要保持战略定力，专注于在某一个领域做到最好，而不是一味求大，盲目地追求世界第一。

自我克制还表现在人类对自然的无休止索取上。很多企业只盯着利润最大化，却不顾自己的行为已经给地球资源造成了不可挽回的伤害。企业要发展，但是必须以顺从自然、造福人类为自己的崇高追求，反之以逞一时之快，获得了一定的利益，却以牺牲整个人类的发展、伤害人类赖以栖身的地球家园为代价，这样的企业就必须悬崖勒马。

当今社会，强调和呼吁企业为善，要比我们个体的为善更加不易，然而也更加迫切。用中国文化特有的伦理观去丰富和完善市场经济，让企业之间的竞争在更高层次上达成共识，和而不争，这是人类之福，也是未来希望。

第三点是自由，可以理解为企业的发展就像水一样，在开始的阶段只是一滴微不足道的水珠。但水珠和天下所有的水有着一样的特性：水往低处流，善于融合，能够滋润土地，哺育生命，最后百川汇集，归入大海。这个阶段的自由包含着无穷的可能性，形态上可以选择，流向上可以选择。自性纯朴，但是容易受到外在环境的影响，不确定性因素多。之后就是融合阶段。一滴水想要永不干涸，只能融入大海。于是水滴聚集，变成了小溪，小溪聚集在一起，汇成了湖泊、江河。这个阶段的自由充满了张扬的个性，也充斥着冲突与融合的痛苦。水流在通向大海的道路上，高山、荒漠等种种障碍无处不在。有时候，为了冲破障碍，甚至不得不花费成百上千年时间，劈开高山峡谷，将沙漠变作绿洲，或者被迫改变形态，蒸发化作雨水，再从另外一个地方落下来，继续前进。最后一个阶段是进入大海，这时候才算获得了真正的自由，进入随心所欲的境界：所有的个体都消失了，成为一个统一的整体。这个整体也不再受制于环境，而是开始影响环境，改变环境。

对企业来说，最初阶段受限于环境，只能被动地利用环境资源，创造有限的财富，人们也只能在有限的条件下从事谋求生存的劳动，这个阶段的自由是有限自由。后来，企业发展壮大了，在顺应环境同时，可以在一定程度上影响环境，甚至部分改造环境。这时候，人们可以为了兴趣和爱好而工作，而不仅仅是为了生存而工作。人们的创造力得到了发挥，企业可以通过创造资源来弥补自然资源的不足，甚至反哺自然。然而，这仍然不是最高的层次。最高的层次是企业进入技术成熟的超越阶段，完全摆脱了对自然资源的依赖，可以随心所欲提供更多智能产品，帮助人们解放体力劳动，更多从事心灵创造的工作，也就是让人们完全解放，过上了全然的心灵生活，接近于无限自由。只不过到那时候，人与人工智能如何和平相处又将会成为新的更大的课题了。

第六章

奋进

奋进，是中华民族特有的人文精神的一个概括，也可以说是一种标志。

“奋”字首见于西周金文，从隹，是取鸟的意象；从田，是取宽阔的田野意象；从衣，是取衣服的舞动意象。合在一起，表示鸟儿奋力鼓起劲来，振动翅膀，在空旷的田野上空自由飞翔。整个意象给人一种精神振奋的感觉，令人不由心生向往，努力效仿。

同样，“进”，在《说文解字》中解释为：“进，登也。”上面画了一只高飞的鸟，下面画了一只人的脚。可以理解为，鸟的脚只能向前走，不能向后退，能飞善走，因此表示前进、登高的意思。还可以理解为一个人去追逐高飞的鸟，追逐飞鸟，心向高处，因此又有自我鞭策之意。

奋进，可以理解为我们的先民在刀耕火种的原始时代，在田野里看到高飞的鸟儿，就心生向往，渴求一种精神上自由自在、畅游天地的快意。只不过这种精神上的向往，只是人的本能，而不是人的文化自觉。

真正的自觉，是到周王朝取代商王朝，人的主体地位第一次才得到确立。因为确立了人的主体地位，从而在此基础上了产生了人文精神。

“人文”一词最早可见，是在《周易》的贲卦中，象传说：“观乎人文，以化成天下。”人文，是和天文对比来说的。天文是什么？就是天上有日月星辰，日出而月落，昼夜交替；冬冷而夏热，四季往来。这就是天的秩序和变化。那么相对应的，人文是什么？就是人世间有善恶存在，扬善而抑恶。礼义廉耻，构成了社会秩序稳定运转的四驱。

“文明以止，人文也。”对于这个“止”，很多人有不同的解释。不过，我们可以将其理解为上下两端：上端是止于天，也就是神。在商王朝以及之前的朝代，最高的是天，是神。人只是天的附属，是神的祭品。生命是没有独立意义的。“止于神”，就是承认神的存在，但是不崇拜神，不把神看作唯一的主宰，强调的是人的主体地位。因此在孔子的一生中，“子不语怪力乱神”，他只谈论自己的祖先，谈论人的一生应该怎样勤奋积极地度过。《论语·先进》中记载：“季路问事鬼神。子曰：‘未能事人，焉能事鬼？’敢问死。曰：‘未知生，焉知死？’”用今天的话说，就是孔子的弟子问他应该如何处理侍奉鬼神的事情，孔子回答说：“还是先处理好人的事情吧！如果连人的事情都处理不好，又怎么能够去处理好鬼神的事情呢？”对于生死，他的回答是：“我们连自己的一生都无法穷尽，何来谈死？”由此可见，在孔子的心目中，人是最高的存在，人的目的就在于人本身。

人，之所以是一个独特而完整的存在，就在于能以文“化”，这个“文”，就是礼。《论语·八佾》里有一句著名的话：“周监于二代，郁郁乎文哉，吾从周。”周朝的文化是在总结了夏朝和商朝的文化经验，在吸收了丰富的文化营养基础上建立起来的，因而一开始就很完备。周朝的制度是不以武力来统治，而是以文章来教化百姓，这就是备受孔子推崇的礼乐教化。礼是制度，是用来约束人们的日常生活行为的，上至朝堂，下至山野，无不在礼规定的范围内。乐是音乐，是用来抒发人们心中的情感的，通过音乐来陶冶情操，沟通情感。礼和音乐在本质上都是表现了平衡与和谐之道的，不偏不倚，过犹不及。

人，在儒家那里得到一致的肯定和赞扬。《尚书·泰誓上》说：“惟天地万物之母，惟人万物之灵。”万物之灵，就是万物中最有灵性的，也就是最为珍贵的。这也是人的主体意识觉醒后对自己的清晰定位。

《荀子》中亦有这个观点：“水火有气而无生，草木有生而无知，禽兽有知而无义，人有气、有生、有知，亦且有义，故为天下最贵也。”人所以最贵，就是因为人懂得礼，懂得用礼义廉耻的伦常关系来约束自己。

对于礼，荀子讲了“三本”。《荀子·礼论》中说：“天地者，生之本也。先祖者，类之本也。君师者，治之本也。”天地是生命的创造者和哺育者，所以是生命之本；祖先是我们血缘的创造者，所以说是类之本。君师即君王和老师，是社会得到治理的根本，所以说是治之本。

在这里，要注意儒家一个非常重要的传统，就是尊重“君师”，是和祭祀天地放在同等地位的。“天地君亲师”，这样的牌位一度出现在大江南北每一个中国家庭的供桌上，香烟袅袅，祭祀不断。而且这不是求神祈福，是为了告诉我们自己，生命的来源起于何处，我们的血缘来自何处，我们的智慧是谁传授的，这实际上是一种自我提醒和感恩。

也正因此，我们的奋也好，进也罢，就有了一个清晰的实践途径：

第一，尊君师。君，在古代的时候，指的是一国之君，是高高在上的统治者。强调的是正统，是名分。孔子称赞管仲，很重要的一点就是尊王攘夷，尊华夏民族为正统，保持了统一的延续性，文化也就得以能够一以贯之地传承下来了。这是政治上的成就，也是文化上的贡献。

当然，对君主来说，虽然贵为天子，但是其真正要视为天的却不是自然之天，而是以民为天。《尚书·泰誓》中说：“天视自我民视，天听自我民听。”管仲曾经告诉过齐桓公，“王者以民为天”，如果君主将老百姓当作天，就会知道人事急于神事、民意重于神意，就会一心一意为民着想，得到百姓的拥护。反之，如果一味以自然之天为天，重神而轻民，那么周和商也就没有什么区别了，也就谈不上人的主体意识觉醒了。

师，就是老师，就是要尊重老师，要行师道。在古人那里，师道是高于王道的。周朝从周文王开始，行的就是师道。周文王渭水之滨访钓叟姜子牙，世人皆知。当时的姜子牙已经是一个八十岁的老翁了，可是却还梦想着推翻商纣王，为天下建立一个和平、安定、幸福、快乐的新秩序。只不过他的志向没有人知道。周文王梦里得到飞熊之兆，决心为国寻找贤才，在渭水之滨遇到了姜子牙。一番谈话后，周文王被姜子牙的梦想与才华所折服，于是毅然行拜师之礼，请姜子牙辅佐自己。之后姜子牙大展才华，辅佐周文王、周武王，而最终灭商兴周。

之后在春秋时代，“五霸”崛起更是一个用师道的典范：齐桓公用管仲，秦穆公用百里奚，晋文公用狐偃，楚庄王用孙叔敖，勾践用范蠡，无不是为君主者甘居下位，恭恭敬敬，对老师言听计从，最终成就了大业。之后我们看每一个朝代的兴衰，兴起的时候，通常都是创业之君善于发现人才，聘以为师，虚心求教，从而建立了一个崭新的朝代。而到了朝代的最后，亡国之君大都是妄自尊大，不但不听老师的话，反而对老师非打即杀，只喜欢用一些阿谀奉承的小人，很快，祖先几百年创立的基业，在其手上灰飞烟灭，徒令后人一声长叹而已。

师道，对于君主是如此重要，对于普通人同样重要。孔子是我国历史上第一位真正意义上属于平民的老师。他的弟子三千，贤弟子七十二，其中最有名的十大弟子，例如颜回、子路、子贡、子夏等人，每一个无不是才华横溢，名动天下。孔子作为一个老师，不但教给了他们六艺：礼、乐、射、御、书、数，而且教给了他们做人和做事之道。尤其是做人，孔子言传身教，告诉了他们什么是一个真正的人，一个顶天立地的人。他们跟随孔子的时间都很长，都经历了周游列国的历练，时而被奉为上宾，时而颠沛流离，如“丧家之犬”。但不管怎样的处境，孔子始终不改其志，不为环境的变化而变化心境，始终弦歌诵读，悠然自乐。他的积极向上、健康快乐的心态感染了每一个人，他为了天下大道而奔走，一路向前永不放弃的精神，让每一个弟子都从内心深处油然而生钦佩之情，将其精神薪火相传。

第二，明正道。正道，就是正确的道路。这条道路就是《大学》开篇的第一段话："明明德""新民""止于至善"。明德，就是光明正大的品德，就是我们说过的，像太阳光一样普照大地，涤荡黑暗，给人们带来温暖、光明和希望。赋予万物以生长的力量，实现向上、向善的提升。明明德，就是要真正知道、懂得自己的人生目标和意义，只有时刻告诉自己，有这么一个目标存在，才会不断生出驱动力，才会遇到困难和挫折不放弃，才会靠着理性的智慧一点点达成目标。新民，就是教人弃旧向新，也就是不断地进步。关于这一点，历史上有一个著名的人物，是卫国的蘧伯玉。他是孔子一生的朋友，二人之间亦师亦友。蘧伯玉最大的特点是善于自我反省，每天都在苦恼如何减少自己的缺点，每一天都在思考前一天所犯的错误，力求今日之我胜过昨日之我。每一年都在思考前一年所犯的错误，以至到了五十岁，仍然在思考此前所犯错误，"年五十而知四十九年非"。也正因为他如此善于反省，因此在卫国经历了三代国君，都对他非常肯定、赞赏。孔子认为他是君子的典范，是自己一生要尊敬和学习的对象。止于至善，就是节制物欲，完善自我，不断提升自己生命的存在层次，从自然生命到社会生命，从社会生命到精神生命，从人与自然之天的合一，到人与天命之天的合一，最后天地大同，归于宇宙。

关于对精神生命的追求，先贤们的脚步一刻也没有停止，甚至为了捍卫精神生命可以放弃一切。例如著名的伯夷、叔齐，宁可在首阳山采薇，饿死亦不食周粟，就是因为他们觉得，武王伐纣是以臣伐君、大逆不道的事情，因此一边唱着"登上首阳山，采薇来就餐，残暴代残暴，不知错无边？"一边在对古老的神农虞夏时代的向往中结束了生命，这被认为是中国"士"的精神之开端。后来的"士"又分为两种：一种是出世的隐士，就是孔子在周游列国途中，经常遇到有人来劝说他，放弃游说诸侯，放弃以一人之力拯救天下的理想，选择归隐山林，悠游自在的那些人。老子、庄子为代表的道家一派对此记录颇多，尤其是《庄子》中记录了许许多多这样追求逍遥自在的隐士。另外一种就是像孔子这样入世的国士。明知不可为而为之，即使面对一个无法更改和挽回的结果，仍然抱着极大的政治理想和人文精神去改造世界，传播大道，如果遇到阻碍，甚至不惜以生命殉道。这样的国士同样有许许多多，例如著名的屈原，看到楚国的衰微，楚文化即将走向灭亡，不惜以身投江，以求达成大道。另外还有一个流派，就是墨子创造的墨家，主张兼爱、非攻、尚同，最终发展成了侠。侠与士殊途而同归，同样追求圆满的精神生命。

第三，减欲望。人，说到底是欲望的产物。如果没有欲望，人也就不成其为人了。但人所以为人，就在于人能够理性地面对自己的欲望，并对自己的欲望进行克制。简单来说，我们普遍存在的欲望有三种：最低级也是最简单的欲望，就是物欲。人生在世，衣食住行，是最基本的生存所需。可正是在这些简单的事物上面，会生发出无穷无尽的贪婪欲望。吃要吃好的，山珍海味；穿要穿好的，绫罗绸缎；住要住好的，高楼华厦；出行要有最好的交通工具，包括俊美的马匹和华丽的车子。对于这些欲望的满足，一直到今天，人们几乎没有多大的改变，因为有一种虚荣和攀比的心理，因为“比较”而造成物质不断被创造、占有，以致很多人通过不公平的手段来竞争，抢占这些自以为美好的事物。岂不知，为了索取、求得不必要的身外之物而浪费时间和精力，甚至钩心斗角、尔虞我诈，根本就是不值得的。这样的人不懂得生命高贵，不懂得自己做自己的主人，而是被物所驱、为物所役而不自知。

稍微高级一点的欲望，是对功名利禄的欲望。权力、金钱是很多人所渴望的，这很正常。但是必须认识到，这仍然是物欲，只不过是无形之物，但一个人的人生如果总是被声名、权力、金钱所奴役驱使，仍然是很可悲的。必须理性地面对这些欲望，即在一定的人生阶段，可以为了适度获得这些东西而去奋斗，但一定要注意用正当合理的手段。一旦到了应该收手、应该离开的时候，必须做到急流勇退，当断则断。佛家里面常说的“断舍离”，实际上就是抽出慧剑，斩断烦恼丝。放弃了对这些身外之物的执着，自然就不会有“贪嗔痴慢疑”诸毒了。也就不会有“得不到”的痛苦和“要失去”的恐惧感了。

对人类来说，最高级的欲望还是在向内探索的过程中产生的，可以称为神欲。这种欲望，中国人比较熟悉的有长生不老的欲望，希望自己的肉体可以在尘世中永远不老，青春永驻。但我们再向内心深处探索，就会产生怀疑的欲望。这欲望就是对人的怀疑，对自然之神的崇敬。因为我们会发现人与宇宙的某种深层次联系，会发现宇宙如此宏大，而又如此完美，有着如此简单和统一、美和对称的原则，就像是某个高明的设计师设计出来的，而这个设计师只能是神。由此，过去的人很容易陷入对神的绝对崇拜，从而对人产生根本性的否定。虽然并不是所有人都会体验到这一点，但也必须承认，这样的体验绝非个案。

那么，对于企业来说，如何分别在这三个层面上去奋力向前，进取不止呢?

我们先来看“尊君师”。在企业里面，是不存在“君”的，但是每个企业都有一个领导者。这个领导者可能是企业的创始人，也可能是企业的继承者。不管是在哪个阶段走到企业领导岗位上，只要身居要职，就会对企业文化的建设起到举足轻重的影响，因其肩负领导责任，自然应该得到一定的尊重。同时，作为企业领导者，应该自觉意识到，文化是属于全体员工所共有的，共建共享，不应该在其中过多强调领导的意志，不能体现太多个人风格，否则很容易陷入“一把手依赖”，对于继位者来说，就是一笔不小的文化债务。这对文化的传承是非常不利的。

师，在企业来说，不应该仅仅局限于人，而应该进一步扩大范围。首先以科学为师。科学是现代化的产物，科学技术的突飞猛进，带来了产品的层出不穷和迅速迭代。而如何更好地组织生产经营管理，建立好与市场、客户、顾客、社会之间的错综复杂的各种关系，又促进了管理科学等的进一步实践和创新。科学精神产生于西方，和中国的人文精神正好一个是理性的，一个是感性的。科学精神可以补充人文精神，人文精神也可以丰富科学精神，二者的完美结合才是最理想的状态。其次是以强者为师。向同行学习，学习世界范围内同行业的领军企业，学习他们的技术、管理、文化，先从当他们的学生做起，然后争取成为他们的合作伙伴，最后成为他们的竞争对手，甚至超越他们。当然，最终的学习，还是向实践学习。在具体的实践过程中，发现自己的长处和短处，将自己的短处加以弥补，将自己的长处加以发扬。包括一些科学技术的发明，一些管理制度的创新，跟随同行学习的经验，归根结底，都要看是否能应用于促进企业的发展，实践决定一切。

接着看明正道，这一点对企业来说真是太重要了。一个人如果在一团迷雾里走路，很容易迷失方向；如果不慎走上了歪门邪道，很容易给自己和他人造成伤害。作为企业更是如此，企业拥有更多的资源和更大的力量，影响力和个人不可同日而语。企业如果走得正，走得稳，就会走得长久，可以持续为社会、国家、人类做出贡献。历史上这样的例子有很多。春秋战国时代有大商人陶朱公、端木赐，都抱着崇高的理想追求，将自己创造的财富用于济世救人，被司马迁称为“富而好德者”。很多企业都喜欢一个词语：基业长青，但如果你的企业对他人是没有贡献的，那么你再长青不败又有什么意义呢？反之，如果真的是对别人害大于利，这样的企业也不可能长久生存。因为只有明道正义，才会产生一种强大的精神驱动力量。这力量赋予企业以精神至上的超越性，让企业即使在九死一生的艰难环境里也能爆发出巨大的能量。近代历史上，中国的民族企业群体就是一个例子。从轮船招商局开始，到开平矿务局，再到大生纱厂、民生轮船公司等，无一不是家国同构，有着浓厚的家国情怀，而在艰苦卓绝的情况下和外国列强展开竞争，最终取得了胜利，擎起了中国民族企业的一面面大旗，至今屹立不倒！

明正道，还可以解决企业一个普遍困扰的问题：大而不强。中国企业在走过改革开放四十余年后，很多都在体量上成为世界级的大企业。然而一看投入和产出之比，一看我们在全球产业链中的地位，大是大了，强却没有强起来。这种从大到强的转变，固然需要时间的积累和沉淀，静静地等待从量变到质变，但更需要的是文化的助力。这种文化还不能够靠外来植入，只能是内生的，是自己创造和创新出来的。文化不是静止的，而是一个动态的、长期衔接的、整体平衡的过程。文化的内外关联可以说复杂无比，大到宇宙，小到一个人的内心念头。文化又简单无比，简单到只有一句话，甚至只有一两个字，却有无穷内涵。企业无国界，但文化却是有国界的，甚至是有着强烈民族色彩的。只要沿着圣贤先哲给我们指出的光明正大的道路，一定不会错！

最后我们来说减欲望。企业的欲望是什么？就是不断扩张，基业长青。这一点乍看起来和一个自然生命没有什么区别。但企业是社会生命，企业的生存与发展说到底离不开社会这个基本的大环境，企业既然消耗社会资源，自然而然要承担社会责任。这种社会责任包括对自然环境的爱护，不能因为自己的肆意消耗，而给他人的生存与发展造成破坏。还有对社会环境的净化与推动，企业制造与销售产品，提供服务，本身就应该含有繁荣社会生活、推动社会进步发展的理想在内，而不应该成为麻烦制造者、社会污化者，乃至心灵的伤害者。尤其应该遵循各种法律，自觉带头维护法律尊严，树立良好的榜样。任何企业都是时代的企业，是时代精神塑造的产物，也对时代精神富有实践层面上的丰富与提升的责任。企业更是国家的产物。企业必须责无旁贷地承担国家使命，在国家战略层面上予以无条件支持与配合。企业切不可在盲目扩张过程中一味强调“企业无国界”，而一旦在不可预知的事件中遭遇打击，又成为向国家乞求哭泣的“巨婴”，岂不可悲？

对于企业来说，还有一个欲望，就是受人尊敬的欲望。然而这一点也是最难的。企业和人一样，如果想要受人尊敬，不是看你自己做了什么，而是看你为别人做了什么。中国为什么缺少在世界范围内受人尊敬的大企业？就是因为中国的企业为人类文明、为世界的和平与发展、为人类共同生存的地球家园变得更环保、更美丽做出的贡献太少。这一方面固然有我们自身能力不足的原因，另一方面，也出于西方国家对我们的成见和认识上的不足。我们的企业成长速度很快，改革开放四十余年，成就了一批世界级的企业，但正如任正非所说，“我们还缺少九死一生的历练，缺少置之于死地而后生的那种磨砺，不经历这些，就不能说是真正的大企业、强企业”。纵观世界范围内，一些百年老店式的企业，无不经历了第一次世界大战、第二次世界大战，经历了多轮差不多十多年一次的周期性经济危机，经历了从第一次工业革命到第四次科技革命的洗礼，这其中还有内部的人员变动、人心不稳等一次次鲜为人知的风险冲击……而即使在这样风高浪急、狂风暴雨的打击下，这些企业始终没有忘记自己的使命，没有放弃为社会进步和人类文明发展谋福利、做贡献。他们或者带动了一个地区，或者带动了一个国家的经济发展，或者在更大层面上，为全人类提供了一种新的生活方式、新的产品体验和服务。他们追求的是最大限度地利他，是将自己放在整个人类社会的发展、人类文明的繁荣的大尺度上来衡量的。正因为如此，他们才赢得了全世界的尊敬，才能经得起岁月沧桑的磨砺，屹立至今而不倒。

因此，对企业来说，简单、质朴，保持一颗孩童一样的赤子之心至关重要。简单，才能专注，才能行动坚定而有力，才会更容易抵达目标。质朴，是不受外面万花筒一样的社会诱惑，不与一些低级、庸俗的东西同流合污，才会始终有内生的、向上的积极力量作为牵引。

当然，最重要的一点，企业必须将对美的追求作为自己的普遍哲学。企业是拥有力量的，而且越是发展壮大，力量就越大。很多企业的迷失都是因为自身的力量太过强大，结果这力量反过来成为吞噬自身的黑洞。企业并不是只要一味地创造和积累财富，越多越好，而是看财富为谁所用，也就是如何使用自己的力量。为善可以造福天下，为恶也可以引起骚乱。要想制衡这种力量，必须有一种与之对应的事物，这就是美。企业同样一开始就将对美的追求作为自己的最高追求，也是永恒的追求。企业的美的哲学可以包括和谐之美，例如，在企业内部创造一个和谐、幸福、美满的环境，构建一个包容、积极、活力洋溢的精神家园；也可以在一个地区带动经济、文化等发展，引领一种生活风尚、帮助建立一种和善、美好的社会秩序。这种美的哲学还可以再高级一点，例如沟通之美。现代科学技术尤其是互联网技术、5G乃至6G技术等，主要就是致力于促进人与人之间的沟通，沟通产生价值，沟通创造未来。人类文化的丰富和文明的发展从根本上说就是沟通的产物。沟通基于经济发展，又超越经济之上，贯穿人类社会发展各个阶段。当沟通从人与人转为人与宇宙，美的哲学就达到了最高层次，即宇宙之美。企业通过大量的科技、财富、人力资源投入，以“智慧+技术+资本”的综合形式，创造出某个解密宇宙规律或者揭示宇宙之美的产品，再将这产品销售到全世界，将附着其上的理念传递给每一个人。

美无止境，同样企业的追求也没有止境，也就有了使其永远奋进的驱动力量!

第七章

担当

“天下兴亡，匹夫有责！”

对每个中国人来说，这句话都是从小耳熟能详、一生追求实践的至理名言。

尤其中华民族是一个饱经忧患的民族，多难兴邦，每一次家国危难，每一次风雨飘摇，人们总会在耳边回荡着这样慷慨激昂的声音，总会有无数仁人志士在关键时刻挺身而出，不惜滴血断头，来捍卫中华民族的尊严！

这已经成了一种传统，一种习惯，也是经过岁月沉淀而成为文化。

当然，这样一种文化的形成，是有着复杂的历史背景和综合因素的。

“天下兴亡，匹夫有责”，实际上讲的是一种自觉担当的文化精神。

“天下”与“国家”不同。明代大学者顾炎武在《日知录》之《正始》篇中，对此做了明确的区分：“有亡国，有亡天下……易姓改号，谓之亡国；仁义充塞，而至于率兽食人，人将相食，谓之亡天下。”国家，是有着明确的疆土，有着明确的守卫疆土的国君和大臣们的，是有形之国；天下，是仁义道德意义上的天下，是无形的，是属于每一个人的。如果失去了疆土，国家就灭亡了；如果失去了仁义道德，天下就灭亡了。而保卫天下，其重要性还要超过保卫国家，因为只有每个人都懂得保卫天下，懂得保卫仁义道德的重要性，人们才能从内心懂得什么是天下大义，什么是人间正道，什么是值得我们努力去捍卫的，甚至要付出生命去加以保护，不令其灭亡的。懂得了这个道理，天下就不会灭亡；连普通的老百姓都懂得这个道理，作为国家的君主和栋梁之才的文臣武将，自然也都会懂得这个道理，国家也就不会灭亡。

对此，晚清的大学者梁启超也同意顾炎武的说法，而且更将顾炎武的思想加以概括成为八字短语："天下兴亡，匹夫有责。"他认为，不管是保卫天下，还是保卫国家，关键在于"我辈之自新"，如果"尽人而自新"，那么国家就不会遭遇耻辱，天下也就安定祥和了。

当然，如果要对这八个字再加以进一步的凝练，其核心不过两个字："担当"。

"担"，在《说文解字》中的字形为"儋"，解释为："从人，詹声。以背曰负，以肩曰儋。"这个字的象形，是一个人字加一个詹字，人是哨兵，詹是在洞穴上面值班预警的意思。合在一起，就是一个人担负起为群体值勤预警的意思。"担"字也可以看作一个人在天色将亮之前，从事警戒、保卫的任务，主动牺牲自己的休息，而做大家的卫士。

这样一来，这个字就有非常丰富的含义了，可以是普通的战士，守护大家的安全，例如保卫国家疆土安全。也可以进一步引申，是一个文化上的卫士，保卫天下的大道和正义。这样就是文化和文明的守护者了。

从后者意义上，我们自然而然会想到一个人：孔子。

孔子是中华文明的守护者，他自己是这么认为的，别人也是这么对他认可的。

《论语·子罕》中记载：在周游列国的途中，孔子曾经遭遇了匡蒲之难。当时的形势非常严峻，但孔子却镇定自若，一点不为自己的安危担心，弦歌如旧。他的弟子们很是不解，不知道老师何以如此有信心，就问孔子，孔子回答说："文王既没，文不在兹乎？天之将丧斯文也，后死者不得与于斯文也；天之未丧斯文也，匡人其如予何？"就是说，周文王已经不在了，可是中华文明的文脉道统难道不是已经传到我这里了吗？如果老天注定要毁灭这道统，那么我又是从哪里得到它的呢？如果我学习和实践的文脉道统是上天允许我得到的，匡人又能把我怎么样呢？

这就是孔子的自信，他在这个时候已经是知天命之年，已经知道自己的人生目的和生命存在的意义，就是为了继承礼乐道统而来。这礼乐道统是中华文明的大道和根本，上天将此赐予了华夏民族，就不会断绝。而自己肩负的使命，就是继承和恢复周文王、周公的礼乐之道。

也因此，孔子还有一个称号"天之木铎"。《论语·八佾》中说："天下之无道也久矣，天将以夫子为木铎。"这是一个管理边界的小官员说的话。木铎，是以木为舌的大铃，由青铜制作而成。在古代，宣布政教法令时，常常通过巡行振鸣木铎的方式，以引起众人注意。这个仪地的"封人"官职的小官员，应该也是一个隐士之类的人物，能够和很多道德高尚的君子结交，却自甘无名，混迹在普通的人群中。但他的辨识能力无疑是一流的，因此才一定要求见孔子，而见了孔子之后就发出了"天之木铎"的赞叹，认为孔子就是上天派来警示和唤醒世人的。

当然，我们必须承认，并不是所有的人都有担当，也并不是最有能力的人理所当然就会担当。这似乎是一件很奇怪的事情：很多时候，拥有最强大的物质资源和文化正统传承地位的君主，却不是理所当然的担当者。担当者有时候甚至不是被视为国家栋梁的朝中文武大臣，反而是普通的百姓，例如春秋时代，"五霸"迭起，纷争不休，天子暗弱，无力担当。而最终担当的重任竟然落在了孔子这么一个家世败落、连贵族身份都被夺去了的微不足道的殷商贵族后裔身上。可就是这么一个人却站了出来，成了文化和文明的自觉担当者，最终因为他的这种担当而成为千古一圣。

比孔子稍微晚一些的担当者，是墨子，同样是出身社会底层的一个籍籍无名之辈。墨子和孔子不同，担当的不是文脉道统，而是更为广泛的天下道义。墨子给人的印象似乎一生总在行走，忙着到处去阻止战争。最有名的是他去楚国，阻止鲁班为楚王制作攻打宋国的武器，最终成功劝说楚王放弃了战争，拯救了危难之中的宋国。而颇有讽刺意味的是，当他带着一身疲惫赶回到宋国去，途中遇到了大雨，想要到一户人家的屋檐下面避雨，那家人的看门人却把他驱赶走了。

这就是担当者的命运，孔子是到处流浪，如“丧家犬”，而墨子也是不被人所知、不被理解的“行者”。在他们之后，还有一位同样有着自觉担当、同样没有一个世俗意义上的好下场的人物，那就是屈原。

屈原是和孔子完全不同的生命存在类型。其实，他也是周文化和楚文化的分野。周文化在周文王那里，已经通过《周易》完成了对宇宙图景的描绘：天、地、人，三位一体，又各安其位。人在中间，上承天道，下接地道。人法天地，是自觉的道德主体，是独立而完整的生命存在。从周文化开始，一切以人为中心，人与自然，人与人、人与自我，这三种关系构成了人的一生。而后面二者尤其为儒家所强调，第一种关系也只是将自然看作人的老师，是为人所用，帮助人成就的存在。这样的自然存在，和人存在一样，似乎是有目的的，已经不是纯粹的自然，而是经过改造的自然。真正的自然中存在着无法解释的现象：怪力乱神，对此孔子采取的态度要么是“不语”，要么是“敬鬼神而远之”。

但是楚文化却不一样。楚文化又可以认为是巫文化，自成体系。在巫文化中，人是有两种存在方式的：一种是肉体生命，另一种是精神生命，而精神生命又是高于肉体生命的。一个人的肉体生命可以被毁灭，是有限的，但是精神生命却不可以被毁灭，是无限的。肉体生命是世俗的，精神生命却是神性的。每个人都是人与神的融合体，在肉体生命意义上，每个人都是一样的，甚至是动物性的。但正是因为精神生命的不同，让一个个的人成为独立的个体，并且与动物彻底区分开来。

屈原所继承的正是这种巫文化，对精神生命的追求与捍卫高于一切。他在现实的政治中并不得意，甚至并不是一个合格的政治家，但他却是一个卓越的诗人，一位天才的诗歌艺术的创造者。他在现实中碰壁、遭到排挤和打击后选择了自我放逐，不是像孔子那样周游列国，而是选择了一个人在河边流浪，在森林和河畔与幽兰、蕙草为伍，口中吟唱着忧伤、孤独的诗句，让自己的精神全然翱翔飞跃在山林之间，与神灵为伍，乘风驾云，飞越昆仑之巅，遨游宇宙，踏遍四极八荒。他所吟诵的诗句充满个人幻想的浪漫色彩，并不追求别人对他的艺术才华的赞叹和欣赏，他只是追随自己的精神生命，尽情欢歌……最终，他选择了投江而死，他的肉体生命由他亲手完结，他的精神生命却已经在他的诗文中得到了永生，并为无数后来者所传承……

从孔子到屈原，“文以载道”“以艺臻道”，最终在一个人手上实现了完美的合流，那就是以一部《史记》而为中国历史奠定母本的司马迁。

司马迁同样是以个人的形式来担当历史责任的。在他以前也有史官，但司马迁是用另外一种方式记载历史的，他将人的生命和精神放在了第一位。与此同时，他也将自己的生命和精神写入了历史，写入了每一个人物的悲欢离合。他自己的遭遇是非常不幸的，遭遇了一个男人所能遇到的最悲惨事情：他的肉体残缺了，然而精神生命却因此而更加强大：他给予整个中华文化和中华文明的历史一种前人所没有过的观照，这种观照有孔子式的平和与悲悯，也有屈原式的狂热与偏执。他是如此爱憎分明，如此地褒扬圣哲，而直斥奸邪。他最终淋漓尽致地呈现了人的高贵，也呈现了人的卑微，写出了活着的“人”。

从《史记》开始，一直到1911年封建王朝正式宣告终结，由历朝历代担当者著述完成的“二十五史”，就是一部中国的文化和文明史，也是中华民族的文脉道统所在。

以上这一切的担当者，都有着一个共同的身份：士。士，最早产生于什么时候，已经不可考据。近代的学者认为，士在最早的时候专门指武士。后来，经过春秋、战国时期激烈的社会变动之后，武士这一阶层宣布解体，然后渐渐转变为文士。在周朝的社会阶层中，排列顺序为：君、卿、大夫、上士、中士、下士、庶人。从这个排列可以看出，士是一个比较庞大的群体，连接大夫与庶人两头，呈现出明显的开放特征。一方面，最底下的庶人，也就是普通百姓，可以通过自己的努力，跻身士这个群体中。另一方面，卿、大夫等传统的贵族，都有可能因为社会变动、政权更迭或者其他原因，而降格为士。

那么，像士这样的自觉的文化担当者，有什么共同的群体性特点呢？

第一是理想主义。“君子谋道而不谋食”，孔子对此讲得很清楚：如果只是考虑自己的吃穿，考虑自己应该住什么样的房子，那么这样的人不足以称为君子。耕种庄稼，只不过能解决温饱问题；但是谋道，却自然可以得到俸禄。君子所忧虑的，应该是能不能使“道”得到践行，而不应该考虑贫穷与否。孔子给“士”的这一定位，明确地点明了士的价值取向和精神追求，一切以“道”为出发和归依。所以，士从一开始，就是明确不以自己的个人利益得失作为关注，而是将焦点凝聚在大众的利害得失上。一个真正的士，必然对社会群体怀有深厚的关怀之情，必须时刻思考，自己如何作为才能使“道”得到弘扬，而使天下的百姓都得利。孔子的学生曾参对此解释为：“士不可以不弘毅，任重而道远。”可见，从一开始，士就是自觉地将“弘道”的重担，挑在自己的肩头上的。孟子对此也说：“天下有道，以道殉身，天下无道，以身殉道。未闻以道殉乎人者也。”他以“殉道”来解释士对自己所肩负的使命的奉献与牺牲精神，这已经是一种近乎宗教的神圣情感了，这也使得士从一开始就超越了世俗，而追求卓越。

第二是人间关怀。士虽然从一开始就定位颇高，大有不与世俗同流合污的意思，但是，士并没有沉浸在自己的理想主义里而流于虚无缥缈。士对自己所追求的“道”是有着明确的认识和定位的：“天道远，人道迩。”“迩”，就是近，意思是说，天道高高在上，人道就在眼前，应该首先关注人间之道，然后再去关注天道。孔子曾经这么回答过弟子的提问：“未知生，焉知死？”意思是说，我们关注现实的人间社会还关注不过来呢，哪里有时间和心思去思考人死后的问题？这是孔子的非常理性而客观的现实主义态度。可以说，孔子和他的三千弟子，一生都在为一件事情而奔走，就是试图重新建立、安排一个崭新而和谐的“人间秩序”。其他阴阳家、墨家、名家、法家等和儒家齐名的诸子百家，也都和孔子一样，关注人间社会的现实，可谓殊途同归。

第三是精神自足。即使像孔子那样抱着极大的热情入世，对于拯救乱世抱着那么坚定信心的人，也常常有着精神上出世的一面。例如《论语·公冶长》中记载说：“道不行，乘桴浮于海。”当大道不能够实行，不能够通达于天下，那么我就乘着一艘小船到大海上去了。可是海上风高浪急，波涛汹涌，大概只有子路这样勇敢的弟子可以追随吧！还有在《论语·阳货》中，孔子说：“予欲无言。”他是什么都不想说了。他还能说什么呢？他的道德主张得不到君主的采纳，礼乐之教在现实中是那么苍白无力。他只能将自己的精神寄托在与天地同在。子贡问他：老师您都不说什么了，我们还能说什么呢？孔子回答说：不是我不想说，而是我不能说。因为一说就违背了天地的大道。天那么伟大，可有说什么吗？四季变化，冬去春来，不是自然地进行吗？地那么有深厚的道德，孕育万物，可有说什么吗？万物生长，不是一样蓬勃壮大吗？所以道只要去践行就好了，单单靠语言是没有用的啊！在这里，海、天、地，都是孔子精神世界的一个拓展和延伸，他不语怪力乱神，然而并不意味着他不敬畏自然，恰恰相反，他对自然有一种天然的亲近，将自己的生命精神和自然万物融合为一体。生命有限，而精神无涯，这样就不会为人生在世遭遇一些挫折和打击而抱怨了！

那么对企业来说，又该如何将这种“士”的担当精神应用于经营发展呢？

第一是要有理想情怀，这一点非常重要。企业是经济组织，但绝对不可以将赚钱作为最高目的甚至唯一目的，而必须清楚地知道自己的价值所在。价值可以分为两种：一种是单纯的经济价值，这是小价值；一种是复杂的社会价值，这是大价值。除这两种之外，还有更高层面的，国家价值，甚至是人类价值。选择不同层面的价值分类，决定了企业位于什么样的层次。很多企业任凭怎么折腾，也只是停留在第一层面，而第二层面通常讲的社会责任主要是对大企业甚至是跨国公司而言的，因为小企业的影响力有限，不足以影响到一个地区、一个行业的发展。至于国家价值，就很值得一谈了，并不是企业越大，国家价值就越大；企业越小，国家价值就越小，这是不能一概而论的，因为有的企业虽然很大，但主要在贡献税收方面对国家有贡献，有的企业虽然很小，但是所生产的产品却很有可能是战略产品，关系到国家竞争力，这样的企业国家价值就很大，其对国家的贡献也不可限量。至于人类价值，就更不能以企业大小作为衡量标准。有时候，一个小企业，十几个人，在一个不起眼的小办公场所，就会创造出影响甚至改变人类未来的产品，这样的例子在互联网时代可以说比比皆是。

因此，对企业来说，生存发展是依据价值从低到高的层次，但在精神追求上，应该是遵循价值从高到低的层次，也就是说，首先要将人类价值作为自己的最高追求，要从一开始就树立远大的目标，为人类做贡献。其次是为国家做贡献，也就是为国争光、报效祖国，毕竟没有一个强大、繁荣的国家，就不可能有企业的发展、壮大，更谈不上基业长青了。再次是社会价值，要为推动社会发展和提高人们的生活水平做贡献。最后才是创造经济效益，为企业的利益相关方实现利润最大化。

不要觉得理想情怀很可笑，也不要认为这在企业创业初期是可有可无的事情。理想情怀是原动力，是企业能够长期健康发展壮大的指路明灯和根本驱动，尤其在企业陷入困境挣扎的时候，有没有理想情怀，很有可能是陷入灭顶之灾和愈挫愈奋最终破茧化蝶的一道生死分水岭。

第二是人文关怀，也就是我们常说的以人为本。人，是复杂的欲望集合体。和传统文化中的“君子”理想不同，似乎大部分人首先是蝇营狗苟、为满足自己的口腹之欲而奔走的“小人”。从“小人”成为“君子”本就不是件容易的事情，更何况企业还要参与市场竞争，面临着无处不在的压力。人很容易在一个世俗的环境里陷入这样那样的诱惑陷阱，而一旦竞争失败，又会躲入自己内心的孤独世界，陷入自卑、抑郁的负面情绪包围。所以说，人文关怀并不是要关怀弱者，而是关怀每一个人。

人文关怀也是分层次的，首先是人的心理关怀，也就是认同。企业要将来自五湖四海、不同文化背景和人生阅历的人们聚集在一起，拧成一股绳，为了一个共同的目标而努力，文化认同是必不可少的。要让大伙儿有一个最基本的归属感，认同企业文化，企业的文化也必须与时俱进，不断变革，以求最大限度地符合员工的认识，能被最广泛接受。其次是实现关怀，这个实现关怀包括薪酬等物质待遇上的，也包括价值实现。现在的年青一代员工越来越有个性，对自我的认知和肯定也越来越强烈，他们需要证明自己，实现自己的人生抱负。这种自我价值不一定与企业价值完全一致，但企业要给予充分的包容，尽可能搭建平台，提供人生出彩和圆梦的机会。再次是公平关怀，这主要是指企业参与市场竞争，不可以一味仗着自己的力量去无所顾忌地追求利润最大化，而要照顾到行业公平，甚至是社会公平。有法律的制约固然好，例如不正当竞争法、反垄断法等，这些都是强制性的约束。但在法律还不健全的地方，企业也应该自觉充当一个公平环境的维护者。最后是生命关怀或者说未来关怀，就是企业要视生命为最高的存在，在将安全第一的文化贯彻到生产经营管理的各个环节同时，在社会上，树立关爱弱势群体、关爱未成年人、关爱老年人等良好品牌形象。

第三是精神自足。企业不能像人一样过一种真正意义上的心灵生活，作为人，我们可以追求“精神上的贵族”生活，似乎在我们每个人的心灵深处，都本能有一种“清洁自好”的要求。心灵追求美，追求诗意，只有靠餐食美和诗意才能生存，而如果终日只是忙忙碌碌，置身于高强度、高节奏的市场经济的竞争压力下，而忘记了诗与远方，那么我们的心灵就会像花儿一样枯萎，心灵死了，这个人也就成了行尸走肉。那么对企业来说，追求的又是一种什么样的精神生活呢？也许我们可以尝试着提出一个说法，叫“美学生活”。为什么说企业追求的是“美学生活”呢？美，应该是所有企业的普遍追求，这个美可以说是实用之美，现代社会工业化生产出来的每一样产品，几乎都是带这种实用之美的。小到一件件生活用品，大到汽车、房屋，无不以实用为基础。比这更高级一点的美是创造之美。产品除了实用功能，还包含着无形的精神，这精神就是带着对自然宇宙的学习和模仿，又辅助以科学知识，注入了人类的理性智慧和感性想象，创新和丰富了美的内涵和外在。最高级的美则是哲学之美，哲学之美是对宇宙造物的最直接再现，产品一旦被赋予了这样的魔力，就算拥有了真正的精神生命。

第八章 爱国

“爱国，是人世间最深层、最持久的情感，是一个人立德之源、立功之本。”2018年5月2日，习近平总书记在北京大学师生座谈会上如是说。此前他也不止一次强调指出，“爱国主义是中华民族精神的核心”。“爱国主义精神深深根植于中华民族心中，是中华民族的精神基因，维系着华夏大地上各个民族的团结统一，激励着一代又一代中华儿女为祖国发展繁荣而不懈奋斗。5000多年来，中华民族之所以能够经受住无数难以想象的风险和考验，始终保持旺盛生命力，生生不息，薪火相传，同中华民族有深厚持久的爱国主义传统是密不可分的。”

是的，中国自古以来就有“家国天下”的情怀。爱国，就像我们爱自己的家庭一样，没有一个孩子不爱自己的家庭，不爱自己的父母亲人。家庭，给了每一个生命最初的温暖和成长必须的条件，但一个人的成年，一个生命真正在精神上独立和完整，是要在家庭之外，寻找一种新的情感归依的，这种情感归依就是爱国，就是将爱家情感扩大到爱国家。

那么，中国最早作为一个国家，有明确记载是在什么时候出现的呢？这个似乎不太好考证。有学者认为，最早是在西周初年的时候，“中国”已经明确出现。据出土文物显示，1963年在陕西鸡贾村出土的一口名为“何尊”的青铜器上，写有铭文：“惟武王既克大邑商，则迁告于上天曰：‘余其宅兹中国，自之辟民’。”这则记载是非常清楚的：武王克商，成功以后举行了一个祷告上天的仪式，说明周已经取代了商，据有中国，统治了中国。这说明在周朝初年已经使用“中国”一词了。

当然，在周武王之前，很可能已经流传“中国”的说法。我们传统意义上认为的中国，是从三皇五帝时代开始的。最早的人文初祖是黄帝，《史记·五帝本纪第一》记载，黄帝最早统一华夏民族，东到渤海，西到崆峒，南到长江，北边过了涿鹿，与诸侯在釜山合符，万国协和，无不以黄帝为中心，教化百姓，治理天下，种植百谷草木，德泽遍天地，以土为瑞德。后来黄帝的两个儿子及子孙都继帝位，成为天下统治者。经过尧、舜相继禅让，到了大禹手上，治理九州的洪水，平定天下。最后禹建立夏朝，帝位传到他儿子启的手上。到这时候，中国的疆域基本确定，各项政治制度、政令、教化基本完善，治理国家成为君主和大臣们商量的头等大事。而对普通百姓来说，正如《诗经·小雅·谷风之什·北山》中所说：“普天之下，莫非王土；率土之滨，莫非王臣。”天下已经成为一家，百姓们都是这个大家庭的一员，像尧、舜、禹这样的君主都注意修养自己的道德，努力做到“九德”的完善。《史记·夏本纪》中记载，这九种道德是：宽大而能敬谨，柔顺而能自立，忠诚而能供职，有治理的才能又能敬慎，驯顺而能果毅，正直而能温和，简易而能辨别，刚健而能笃实，强勇而能好义。这九种道德被认为是君主必须具备的，然后就可以上保国家，下安百姓了。

由此可见，爱国，首先是作为一国的君主，对自己的百姓如同亲人一样看待，如同父母对待自己的子女一样去爱护，通过自己的以身作则、言传身教去教化他们，让他们具备道德从而摆脱愚昧。君主有德，加上文武百官各安其职，各尽其责，这样国家就会和平安定。生活在这样一个大家庭中，每个人都会有自己安身立命的场所，同时有精神的依靠和归宿，那么自然就会在心中产生一种尊敬和热爱之情。

这样也就可以理解为，中国从一开始就不是一个单纯的地理意义上的概念，而是一个有形的地理和无形的精神的复合体，也就是说，它是一个地理名词，也是一个道德名词。这个“中”是地理位置之中，更是道德之中。如果只占有地理位置的“中”，而不具备道德的“中”的强大吸引力和凝聚力，那么，地理位置上的“中”很快就会被取代。这就是我们看中国的朝代更迭，似乎每一次都是从前任王朝的最后一任君主道德败坏、自乱纲纪开始。夏朝最后一个君主桀是如此，商朝最后一个君主纣也是如此。当在道德方面不能再牢牢占据“中”的位置，也就失去了拥有国家的正当性。于是一个新的王朝很快就会兴起，取而代之。孔子对此有一个著名的说法：“为政以德，譬如北辰，居其所而众星拱之。”北辰，古人认为是天上星辰的中心位置，其他星辰都围绕着其运转。同样，君主是道德的中心，有道德则天下围着他和谐运行，失去道德则众叛亲离，被新的君主取代也就是自然而然的事情了。

爱国—忠君—尊道德，沿着这个逻辑，我们就会发现，爱国主义情感的确是一种基本的，然而又是深沉的情感，其可以归纳为三点。

第一，出于本能。对人来说，安身立命是第一等大事，生命有着保全的本能，这是为什么我们出生后不久就会对家庭产生依赖和爱恋，因为家庭是我们的港湾，父母、亲人给我们提供了生存的最基本保障。同样的道理，当我们成年后，踏出家庭，来到外面更大的世界，追求实现自我价值，这时候就会意识到国家的存在，意识到一个强大而安定的国家对保障自己的生存发展、创立事业、实现价值是多么重要。一个人，只要他是正常人，就一定会具备爱家、爱国的基本情感。

第二，精神需要。人之所以从动物进化而来而又高于动物，就在于人有精神性，除了满足生存所需，人还需要更为高级的精神生活。这种精神生活同样需要一个归依，要有一个中心。只不过，这个中心是某种文化。只有对这种文化深入了解，产生强烈的情感共鸣，才能对创造这种文化的人群产生认同感。这也是为什么我们祖祖辈辈都非常重视教育孩子，从《三字经》《百家姓》《千字文》开始，渐渐到“四书”“五经”，最后是《史记》《汉书》《后汉书》等，由读书而作文，发展到琴、棋、书、画……这一切都是我们独一无二的文化，只有真正懂得了这种文化，沉浸其中，感受到乐趣，被那种蕴藏的至高无上的道所深深折服，才算得上一个真正意义上的中国人，才会对中国产生那么深沉的情感。正如诗人艾青《我爱这土地》中所说：“为什么我的眼里常含泪水？因为我对这土地爱得深沉……”这土地，就是这土地上的人民，这土地所承载的历史、文化、精神，这土地上所傲然屹立的中国，一个从历史中走来、文化的根脉深深扎入大地、为她的儿女们所热爱的中国！

第三，道德纯净。说起来，爱国主义是一种很高级的情感，但她却和我们爱家、爱亲人的情感一样，有着自己的专属指向，是有着不可逾越的限制。对于家庭而言，这种情感主要表现在血缘的纯正与否上。家人之间都是有血缘关系的：父母是第一血缘关系，然后是爷爷、奶奶，之后是姥姥、姥爷，再就是兄弟姐妹，这些都是最亲近的家属。其他则是伯伯、叔叔、姑姑、舅舅等，稍微远了一些，但毕竟还是家族之内的。再推而远之，就是“五服”以内的，也就是追溯五代，彼此有血缘关系的。再然后是同宗、同乡、同窗、同科等，关系更远了一层。对此，著名学者费孝通有一个非常形象的“涟漪”比喻：每个人都是水面涟漪的中心，一圈一圈的发散开去，最中间是自己，从自己开始向外推散。而对于国家而言，这种情感主要表现在道德的纯净与否上面。在中国历史上，有一个非常著名的“华夷之辨”。孔子曾经评价管仲：“微管仲，吾其被发左衽矣。”说的是管仲提出“尊王攘夷”，帮助周王室抵挡住了夷狄的进攻，使得华夏的子民不至于被迫接受夷狄风俗。在孔子看来，即使夷狄有强有力的君主，但不懂得礼，而华夏即便没有了君主，但是礼依然在百姓中存在着，这就是孔子的春秋大义之所在，即使是周王室的纯正血缘，如果失去了对礼的认同，那么也不能算是华夏的子民了。例如著名的吴国泰伯，是周武王的先人古公的长子，但他因为要让国，所以和弟弟一起出奔到了南方，在那里“文身断发”，完全服从当地荆蛮的习俗。虽然他被荆蛮所拥护，建立了强大的吴国，可是吴国却也因此始终不能被列入“中国”。这种传统“华夷之辨”的思想一直贯穿到晚清，整个封建时代结束后才告一段落。不过，这时候又出现了新的命题，那就是“中西”文化之争了。

伴随着“中西”文化的冲突与融合，“中国”亦开始具备了现代意义。

1840年，鸦片战争一声炮响，震醒了在清朝两百余年的麻木统治里昏睡的人们。继而是第二次鸦片战争，中国又一次战败，朝野震惊！一个叫龚自珍的诗人愤而发出第一声呐喊：“九州生气恃风雷，万马齐喑究可哀。我劝天公重抖擞，不拘一格降人才。”他的振臂一呼和林则徐在虎门的一把大火，引发了朝野上下的爱国热情。于是，魏源写作《海国图志》，冯桂芬提出“自强”“雪耻”，郑观应更是以自己的亲身实践，从《易言》到《盛世危言》，发出了“商战”的时代最强音！

一个颇为有意思的现象是，爱国主义是不分士、农、工、商的阶层划分的。曾经作为四民之末的商人，却在现代中国历史上充当了爱国的急先锋。以徐润、唐廷枢、郑观应为首的一批广东香山商人，在上海学商、经商，先是跟洋人学商战，继而以商战与洋人争锋，掀起了一股中国人自己创办实业、以实业来报效国家的风潮，从而实现国家的自强求富，重新崛起！轮船招商局、开平矿务局……一个个中国人自己创办的企业从无到有，从小到大，一批批具有新思想、新观念、新才能的中国本土商人雨后春笋一样冒出来。“以商报国”“以商兴国”“实业救国”……正是在这样一股不可阻挡的时代潮流下，“百日维新”开始了，尽管只是昙花一现，却从根本上对闭关锁国、傲慢自大的清朝统治者造成了冲击。之后，“革命”思想催生了以孙中山为首的资产阶级革命运动，“革命”在邹容的《革命军》中被解释为：“去腐败而存良善之革命，由野蛮而进文明之革命，除奴隶而为主人之革命，牺牲个人以利天下，牺牲贵族以利平民，使人人共享平等自由之革命”，这样的革命，自然是得到大多数人拥护的。于是，经过一番浴血奋战，中华民国诞生了，一个“民”字包含了多少的希望，又有多少的憧憬期待！

然而，孙中山创立的中国国民党，最终没有将革命进行到底，革命的火种传递到了中国共产党人手上。中国共产党信奉的是更加纯粹和彻底的革命理论——马克思主义，更加能够团结广大工农群众的革命者。尤其当中国遭遇到日本侵略者赤裸裸的侵犯，山河破碎、风雨飘摇，内忧外患面前，国民党政府竟然匪夷所思地实行了“不抵抗”政策、喊出了“攘外必先安内”的反动口号。中国共产党人深明大义，以大局为重，发出成立统一阵线、枪口一致对外的号召，并将全部力量投入抗御外侮中。也正是通过抗日战争的洗礼，中国共产党人赢得了在人民心目中的地位，拥有了一支铁血之师，一支正义之师。最终，中国共产党人率领这支人民军队和广大的人民群众一道，成立了中华人民共和国，向世界宣告中国人民在经历一个多世纪的屈辱之后，重新站起来了，中华民族从这里开始踏上了伟大复兴的新征途！

那么，爱国，这样一种高尚而强烈的情感，又是怎样驱动企业经营发展壮大的呢？

第一，家国同构。洋务运动对于中国之作用，一个最直接的结果就是催生了一批民族企业。这些民族企业从一开始创立，就有着明确的目的，那就是为了国家“自强求富”，为了和外国企业在中国市场上展开竞争。这样的企业中，有一开始就由国家主导的，例如轮船招商局和开平矿务局，只不过采取的是“官督商办”的形式，也就是以国家出资为主，由最有才华的商人来负责经营管理，等同于职业经理人。还有从一开始就是个人出资创办，但是明确要和外国资本进行抗争的。例如，范旭东创办久大精盐厂，目的非常明确，就是要“孕育强大的中国化学之母”，为中国化学工业的发展奠定第一步的基础，然后变盐为纯碱，以此与列国争雄。果然，他经过精心筹备的永利碱厂，造出了象征中国工业进步的红三角牌纯碱，获得万国博览会金质奖章。之后再由碱而酸，他带着全体永利人，几乎以一家企业之力而推动了中国化学工业的进步。还有卢作孚创办民生轮船公司，从一开始就明确了“救国济世”“不在利益，而在事业”之意志，誓将长江上的外国轮船公司全部赶出去。他的公司甚至明确规定，“股东以中国人为限”。当1937年日本侵华战争全面爆发后，卢作孚得到消息后的第一句话就是：“国家对外的战争开始了，民生公司的任务也就开始了！”接着，他一手策划和主持中国商业历史上的“敦刻尔克大撤退”，用40天的时间，将宜昌的大约9万吨重要工业物资抢运到了重庆大后方。为此，民生公司付出了损失代价，除了高达400万元的亏损，而且日本占领宜昌后还报复性轰炸民生公司船舶和码头、厂房、器材……但卢作孚对此一点都不后悔。报效国家，尽瘁事业，他心愿足矣！

第二，以身许国。对于企业来说，始终以经营赚钱为自己的第一天职。但是，仅仅以资本来驱动人，将人作为和机器、土地并列的生产要素，始终无法激发作为有着内在精神的人的最大潜力。真正要让人发挥出全部的能动作用，尤其是发自内心地产生主人翁意识，自觉担当，甚至是超负荷工作、运转，以致损伤、牺牲自己的身体而为之拼搏，一定是超出了经济利益之上的感召，是将爱厂爱企和爱家爱国联系在一起的更加崇高的感情在起作用。例如脍炙人口的“大庆精神”“铁人精神”，“铁人”王进喜为什么会发出那样地动山摇的呼喊：“宁可少活二十年，也要拿下大油田！”为什么石油工人们会有那样冲天的豪情壮志：“石油工人硬骨头，哪里困难哪里走！”因为国家在承受着“贫油”“缺油”的痛苦，因为国计民生已经受到了影响，从中央领导到普通百姓，人人都在期盼中国人能够开发自己的大油田，打出自己的“争气井”，产出“争气油”！大庆石油会战主打“自力更生，艰苦创业”，是一次石油工业的会战，更是一次中华民族精神的大汇聚、大熔铸、大凝练。“大庆精神”和“铁人精神”诞生于一个特殊的时代，又超越了时代，化作了永恒！

第三，以国为重。对于企业来说，创立一番事业是所有企业的追求，但是要创立一番事业谈何容易，尤其要在世界范围内公认的、受到普遍尊敬的事业，一定是与国家荣誉息息相关的，与民族精神紧密相连的。例如，航天是当今世界最复杂、最庞大、最具风险的工程，是技术密度高、尖端科技聚集的高科技系统工程。可以说，航天事业的发展处于什么样的水平和层次，是与一个国家的综合国力、世界地位相匹配的。我国的航天事业发展历史，就是一部中华人民共和国崛起的历史。从无到有、从小到大、从弱到强，六十多年一路走来，筚路蓝缕，披荆斩棘，创造了一个又一个奇迹，孕育发展出令国人为之自豪的“热爱祖国、无私奉献、自力更生、艰苦奋斗、大力协同、勇于登攀”的“两弹一星”精神和“特别能吃苦、特别能战斗、特别能攻关、特别能奉献”的载人航天精神，国之重器，时代魂魄，从老一辈革命前辈、科学家先驱，再到新一代的神舟、嫦娥、北斗、天宫团队，薪火相传，人才辈出，航天精神如同点亮梦想的璀璨火炬，永远指引前方！“可上九天揽月，可下五洋捉鳖，谈笑凯歌还。世上无难事，只要肯登攀。”毛泽东当年的一首《水调歌头·重上井冈山》，已经写出了顶天立地、大写的“人”的精神。这种精神必将激励一代又一代的中华儿女，以国为重，立志报国，前赴后继，谱写新篇，开创未来！

第九章 创新

吐故纳新。在中华文化、中华文明发展历史上，创新的脚步一刻也没有停止。

《诗经·大雅·文王》中说："文王在上，於昭于天。周虽旧邦，其命维新。"周文王是天命的继承者，他要让全天下的人都知道：周虽然是一个旧的邦国，是殷商统治下的一个组成部分，但是其所肩负的使命，却在于革新，就是说，要革除殷商统治者的残暴、贪婪、愚蠢、自私，推翻那种以强大的武力作为恐吓的威权统治，建立一个以礼乐教化为主要政治制度的崭新国家，让百姓安居乐业，过上幸福生活。

《大学》中同样有记载，早在商汤时期，"盘铭"上就刻着一句话："苟日新，日日新，又日新。"毕竟商汤当年也是在夏朝统治之下，带领商部落作为一个新的政权崛起，最终励精图治，取代了夏朝而建立了商朝。这本身就是一个革新求变的过程，即《尚书·康诰》篇说："作新民。"

在《周易》六十四卦中，专门有一卦叫"革卦"，就是讲革新的。"革"，在《说文解字》中解释为："革，兽皮治去其毛，革更之。"金文的字形，像一张从上面看被拉平的动物皮，从腿的部分分开了，上面是头和角，兽皮去毛而成革，因此有“革去”或者“丢掉”的意思，又引申为变更、改变。“三十年为一世，而道更也”，就是我们经常说的一句俗语“三十年河东，三十年河西”，以三十年为一次“革”，就会发生大的变化、更新。

“革”这一卦的卦象，是水在上而火在下，兽皮先放在水中浸泡，然后放在火上烤，制成皮革，这是这一卦的本义，至于引申的含义，可以理解为水中有火，火中有水，当水势盛大的时候，火就会熄灭，而当火熊熊燃烧起来的时候，水就会被烤干。这是两种相克相生的力量，因此会不断地冲突、交替，从而产生促进变革的力量，保持前进的动力。

在这一卦的“九五”爻辞中写道：“大人虎变，未占有孚。”这句话很关键。大人虎变，是说改革的领导者应该在改变他人之前，先改变自己，就像百兽之王的老虎那样，夏季脱毛，色彩变浅，而到了冬季，毛变厚，光滑美丽。这是要根据季节的变化而采取相应的变化，这是“时”。而比这更重要的，是“势”。势是大势，就是百姓人心。一定要在占卜吉凶之前，先真诚地和百姓做好沟通，取得民众的拥护再行动。

对文化来说，更是如此，并不是哪一朝哪一代的天子，要对文化进行创新，文化就创新了，文化的影响是遍及全天下，影响到每一个人的。文化创新的潮流，可以由最高的统治者发起，或者引领作为榜样，但文化的创新运动，一定是在最广大的人群中山呼海啸一样进行的。而且如果这样的创新不符合民意，得不到大多数人拥护，也不能成功。

中国历史上，大的文化创新有很多次。黄帝统一华夏部落，推行大规模的农业种植，制定顺应天地四时的纲纪，明辨阴阳五行、死生之道，统一祭祀鬼神山川的封禅之礼，勤劳心力耳目，节用水火财物，这是第一次大的文化创新，整个过程一直延续到尧、舜、禹。第二次应该就是殷周之际的文化变迁，从商取代夏，再到周取代商，从宗法制度到礼乐制度，推行了大规模的封建继承、分封制度，尤其西周的礼乐、敬德、天命思想，影响深远。第三次大的文化创新是从平王东迁到春秋战国，这一时期出现了君主专制思想和民贵民本思想，二者对立又统一，恰如水火一般，时而冲突，时而融合，最终产生了“大同”理想。最终，传统文化在秦王朝统一中国后定于一统，自秦汉至晚清，没有大的变化和创新，而下一次大的巨变则是从1840年开始的鸦片战争，在西方文化的冲击下，中国文化发生了翻天覆地的变化。科学和民主思想、器物、制度、文化的递进变革，一直到1919年的五四运动，最终伴随着马克思主义的传入，中国共产党成立并主导和引领了新民主主义革命，到1949年中华人民共和国成立，中国文化进入社会主义的新中国文化创造和创新时期，其进程一直持续至今。

可以看出，文化的创造创新，有四个鲜明的特点。

第一，受环境的影响，中国文化是在中国特殊的地理环境条件下形成的。围绕着黄河流域，我们可以看到主要是在和黄河的一次次洪水泛滥、决堤溃坝的斗争中，中国文化形成了几个早期特色，包括以农耕文化为主，精耕细作的特点，早期国家形态的出现，以及中央集权的特色，等等。而在中国文化的主体民族和主体意识形成之初，就面临着西北草原上的游牧文化和游牧民族的冲击，这同样是地理环境因素的影响。农耕民族离不开游牧民族的毛皮、肉类、奶类食品，游牧民族离不开农耕民族的粮食供给，彼此是互补的形态，因此不能从根本上隔绝。这一关系决定了中国文化从一开始就不是封闭的，而是开合的。

第二，有独特的气质。中国文化的主体民族和主体意识由于从一开始就面临着危险和冲击，因此就有着保护自己独立性和完整性的本能。为了捍卫这种独立性和完整性，也就产生了抗争意识。只不过这种抗争意识有着哲学上的更高解释，那就是《周易》中乾卦的“自强不息”和坤卦的“厚德载物”。刚健、自强，生生不息，让中华文化和中华文明元气充沛，不屈不挠；厚德包容、生养和成就万物，则让中华文化和中华文明襟怀阔大。“道并行而不相悖，万物并育而不相害”，对于其他文化和文明，我们选择的是给予肯定和包容，将其接纳、同化而不是抗拒、排斥甚至予以毁灭，由此形成了我们的“和合”思想。

第三，保持动态平衡。我们的文化不是一成不变的，而是追求在变化中的平衡。“中庸”的中，就是一种不偏不倚的中间状态，庸就是常。中庸，就是要经常地保持在中间状态，也就是保持动态平衡的意思。就像我们骑自行车一样，车子骑起来了，就不会摔倒，但过快或过慢都容易出问题，最好是匀速前进。同样，文化也是一个持续的、循序渐进的发展过程，当然中间也会因为特殊原因而出现跨越式发展，或是倒退。但不管怎样，文化的积累、沉淀、传承，是不能割裂的，必须连续不断地发展。我们中华文明的母亲河有两条，一条是黄河，另一条是长江，这两条河都有同一发源地，然后经历了几千几万里，千折百回，最后流入了同一个目的地——大海。尽管经历了那么多曲折，却在中间没有断流，保持贯通。我们的文化也是如此，先是儒家、道家，两河并流，后来又加入了佛家，其中还有无数的支流，但一直都没有断流，从远古流淌到今天。

第四，坚持综合创造的原则。作为四大文明古国之一，我们的文化是从五千年到现在唯一活着的文化，也是唯一还在发挥着作用，影响着今天人们生活方方面面的文化，而且还在继续发展和创新过程中，这不能不说是人类文化史上的一大奇迹。创造这一奇迹本身就非常了不起，而更了不起的则是我们的文化坚持的是综合创造的原则。从黄河流域，黄帝与炎帝的部落大融合开始，华夏民族正式登上历史舞台，作为象征融合的“龙”文化就出现了。“龙”是一种现实中并不存在的动物，但它却是多种动物的融合体：在最初的甲骨文中，“龙”字是张开巨型大口饮水的双头神兽，有人说这是神秘的蟒蛇、水中的巨怪和天上的龙卷风的合体想象，表达了人们对自然的恐惧，但只要诚心诚意地祭祀神灵，就会求得平安，因而其中又暗含着祥瑞的意思。到了商朝晚期，商夔龙纹觚上的“龍”字就更加典型了：字形由“辛”（甲骨文“辛”的弱化）、“口”（甲骨文“口”的弱化）、鱼尾（像倒立在海面的鲨或鲸的大尾）、鱼鳍（对称的双鳍）、巨爪、腾飞的蛇身、卷云等诸多部分构成，表示这是能飞天、能行地、能潜渊的完美神兽，这也预示着对“龙”的综合创造的完成，“龙”图腾由此成为华夏民族的象征，从此以后世世代代的中国人都称自己为龙的子孙了。

这一综合性创造的原则，在鸦片战争以来的中西方文化冲突、碰撞、融合过程中，又一次发挥了巨大的作用。当时，面对西方文化的巨大冲击，提议“中体西用”者有之，“西体中用”者有之，甚至有人提出“全盘西化”。但不管怎样争论，中国文化毕竟无法避免和西方文化的融合。于是，这个大原则下，又有几个小的原则出现了：首先是中西文化融合，离不开中华民族的主体意识和觉醒。这是文化融合的根本，如果丢掉了自己的根本而完全去融入对方，最后迷失了自我，那就得不偿失了。毕竟文化是有民族性和差异性的，即使有高级和低级之分，落后和先进之别，用一种文化强行去取代另一种文化也是危险的，是不可取的。其次是文化融合的主要对象是儒家文化与西方现代文化的融合，中国文化不能丢掉儒家文化这个主流，毕竟我们自古以来就是礼仪之邦，是文明古国，儒家文化作为主流影响中国社会两三千年，不可以被一朝抛弃，弃若敝履，而应该加以改造，适应现代世界。同样，西方现代文化也不是什么都是好的——虽然科学和民主是好的，但其实我们自己也有理性精神和人文主义，不必妄自菲薄。我们的文化只不过是阶段性落后了，只要迎头赶上就可以了。最后是以马克思主义为原则指导社会主义中国文化的新建设，这是中国文化从传统进入现代的一条必由之路，经实践证明也是唯一的道路。

那么，以上文化创造创新的特点和原则，又如何在企业的文化创造创新上应用呢？

我们先来看环境因素。企业的环境要考虑几个具体方面：第一个大的层面是时代层面。所有的企业都是时代的企业，企业的成功最大程度上是得益于顺应了时代发展的大潮。不管在传统工业时代，还是崭新的互联网时代，以至未来的人工智能时代，企业都必须将与时代的结合放在第一位。时代环境变化了，企业的文化必须随之而变。第二个层面是国家层面，要看企业处在什么样的国家，是在东方还是在西方，是在什么样的文化背景下，组成企业或者要服务的是什么样的人群，这也是必须考虑的因素。尤其是大企业，人数多、资源丰富、影响力大，如果在文化上出了问题，或者走了偏路，那么再好的产品和服务也没有用。在这一点上，做得对比做得好要重要得多。先把事情做对，再做好。第三个层面就是区域因素，受当地的风土人情、风俗习惯等影响。最后才是企业自身的情况，包括历史情况和现实因素，进行综合考虑。

需要指出的是，企业和人一样，也是有能动性的。企业依托环境而存在，但是企业也可以改变环境。只不过这种改变必须向好的方面发展，而不能去破坏环境，去造成环境的污染和不可持续，成为麻烦制造者。

再来看独特气质。既然是独特，自然就不会完全一致。我们知道，一个企业的气质是什么样子的，最重要的还是要看这个企业的创始人气质是什么样子的。企业创始人如果是行伍出身，气质刚健一些，阳刚一些，企业的气质就会刚健、阳刚，敢于进取，善打硬仗；如果企业创始人是名校出身，学历高，文质彬彬，那么企业的气质就会聪慧灵敏，温和甚至有一些木讷，但善于创造创新，产品也会附加有丰富的哲理。气质一经注入，通常在很长时间都不会改变。当然，在遭遇大的变化后，甚至在另外一个同样有着强烈气质的领导人接手企业后，也会有新的塑造。但这种气质基本上是自上而下的，是注入式的，是持久性的。

接着，我们再来看动态平衡。企业的文化同样需要保持连续性，在动态中发展，但是同样面临着更大的问题。因为企业的文化有两种类型：一种是家族式的，这主要是民营企业。家族企业利于文化的传承、延续，文化精神比较单一，但这种文化局限性也很大，尤其不利于被员工普遍认同。文化如果只在企业高层发挥作用，而对企业基层失去感召，那么这样的文化就是不完整的，因此也就不是最有生命力和竞争力的。另外一种是国有企业式的，其最大问题是“一把手依赖”。一把手文化容易推广，见效快，但是人一走，茶就凉，换了一个新领导人，又推行新的“一把手文化”，这就可能造成文化的断裂，甚至是推倒重建。一次次推倒重建的结果，一是带来资源的重复浪费，二是文化没有足够的时间积淀，广大的员工甚至来不及消化，更谈不上实践再创造了。

所以，对企业来说，保持动态平衡，既要保持文化的原汁原味，保留充沛的原动力，又要与时俱进，不断创新，处理好传承与创新的课题。这里面其实只要坚持一点就可以，即回归文化的管理属性，按照企业的发展情况，根据管理的实际需要去进行文化的变革，就不会无的放矢了。

最后来看综合创造。应该说，企业是综合创造这个原则最大的实践者，企业本身就是一个综合创造体。将资本、土地、技术、人力等资源结合在一起，像变戏法一样，就产生了千姿百态的产品，而且还实现了资本的增值，创造了经济价值和社会价值。这种综合创造的能力就是企业存在的最大价值。将这种能力用在文化创造上，也是最合适不过的。“企业无国界”，就文化意义上而言，企业并不会拘泥于哪一种文化，是中国的还是西方的，是少数的还是大众的。事实上，很多时候，企业里的文化存在都是多元一体的，是互相交错的，是你中有我、我中有你的。对企业来说，这些文化只要对管理有利，能够促进生产经营，提高效率和效益，就是有用的，是好的，就是允许存在的。而各种各样的文化存在，不停地碰撞、融合，然后转化为产品上的附加值，立刻送到社会上被消费者所检验，这样的创新就是再理想不过了。

当然，我们说过，中国企业的文化是在中国的社会主义新中国文化建设大背景下进行创造和创新的，因此也必须坚持两个主体原则：首先是指导原则，就是以马克思主义为指导，坚持中国共产党的领导，以党建文化建设来引领企业的文化建设，这是不能动摇的，也是毋庸置疑的。其次是为谁服务的原则，文化必须为广大的人民服务，为人们追求美好生活服务，而这样一来就决定了创造创新的主体其实是人民。企业只有依靠人民才能创造创新，成果也是为了人民所共享。

办人民的企业，为人民服务，当企业存在的意义统一到这一根本中心点上，中国企业（包括国企和民企在内）都应该是一样的，那就是当好人民的公仆，为中国人民的美好生活和中华民族的伟大复兴梦想而奋斗！

第十章
共赢

协和天下，中华文化、中华文明从一开始就给自己设定了这个最高目标。

很难说其他的文化和文明是否有这样高度的自觉，会从一开始就找到并确立自己的存在目的。但中华文化的确是幸运的，因为我们有天然的肥沃土地，只需要用原始的农业工具轻轻在上面进行耕作，再撒下种子，配合阳光、雨水，就可以稳稳地等来秋天的收获。有了足以维持生命存在的粮食作为基本保障，家庭这种基层的社会细胞很快就形成了。由家庭组织的团结一致，齐心协力从事劳动生产，而产生了最早的协作精神。

“协”古作“劦”，在《说文解字》中解释为“众之同和也”，其字形是由三个“力”字组成的。力，在古代是耕地用的犁，三张犁合在一起，就是表示耕地的时候同时用力。有的人扶着犁，有的人在前面用绳子拉着犁。只有一家人齐心协力，共同参与劳动，才能够完成耕种任务，迎来收获。心往一处想，劲往一处使，各自按照力气大小承担不同分工，最后共同获得食物，再由家庭中的权威，根据每个人不同的需要进行公平的分配。从这种最初的家庭劳动中产生的文化，就可以称为

“协和”。“协”是劳动的合作，“和”是在公平分配基础上产生的彼此情感的融洽、和合。由家及国，将这种精神推之于天下，就形成了中华文明的“协和天下”。

协和天下，在黄帝统一华夏民族，初步形成大一统局面的时候，就已经注重“万国协和”了。那时，“大一统”其实是结盟形式的，黄帝是联盟的“盟主”，对于联盟内部不遵守习惯法规或者违反联盟协议的小国家，黄帝有权实行征伐，甚至可以在征伐之后委派新的君主去管理这个国家，取而代之。《史记·五帝本纪》记载，黄帝设立有左右大监，以监察万国。“万国”是形容当时的小国家之多，有好几万个。据说到了大禹的时候，还有三万多个。后来，武王伐纣时期有诸侯八百多个，周王室分封诸侯时期有七十二个，直到秦始皇统一中国，中国才真正意义上实现了大一统。

因为黄帝时期的大一统是一种联盟，所以形式上的存在大于实际内容上的存在，制约的法规和协议也都是粗放式的。真正要对这几万个小国家进行行政和法律意义上的管理并不容易，而只能依靠道德的感召力。这就是为什么我们在看古代历史的时候，黄帝、尧、舜、禹这样的天子，也就是大盟主，都是道德上的完人。他们的道德水平比他们的实际执政能力更重要。黄帝有土德，也就是像大地一样，养而不有，功成而不居。天下有不顺从命令的，他就去征伐；平定之后，他就离去。他的一生都在忙碌奔走，他的军队从来不在一个地方停留，像云一样来来去去。尧帝有仁德，他像太阳一样给万物带去温暖，勤劳地治理天下。他善于任用百官，虽然制定了五种严厉的刑罚，但是从不轻易使用。他最后将天下禅让给了舜。舜有孝德，他在自己的父亲面前严守为子之道，即便瞎了眼的父亲受到一次次蒙蔽和蛊惑，他也始终没有埋怨过父亲。不管他的弟弟做了多少的恶事来伤害他，他始终心存友爱。因为他的道德是如此高尚，以至他所在的地方，一年成村，二年成城，三年成市。他又善于用人，宣扬父义、母慈、兄友、弟恭、子孝的五种伦理，于是在他得到天下后，很快四方来朝，天下和平。他后来将天下让给大禹，大禹是个勤劳的人，为了治理洪水，踏遍九州大地，三过家门而不入，最终平定洪水，九州之内，无不感恩他的功劳。

以道德而不是以武力来让天下和平安定，这是中华文化的一大创造。从自我修养做起，先把自己的德行修炼好，然后治理自己的家庭和家族，让九族和睦，再推广到把自己的国家治理好，然后去团结各国，让整个天下围绕着道德中心来构建一种和谐安定的秩序，这就是《尧典》所说的“协和万邦”，也是《周易》说的“圣人感人心而天下和平”。

从人心入手，尊重每一个人作为生命主体的独立性和完整性，让每个生命尽可能实现自己的价值，达到生命的圆满，而又不对他人造成伤害，这一点应该是中华文化和西方文化的一个分水岭。西方文化认为人是生而有差异的，有的人天生是奴隶，是野蛮人，和动物没有太大分别，而有的人天生是奴隶主，是文明人，因此奴隶主要去征服奴隶，去掠夺奴隶、土地和财富，这就形成了他们的征服世界观，就有了不断的冲突、流血，出现了一个民族对另外一个民族的武力征服的战争。

中国人则是从一开始就爱好和平，我们并没有高喊着什么“人人生而平等”，但我们却有孔子所说的“己所不欲，勿施于人”，即如果你不想自己弱小，而遭到其他具有强大力量的人欺凌，你就不应该在自己强大起来的时候去欺负其他的弱小者。同样的道理，如果你不想被当作野蛮人，被别人野蛮地征服，那么，你对待其他文明程度不如自己的民族，就不应该采取极端的方式去进行征服，而应该一视同仁。

前面我们说过，中国历史上一直有华夷之辨。但即使如此，我们对待蛮夷、戎狄，也都是承认他们存在的正当性。他们也都是天的子民，是中华儿女的后代，是同根同种，因此是可以教化的。不管是在夏的时候，还是在商、周的时候，“顺俗施化”是一以贯之的政策，其后的王朝也是如此。唐代著名诗人杜甫有一首诗《前出塞》：“挽弓当挽强，用箭当用长。射人先射马，擒贼先擒王。杀人亦有限，列国自有疆。苟能制侵陵，岂在多杀伤。”如果只是看前面四句，杀气腾腾，让人感受到以汉族为主的中原农耕民族和西方以少数民族为主的游牧民族之间激烈的厮杀，但后面四句才是作者所要表达的中心意思：杀人再多能解决问题吗？何况人家本来就有自己的疆域，存在已经很久了。既然要消灭他们是不可能的，为什么不放弃战争，采取和平的手段呢？汉、唐，一直到明代，这种“怀柔”“抚顺”的政策一直沿用。

当然，协和天下这一中华文化的最高理想和终极目标，有时候也会不那么自信，这就是从1840年爆发的鸦片战争开始，中国在进入近代乃至开始向现代化转型的时候，遭遇了世界列强的疯狂掠夺和侵略，甚至是坚船利炮的武力威胁，一时间陷入亡国灭种的危机！

在这个时候，中华文明中心论、华夏民族主体论，一下子都遭到了怀疑。甚至有人提出要用西方文化来代替中国文化，激进的人则认为要像日本人提出的那样改变自己的人种，以此极端的手段完成向世界的融入。

我们不再去具体描述这一万花筒般缤纷缭乱的过程，只是从大的层面上来对“协和天下”的中华文明目标进行一个分析，得出三点结论。

第一，“协和天下”作为一个终极目标，是我们中华文化存在的根本性理由，也可以说是中华民族的“天命”。这一点是永远都不可能更改的。

生而为人，每个人都肩负着“天命”，每个人的人生都有一个目的。只不过这“天命”、这目的，有的人很早就发现了，而且坚定不移地去实现，有的人却一生浑浑噩噩，甚至到生命终结都没有发展出独立的个性，没有意识到自己有一个完整的生命，更谈不上去实现生命价值了。

不过，那是对个体而言的，好在中华文化是强调整体性的，是坚持以德化人的。有不了解自己生命价值的普通人，也有提前预知了天命，看到了整个中华民族未来的圣人。那么多的圣哲先贤，用他们的悟彻天道的智慧，和艰苦卓绝的实践，一代又一代，像传递接力棒一样点起中华文化的灯火，让这灯火尽可能璀璨，尽可能照亮和温暖每一个中华儿女。

协和天下，也许只是一个理想，是一个永远在实践和传承发展的过程中，在不断接近完成的过程中，却始终无法抵达彼岸的遥远之梦，但不能因此就否定梦想，放弃梦想。正如不能因为人类具有动物性的自私、贪婪，些许的愚蠢、自负、容易陷入无理性的冲动，而放弃人类的道德追求，却对人性的美好和光明视而不见。

人，脚踏大地，仰望星空，因为理想的存在，和一次次放飞精神的翱翔，而获得了在这个地球上万物之灵中至高无上地位。人类因为梦想而崇高，因为敢于一次次去勇敢地追逐梦想而伟大，正是这一切让我们从动物进化而来，却摆脱了动物性而最终彰显人性，创造了文明。

第二，“协和天下”的理想要变成现实，注定要经历无数的磨砺挫折、艰难困苦，甚至还会在某些时候被误解和遭受打击，付出痛苦的代价，但不管怎样，我们都不能放弃一个最基本的核心，就是人文精神。

人文精神可以称得上中华文化、中华文明的核心。从《周易》开始，我们确立了天、地、人的关系之后，确立了人与自然、人与人、人与自我的关系之后，就确立了人文精神在这种种关系中的统一中心地位。

人文精神，首先一点肯定人是主体，人是高于一切的存在，是和天、地这样自然界中最高的存在等量齐高的。人并不单纯是自然环境的产物，还具备顺应和改造自然的能力，而且能创造一个自由自在的精神世界。人的精神世界和所处的自然世界，共同构成了天、地、人三位一体的宇宙系统，这个宇宙系统的秩序和运转，无不围绕着人进行。如宋代理学家陆九渊所说的那样：“吾心即宇宙”，便是这个道理。其次，人文精神肯定人的主观能动作用，强调人的努力胜过一切，人的力量集合在一起是无穷大的，是比天地的自然力量甚至鬼神的超自然力量更为可靠的存在，因此而有“人定胜天”的主动抗争精神。这一点非常重要。中华文化虽然一直讲“和”为贵，但“和”本身却是建立在阴阳二极的对立统一基础上的，是一个不断取得动态平衡的发展过程。老子说：“一阴一阳谓之道。”“道者，反之动。”中华文化中同样包含着很多相反相成的因素。前面我们指出过，华夏民族的汉民族农耕文化主体和西北少数民族的游牧文化主体之间，长达千年纠缠不休，还有中华文化的核心主体内部，儒家文化和道家文化其实也存在着很大的分歧，儒家讲入世、有为，道家讲出世、无为，儒家尊君，道家亲民，还有其他的墨家、法家，也在不同程度上与儒家、道家对立……但所有这一切，并不影响中华文化、中华文明集百家之大成，中国最终走向秦朝的大一统，就是各种思想交汇融合之后的必然结果。

人的主观抗争精神，表现在文学艺术作品里更多一些，如流传最早的精卫填海、孟姜女哭长城，都反映了普通百姓的主体意识的觉醒，反映了人对天道、自然的不可抗拒的所谓神力的不屈抗争，这种抗争尤其在改朝换代之际，在一个政权取代另一个政权的生死争斗过程中，表现得尤其突出。其中有普通百姓的抗争，也有王公大臣的抗争，更有君主和臣子、军队和百姓的集体抗争，谱写了一曲又一曲的悲歌，感天动地！尽管最后民族融合完成后都并入了中华民族的大家庭，但是抗争的精神却不曾泯灭，在文学艺术和人们口耳相传中代代流传，光辉万丈！

第三，“协和天下”的理想实现离不开理性主义，这也是中华文化长期以来一以贯之、持续坚守的最宝贵财富。所谓理性主义，就是不将一切自然界的变化归结为神力，认为是自然而然的东西，而是主张通过人的努力探索、实践、拼搏、奋斗，可以去掌握和利用自然规律，从而结出创造的硕果。我们的先祖最早俯仰天地，观察自然，《周易》可以说是最早的对宇宙图景的描画和整体。后来老子提出了“道”，管子等人提出了“气”，再后来就发展出了丰富多彩的天文学、数学、地学、医学等，最终中华文明向世界贡献了四大发明：造纸术、印刷术、指南针和火药。当然，中国领先世界的机械与技术发明远远不止于此，李约瑟在其《中国科学技术史》中就列举了二十六项中国的世界第一，而且不无动情地说："我写到这里用了句点，因为26个字母都已经用完了，可是还有许多例子可以列举。"在将近两千年间，中国一直向世界做着卓越的贡献，"四大发明"被公认为在开启西方近代文明的先河方面推动作用巨大，如同马克思所说的那样："火药、罗盘、印刷术——这是预兆资产阶级社会到来的三项伟大发明。"虽然到现在还有人认为，中国的"四大发明"没有促进中国自己的近代化，没有在推动中国社会变革上发生西方那样显著的革命性作用，这是一大遗憾，其实这是不成立的。且不说"外来的和尚会念经"，有时候一种文化在自己的文明系统内部看起来平淡无奇，作用不大，但是一经输出和其他文化产生碰撞，就会在其他文明系统里产生爆炸作用，这是不同的文化类型之间的化学反应，类似于自然界的杂交。再者，中国从秦汉以来的大一统，就建立了一个自给自足的自然经济的大市场，我们有世界上最早成熟的内陆型商业文化，因此根本不需要到外面世界去开拓市场，也就不会有火药、罗盘和印刷术在西方抢占世界市场和建立殖民地过程中那样的举足轻重作用。

不管怎么说，理性主义让我们可以从直觉和整体上把握宇宙，了解自然。理性主义还带来理性思维，我们在《周易》中提出了阴阳对立统一的思想，形成了中国历史上最早的辩证法。将事物一分为二，正反两个方面都可以看到，而且并不过分地走向某一个极端，这就让我们掌握了平衡的艺术。理性思维还使得我们肯定物的客观存在的，唯物而不是唯神，让我们更加注重经验和实证，注重在事物的连续发展过程中，去保持整体的统一性和延续性，从一个宏大的历史进程中看问题，而不是着眼于一时一地的得失。这就使得我们的历史从未中断，文明延续至今，让历史的温情和文明的活力得以代代相传！

那么，具体到企业来说，协和天下这样宏大的目标，又如何为企业借鉴呢?

其实，协和天下在今天还有另外一个表述，那就是“共赢”。协和天下是一个整体性的、直觉意义上的理想目标，并不一定非要有具体可把握、可感知甚至可以量化的形态，但是“共赢”则是一种价值观念，它首先是从经济利益的角度来考量的，其次才是文化价值，以及人类价值。

从第一个层面的经济角度来说，共赢，就是天下共利。“计利当计天下利”，这与我们自古以来的“兼济天下”的追求是一脉相承的。那么，为什么要考虑企业对自己之外的贡献，为什么要企业像人一样，追问自己存在的意义和目的、在整个天下的位置和应该起的作用呢?这是否和企业作为单纯的经济组织，以及谋求为股东创造利润最大化不搭边呢?

其实不然。企业从一开始存在，就必然承担着社会公民的角色，就必然要履行一部分社会功能，这是天经地义的。至于企业所信奉的股东至上、股东第一、一切以股东的利润最大化为归依，这样的观点并非一成不变的。也许在现代企业诞生之初，资本占据着绝对中心的地位，企业的存在就是要为股东谋取利润最大化。但随着大企业尤其是跨国企业的出现，社会责任就成为一个必须面对的课题，必须交出一份满意的答卷。企业如果不能很好地履行社会责任，就得不到公众的认可。如果不被认可，就会遭受到经济之外的其他干扰，导致问题丛生。尤其在今天，人类社会已经进入互联网时代。和传统工业时代比起来，现在的企业从外部形态到内部精神都在发生巨变，像“股东第一”这样的理念是否还有必要坚持呢?或者，说是否该改变或赋予其新的内容和含义呢?

就在本书写作过程中，发生了一件意义重大的事情：2019年8月19日，181家美国顶级公司首席执行官在华盛顿召开了美国商业组织“商业圆桌会议”。会议上联合签署了一个重大的《公司宗旨宣言书》。该《宣言书》重新定义了公司运营的宗旨，指出:“股东利益不再是一个公司最重要的目标，公司的首要任务是创造一个更美好的社会。"

这真是一个翻天覆地的变化，尤其考虑到中国和美国仍然存在贸易摩擦且美国单方面还在不断升级贸易矛盾。中国和美国在这个过程中表现出来的追求截然不同。美国似乎致力于构建一个"更加有利于自己的世界"，而中国却致力于构建一个"更加美好的世界"。"一带一路"倡议与实践，我们提出构建人类命运共同体，都是这一理念的产物，和自诩为"世界唯一领导者"的美国比起来，中国的做法无疑与其有天壤之别。商人出身的特朗普将美国看作一个大公司，把自己当作公司的掌舵人，似乎为全体美国人股东谋求利润最大化就是他唯一要做的正确事情。他却不知道，公司在股东利润之外还有更大的目标，有着更重要的事情。

第二个层面是比经济价值、社会价值更大的文化价值。文化价值是无形的，似乎很多企业也不明白应该如何创造文化价值。其实，文化虽然无形，却需要一个有形的载体，而在今天的人类社会中，在我们每一个人的生活中，我们所接触到各种琳琅满目的企业产品就是最好的文化载体。曾经，中国的文化风靡全世界，举世无双的中国丝绸、瓷器、茶叶，将中国的儒家文化、道家文化，中国的诗歌、绘画、书法等艺术，一股脑儿传送到了全世界的每一个角落。

今天的世界就更是如此。人类的沟通障碍被一再突破，五湖四海的人们借助畅通的物流，可以彼此互通有无，各个国家的企业产品都被贴上了"全球化"的标签。全球经济的一体化带来了全球市场的大流通，而在这个流通过程中，文化被无数的载体运送，被各色人群接受。由企业的触角，企业的有形产品和无形的品牌、服务等可以看出，我们必须强调企业的文化责任，必须唤醒企业的自觉的文化承担意识。

企业是文化的传播者，同时也是文化的创造者。文化本身是一些无形的文字、思想，是看不见的思维方式，是一些古老的观念和潜移默化的隐形行为。但是，企业通过自己的生产经营实践让这一切都活了起来。我们一再说的儒家文化，其实那些烦琐的礼仪，那些古老的话语，很多已经在我们的日常生活中消失了，但又在企业的文化和精神里活了过来。一个人在当今科学技术高度发达的时代完全可以离群索居，依靠网络的虚拟性而存在，不与更多的人在现实生活中发生关系，但是企业不行，企业一定是要与无数现实的人发生这样那样的联系的。这就逼迫企业需要思考自己与本身、自己与社会、自己与自然的关系，而这就等于重新踏上了儒家文化设定的道路，并在实践中予以创新。

第三个层面是人类价值，也就是对于这个世界的普遍价值。企业是为了"赢"而存在，企业要在激烈的市场竞争中获胜，这些都无可厚非，但这一切都是有限制的，要在前面加上一个词"共赢"。共赢，就不是一个人赢，不是一家企业垄断所有的资源，将所有的利润都据为己有。西方社会的法律尚且有《反垄断法》，不希望出现一家企业独大的局面，更何况我们国家现在也正致力于建立的社会主义市场经济制度。

社会主义市场经济与市场经济不同，这不仅仅是字面上的直观区别，更在于一个核心：市场经济是以个体参与自由竞争为主的，社会主义市场经济是以集体参与自由竞争为主的。前者强调个体对获得财富的绝对占有，后者强调集体对于获得财富的公平分配。也就是说，前者是以私有制为主导的，后者是以公有制为主导的，追求的是共同富裕。建立在财富私有基础上的自由竞争，难免会陷入竞争无序和贪婪自私过度，只顾个人埋头发财而不顾及人类共有资源遭到毁灭性开发。例如，面对迫在眉睫的全球变暖问题，美国竟然在特朗普政府主导下选择了退出《巴黎协定》，这样的做法无论如何都让人无法理解。反而是中国作为发展中国家，主动做出了承诺，带头履行协定，不仅仅大力推行生态战略，建设青山绿水的美丽中国，也致力于建设一个"更加美好的世界"。

社会主义市场经济制度的探索，目前还没有完成，也许这个过程还需要很长时间，但我们还是可以做一些基本的总结。例如，企业价值必须与社会共享。企业不是某一家某一姓的企业，而是全社会所共有的企业。企业创造的有形财富和无形财富，都应该是社会财富的一部分。企业可以自主决定如何使用这些财富，但一定要使社会利益最大化。同时，企业在生产经营过程中必须遵守全社会共有的伦理道德。企业除了达到经济目的，还必须清楚自己存在的社会目的和意义。企业在推动社会进步的过程中，必须扮演正面的、积极的推动角色，在制定发展战略过程中，不能一味地盯着市场，而必须以社会的利益相关方作为考虑对象。企业要在商业经营中要更多地考虑政府、社会、法律、文化等因素。要有综合性的战略设计，并不断根据需求和反馈自我调整。最后还有一点，就是企业的可持续发展，不能只考虑自己，而是要考虑包含经济、社会、环境体系，乃至国家的整体性系统，要创造利润，要保护环境，要促进社会发展，要报效国家，还要为子孙后代留下一个生存发展的机会，企业要在动态发展中取得这一切的平衡。

共赢，说到底还是要强调对“人”的关注，要始终牢记一点，人是目的而不是工具。正如著名德国诗人荷尔德林所说：“人，在大地上诗意地栖居。”人不仅是物质动物，还要有精神生活。人不止有动物性的欲望，更有人性的高贵和尊严。只有以人为出发点，以人为落脚点，贯彻始终，让人顶天立地、昂首屹立在天地间，才会有一个光明灿烂的未来！

卷二

中国企业文化品格

第十一章

自觉

在探索中国企业文化品格之前，先要弄清楚“品格”与“精神”的区别。

“精神”，是由“精”和“神”两个字组成的。“精”，原意是指经过筛选的上好的大米，引申为萃取的优秀部分，是生命能量的最高级形式。“神”，原意是指祭祀掌管雷电的天公，引申为万物的主宰。精和神的关系是由精而化为神，是从有限的生命向无限的精神提升、转化的过程。人类的生命、意识就在这亘古不变的提升、转化过程中世代流转，得以延续。

同样，“品格”是由“品”和“格”两个字组成的。“品”，从字形上来看，是三个口，而不是一个大口，表示吃食物的时候不是一口吞下，而是一小口一小口慢慢地品尝食物的滋味。《周礼·膳夫》说：“膳夫授祭，品尝食，王乃食。”引申来说，就是等级、类型，大众化、社会化的东西。格，原意是树高枝长的样子，引申为扩展、延伸、发展，而遵从“籽、根、干、枝、叶、花、果”的自然发展规律，成为规格、标准。品格，就是作为普遍标准的、被大多数人认可、接受的品质。

从词语本身的内涵上来说，可以看出“精神”和“品格”的最基本区别，那就是“精神”通常是指个体，要有一个具体的生命来作为承接，在此基础上生发、提升、转化，而每个个体的生命受限于自然生长环境以及后天教育环境、自身个性等诸多因素影响，各不相同，因此“精神”更多地强调个体特点，其作用也首先是更多地影响到这一个人、然后再辐射到周围的群体、最后发散到社会上，成为群体性精神。

而“品格”则正好相反。“品格”的形成从一开始就是集体认同的结果。只有某一样事物的品质或者某一种道德类型被大家普遍认可了，这种事物品质或者道德类型才可能作为一种标准，如同从种子到树木，开枝散叶，成为广袤的森林一样，从一个群体、一个地区、一个国家播散开来。作为后来者的人们，只需要将品格继承下来并通过自己的实践加以弘扬、扩大传播就可以了。

同样，对于企业来说也是如此。如果说中国企业文化的精神因为企业的不同，而呈现出缤纷多彩的面目，例如在古代有传统的商贾精神、商帮精神，在近代有民族企业精神、实业家精神，在中华人民共和国成立后有中国特色的国企精神，在改革开放进程中诞生了民企精神等，百花齐放。所有这些精神，都是先通过个体的独特创造，然后与时代结合，成为时代精神，最后经过代代相传，反复淬炼，上升为中华民族精神，化作了永恒。

但中国企业文化的品格就不一样了。不管什么时代、什么性质的中国企业，只要企业文化一经形成，就不可避免地带着共同的品质和品格。这就好像中国人作为中华儿女、龙的传人的品质和品格一样，从几千年前黄帝作为中华民族的人文初祖，带领中华各民族完成第一次大融合开始，就铸成了我们最基本的品质和品格。此后，一次次改朝换代，一次次分分合合，不过是这个大融合过程的更进一步的完善而已。而我们的品质和品格，也在经过历史的打磨和岁月的洗礼之后，愈加完美。

下面，我们就将这些品质和品格一一呈现，和大家一起来慢慢品味、感悟。

在所有这些如珠玉般散发着美丽光泽的品格中，第一个要说的是自觉。

也许会有人对此提出疑问：自觉也算一种品格吗？之所以会有这种疑问，大概是因为对“觉”这个字还理解不够。

“觉”，在《说文解字》中的解释是：“觉，从见。”这个字实际是两部分组成的：一部分是“学”，在这里省略了下面的“子”，但是“学”的意思保留了下来；一部分是“见”，就是“看见，发现”的意思。一个人如果不断地学习知识和经验，就会不断地发现各种真相。这些真相有的是自然规律，有的是社会规律，还有的是我们内心的思维方式、思考方法等。因此，“觉”这个字实在是太丰富了：从闭目昏昏沉睡到醒来清晰地感知一切，这叫作“觉”；从内心被形形色色的欲望填满到清心净虑，从而获得洞察自然万物真相的能力，这就比觉更高了一层，叫作“慧”；如果能够在此基础上更进一层，由外观大千世界向自己的内心探索生命真相，最后明心见性、发现自我，这就叫作“悟”。所以我们说，历史上的圣哲先贤都有一个共同的特点，即他们都是“觉悟者”，是通过不断学习而发现终极真相的人。

这样一来，“自觉”就很了不得了。要想做到“自觉”，必须经过以下步骤：

第一，自律。自律就是自我约束，这种约束首先是约束我们的外在行为，例如不说不好的话，不做不好的事，积极地宣扬“善”，勇敢地反对“恶”，大胆地去追求“美”，旗帜鲜明地去批判“丑”，致力于和大家一起去追求“真”，反对任何人为了私利而制造“假”，等等。这些行为上的约束，如果做到了，就是“君子”。但是，我们的古人在两三千年前就发现了，只是做“君子”还不够，还要做更高层级的“圣贤”。所谓“圣贤”，就是要进一步在内心里约束自己的欲望，将其减少到最低程度。作为“人”，自然有着种种欲望。但是作为“社会人”，就必须克制自然欲望，而致力于和大家一起共创共享安乐、和谐的社会秩序。可是，“社会人”又会在社会环境里产生新的“社会欲望”，因此还需要进一步升级到“天地人”或者叫“宇宙人”，实现人与天地、宇宙的合二为一，返璞归真，自然也就无欲无求了。

自律，说起来容易做起来难，尤其我们生而为人，天性中就带着与生俱来的弱点，例如自私、贪婪、愚蠢、傲慢、嫉妒、猜疑、虚荣……要想克服这些弱点中的任何一个，都不是容易的事情，更不要说将这些弱点全部消灭，那对任何人来说都可能是一生中所面对的最大挑战。但也正因为如此，我们人类才能够真正展示我们作为顶天立地的“人”的尊严。人类之所以是不同于动物的高级智慧生命，就在于人类能够自我觉察，能够察觉到自己身上存在的这些缺陷和不完美，从而敢于向自己发起狂风暴雨一样的挑战。这比自然界的暴风雨来得更加猛烈，也正因此，人类才获得了其他低级生命所不具有的独特品格。

第二，自省。一个人要做到一时的自律很简单，但要做到一生中时时刻刻保持自律，就必须养成自省的好习惯。在《论语·学而》中，曾子曾连续向自己发问：“吾日三省吾身：为人谋而不忠乎？与朋友交而不信乎？传不习乎？”每天都要反复地问自己这三个问题：替人家做事情，我尽到最大的努力了吗？和朋友交往，我做到始终如一的诚信了吗？老师教给我的功课，我认真地复习了吗？真的了解老师的思想了吗？这是做事、交友、学习方面的自省。在其他的方面，也应经常自省。例如当领导的，要问问自己：在自己的岗位上尽职尽责了吗？当下属的，要问问自己：在完成领导教给自己的工作方面是否尽心竭力去完成了？除了本职工作，还要考虑个人的行为对社会、对国家和民族，对生态环境的影响……“我今天努力工作了吗？我有没有做出更大的贡献？我还有哪些方面可以改进工作方法，提升自己的能力，是否可以有更大作为？”

自省，本身就包含着一种危机意识，用传统文化的观念来说就是深刻的忧患意识。孟子说：“生于忧患，死于安乐。”苏轼也说：“人生识字忧患始。”人类大概是唯一能够自觉意识到自己的存在对环境产生影响的，当人类第一次通过钻木取火真正意义上掌握了火这种巨大力量以后，就小心翼翼地保存着这种力量，并且极具克制性地使用，例如只是放火烧荒，或者在不得已的时候放火驱赶山林中的动物，而不是肆无忌惮地用这种力量摧毁一切。进入农耕时代定居以后，人类拥有了更大的力量，可以修筑堤坝、导引河流，但也是只是为了灌溉庄稼之用。在丰收年景的时候储藏粮食，为的是应付灾荒之年的饥馑到来；在河水没有泛滥的枯水季节兴修水利，为的是在雨季到来时候顺利度过汛期。在天下没有战乱的时候操练军队、打造器械，为的是在战乱发生的时候，拥有一支可以保家卫国、捍卫和平的军队，消弭战乱。当然，平时也要注意积累物质财富和精神财富，造福后人。

第三，自重。自重就是懂得珍惜自己的生命，懂得尊重生命价值。生命的本质要求就是活着，但是作为人类，显然不只是为了活着而已。人类的存在还有更高的要求，有着更大的使命，那就是尽可能地去创造出适合人类生存的环境，让每个人的生命体验尽可能丰富、完美。作为人类，我们有着丰富的情感，有着种种的想象甚至是幻想。因为有了这些想象、幻想，我们充满了对未来的希望，一代代的繁衍存在就有了至高无上的意义：我们要将人类的所有梦想一一实现。从最初的衣不蔽体、食不果腹，到有了精美的衣服和充足的食物；从居无定所，到有了高大的房屋和华美的宫殿；从只有简单的生活用品，到有了充满艺术气息的各种装饰；从有形的物质，到无形的精神财富……甚至在古代被视为梦幻一样的飞向月亮、太空的梦想，今天也变成了现实！

自重，一个最大的好处就是它是一股正面激励的向上力量，自我肯定、自我鼓励，而不是消极的自我怀疑、自我否定。自重让我们从像动物一样只考虑生存问题升级到人类独有的自我实现。同时，自重让我们每一个人都会去思考最基本的问题：我是谁？我从哪里来？要到哪里去？我如何去发现我的“天命”，并且去实现自我存在的独特价值和意义？我们每个人的一生，只能靠自己去完成；每一个人类生命，都只能自己去实现。自重就像绑在我们每个人身后的火箭，推动我们奔跑追梦……

当然，最终也是最高的境界，还是自觉。自觉并不是自然存在的，也不是每个人的一生都一定会经历的。它只是一种整体性的存在，正如宇宙浩瀚，星空美丽，但并不是每个人都可以欣赏到这美丽。比如，天生的盲人就看不到这美丽，只能听人讲述。因此，对于某些方面存在缺陷，或者说感知能力差的人来说，自我觉醒就显得要求过高，无法实现自觉。这样的生命只能说是不圆满、不完美的。

一个真正圆满、完美的生命，一定是一个全然觉醒的生命，一个有觉悟的生命。这种觉醒和觉悟是如此珍贵，而又如此稀有，是我们的所有生命体验中最高潮的部分，也是最高级的形式和最幸福的时刻。这种觉悟之于生命存在本身，就是意识到我与天地宇宙、整个世界是一体的，是紧密相连的。如同一朵浪花意识到自己是大海的一部分，一棵树意识到自己是森林的一部分，一棵小草意识到自己是草原的一部分，一朵鲜花、一只蝴蝶意识到自己是春天的一部分。这就是觉醒、觉悟，如同佛教所说，直接看透事物本质，然后做个观照者。

做个全然的观照者，在这个地球家园中，显然只有作为高级智慧生命的人类才能做到这一点。作为每一个独立存在的生命个体，我们不仅仅意识到自己是人类集体的一分子，更与高高在上的日月星辰和脚下踏着的无垠大地、呼啸的风、奔腾不息的河流、巍然不动的高山——所有的这一切——都是一体的。我们参与的是宇宙间整个生命的群体性演化。当我们以一个整体性的宏大视角来观照这一切，就不会感到困扰。是的，个体的生命终将逝去，而我们的精神将融入整体，回归永恒！

那么，对中国企业文化来说，“自觉”这种品格如何体现在企业实践中呢？

第一，是整体性自觉，也就是意识到对中国企业来说，任何一种文化类型，文化的传承、弘扬、融合、发展、创造、创新都在整个中华文明、中国文化的群体性传承和创新、发展的进程中，都是这个宏大的文明和文化演化事件的一部分。这是一种高度统一的文化共识，也是我们所拥有的独一无二的文化遗产。这种整体性自觉最早体现出鲜明的主体意识就是在孔子那里。《论语·子罕》中记载，当孔子和他的弟子们被匡人误会而被围困，众人都慌乱不堪，只有孔子不为所动，镇静自若。果然，如孔子所预料的一样，误会很快就得到解除，危险过去了。显然，孔子并不是在艰难困苦中才认识到自己是上天选择的礼乐文化传承者，一直以来，他都是以礼乐和文化制度的“道统”继承者身份来自我认识、自我肯定的。从最早在殷商后裔中秘密流传的“五百年必有圣人出”预言，到他通过刻苦学习成为人所公认的博学者、“圣人”，最后在漫长而坎坷的周游列国旅程中一次次历练，最终他确认：自己就是上天派到人世间来，摇着木铎，大声地警醒世人，向世人传播礼乐和文化制度的老师。他所继承的尧舜禹汤、文武周王的道统，经过他删述《诗》《书》《礼》《乐》《易》《春秋》六经，最终成为中华文明和中国文化的源头。

整体性文化自觉，一个鲜明的特色就在于我们的“家天下”文化模式。通过儒家倡导和实践，“修齐治平”，从个人的道德修养到家庭的幸福和睦再到天下的仁爱和谐，成为每个人不约而同、不令而行的文化行为。“穷则独善其身，达则兼济天下”，我们每个人的使命都是那么清晰，似乎我们一生的轨迹早已注定：“天下兴亡，匹夫有责”“家事国事天下事，事事关心”。如果说“家”就在身边，是具体可以触摸、感知的，而“天下”虚无缥缈，似乎距离我们很遥远，但是我们每一个人都怀有那么一个远大的理想，要自觉肩负起平定天下、让天下万民安居乐业的宏大使命，这就是作为中华儿女的文化自觉。

对企业来说，整体性文化自觉打下的一个共同文化烙印就是家国情怀。企业当然是要追求经济利益的，但是却不能只是一味地追求经济利益至上，而要先考虑更大的国家利益、社会利益，然后才是企业的经济利益。这个排序从古代商贾那里，就有以陶朱公为代表的“什一之利”，也就是十分利益，只拿一分，其余的九分利益用来反哺社会，兼济天下。后来以晋商、徽商为代表的中国商帮代表，则大多奉行“以义制利”“见义思利”“义利合一”。到了近代，随着民族企业崛起，“家国同构”“实业报国”成为新的主流思想。到中华人民共和国成立后，公私合营，企业成为国民经济的重要支柱，“大庆精神”“铁人精神”等石油工业精神更是上升成了民族精神。进入改革开放之后，民营经济再度崛起，但仍然不忘“兼济天下”，代表中国企业与世界强企展开竞争，并最终涌现出华为、阿里巴巴、百度、腾讯等一批世界级中国名企。中国企业作为中华文明、中国文化的新载体而更好地传播中国声音、讲述中国故事，助力中国重返世界舞台中央，发挥更大影响力。

第二，是个体性文化自主。这个文化自主，主要表现在文化的自我约束、自我克制，保持在文化的专注和精益求精上面，而不是盲目扩张。如果单纯地以资本作为驱动，则企业不可避免地会走上多元扩张的道路。然而中国改革开放40多年的实践表明，多元化是一把“双刃剑”，短期内也许可以带来资本的快速增值，但是从长远来说，必须解决的一个根本性问题就是“大而不强”。大，主要指的是规模大、体量大，而不强的根本原因，则在于文化的多元冲突，无法实现根本的融合统一。尤其在全球化的今天，多元扩张通常意味着全球化出击，而全球经济一体化并不意味着必然带来全球文化的一体化。实际上，恰恰相反，全球形成统一的经济市场同时，带来的是更多的文化冲突和碰撞。尤其是东西方的文化冲突和碰撞，已经属于不同的文明竞争范畴，其所演进的路径和发展的方向已经不是某一家企业所能左右的了。

因此，企业要想在全球化时代获得成功，保持文化的简单和专注就显得尤其可贵。唯其简单，才更容易找到那些认同你的群体，以清晰的身份认同，将自己和这些群体紧密地连接起来。接下来，就是专注于巩固这种关系，不断地创造创新双方专属的文化语言。这一点在互联网时代表现得尤其突出，企业和消费者之间不再是传统的“我生产，你购买”，而是共同致力于创造创新出一种具有丰富情感属性的消费文化，也叫“粉丝文化”，正是风格各异而又黏性极强的“粉丝文化”，将全球不同国家和地区、不同文化背景的人们凝聚在了一起。也正是借由这种共同的文化创造，企业才可能真正实现全球化。

第三，是商业化文化表达。随着全球经济一体化时代到来，人们发现，企业产品已经变成了最好的文化传播载体，成为各个国家和民族的各种文化类型在世界范围内传播的最有效媒介。事实上，文化的传播在历史上无非只有两种形式：一种是通过文字、书籍等直接传播，一种是通过商品间接传播。中国历史上畅销世界的丝绸、茶叶、瓷器，实质都是商品，而正是伴随着陆上丝绸之路和海上丝绸之路的不断延伸，中华文化也随之传播到了全世界。人们通过消费这些商品，不知不觉间受到依附其上的文化熏染，久而久之，就会对这种文化产生感情，实现认同，这就是文化的商业性表达。

当今时代，这一文化的商业化表达方式不仅没有削弱，反而加倍增强了。尤其是借助互联网，企业的产品在没有问世的时候就已经融入了消费者情感，一经行销全球后，更给消费者带来了丰富立体的多重体验。很多企业产品的实用性功能不再重要，消费者体验反而成为第一属性。企业产品的这种文化表达能力的空前增强使得其在传播所承载的国家和民族文化、核心价值观的时候更加轻车熟路，事半功倍。

也正因此，企业与企业之间的竞争，以往是单纯的资本竞争、技术竞争、市场竞争，如今又已经演变到一个全新的境地：文化竞争。文化不仅不是企业的装饰品，甚至已经不再是和资本、技术、市场、人才等“硬实力”并驾齐驱的“软实力”，而是成了决定企业生死存亡的“灵魂”，真正成了企业的核心竞争力。正如拿破仑所说：“一头狮子领导一群羊，可以打败一头羊领导的一群狮子。”这是因为狮子给羊群带来的是“狮子文化”，而羊给狮群带来的是“羊群文化”。最终，“狮子文化”

会战胜“羊群文化”，这是不言而喻的。同样，如果两个企业旗鼓相当，哪怕其中一方还略占下风，但是如果这一方拥有强大的文化，一样可以在最后的竞争中获胜。当然，文化的较量不是一天两天的事情，而是一个长期的积累和持续提升的过程，最终也并非一定要分出胜负。很多时候，这种竞争是良性的、互相促进的，最终实现的是文化共生共赢。

第十二章
敬静

说过了中国企业文化的“自觉”之后，我们再来看第二个品格：敬静。

敬和静，可以看作中华两大文化源流儒家和道家的核心品格基石。

敬，是儒家品格的基石。中国的儒家，以孔子为代表，上承尧舜禹汤，文武周公，下传弟子三千，后世千年，形成了一个绵延两三千年、人数达到数亿之众的一个庞大的文化群体，但这个群体的特征也是非常鲜明的，用一个字就可以概括，那就是“敬”。敬什么？上敬天，下敬地，中敬人。敬天和地，请注意敬的不是怪力乱神，而是浩瀚无垠的宇宙，是高天厚土，是日月星辰，敬的是神秘而和谐的自然秩序。敬人，主要敬的是我们的祖先、我们的老师、我们的长辈，敬的是那些学问、道德高尚的人，敬的是为社会大众利益做出牺牲的人。

敬，主要有两种表现形式：亲亲和尊尊。亲亲主要是在“家”的范畴内，在我们的家庭生活里，做父母的含辛茹苦抚养子女长大成人，因此，做子女的一定要回报父母，这就是孝，但是这个孝与自然界的乌鸦反哺、羔羊跪乳又有什么区别呢？就是要再加上一个字：敬。毕竟，孝不是一时一地的行为，而是要终生奉行不渝的。一时一地的孝，为人子女的都能做到，但一生一世的孝就必须有“敬”来作为约束和支撑，连孔子自己都说过：“色难。”为什么难？因为做父母的，尤其是父母老了以后，上了年龄，难免就会变成老小孩，不那么理智了，很多时候会感情用事，对于子女的话，并不是一定都听的，甚至有时候会无缘无故地斥责甚至打骂子女，不肯接受子女的好意。那么做子女的又能怎么样呢？就只有靠着“敬”的力量来消弭矛盾，化解冲突。

尊尊，则是在“天下”范围内。在古代的时候，“普天之下，莫非王土；率土之滨，莫非王臣。”每个人都是君主的臣民，因此，尊君就是一件自然而然的事情。天下之事，说来繁杂，但也简单，就是一个敬字：敬事。作为君主的，在处理事情的时候，要怀有敬畏之心，因为每一件再细微的事情，也牵扯到天下百姓的利益和福祉，不可不慎重。同样，作为臣子的，对于每一件事情也必须认真对待，恪尽职守，要先问问自己为国家和人民做了什么事情，而不只是关心自己的俸禄。

敬，儒家文化在这个字的外在表现上，有一样具体事物可以作为标志，那就是玉。君子佩玉，是从古老的时代起就流传下来的一个习惯。玉为什么受到君子的喜爱？因为在君子眼里，玉是有道德的象征。管仲就曾经说过，玉有“九德”。《管子·水地》中说：“夫玉之所贵者，九德出焉。温润以泽，仁也；邻以理者，智也；坚而不蹙，义也；廉而不刿，行也；鲜而不垢，洁也；折而不挠，勇也；瑕适皆见，精也；藏华光泽并能而不相陵，容也；叩之，其声清团彻远，纯而不杀，辞也。”简单说来，就是玉有仁德，温润柔和，慈爱温暖；玉有智德，启人心智，发人自省；玉有义德，表里如一，正直坦荡；玉有行德，浩然正气，刚直不阿；玉有洁德，外表光洁，内在清明，不增不减，不污不垢；玉有勇德，韧性十足，久经磨炼；玉有精德，瑕不掩瑜，坦诚相见；玉有容德，美泽并存，互不侵犯；玉有辞德，纯正不乱，声音清扬。后来孔子在“九德”基础上又加了一德，即玉有道德，天下不贵，并非越是精美、越是珍贵的玉越好，而关键是要与佩带玉的人身份地位、道德相适应，这样的玉才能真的和人结合起来，互相滋养。

玉的十种道德，也就是君子的十种道德。虽然其中并没有直接说到“敬”，但是敬的精神、敬的行为，无不包含其中。从一个人独处到行走天下，可以说，有“敬”走遍天下，无“敬”寸步难行；有“敬”能成百事，无“敬”一事无成。只有懂得这个“敬”字，我们的人生才能圆满、成就。

静，是道家品格的基石。道家以老子为代表，上承黄帝，下传后世。只不过，道家文化和儒家文化不一样，儒家文化是积极入世的，所以是显性的，是容易被人们所看到的。而道家文化是积极出世的，所以是隐的，是容易被人们所忽略的。很多信奉道家思想的人，要么隐性迹深山，不愿意被别人打扰；要么隐迹闹市，即使有过建功立业，也“事了拂衣去，深藏功与名”。所以，很难统计道家文化这个群体有多少人，或许不如儒家那么多，但是恐怕也数以百万计。而这个群体同样有一个显著的特征，那就是“静”。

静，一是清净，二是无为。清净主要指的是消除我们内心的欲望，将每个人内心的欲望降到最低。道家主要的修养功夫就在于静心，而内心之所以不能做到清净、平和，就在于我们的眼、耳、口、鼻、舌有着各种感官功能，正是这些感官功能让我们的心时时刻刻受到干扰，如同一池清水，不停地有各种垃圾丢弃进来，想要保持本来的清净平静也不可得。所以，要斩除各种欲望，去除外界的束缚，而回归生命的本性。

无为，就是无事。“天下本无事，庸人自扰之。”正如人的欲望来自内心，其实这个世界的面目，就是我们内在的投射。我们想要这个，想要那个，于是就有无数的个体为了满足自己的欲望而去做一些事情，当这些个体的力量汇集在一起，并且渐渐趋同成为整齐划一的行为，力量就会变得很大，于是这个世界的面目就改变了，只不过人们意识不到这一点，反而会认为世界本来就是这个面目，而这种认识又会反过来影响人的内心。

静是道家文化的外在具体表现，有一样事物可以说是“静”的最佳化身，那就是水。水也许是我们身边最司空见惯的自然事物之一，但是道家的先贤圣哲正是从观察水中悟出了大智慧、大道理。水的本质是清澈的、纯洁的，也是平静的，可是水却在这个世界上呈现出许多复杂的面目：从形状上来说，有江河湖泊，有泉井池海；从形态上来说，有雨雪冰霜。但是，这都是水根据不同的地理环境而呈现出的不同面目，其实水还是水，内在的结构没有改变，清洁和平静的本质也没有改变，一到归入大海，立即还原。

水的道德，在老子的“上善若水”论述里说得再清楚不过。《道德经》第八章中说：“上善若水。水善利万物而不争，处众人之所恶，故几于道。居善地，心善渊，与善仁，言善信，政善治，事善能，动善时。夫唯不争，故无尤。”就是说，拥有最高的善、最高的道德的人，就好像水一样。水有什么样的特点呢？水善于滋润万物而不与万物相争，停留在众人都不喜欢的地方，所以最接近于“道”。最善的人，效仿水的这种特性，以水为师，学习水善于选择居住的地方，心胸善于保持沉静，待人真诚、友爱和无私，说话善于恪守信用，为政善于精简处理，能把国家治理好，处事能够善于发挥所长，行动善于把握时机。

水，看起来似乎不起眼，似乎无所作为，似乎不与任何事物争，随遇而安，任意改变自己的形状，柔顺得一点都没有自己的个性。可是正是这样的水，却将大山冲刷成了山谷，将大地冲刷出了河道，最后天下的水汇集成了大海，孕育生命，滋润万物，拥有无穷无尽的力量。

如果一个人的一生，能够像水一样，不但可以战胜任何艰难险阻，而且能够成就一番利益众生的大事业，这就是道家“无为而无不为”的根本含义。所以，道家文化虽然出世，却不消极；虽然无为，却能成就。

当然，以上“敬”和“静”是分开来说的，其实，这二者的关系，本来就是你中有我、我中有你，是密不可分的。恰如中国文化中的阴和阳，儒家是阳，道家是阴，阴阳互补，负阴抱阳，是不停转化的。

要想做到“敬事”，先要学会“守静”。守静，就是要倾听自己内心的声音，弄清楚人生最基本的问题：“我是谁？”“我从哪里来？”“我要到哪里去？”人生之道，首在自知。带着一颗清明的心入世，才不会在纷乱的人世间迷失方向，不会在遇到困难挫折的时候轻言放弃，甚至自暴自弃，不会在功成名就的时候为名利所束缚，甚至迷失心性。

静，是人生的本来面目。经过一番纷纷扰扰之后，最后还是要归于静。所谓“生不带来，死不带去”，懂得一切都是身外之物，就会超然了。

但是，“静”又需要“敬”来磨炼。一个人在深山老林中，一辈子不与人世间接触，这不是真正的静。真正的静是要到尘世中打几个滚，是要经受住声色犬马的磨炼，经受过名利功业的诱惑，最后能够将其摆脱，这才是真正的静。正如莲花的纯净一样，不是一尘不染，而是从淤泥中生出来的清净，是经受过风雨洗礼之后依然挺拔、清丽，不沾染一丝一毫的俗世气息。这种静的功夫，才是达到了至境。

那么，对于中国企业文化来说，这种“敬静”品格如何与实践结合起来呢?

第一是敬。我们说，企业和人一样，是一个独立存在的完整生命体，但这毕竟只是一个比拟。企业这个生命体和人还是有不同的地方，就存在的意义来说，人的存在并没有一个统一的、明确的意义或者价值。而企业则不一样，管理大师德鲁克早已给企业的存在下了定义：“企业存在的唯一目的就是创造顾客。”这就给我们指出了企业所“敬”的对象：顾客。企业必须懂得敬畏顾客，这是企业能否成功生存的先决条件。西方人常说：“顾客就是上帝。”中国传统商业文化则说顾客是“衣食父母”。不管怎么比拟，顾客的重要性都是不言而喻的。如果企业对顾客没有起码的敬畏之心，不能全心全意为顾客提供最好的服务、最佳的产品体验，甚至欺骗顾客、损害顾客利益，那么其倒闭、破产是再正常不过的事情，毕竟这都是自己“作”出来的。反之，企业要想实现从生存到发展，到壮大再到长久存在，就必须敬畏顾客，而且仅仅是敬畏还不够，还要敬重，就是顾客优先，永远把顾客摆在比自己更重的位置，在今天来说就是“顾客主权”。比敬重更进一步的是敬爱，主动拉近与顾客的距离，带着真诚的、浓烈的、温暖的情感去靠近顾客，把顾客当作自己的家人、师友。最后是敬献，将自己全心全意打造的产品（包括体验）奉献给顾客。

也许会有人说，企业要创造顾客，但企业和顾客之间的关系并不一定都是积极意义上的。有的顾客也许为了自己的特殊目的而去要求企业，如果这个要求有违人类的伦理道德，甚至反人类，企业又该如何去做呢？这就有点类似我们说的子女对老人尽孝了。真正的孝道并不是一味顺从，而是要坚持正道，择机进劝良言，最后引导老人回归理性。企业也是如此，面对顾客的某些不合理要求，不能只是一味迁就，正确的做法是将顾客导引到理性轨迹上来，从而实现共赢。

再来看“静”。企业是一个动态的存在，连接众多的个体，帮助其实现自我价值，并通过共同的分工合作，一起创造更大的经济、社会价值。这就决定了企业是一个无数个体的人来来去去、分分合合的集合，既然有这么多的人，难免就会有各种各样的需求、想法，正如大江大河，波涛滚滚，泥沙俱下。这样来看，企业似乎很难与“静”字联系到一起，但请仔细想一想，企业之所以能够将这么多不同的人吸引而来，聚集到一起，靠的是什么？仅仅是合理的劳动所得薪酬，还是有影响的社会声誉？显然不只是如此。其背后更深层次的吸引是未来，是存在于所有人共同想象中的充满希望的、可实现的未来，这才是根本。明确了这一点，企业就会懂得一个最基本道理：从企业诞生的那一刻起，确定一个相对来说为大家所共同认可的未来目标，然后就不要轻易改变。要保持足够的定力和耐心，要十几年如一日乃至几十年如一日，始终向这个目标、这块阵地发起冲锋。绝对不要轻易尝试改变，就如同老子所说的那样："治大国若烹小鲜。"在锅里面炖煮小鱼，将小鱼放进去后就不要再用铲子频繁地翻动，否则就会烂作一团。同样，企业也不要轻易改变自己的未来方向，否则就会失去人心。

静，在企业的初创阶段可能很难做到。因为企业在创业阶段，一切都还没有定型，对于未来一片茫然，大部分都是摸着石头过河。但是当企业发展起来，到了一定的规模之后，就必须开始认真思考、及早确定未来的方向了。这就像一条江河，在源头上汇集的水不多，可以肆意流淌，随意改变自己的方向。但是一经成为大河，就必须确立河道。否则每一次改道，都是对山岭大地的破坏性冲刷，是对沿岸百姓的灾难性伤害。当企业规模足够大的时候，这时候就要解决由大变强的问题。事实上，很多企业一直都无法突破这最后的一层限制，久而久之，就患上了"大企业病"，而要更上层楼，唯一的方法就是静下心来，认真地去做减法，将自己巨无霸一样庞大的"躯体"上所有的负累一一减去。就像杰克·韦尔奇在入主通用之后所做的那样——"卖卖卖"，只要在所在的领域不是"数一数二"的子企业，一律卖掉，将力量集中再集中，最后在剩下的具有核心竞争力的领域重拳出击，成为王者。

静，还有一个关键的作用，就是能够"化"。我们说过，大地是静的，因而大地能化，能将深埋在泥土里的枯枝烂叶、动物骸骨经过漫长的岁月转化为今天的石油、天然气等。大海是静的，虽然潮来潮往，但整体上不盈不亏，只是受着月亮的引力吸引，呈现出规律性的潮汐。大海能化，地球上最初的生命形式几乎都是在大海里诞生的，由海洋走向陆地，最后经历漫长的演化，有了今天丰富多彩的生命世界。同样，对企业来说，企业文化建设的目的就在于培养"企业人"。并不是单纯地灌输给一个人一些理念，规定一些他的行为，他就成为"企业人"了。真正的"企业人"必须经历一个"化"的过程。作为"化"的主体的企业并不一定要够大、够强，但一定要够"静"。用我们熟悉的一句流行话语来说，就是"不折腾"，不要轻易去改变什么，不一定非要追求轰轰烈烈，要让自己简单、清静、无为，自然就能“化人”。

对企业来说，要将“敬静”的品格融入企业实践中，还要坚持两个原则：

第一，内外皆敬。企业是为了创造顾客而存在，但是必须意识到，创造顾客的主体是企业员工，这也就是为什么说企业文化是全体员工创造的文化。要创造顾客，先要有创造顾客的主体存在。这个创造顾客的主体和企业是什么样的关系？显然，中国的劳动关系绝非西方市场化的雇用和被雇用的简单金钱关系。中国文化中的“家文化”在企业中有一个很好的体现，就是主人翁意识，每个员工都自觉意识到自己是企业的主人，是这个大家庭的一员。“我为人人，人人为我”，人与人之间是互相关心、互相帮助的家人关系，真正是坦诚以待、肝胆相照、休戚共担、荣辱与共。每个人都自觉把个人价值的实现融入集体价值的实现中，甚至可以为了集体价值而牺牲一部分个人价值，甘于自我牺牲、乐于无私奉献，这样的人自然值得尊敬，其巨大的价值和崇高的意义远非金钱所能衡量。这种生发自企业内部的崇敬一旦流传到社会上，企业在成就尊严的同时，自然也会赢得更多的青睐和信任，创造更多顾客。

第二，小动大静。小动是战术层面上的，大静是战略层面上的。小动才能不断适应环境的变化，不断在市场竞争的激烈情势下取得一次次胜利。“小动”的关键在于一个“小”字，可以理解为企业在还没有壮大的时候，也可以理解为在机会的选择上，短时间采取灵活机动的竞争策略。同样，“大静”，关键在于一个“大”字，大是指企业的强大，也可以理解为大的战略。大的方向一经确定，就不要轻易改变，要保持足够的定力。小与大，又是相辅相成的，小要为大服务，大要由小来提供支撑。动与静之间，要注意保持连续不断、妙到巅峰的动态平衡，恰如中国的太极一样，动中有静，静中有动，动静合一，绵绵不绝，永葆活力。

第十三章
温和

中国企业文化的第三个品格，温和。

“温和”这两个字，仅从字面上看，就给人一种温文尔雅、彬彬有礼的样子，让人想到阳春三月拂面不寒的杨柳风，有一种温煦、和畅、柔软的感觉。

是的，温和是所有中国人给人的一种普遍感觉。也许在西方人看来，中国人是太过温顺了，以至在对比东西方文化的时候，西方人很难将中国人和龙文化结合在一起，而给中国人贴上了另外一种标签：羊文化。这样一来，似乎西方的狼文化和东方的羊文化就强弱立判了。但是，中国文化真的是羊文化吗？中国人的温和真的如他们所理解的那样吗？

其实，深入了解中国文化的人都知道，象征着中国人温和的动物，并不是羊，而是另外一种可以与龙相媲美的动物——麒麟。相传孔子就是麒麟送到人间来的，孔子出生的时候，麒麟来到他母亲颜征在的庭院里，久久不去。后来颜征在将自己的一件外套系到了麒麟的角上，麒麟才离开了。在孔子生命的晚年，这只麒麟又出现了，只可惜被叔孙氏家管车马的官员给射杀了。孔子亲自去看了，并且也许亲手将那只麒麟给埋葬了。回来后，他就痛哭不已：吾道穷矣！这种代表着和平的祥瑞之兽，竟然被稀里糊涂地射杀了，看来天下永无宁日了啊！他在正在写作中的《春秋》中，写了最后四个字："西狩获麟。"至此绝笔！

麒麟，有人认为只存在于神话中，但也有人认为是真实存在的动物。以孔子"不语怪力乱神"的一贯原则来说，如果不是亲眼看到麒麟这种动物，他是不可能写在自己视为最得意、最能代表他平生思想的《春秋》中的。而且，孔子丝毫不掩饰自己对麒麟这种动物的喜爱，在他曾经削删编订的《诗经·国风·周南》中就专门有一首《麟之趾》："麟之趾，振振公子，于嗟麟兮。麟之定，振振公姓，于嗟麟兮。麟之角，振振公族，于嗟麟兮！"意思是说，麒麟的爪子是那样锋利，外表却包裹着一层薄薄的肉质膜，所以不会伤害到人，仁厚年轻的公子们啊，你们一个个就像麒麟！麒麟的额头是那么坚硬，上面却长着一层柔软的毛，仁厚有为的公姓们啊，你们一个个就像麒麟！麒麟的角是尖尖的，看起来又威风又尖锐，可是却是肉质的，只是威吓而不会真正伤害到人，仁厚有为的公族们啊，你们一个个就像麒麟！这首诗是对麒麟的习性和特点最直接的描述，也是对麒麟为什么可以作为和平的象征，作为仁兽、瑞兽的最丰富诠释！

据说，麒麟拥有强大的力量，长着一对隐藏的翅膀，可以腾云驾雾，可是它却只是作为震慑邪恶、维护正义的力量，从来只为和平而出现。在古代，战争频繁，而当人们一看到麒麟，就知道和平要来到了，因此又有"麒麟出，黄河清"的说法。连黄河那么混浊的水都会变得清澈，这么看来，麒麟的力量真是太强大了。但是，麒麟却是再温和不过的，有点类似于西方神话中的独角兽，当遇到最纯洁的少女，就会将自己的角伸入少女怀中，沉沉睡去。孔子的母亲颜征在很有可能在少女时代就遇到过麒麟，她的性情和麒麟一样，也是温和的，所以才会赋予了孔子那样仁爱、宽厚、平和的品格。孔子在小时候经历过很多坎坷和挫折，可是他却并没有因此而变得性情暴躁、对周围的世界怀有恨意，这都要归功于她母亲的言传身教。孔母颜征在作为孔子生命的孕育者和精神的塑造者，让孔子变成了一个不急不躁、温和有礼的少年。后来，孔子又通过自己的刻苦学习，最终成了千古一圣。

由此，我们也可以看出，温和并不是我们的性情中天生带来的，而是经过后天的培养，是跟我们成长的环境、所受的教育有关，是可以养成的。

孔子的门下，有弟子三千，贤弟子七十二人。其中学问最好的、被孔子认为最能继承自己衣钵的，就是颜回。在孔子对颜回的评价里，有一句话非常值得注意，叫作“不迁怒，不贰过”，这和孔子对自己的评价“不怨天，不尤人”一样，几乎是一个人所能达到的最高境界。不迁怒，不是不发怒，而是不对别人发怒，不将自己的过错推诿到别人身上。自己错了就是错了，并没有什么大不了，“人非圣贤，孰能无过”，关键是错了之后要承认错误，然后找出错误的原因，及时加以改正，不要在下一次遇到相同情况的时候，再犯同样的错误，这就是君子。

“温”，这个字的含义非常丰富。《说文解字》中说：“温，水。”在甲骨文中，其字形是一个人在容器中沐浴洗身，洗澡水不能够太热，否则就会伤害到我们的肌肤，但是也不能太冷，否则就会让我们感冒生病。这里的“温”，主要指的是水的温度，即介于我们感觉冷与热之间的平衡。

但我们是否也可以由此而引申开来呢？温，其实就是“度”，是我们在做任何事情的时候，都必须准确把握、不断调整的一个“度”，不能过，也不能不及，孔子说，这叫作“过犹不及”。有时候，我们做事情太努力了，用力过头，效果不一定好，因为这样一来就会心有所期，而客观现实是不以我们的意志为转移的，如果期望与现实不符，自然会有落差，但是也不能不努力，毕竟，“谋事在人”，还是要积极去做。

在这里，我们会看到“温”的一个非常重要的作用，那就是“调适”。正如洗澡的时候，冷了加热水，热了加冷水，总是保持在一个合宜的温度。同样，我们不管做任何事情，都要不断地调适，求得最佳结果。

同样，“和”这个字也值得揣摩。《说文解字》中说：“和，相应也。”指的是演奏笙类的乐器，发出和谐的乐声，并引来其他人的应和。也就是说，和不是一个人的演奏，不是一个人发生的事情，而是在人与人之间，是个体与群体之间的一种互动，其实就是我们今天的社会交往。

在社会交往中，一个人最好的状态是什么？就是“温”，也就是不断调适，找到自己与群体的最佳融合状态。我们不能够太过特立独行，那样就会曲高和寡，与社会群体格格不入，但是也不能太过随波逐流，人云亦云，那样就失去了自己的个性，也就失去了自我存在的价值。因此，最好的状态是既保持自己的独立性，又能够和大家融洽相处。

温和，之所以作为一种理想的君子品格而被中国的先贤所重视，可以给出三点解释。

第一，有情。我们常说，当我们去看待中华民族历史的时候，要带着崇高的敬意，并要有一种温情。敬意不用说，因为在这片土地上，我们的祖先创造了那么辉煌的文化和文明，演绎了那么丰盛壮丽的生命进程，但温情同样不可或缺。毕竟历史并非总是歌舞升平，有时候也会黯然失色，甚至诡谲难解。但不管怎样，都是我们的祖先所经历过的，都是一代代人在当时那个环境里真实的生活状态和精神面貌。我们读“二十五史”，读的绝不仅仅是文字，更是透过文字和那些字里行间的精神生命相连接，用我们的心去超越时空，连通一个个心灵。我们至今可以感受到并应和着那些卓越不凡的心灵，温暖、柔软。

人贵有情。人之所以是天地间的万物之灵，就在于人是有情感的，而且不单自己有情感，还可以将情感投射到外面去，投之于人群，就可以找到和自己心灵契合的人；投射到万物，万物就和自己一样有了情感。我们身外的世界，一草一花、一木一石、高山大海、日月星辰，本来亿万年如斯，寂然存在，但是因为我们的情感投射，一切就会活起来。

第二，温暖。就生命而言，温暖是我们活着的证明。只不过我们的温暖不仅是肉体温度上的，还有情感温度上的，我们可以将自己的这种情感温度传递，从我们的家人，到身边的朋友、同学、同事，再到陌生的人群，甚至是千里万里之外的地方。我们做的某一件事情，我们说过的某一句话，甚至不知道在什么时间传到什么地方，都可能会引起另一个心灵的震颤，感受到独特的温暖感，这就是情感温度的可贵。

当然，我们可以传递温暖，也可以传递寒冷，正如我们可以向善，也可以向恶。但中华文化从一开始就给我们下了规定性的定义："人之初，性本善。"也就是说，人心向善，这一点非常重要，因为它让我们不用再去怀疑，不用再去寻找，不用再去将有限的、宝贵的生命放在验证上。我们只需要相信、接受，然后按照这个规定去做就可以了。

人心向善，因此我们在"向善"这一条共同的道路上，同向而行，彼此都是同路人。我们分享自己的温暖，也接受他人温暖的关怀与呵护，这就让我们更容易成为集体，成为一个情感相连、命运与共的共同体。

第三，柔软。柔软是我们中华文化的一大特质，也是独一无二的标志。很多文化都在崇拜强大的力量，宣扬自己应该如何到处去实行征服，只有中华民族是一个例外。即使我们在历史上最强大的时候，我们也并没有主动去向外面扩张，利用强大的武力展开血腥掠夺和征服，这是很了不起的，也是祖先给我们留下来并传承至今的最伟大的生存智慧。因为生命的存在，说到底无非就是想要尽可能长久。要想长久存在，就不能太过刚强，不能太过坚硬，不能太过锋芒毕露。相反，柔软才是生命长久存在的最佳状态，才会将伤害减少到最低。

柔软，也是要经过一个不断修炼才能保持的境界，而修炼的方法，就是"空"。要意识到空的重要性，并且不断地通过各种方法使自己保持在一个空的状态。学习上，要不断"倒掉"旧的知识，才能"收纳"新的知识；内心里，要不断减除各种欲望，才能获得更多的智慧；身体里，要不断地释放各种不良情绪，才能让压力水平保持平衡……

空，其实就是减法。对大多人来说，习惯或者说更喜欢做加法，有的甚至是乘法，一天到晚脑子里响着的声音都是“我要这个……我要那个……”有的东西有用，有的东西没用，但就是想要，喜欢那种不断拥有的感觉，人们都讨厌失去，因此就会让自己变得越来越不堪重负。其实人生是一个生于无、归于无的过程：从一颗小小的受精卵开始，通过吸收充足的营养，孕育成我们的生命，然后我们一天天长大，同时精神上开始吸吮营养，走向成年。成年之后我们要成家立业，在社会上树立自己的个人形象，扩大影响力。但到了中年之后，就来到一个分水岭，这时候就要开始做减法，减少自己的欲望，减少对社会资源的占有，一点点从社会网络中抽身而退。最后来到老年，进入生命的晚年，这时候我们需要的很少，直至生命走向终结，重新归于虚无。这就是我们的一生，每个人都无法逃脱的自然规律。

空，并不如字面上所展示的那样真的空空如也。真正的空是不存在的，空其实更多的是为了包容，为了实现更大的用处，这样空才会更有生命活力，才会让生命达到至高之境，让我们度过更加圆满的一生。

当年，孔子在三十多岁的时候，带着自己的弟子千里迢迢去拜见老子，老子教给孔子的第一个道理，就是空。他告诫孔子：倒空你自己，去掉你的骄傲之气，倒空你内在的自负，将自己变成一个空的存在，更加包容，更加开放，这是走向认识道、理解道、接受道的第一步。孔子以前的智慧都是从先人留下的书籍中得来的，在老子这里是第一次得到真正鲜活的、充满着生命气息的大学问、大智慧，因而大受教益。在老子这里学习一段时间之后，他回到鲁国，果然大有长进，弟子增益多多。

那么，对于企业来说，如何将“温和”的品格与企业文化实践结合呢？

第一，有情。对企业来说，就是要坚持以人为本。以人为本在中国企业的实践中还有一个颇为中国式的说法，叫“以心为本”，这就更进一层了。以人为本，是不再把人只是当作企业的附庸，当作企业实现经济目的的工具，从最初的“机械人”，到后来的“经济人”“价值人”，人这一要素的主体地位始终没有得到足够的尊重，但是，人是有情感的，是有思想的，尤其在进入知识经济时代之后，知本的重要性渐渐超过了资本，而知本对人的主体依赖性大大增强，因此以人为本才真正意义上落到了实处。但是以人为本还不够，还要以心为本，就是强调人的创造和创新能力。我们国家大力倡导的“大众创业，万众创新”，就是认为每个人都可以创造创新，而这种创造创新的能力从哪里来？就是心。

心，和头脑不同。头脑是动的，心是静的；头脑是理性的，心是感性的。头脑凭借严谨的推演得出结果，心则依靠直觉得出结果；头脑是单一的、直线的，心是多向的、跳跃的；头脑受制于已有知识，心则拥有无限广阔的可能。头脑和我们的身体一样被禁锢在大地上，心则可以超越时空，甚至可以到宇宙最深处去，上下五千年，纵横几千里，不过一刹。

以心为本，中国企业已经尝试并且成功地提出了诸如“心力管理”这样的新理念、新方法。心力管理的是什么？是我们的情感，我们的主观感受，是我们共同的对于企业的认知，是情感上的贯注和精神上的归依。

表达得更直白一些，其实就是要激发每个人的主人翁意识。企业不是属于老板的、领导的，不是属于股东的，而是属于每一个人的。人人都把自己当作主人，从主人的视角去看企业，做事情，自然会不一样。由此而生发出的责任担当意识更强，主观能动性更高。

第二，温暖。温暖的字面意义上很好理解，人在什么地方最容易感受温暖？就是家庭。什么时候最温暖？就是一家人团圆在一起的时候。家庭带给我们每个人的欢乐、幸福、愉悦和满足，是任何情感都不能代替的。因此，我们对企业最高的期望，或者说员工对企业最高的评价，就是企业像“家”一样。在这个大家庭里，人与人之间最好的关系，就是像家人一样。家人关系是什么样子的？是生死相依，不离不弃，是不管风雨还是彩虹，不管哭泣还是欢乐，不管绝望还是希望，都一起面对，一起分享，是心相连、情相通，是并肩携手，同向同行。只不过，家庭里面的人有着天然的血缘关系，而在企业里，人与人之间是靠另外一种关系维系，那就是事业关系——请注意，这里是“事业”而不是“工作”因为工作就只是工作，此时此地，某事某人；而事业则是带着情怀和情感因素，连接过去和未来，是个人和集体、社会的整体联动。

既然企业是在做事业，那么这事业就不可避免，对内凝聚员工，对外影响社会。只有企业内部充满着温度，有着令人感动的温暖，才可以将这种温度与温暖向外传递到社会上，让客户感受到，也可以让同业感受到，让社会感受到，甚至让全世界都感受到。这温暖因为用心、用情，从我们天性里生发出来，所以自然就带着善，带着满满的正能量。在社会上传递温暖的过程，也是一个弘扬善、实践善的过程。人心向善，社会向善，善的能量从四面八方汇集在一起，就会实现幸福社会。

幸福就是连续不断的温暖积累，幸福不是一个结果，而是一种持续保持的愉悦感受体验。古代的时候人们祈求幸福，是虔诚地向神灵祈祷，求神灵保佑逢凶化吉，其实真正决定凶吉的不是神灵，而是我们自己。只要我们人人都坚持本性中的善，努力发掘出来，然后弘扬于天下，人与人互相帮助，则天下自然一片清平，幸福也就到来了。

第三，韧性。企业有一个追求是被大家都认可的，那就是基业长青，或者叫永续经营。这种希望长久存在的愿望和人类希望长生不老是一样的，但是可能都只是一种美好的愿望，真的要实现则是非常困难的。尽管如此，人们还是会为此而努力。企业和人一样，要做到长久存在，就必须有足够的韧性，能够经受住一切的磨砺，百炼成钢绕指柔。

企业和人一样，经受挫折是一个必然的过程。人生就是一个不断经受挫折、磨砺和打击的过程，只有锻炼出足够强大的“逆商”，一次次战胜这些艰难困苦，人才能真正成为天地间大写的“人”，精神才能超脱俗世而遨游天上地下，企业也是如此。在顺境中，谁都可以意气风发，但只有在逆境中经受磨炼，百折不挠，才能真正铸就内在的强大。

第十四章 柔顺

中国企业文化第四个品格，柔顺。

看到“柔顺”这个词，我们第一想到的就是水。水大概是天底下最柔顺的事物，它没有自己固定的形状，随遇而安，外面的环境是什么样子的，它就呈现出什么样的状态，可以是一股清澈的山泉，可以是一道山间的瀑布，可以是一个小池塘，也可以是一条小河，最后汇集成为滚滚奔腾的江河，百川汇集，成为地球上连通一体、浩瀚无垠的海洋。

水，还可以是汽态的，当它要通过一个地方的时候，被山川阻隔，甚至被沙漠这样极端的环境所阻隔，这时它就会蒸发，升腾到高空中去，然后跟着风来到另外一个地方，再在合适条件下凝结为雨滴，回到地面上。

水的这种“变化”特性，最早被古代的兵家所注意到。被誉为“兵家之祖”的姜太公姜子牙，从小就是一位在东海边上长大的观水者，他对水的特性是非常了解的。后来姜子牙在商纣王那里当了一段时间的官，眼见纣王无道，无心辅佐，于是辞去官职，一个人来到渭水之滨，仍旧每日观水。很多人都只记住了他直钩三尺，钓无饵之鱼，“姜太公钓鱼——愿者上钩”，只知道他在等待周文王姬昌，却不知道他在观水。

观水，观的是什么？就是“兵圣”孙武后来在《孙子兵法》中所说的：“夫兵形象水，水之形，避高而趋下，兵之形，避实而击虚。水因地而制流，兵因敌而制胜。故兵无常势，水无常形，能因敌变化而取胜者，谓之神。”请注意，孙武也是一位在海边长大的观水者，他对姜太公的兵家思想可谓一脉相承，而对水的认识也是一样地达到了很高的境界。一句“兵无常势，水无常形”，道尽了兵家之变化多端，出神入化。

同样是水，在不同人的眼中看到的是不同的面目，从而得到不同的启示。孔子也是一位著名的观水者，《孔子家语》中记载：孔子观于东流之水，子贡问曰：“君子所见大水必观焉，何也？”孔子对曰：“以其不息，且遍，与诸生而不为也，夫水似乎德；其流也则卑下倨邑，必修其理，此似义；浩浩乎无屈尽之期，此似道；流行赴百仞之嵠而不惧，此似勇；至量必平之，此似法；盛而不求概，此似正；绰约微达，此似察，发源必东，此似志；以出以入，万物就以化絜，此似善化也。水之德有若此，是故君子见必观焉。”这是一段很有意思的对话。子贡发现老师有一个习惯，就是一遇到大江大河，一定要停下来仔细观察，久久驻足，似乎若有所思，甚至有时候还会发出议论，如“逝者如斯夫，不分昼夜！”子贡就问老师，为什么对水有这样深厚的情感，孔子回答说：水就像君子一样，有着自己的德行。不管是流向低处还是流向屈折之处，姿势虽然低下，但一定按自己的水道去走，这就像是“义”；水势盛大，没有过去也没有未来，好像永远都不会枯竭一样，像是“道”；水奔流直泻，即使冲下百丈悬崖，跌落到很深的溪谷里去也毫无惧色，这如同是“勇”；水能作为衡量地平面的标准，天下的水平线是一样的，公平、公正，像是“法”；水盛满后，不需用什么去刮平，自然就会溢出，然后就会恢复平正、端正，这像是“正”；水柔美而略呈透明，可流入细微的地方，这又有些像“明察”；不论从哪里发源，天下所有的水，一定是向着东方流去，一起归入大海，不管经历怎样的艰难险阻，而不变其志，这如同它的“志向操守”；水流所经过的地方，一切东西因此变得洁净，像水善于教化和感化一样，这好比“善”。水有这么多美好的德行，所以君子看到水，一定要仔细观看，将自己身上的德行来和水做一个印证啊！

孔子的这一段话，代表的是儒家对水的看法，而在道家的老子看来，又有不同。

老子对水最著名的论述有两段，一段是“上善若水”，也就是和孔子一样，认为水有善德；还有一段是“天下之至柔，驰骋天下之至坚。无有入无间，吾是以知无为之有益”。水看起来似乎柔软无比，可是就是这样的水，却能滴水穿石，能够劈开高山，冲出峡谷，流向大海。

柔软胜刚强，柔软的力量才是天下最强大的力量。老子的这一番领悟，是我们的祖先从自然界事物中领悟到的最高生存智慧，没有“之一”。

保持柔软的状态，生命才能长久地存在。“狂风不终朝，骤雨不终日”，刚强的东西只能在很短的时间内维持存在，然后就会趋向消亡。因此，当孔子第一次去向老子请教什么是“道”，老子一句话也不说，只是张开嘴，让他看自己的嘴巴。嘴巴里有什么？当时老子岁数已经很大了，牙齿都已经掉光了，但是舌头还在。这就是“道”：牙齿比舌头坚硬得多，但是都掉了；舌头似乎太过柔软，可是却长久存在。

保持柔软，才能顺应变化，“变化”这个词，重点在“化”。变一直都存在着，一天中的白天和黑夜，一年中的春、夏、秋、冬四季，甚至我们每个人的一生，从孩童到少年到青年再到老年，变是可以看到的，是可以感受到的。但是化就不一样了，通常它都是无形的，是潜藏的，是不被人注意的。我们并不知道黑夜在哪一个具体的时刻，一下子变成了白天，也不知道春天在哪一个具体的时刻，一下子变成了夏天，甚至我们都不知道，自己是在哪一个具体的时刻，一下子长大，又一下子变老的，但是这个结果的发生，的确就是“化”。它是“变”的积累，然后一下子就发生了，等我们发现、感受到，它就已经是那个样子了。

水能化，通常我们发现，只要有水的地方，存在足够长的时间，就一定会有生命孕育、生化出来，可能是一些小昆虫，也可能是一只青蛙、一群鱼。水就是这样神奇，而帮助水把神奇变成现实的，则是时间。

同样，大地也能化。冬天的大地，是冰冻的、僵硬的，所以感受不到生机。但是当春天一来，土地化冻了，土壤柔软了，于是很快就会有种子萌芽，继而生长起来。接着就是开花、结果，到处都是生机盎然。这是土地的神奇之处，同样，帮助土地把神奇变成现实的，还是时间。

对于人来说，也是如此。人也是可以教化的。一个小孩子刚生下来，其实和一个小动物没有什么两样，只是本能地吃喝，为了生存而存在。但是当他（她）长到四五岁，就必须启蒙教育了，大人要用祖先创造流传下来的文字、文化对他（她）进行灌输、开导、教育、教化。随着知识一点点增多起来，孩子的德行也慢慢培养起来。忽然在某一天，孩子就长大了，就成了一个君子，再经过长时间自我修炼，有的就成了圣贤。帮助孩子把神奇变成现实的，仍然是时间。

由此可见，柔软要发挥它的功能，离不开时间。而时间对任何人来说都是最公平的。每个人都只有一生，而且谁也不可能改变自己的生命长度，因此，只有一个选择，就是尽可能拓展自己的生命宽度，而这就需要我们更加地柔软，学会选择去与外面世界和解，更多地去顺应而不是抗拒，甚至是主动变化，学会利用变化，如兵家那样，以变应变。

那么，具体到企业文化建设实践中，如何与“柔顺”的品格结合起来呢?

第一，以变为常。这是一个哲学层面上的认识，佛家对此有一个很精辟的概括：“无常”。也就是说，常是不存在的。什么叫作“常”? 它很可能只存在我们美好的愿望中，是我们想象出来的。佛家经常举一个例子，存在了千万年的瀑布，如中国的黄果树瀑布，世界上著名的安赫拉大瀑布、尼亚加拉大瀑布等，都似乎是永恒不变的“常”。但是这个

“常”真的存在吗？如果我们站在瀑布的边上，仔细观看，会发现每一分每一秒，从山崖上方，都有水在跌落，所谓瀑布，其实并没有一个静止不动的“实相”，而只是一滴滴水永不间断地相续，每一滴水都在不停地改变自己的位置、跌落的速度和下冲的力度。这个“虚相”才是瀑布的本质，所以说，“无常”才是“常”。

对于人生，也是如此。我们的人生总体上看有一个长度，例如六十年、八十年或者一百年，实则这些年月中的每一天、每一刻，甚至每一秒，我们的身体都在发生着变化，有无数的细胞在生长，又有无数的细胞在死去，新陈代谢在白天黑夜不停地发生。而我们的思想意识更是如同流水一样，一刻都不停息，一个念头接着一个念头，即使睡着了，我们的意识还会编织梦境。所以说，这种不停地变化着的人生，才是真实存在的，是“常”。而一旦停止了变化，我们的生命失去了活力，变得僵硬了，一动不动了，意识也凝固了，我们的人生就走到了尽头。

对人如此，对企业来说同样如此。现代企业被认为是伴随着科学管理而生的。但是科学管理的方法再多，工作中每一个环节管理的条条框框再怎么精细，都不如文化对于人们的管束和发挥的影响力要来得更紧密、更具体。管理的制度和规则只是作用于我们的外表，文化则作用于我们的内心，管理主要管的是我们的行为，文化则直接作用于我们的意识和情感，管理只在八小时的工作时间内发生作用，文化则一天二十四小时发挥作用，甚至一个人已经离开了某个企业，那个企业的文化还会跟随着他，影响着他，强大的文化效力已经融入他的血脉和生命中了。

所以，这就给企业的文化建设提了一个醒：不要为了文化建设而建设。文化不是“我要有什么样的文化”，而是“我是什么样的文化”，不是“我的文化好不好”，而是“我的文化是否适应我的发展”，不是“我的文化要不要改变”，而是“我的文化还应该怎么更好地改变”，不是“我的文化究竟能够存在多久”，而是“我的文化能帮助企业存在多久”……很多人认为，文化是虚无缥缈的东西，是可有可无的东西，然而你换一个角度，就会发现文化对企业来说真的太重要了。大部分人在创立企业后，都幻想基业长青，做百年老店，可是大部分的企业都和人的自然寿命一样，有一个限度。但是文化是没有限度的，企业可能死亡，但是文化不会。企业的文化生命和人的精神生命一样，可以永存！

第二，以柔克刚。企业和人的存在还是有区别的，那就是竞争。人不是为了竞争而存在的，但是企业一定是为了竞争而存在的。因为企业所面对的是一个有限的市场：资源是有限的，资本是有限的，人才是有限的，甚至消费者也是有限的。你不可能一直得到消费者的青睐，因此需要不断地创造顾客。而创造顾客需要前面几个因素的综合，要配置资源，要吸引资本，要招揽和留住人才，这些都是竞争。企业与企业之间的竞争，大多数时候表现为有形的直接竞争。大企业之间，在全球市场范围内，展开激烈的厮杀，从资本到技术到人才，动辄卷入几十万上百万人，没有弥漫的硝烟，却是一场接一场真刀实枪的战斗。小企业之间，局限在某一个国家、地区，甚至某一个特定行业内，同样是你死我活的斗争。今天我胜利了，你一时落败了，明天你又胜利了，东山再起了……

按照自然发展规律来说，小企业都会变成大企业。但是，说起来顺理成章，实则每一个小企业要成为大企业、挑战大企业的市场都不是轻而易举的事情，这里面虽然也不乏以弱胜强、以小吃大的经典案例，但总的来说，小企业要战胜大企业，还是要发挥文化上的无形优势。这种文化上的优势，最明显的就是先进文化对落后文化的优势，例如大企业固守的文化是传统工业时代的，而小企业所创新的文化是现代互联网时代的，这就一下子取得了压倒性的优势。依靠一种新文化在一个不可阻挡的新时代迅速崛起，这种局面正是从20世纪90年代以后，互联网企业如雨后春笋般涌现，并且在整体上超过传统工业企业的原因。接下来，又是互联网企业的更新换代，周期更加缩短。

第三，常空常新。我们常说："盛满水的杯子，装不进新东西。"我们每个人的一生，在走到人生旅途某一站的时候，都要停下来，将自己的头脑、身心倒空，然后轻装前进，去接纳新知识，学习新本领，迈入新境界，这是一个自然而然的过程，对于企业来说也是如此。企业也必须经常将自己倒空，以便能够装进新的东西。甚至有时候我们会发现，新的东西并不是从外面装进来的，而是就在那个“空”本身里面产生出来的。很多企业都在喊着要创新，却不知道创新从哪里来，其实只要尝试一下“空”，就会发现创新并不难。

那么，企业如何才能做到“空”呢？佛家是专门研究“空”的，并且给出了最为简单的答案：“不执着”。佛家告诉我们，一个人如何做到不执着？就是只是去观照，而不去感受。去观照发生的一切，但是不投入我们的主观感受，任凭事情自己发生，而我只是做一个观者、一个看客，让事情自然地发生，自然地完成。

对企业来说，就是不管市场上的情况如何瞬息万变，不管面对这些情况会产生如何的焦虑、急躁、疑惑、沮丧乃至绝望等诸多情感，都不要为其所动。只是按照企业既定的战略，对着一个个具体的目标发起冲锋，直至将山头攻克。这是一种战略定力，更是一种文化稳定。文化一经形成，就会有一种自我固化的本能，然后按照自己的路径和节奏演进。我们需要做的，只是跟随着这种节奏起舞，在每一个阶段性目标达成之后，立即“放下”，然后继续投入对下一个目标的追逐中。

第十五章 宽忍

中国企业文化第五个品格，宽忍。

“宽”，这个字本义是指房屋的宽大，面积宽阔，后来引申为宽厚、大度。

提起中华文化，人们的第一感觉就是，这是一个在宽度和深度上都相当令人惊讶的文化。我们的文化并不是一下子形成的，正如大海不是一天形成的。在最初的时候，在广袤的神州大地上，分布着各种各样的文化，根据考古学家的发现，最早的比较有代表性的文化，大致有三种：一种是在九千多年前就已经出现在中国长江下游一带的种植稻米的群落，其中比较有名的河姆渡文化已经形成了村落，出现了聚族而居的水井，甚至已经造出了船只，这是稻米文化。一种是在中国的东北地区，大约在一万年前，人们就已经驯服了黄牛，成了可以帮助耕种也可以提供固定食物的牧养文化。还有一种是在中国太行山东边延伸到渤海冲积平原的山坡地，人们在七八千年前的时候发展了粟的种植技术，形成了最早的耕作文化。

以上三种文化，代表的是三种文化类型：稻米、牧养和小米，三种文化互相之间并不以血缘关系作为区分，而是以生活方式也就是文化基因作为彼此的身份区别。如果你从一个地方迁徙到另一个地方去，只要你认同新的文化，而且能够成功融入其中，那么你就会被接纳。这种以文化而不是血缘作为认同的方式，决定了后来的文化融合模式。

当然，除了以上三类大的文化，还有其他许多小类型的文化，但它们共同的特点是：那些大的文化体，必然会对周围的小的文化体产生吸引力，甚至控制力。久而久之，小的文化体就会被大的文化体同化，经过一段时间、一定程度上的冲突之后，最终走向融合，形成一个较大的文化共同体。而规模相当的文化共同体又会继续在互相之间产生吸引力，最终经过冲突走向融合，形成更大的共同体。

我们知道，中国历史上比较早有记载的是黄帝战蚩尤，并且在黄帝获胜之后，最终形成了华夏民族，我们也因此被称为中华儿女、龙的传人。中华儿女，就是炎族和黄族两大族群融合之后给我们流传下来的文化基因。龙，则是华夏民族的独特的精神图腾，是多民族的融合标志。

可以说，中华文化的宽度，从一开始就是由地理空间的宽广所决定的。南方有长江中游区、江浙文化区，中间有中原文化区、山东文化区，北面有燕辽文化区，西北还有甘青文化区，真可以称得上纵横南北、横贯东西。动辄就是成千上万千米，如此幅员辽阔的空间，让中华文化从一开始诞生的时候，就获得了巨大的视野：不是只盯着自己的文化，而是要不断地吸取和借鉴其他文化的最新技术，才能确保先进，而不会因为视野闭塞、盲目地骄傲自大而被其他文化远远抛在后面，那样的结果只有一个，就是会迅速被其他文化的吸引力吸引过去，不断削弱对自己文化认同的人民的控制力，最后被其他文化所同化。

第二，中华文化的宽度，表现在文化容量上，一个突出的特点就是大，这同样是由自然环境因素赋予的。我们来看一下，中华文化最初的几个文化共同体，水稻文化、小米文化、牧养文化，它们一个共同特点是什么？就是离不开水。长江和黄河两条大河，以及东北地区的大江大河，在为人们提供充沛水量的同时，也让人们见识到了其恣意的任性和泛滥起来一泻千里的恐怖。那集合起来的滔滔洪水，足以摧毁一切的巨大力量，让人们只能崇拜、顺从，只能将其敬为高高在上的神灵，甚至想象出龙王这样受到所有文化一致信仰的共同神圣。这是一种更大的力量、一种更高的意志，自然也就更令人心生向往。既然个体的人无能为力，那么我们的祖先就群体合作，仿效自然的水的汇集精神，学习如何成为这种“大”，各个文化共同体彼此融合，在一次次更加紧密的合作中，我们最终拥有了强大力量，成为万物主宰。

第三，中华文化区别于世界其他古老文化的一个最显著标志，就是“久”。我们说，中华文化是迄今为止唯一活着的人类古老文明，这个“活”似乎很难判定，如果只是从表面上看起来，我们会发现，四大文明古国的继承者，像埃及、印度等都还在；曾经创造了辉煌的古代文明的族群，其子孙后代也依然存在，一代接一代地繁衍着。那么，何以判定他们的古代文化生命已经“死”了，宣告终结了呢？这就要有最基本的判断依据，例如文字，曾经在古代文明里承载着文明内容和文化精神的文字，是否在今天还在使用？这是一个最基本的判断标准。拿我们的汉字来说，从最初的甲骨文，到后来经历了一系列的演变，到今天的简化字，字形上发生了很大的变化，但是字义并没有太多变化，汉字结构那种横平竖直、一撇一捺、勾勾点点的起承转合的书写，未曾变化。即便各地在方言上的发音并不一样，可是文字是共同的，这就是文明活着的证明。相反，古代埃及、古代印度的文字，在今天已经确确实实“死”掉了，连他们本国的人们也不能认识多少了。看一个国家的最普通的人民大众，是否还在使用这一套文字系统，就是最好的证明。

关于文明是否活着，还有一个判断的基本依据，就是今天的普罗大众，是否还在传承古代的核心价值观，是否还在以最古老的价值标准行事。以中国为例，中国最早从炎黄时代就形成了“协和万邦”的理念，这一理念迄今未变。中国还从很早就形成了“家”与“国”的概念，家国一体，尤其是“家”，中国人的家文化是世界上最古老、最早成熟的，一直延续到今天。中国的孔子家族可谓世界第一，一代代的传承都明确地写在厚厚的家谱上。此外还有许许多多的大家族，《百家姓》上的赵钱孙李、周吴郑王等一百多个姓氏各有传人，每个家族都有自己的家风、家训，不管经历怎样的改朝换代，王旗变换，“家”文化始终在中国根深蒂固，因此而成为文化传承的最好载体。

广、大、久，是中华文化标志性的三个特征，这一点不会有人反对。但是一定有很多人都不理解：我们的文化何以会呈现如此特征，而世界上的其他文化却不具备这样的特征？是因为上天对我们格外眷顾吗？当然不是。这是因为我们的祖先在这个过程中创造出了独一无二的特质，正是这一特质让我们成就这样的文化成功生存下来。

这个特质，就是忍。

这个“忍”字，今天的很多人第一眼看到就觉得不舒服，因为我们现在所接受的教育，受西方文化影响很深，鼓励每个人张扬自己的个性。既然是张扬个性，为什么要忍？应该是不忍才对，有什么想法直接说出来，自己认为其他人有什么不对的地方直接指出来。可是，这样率直而任性的表达，真的合适吗？再进一步来说，我们真的了解这个“忍”字吗？

“忍”，在《说文解字》中的解释其实非常正面：“能也。”什么是能？一是贤者，这是一个非常广泛的群体，有的是有德行，有的是有才能，有的是某一方面有一技之长，胜过别人，但都是在社会上受到普遍尊敬的。这样的人，书面语称为贤者，通常在民间语言中则被称为“能人”。二是有着强大力量的人、英雄豪杰，智慧和胆量都过于常人，能行常人所不能行之事，称为能杰，民间形容这样的人通常是说“有能耐”。

忍，从字形上理解，是心字头上一把刀，说明普通人要做到忍，修炼出忍耐的功夫来并不容易。另外，还可以将上面的刃看作坚韧，因此，我们的身体里面最坚韧的部分是我们的心，内心强大，才是真的强大。

忍，可以分作内、外两种情形。对外，我们要处理好和周围环境的关系，我们作为“社会人”，不可能不和外部社会发生关系，但是外面的人和事不一定都有利于我们，甚至有的会给我们带来伤害。这时候，就是“心字头上一把刀”，必须忍耐。我们绝不可以因为受到一点伤害，就选择自我封闭，不和外界社会发生关系，那样永远都成不了“能人”。

对内，我们要对自己的这颗主观感受的心进行修炼。第一层修炼的境界是“苦忍”，就是我们所受到挫折和不幸的打击、羞辱是苦的，但是为了我的成长、成才，为了在社会上实现自我价值，就必须忍，这时候是“打落牙齿往肚子里咽”，是受到伤害还强装笑脸，内心里却会因此积累不良情绪，一些负面的能量在不知不觉间积蓄起来，不知道在什么时候，就会像洪水溃坝一样爆发，让我们受到其反噬。第二层修炼的境界是“乐忍”，就是意识到所有遭遇的一切，都是在帮助我成长，所有的伤害都是为了让我更强大，恰如孟子所说：“天将降大任于是人也，必先苦其心志，劳其筋骨，饿其体肤，空乏其身，行拂乱其所为，所以动心忍性，增益其所不能。”这就是一种乐忍，乐观、豁达，既然知道伤害不可避免，那就改变对伤害的主观感受，但是这还不是忍的最高境界。第三个层次的忍，也是最高境界的忍，就是“不忍而忍”，“不忍”的“忍”，可以解释为“忍害”，不忍去伤害别人，尤其当自己身居高位，或者拥有某种巨大的力量的时候，要以道德来约束自己，就像上天有好生之德，并不是一味地滥用力量，对待有生命的万物，一视同仁；对待比自己弱小的群体，要怀着怜悯之心。之后的“忍”就是“忍耐”了，这里面关键在一个“耐”字上，耐是耐力，是长久地忍耐的能力，只有有不忍伤害别人的心，才能行不伤害别人的事，长期坚持做不伤害别人的事，才是真正的“能杰”。

明白了“忍”的深层次含义，我们再来结合“宽”看，就会有不一样的发现。

我们说，中华文化是一个个小的文化共同体经过不断冲突后走向融合形成的大文化共同体，这个过程说起来似乎自然而然，然而作为这一进程中的人们，各个族群对自己的文化都有着深厚的感情，有着丰富的主观感受。当这种文化被其他更为强势的文化所吸引、同化，自身渐渐消融的时候，以这种文化作为归依的人们，就会有诸如挫折、沮丧、耻辱、痛楚甚至绝望的感觉，从而被这种强烈的情感所刺激，做出一些激烈反抗的举动。历史上著名的伯夷叔齐饿死不食周粟、屈原沉江都是如此，他们都是在用宝贵的生命在为自己所依恋的文化殉道。

但这显然不是唯一的选择。对普通大众来说，对过去的文化固然依恋，但是对新的文化也并非一味拒绝。只要新文化确乎是先进的，是值得学习和借鉴的，是可以给人们的精神和生活带来更为丰富体验的，能够提供一种更加高级的生活方式，能够为人生提供更多的可能选择，这样的文化就很快会被大家所接受，渐渐也就融入这种文化了。

我们都知道，孔子的祖先是宋国人，而宋国是殷商一族的后裔，殷商文化一度是最先进的文化，但是后来被周文化取代了。周文化兴起之后，殷商后裔中有人选择拒绝，如伯夷叔齐，但是也有人选择接受，例如孔子。孔子曾经公开说过自己这么选择的理由，他在《论语・八佾》中说："子曰：'周监于二代，郁郁乎文哉！吾从周。'"意思是，周代的制度是借鉴夏、商二代的制度而建立的，它是多么地丰富美好啊！所以我拥护周代的制度。其实，孔子也就是在承认周文化的先进性。当然，孔子的一生都在为自己的这个选择反复思考，一直到晚年，《史记》记载，孔子临终前，告诉子贡说，自己做了一个奇怪的梦："昨暮予梦坐奠两柱之间"，又进一步解释说："夏人殡于东阶，周人于西阶，殷人两柱间。"他梦见自己的灵柩停在大厅的两柱中间，也就是说，他对自己的身份认同，还是殷人，他是殷商的后裔，而不是周人的子孙，他最后对子贡说："予殆殷人也"，感叹说："我终究还是殷人呵！"可见，他一生都在宣扬恢复周公的礼乐之治，但是在生命深处的意识里，在他确定灵魂的文化归宿时候，还是选择殷商。

这也说明，文化对我们的生命和精神的塑造，是从根本上进行的，是不可能轻易改变的。我们常说，自己是中国人，就是对中国文化的根本认同，这种认同已经写在我们的基因里，千秋万代都不会改变。

由此，我们也会悟出一个道理：对任何文化来说，都有一个共同的目的，那就是存在的意义绝不只是为了存在本身，而是有着明确的目的性指向，这个指向就是文化的完成。恰如我们每个人的生命一样，存在是为了这个生命的完成，每一个文化生命，也都有自身完成的根本追求。

只不过，每个文化如同一粒粒种子，在开始植入大地的时候，就已经有了明确的区分。有的种子是一棵小草，只要长出地面，经历一岁的荣枯，就算生命的完成。而有的是一株花，要经历开花、结果，待到种子成熟，然后散落到土壤里孕育成新的生命，这才算生命的完成。还有的种子是参天大树，开花结果不算，还要在生态中扮演更重要的角色：为周围的环境遮风挡雨，甚至是为路过的行人提供方便。这样大树的生命才算完成。越是大的生命的种子，其完成的过程越复杂，不可预知的因素也更多，然而也更加地缤纷多姿，影响也更加广大、深远。

中华文化的生命，从一开始就植入了伟大的基因，这粒种子的萌芽、成长、开花、结果注定比一般的种子更加艰难，要承受更多的风雨磨砺，但是也注定了要存在更久、影响更加深远，成就也更加令人惊叹！

因其宽大，故而要承受更多的苦难；因能忍耐，故而成就最后的久远。

以宽始，而成其大；以忍成，而历久远。宽忍的力量，实在太伟大了！

那么，对企业来说，如何将宽忍的品格融入企业的文化建设实践中去呢?

第一，必须有宏大的、卓越的生命意识。要把企业生命当作一个真实存在的，和我们的人类生命、文化生命一样的存在来看待。要意识到，和所有的生命一样，企业生命存在的目的也只有一个，就是生命完成。

那么，什么是企业生命的完成呢?这又是一个“仁者见仁，智者见智”的问题。在最初的时候，人们认为企业存在的目的就是赚取利润，实现经济价值。但是这一认识却忽略了最根本的一点：企业首先是一个社会组织，其次才是一个经济组织。正如我们人首先是“社会人”，其次才是“自然人”。否则我们就和动物没有什么两样了。同样，既然是社会组织，那么必须将社会责任放在第一位，企业必须实现社会价值，然后才是经济价值。这一排序至关重要，因为它回答了企业的生命存在问题。前面说过，发起美国商业组织“商业圆桌会议”具有世界影响力的世界顶级企业家们，此前二十多年一直向全世界传播“股东至上”的原则，但是在新的《宣言》中，他们重新提出了新的宗旨：“股东利益不再是一个公司最重要的目标，公司的首要任务是创造一个更美好的社会。”可以肯定，这份宣言将在未来很长时间内被人们反复提及。

在今天，什么样的企业才算是一家真正意义上的现代化全球企业?在这个新的《宣言》中表述得异常清晰：向客户传递企业价值；通过雇用不同群体并提供公平的待遇来投资员工；与供应商交易时遵守商业道德；积极投身社会事业；注重可持续发展，为股东创造长期价值。只有这几个目标中的一个或者多个都得到实现，才算是现代化全球企业。

“创造一个更美好的社会”，这听起来似乎不是企业该干的事情，而更应该是传统意义上的政治家、社会学家所从事的工作。但是作为现代性的全球企业，的确已经无法回避这一紧迫而现实的课题。正如人们已经普遍接受的一种说法：“当你力量越大，就必须承担更大的责任。”现代性的全球企业，集合了全球范围内最顶尖的资源，尤其是人才。当人在企业中的身份定位不断发生变化，从“机械人”“经济人”“价值人”再到“知识人”，人的地位越来越高，发挥的作用越来越大。一个囊括世界范围内该领域顶尖人才的企业所拥有的能量之大，可想而知。这样的企业已经不仅仅是传统意义上的富可敌国，而是自成一个独立而完整的“商业帝国”。参与《宣言》的大企业，任何一个都足以在全球商业领域掀起一阵阵的风暴，甚至可能在某些关键领域，因为过分贪婪和不受控制，而做出对人类未来发展造成重大隐患的事情。这就不能不给他们戴上“紧箍咒”，而这个“紧箍咒”又是他们自己主动自愿选择戴上的，这就充分显示了这些企业家的远见卓识。

当企业不再将“股东利益至上”作为生命的完成，而是把“创造一个更加美好的社会”视为生命的完成，这种终极目的的改变直接带来的改变无疑是巨大的：企业将会重新审视自己的一系列战略、战术，会重新考虑和调整自己的定位，尤其是在处理“利己”和“利他”这对复杂关系的问题上，会有一个截然不同的崭新态度。以前是以利己为中心，现在则必须以利他为中心。以前考虑的是“生存—发展”内外环境的“小生态”，现在则必须考虑“商业—社会”的整个大生态，这是完全不同的。以前很多都是短期行为，现在则必须从长远着眼和打算。

第二，要与时俱进，准确把握文化变革的时机。企业生命要实现自己的目的，这是一个长期的过程。既然是长期过程，就不可能是一个一成不变的文化，而是要不断地进行文化变革，以永葆其青春和活力，这就牵涉到对所有文化来说都必须面对和处理好的“变”与“常”问题。

常，是常道，是常态。首先要确定永恒不变的东西是什么，这是基础，也是核心。中华文化一成不变的东西是什么？孔子说：“吾道一以贯之。”《论语·里仁》中记载：“子曰：参乎！吾道一以贯之。曾子曰：‘唯’。子出，门人问曰：‘何谓也？’曾子曰：‘夫子之道，忠恕而已矣。’”这段话有很多种解读，尤其对孔子所说的“道”是什么？大家和孔子的其他弟子一样不得其解。曾子的解释是一种结果：“忠恕而已”，但是忠和恕显然还不能称为“道”。孔子后来也说过：“忠恕违道不远”，也就是接近道了，但还不是道。那么这个道究竟是什么？其实，还是应该理解为“仁”，这是孔子一生所宣讲的，也是他所实践的大道。而孔子教育弟子，有一个特点，就是对不同的人说不同的话。他对颜回说：“克己复礼，天下归仁。”而对曾子说：“一以贯之”，就是说，让曾子坚持自己的“三省吾身”，这么一直坚持下去，就可入道。

道，对每个人来说，都有不同的领悟方式和实践方法，关键是能够一直坚持下去，不管出现什么情况都不动摇、不改变，这就是孔子的“一”。

对于任何企业来说，首要的事情都是找到自己的那个“一”，这个“一”通常是企业精神，而企业精神是什么，其实就是大家的共同记忆，是在一个特定历史时期、特定的环境条件下，大家共同投入情感和行动，创造出来的一种共同理念、共同的价值追求和共同的行为准则，这就是企业独一无二的企业精神，也是企业文化赖以形成的核心。此后，这种企业精神就会被企业一直实践、传承，然后在新的历史时期、新的条件下由新的人群再创造，成为更复杂的情感和记忆共同体。对企业来说，这个就是“一”，是永远要保持的，从企业生命的诞生，一直到企业生命的完成，贯穿始终，永远不会变化的精神存在。

那么，对企业来说，变化的又是什么呢？这个就多了，正如《周易》所告诉我们的，对我们的人生来说，最重要的变化就是时间和空间，也就是“时”和“位”，只有在合适的时机，出现在合适的位置上，才能够达到完美、和谐的状态，而这种状态也不可能永远保持下去，必须为下一刻的变化做准备。只要时间这个变量不停止，其他的一切就不会停止变化，在合适的时机做合宜的事情，对我们来说是最重要的。

对企业来说，就是要在合适的时机进行适宜的文化变革。文化的核心精神不变，但是文化的表现形式可以变化。这种变化主要是根据

“时”和“地”的变化而变化：“时”指时间，时间不同，置身其中的人们的物质和精神需求，“地”则主要指地理位置，也指企业在行业中的地位。不同地方的人群文化背景不一样，企业发展到了某一个阶段，在行业中是否处于领先地位，影响力小还是大，都不一样。因此，企业的文化变革必须与这两个关键要素相适应，当变则变。

第十六章
守正

中国企业文化第六个品格，守正。

正，在中华文化中占有非常重要的位置。我们知道，中国人一年中最看重的一个节日是春节，而春节又是从正月初一开始的，民间常说："不出正月都是年。"也就是说，正月这一个月都是在过年，可以看出庆祝的时间之长、仪式之隆重，以及对于这一年之始的第一个月，人们寄予了多少的祝福、多少的希冀，以至将一股脑儿的吉祥都给了它。

正月，大部分学者都认为，来自夏朝的历法，以元月作为正月。因此，正月的一个基本含义，就是"元"，是"开始、开启"的意思。

"元"这个字有着丰富的含义，尤其在《周易》中，元是判断每一卦是否吉凶的一个非常重要的标准。元，按照后来儒家的解释，就是"善之始"。这个始，就是还没有生发、没有成形，还包含在我们的生命和意识里。但是，这颗善的种子的确已经存在了，而且这不是一般的种子，而是大的种子，将来是要弥漫天地，和构成宇宙存在的基本要素"气"相呼应的。气分善恶，一个人的善的种子与宇宙之气中的善呼应，就会成为"正气"，因此才会有文天祥的《正气歌》："天地有正气，杂然赋流形。下则为河岳，上则为日星。于人曰浩然，沛乎塞苍冥。"在地上，这正气演化为山川河流，在天上则演化为日月星辰，在人身上又演化为浩然之气——太平时节，朝廷清明，百姓安居乐业；如逢危乱之世，就会出现许多忠义之士。因为这浩然正气的存在，生和死已经不是最重要的，重要的是这股浩然之气不可以受到侵犯，更不可能被堵塞、遮蔽甚至湮没。

元气，是一个人生命的本始。中国的道家养生非常重视保养元气，叫作固本培元，认为如果这元气保存得好，就能够延年益寿，生命可以长久一些；如果保存得不好，以致盲目地损耗而不自知，那么生命就会短暂一些。但这只是对生命存在本身而言。对于生命来说，固然活着是最重要的，然而却不是唯一的。人活着毕竟和被视为长寿代表的乌龟不一样，人是有精神的，这个精神目的（或者叫文化目的）才是人存在的最高价值。而且这个精神或者文化目的绝不仅仅是为了传下去，它还要求这精神或者文化恰如浩然之气一样，充塞天地，贯通四方。

从这一点出发，我们又可以引申出正的另外一个含义：端正、改正。

其实，“改正”的“正”字，也许才是正月的真实含义。正，在甲骨文中是这样一个形象：首先前方有一座城邑，象征着方位、目标；其次是一只脚的形状，向前行走。所谓“正”，就是在向着目标前进的过程中，不断调整自己的方向，校正自己的目标，不至于偏离了正道。

这样就应该很好理解了，夏人为什么把一年之始的第一个月叫正月？就是因为，一年之计在于春，要在这第一个月里，反反复复地思考、打算，筹划这一年中到底该干些什么。对农民来说，要计划好一年的农事，什么样的土地该种什么样的庄稼，应该什么时候耕地，什么时候下种，什么时候收获。如果年景好的话，大致的收成会有多少，是否够一家人生活所需。普通百姓在走亲访友的时候，大家闲话家常过后，自然而然就会聊起农事，交流经验，丰富自己的规划。对于朝廷的大臣们来说，他们则要思考这一年中，国家都会有哪些大事，需要提前准备，例如兴修水利这样关乎国计民生的大事情，再如调整税赋、训练军队、内政外交等，都要在新年第一个月中通盘考虑，然后通过互相走访，交流看法，最后将形成的计划定下来，呈交给天子。

这样一来，我们就会明白，为什么正月需要整整一个月的时间：一来仪式繁多，走亲访友忙不过来；二来要认真筹划一年的事情，马虎不得。

正，还有一层含义。在《孙子兵法·兵势篇》中说："以正合，以奇胜。"很多人对这句话有很多的解释。当然，这句话的重点主要不是在"正"上，而是在"奇"上。一种观点认为，"奇"读"qí"就是特殊的、非常的，就是要在对方意想不到的地方，用意想不到的方式向敌人发起进攻，从而取得胜利，例如巧妙地利用天气的变化，或者利用某个特殊的时间节点，或者利用地形，总之就是要出乎对方意料，打对方一个措手不及。

但还有一种观点，认为"奇"读"jī"，就是单数、剩下的，在战争中，指的就是战略预备队。当正面部队的主力和对方展开厮杀搏斗以后，双方实力旗鼓相当，这时候决定战争胜负的就是预备队。谁的预备队强大，投入战场以后能迅速改变战场局势，谁就可能最后获胜。

对于第一种观点来说，"正"就是常规，就是遵循一般的规律，按照大部分人都会采用的方式去行事。这样做的好处是风险少，会将错误降到最低，避免无谓的损失，缺点是容易被对手看透每一步行动方向，落入对方的算计，让对方每一步都抢在前面变化、行动，过于被动。

但我们也要警惕一种情况，就是很多人过分夸大了"出奇制胜"的作用。本来只是极少数成功案例，却说得好像不"出奇"就不能取胜一样。事实上，绝大部分战争还是以常规作战方式为主，取胜的可能性也更大。"出奇"是不到万不得已，只有敌我悬殊或者战场情势异常不利的时候，才会采取的一种置之死地而后生的方式，必须慎用。

对第二种观点来说，"正"就是正面作战，是主力军。正面战场上的主力军是必须顶住的，是不能输的。如果主力军输了，仅仅依靠预备队，很难挽回败局。因此“正”就意味着必须有的责任和担当，是不能逃避的。

与正对立的，是邪。这就好像与“善”对立的是“恶”一样。很多人都会有一种本能的反应，就是喜欢正、善，讨厌邪、恶，认为正、善是好的，邪、恶是不好的，这是人之常情，因为我们可以本能地感觉到，正、善这样的环境，对我们生命的保全和发展以及对生命的目的完成是有利的。相反，邪、恶这样的环境，对我们生命的保全和发展是一种威胁，对我们生命目的的完成更是一种障碍，所以我们要尽可能避开、远离。

但是，我们忘记了一点，这就如同光明和黑暗一样，光明与黑暗是不可分割的，是互相转化的。我们古人就是从这个最基本的自然现象里悟出了最初的“阴阳”转化，貌似二分，实则对立统一的道理，正与邪、善与恶也是如此。没有绝对的正，也没有绝对的邪；没有全然的善，也没有全然的恶。这些都会同时存在于我们的身上，会同时发挥作用。

我们都有一个体会：当我们在白天置身于全然的光明中的时候，我们并不会觉得如何。对于光明是如此地司空见惯，以致浑然不当一回事。可是，当我们在夜晚被漫长的黑暗所包围的时候，在经历了一个漫漫的长夜，经历了无数看不清形状的模糊的东西、无从捉摸的声音的恐吓之后，当我们看到黎明第一缕明亮、温暖的阳光，那种喜悦、激动、兴奋、幸福的感觉是难以言喻的，这时候我们才会真切体会到光明的可贵，体会到光明原来是经历了和黑暗那么激烈的厮杀之后，才来到我们身边，原来我们所拥有的光明并非这么轻而易得的。

同理，如果单纯只是正，人们很难看出来它的存在有着怎样巨大的价值。只有当更多的邪出现，甚至人们被这些邪所包围，陷入恐慌甚至绝望的时候，相信这时候在所有人心里，都会大声地呼唤正义，都会迫切地期望有正义之士出现，拯救自己于危难之中。这就是“正”存在的价值和意义。

所以，当我们看历史的时候，会发现一个有趣的现象：每当我们读到一些正直人物的故事，总是有一些反面人物和他们对立，甚至大部分的反面人物都是在对正面人物进行了迫害之后，获得了权力、金钱等世俗之人眼中的利益，而正直人物似乎除了名声什么都没有得到。但这真的是历史的本来面目吗？还是我们看多了戏剧，读多了小说，被经过艺术家天才创作、加工后的文学作品带着我们走入了虚幻世界？又或许，“假作真时真亦假”，虚虚实实，亦真亦幻，每个人本来就亦正亦邪，一个人在此时此地，可能是正；到了彼时彼地，可能就是邪。一个人有时候看起来大奸大恶，却能够在关键时刻，幡然醒悟，如同佛家所说：“放下屠刀立地成佛”，有的人平时看起来大正大善，却可能在掌握权力之后突然成为杀人无数的大魔头。

正与邪、善与恶，同时存在于我们每个人身上，其实也正反映了人性的复杂。人性中有高贵、善良的一面，但也有自私、贪婪的一面，因此，才会有许多人在人群中道貌岸然，是彬彬有礼的君子，到了家里却会变成打骂妻子儿女、肆意发泄的暴君，才会有很多人在一个人独处的时候，将自己的丑陋面目暴露无遗，放纵堕落，失去控制。儒家一再告诫的“慎独”，就是要我们在一个人独处的时候，修炼好自己的功夫。“正心”不是做给别人看的，而是实实在在对自己的监督和约束，不打磨好这最基本的功夫，则后面的“修齐治平”根本无从谈起。

当然，我们崇尚正道，追求正直、公平、公正，但绝不是说就要一天到晚将这些挂在嘴上，也不是说因此就容不下其他的存在，例如反面意见。我们必须意识到“正”不是一种结果，而是一种过程。“正”永远是在端正、改正的过程中，永远没有绝对的“正”，没有真正完成的时候。

有一个有趣的故事，是关于庄子和惠子的。这两个人称得上一生的对手，庄子口才天下无双，但是惠子却最喜欢与庄子进行辩论。最著名的就是在《庄子·秋水》篇中，二人在濠梁之上一段关于“鱼乐”的辩论。庄子看到鱼在桥下水中游来游去，就说，“鱼儿真快乐啊！”惠子立即反驳：“你又不是鱼，从哪里知道鱼是快乐的呢？”庄子也反驳道：“你又不是我，你怎么知道我不知道鱼是快乐的呢？”惠子接着反驳：“是啊，我不是你，自然不知道你在想什么，但是你也不是鱼，同样也应该不知道鱼是快乐的吧？”本来到这里，庄子应该被问倒了，但是庄子最后的反驳实在高明，他不慌不忙地说：“让我们回到最初的问题上吧。你问我从哪里知道鱼是快乐的，说明你已经肯定我知道鱼是快乐的，问的只是从哪里知道的。那么我可以告诉你，我就是在这濠梁之上知道的！”

从这段辩论，可以看出二人都是高手，水平在伯仲之间，这也是他们二人喜欢辩论的原因：只有高手过招，才能体会到那种淋漓尽致的痛快。《庄子》中还记载了二人很多的对话，但是后来，惠子比庄子先去世了。《庄子·徐无鬼》中记载，庄子一次给人送葬，在路过惠子之墓的时候，停了下来，对跟随自己的人讲了一个故事，大致是说，楚国有一个人，鼻子尖上沾了苍蝇的翅膀一样大小的泥点，他就去找石匠，石匠将斧子举起来，运转如风，一下子将那泥点给削掉了，而他的鼻子一点都没有受到伤害。这件事情被国君知道了，就请那个石匠到王宫里，说要他当面展示一下神乎其神的技艺。石匠回答说，这个并不难，真正难的是那个人已经去世很久了，到哪里再去找一个站着一动不动，我的斧子向他鼻子尖上劈过去依然稳如泰山的人呢？庄子说完，一声长叹：“自从惠子去世后，我就再也找不到那个人了！”

像庄子和惠子这种一生的对手，其实也是一生的知己。他们彼此是竞争的关系，但其实也是相互成全的关系。这就像动物界中的狮子和羚羊，狮子必须迅速奔跑，抓住跑得最慢的羚羊，而羚羊必须跑得更快，跑过最快的狮子。这就是互相促进的关系，其中的老、弱、病、残自然被淘汰，于是两个族群都形成了良性循环，变得越来越强大，共生共进。

在文化上，其实也存在着这种共生共进的关系。并不是说一个文化先进，就一定要去取代另外一个落后的文化。文化不应该是取代和被取代的关系，而应该是互通互鉴，在彼此的交流中吸取对方的有益成分，然后在共同的向前演化过程中，形成各自独立又有着共同追求的一个更大的文化共同体，这种有融合又有独立，才是良性共生的文化生态。

引入生态的观念对文化来说十分必要，正如今天的商业——社会生态，商业已经不仅仅是商业本身，而必须考虑与社会一起形成更大的生态。商业的发展必须为了创造更加美好的社会，同样，更加美好的社会必然带来商业的更大发展，二者是互相促进、共生共进的关系。

那么，具体到企业来说，如何将这种“守正”的品格引入企业实践中呢？

第一，要存正念。正念，是来自佛家的一个术语，佛家有八万四千修行法门，每一种法门都是正念，都可以成佛，但前提是“念念正念”，就是一天中的二十四小时，每一分每一秒，你的每一个念头，都保持与你所修行的那种法门“正念”相一致，这就很不容易了。所以这里的正，也不是绝对的、唯一的，而是要不断调整的。

对企业来说，正念就是你从一开始就确立的使命，你是为什么而存在的。用我们今天比较流行的一个说法，就是初心。你的初心是什么？你成立企业是为了什么？你做的每一件事情，都要问一问自己，我有没有忘记自己的初心？我有没有偏离自己本来的目的？初心不改，念念不忘，必有回响。只要始终向着自己的目标前进，一定会有收获。

第二，要有正知。正知同样是一个佛家术语，就是说你的识见要与佛家的正法相吻合。否则只是一味用功修行，却偏离了正法，最后只能是野狐禅。这样修行的危害比不修行危害更大。同样，对于企业来说，正知就是要遵循基本的规律，要懂得一些基本的常识和道理。

例如，我们人类社会经过两三百年的工业化发展，科学技术突飞猛进，已经进入第四次科技革命时代，我们在各个领域都已经积累了丰富的科学知识。这些科学知识大部分是为全人类所共享的，但是如果你不去利用这些知识，不去站在巨人的肩头上思考问题，而非要自己闭门造车，从事一些从根本上违背科学常识的所谓创造创新，那就只能失败。这样的企业要么是哗众取宠，别有用心，要么就是江湖骗子。

正知，这里的“知”还不仅指的是科学知识，还包含着我们的良知。有时候做一件事情，在科学知识上可能完全没问题，但是在伦理道德上也许就存在着明显的问题。这时候，如果法律没有明确的限制，那么就要问一问自己的良知：你确定做这件事情是对的吗？你确定不是只被利益驱动，而是考虑到大多数人的未来了吗？你确定是在造福而不是危害人类？通常，我们的良知在一瞬间就能对这样的问题做出判断，就看你接受与否。

第三，要走正道。这听起来似乎老生常谈，但是很多的企业就是不肯走正道，而宁愿选择歪门邪道。这是投机主义在作祟，总觉得走正道的人太多，太辛苦，反而不如歪门邪道来得快，可以短期获利，可以赚快钱。这种想法本身就隐含着一个错误前提，就是你觉得自己比大多数人聪明，问题是你真的出类拔萃吗？就算你有一点小聪明，抓住了某个机会，可是你并没有和大家一起创立一个良好的商业生态环境，独木不成林，你单独一家企业，抵御风险的能力有多大？没有众人互相帮扶，你能成多大气候？更多的时候可能是昙花一现，过眼云烟罢了。

因此，不要怕走正道太辛苦，走正道太慢，而要明白那才是实现企业长久存在目的的唯一方法。正如一滴水要永不干涸，只有融入大海一样，一个企业要想长久存在，就必须致力于和其他企业一起建立一个良好的商业生态环境，而这个环境又必须依赖于和全社会共创美好社会。如果每个人都意识到这一点，都主动选择走正道，那么这个美好社会的到来就会提前很多，企业因此获得的发展机会也会成倍增加。

第四，敢于创新。这一点对企业来说尤其重要。我们前面说正念、正知、正道，其实都是在为创新做准备，打基础，做铺垫。如果说正念、正知、正道必然导向正果，那么对企业来说，创新就是得到的正果。

创新不易，创新维艰。但所有的创新都离不开一个共同的前提，就是守正。只有在吸取一切人类智慧成果的基础上，在传承人类的共同记忆、保持人类的共同情感、为着人类的共同未来的基础上，创新才有价值。这样的创新也才更容易取得成功，并且能持续为企业带来长期利益。

创新，如果单纯从利益角度来衡量，可以用一个词概括，就是“惠他利己”。一定要将“惠他”放在前面，这其实是突出了企业的社会属性。企业存在的价值和意义是什么？首先是社会价值和意义，其次才是个体价值和意义。企业的存在，必定是为了共同打造商业——社会的良好生态，这就是“惠他”。只有先做到了“惠他”，才能最大限度地“利己”。企业生命要长久存在，就不可能离开社会这片汪洋大海。

第十七章

持中

中国企业文化第七个品格，持中。

“中”，这个字对每个中国人来说再熟悉不过，因为我们是中国人，是中华儿女。但是，这个“中”字，如果仔细分析一下，对很多人来说又是很陌生的。

“中”，这个字现在看起来字形很简单，其实在甲骨文中，它的字形是很复杂的：有的甲骨文中是两面对立的、高高飘扬的旗帜，有的在两面旗帜中间加一个圆点，表示在交战的两股军事力量中间地带，也就是不偏向任何一方。《说文解字》解释为：“中，内也。”就是内里、中间，一定范围内适中的位置，意指两端的中间部分，或与两点等长的时间点。

中，本义是从军事上演变而来，因此今天还有一个词语：中立，就是采取不偏不倚的立场，不向着任何的当事一方。中立通常又意指客观、公正，不带任何的主观感情色彩，因此常常更能判断出事情的真相。

中，我们看到这个字很容易第一时间想到“中国”。通常认为，“中国”的概念是在“中原”的基础上演变而来的。中原是尧、舜、禹时期一直到夏、商、周三个朝代，连续居住、持续发展的地区，被认为是天下的中心。

据考证，1963年出土于宝鸡市宝鸡县（今宝鸡市陈仓区）贾村镇的一件叫“何尊”的青铜器上明确刻有“中国”两个字的铭文，这是考古学界公认的目前所见出土青铜器中最早有“中国”一词的文字记载：“余其宅兹中国”，意思是说，我住在天下的中央地区，这可以看作“中央之国”的最早表述。

不过，“中国”的“中”，除了指方位，显然还有更深刻的含义。

2008年7月，一则消息引起人们的注意：清华大学获赠入藏了一批竹简文献，被学者称为“清华简”。清华大学立即成立了“清华简”整理小组，并且小组成员在整理工作展开后第一时间撰写了介绍文章。其中，最令人关注的就是被称为《保训》的一篇文字，被认为是“周文王遗训”。这篇《保训》全篇共有11支简，每支22~24个字，简文大致包括两部分内容：第一，周文王告诉儿子关于舜的事情。“昔舜旧作小人，亲耕于历丘，恐求中，自稽厥志，不违于庶万姓之多欲。厥有施于上下远迩，迺易位迩稽，测阴阳之物，咸顺不扰。舜既得中，言不易实变名，身滋备惟允，翼翼不懈，用作三降之德。帝尧嘉之，用受厥绪。”意思是说，舜的一生，坚持做一件事情，就是求取“中道”。他在历山耕种的时候，因为出身于民间，和百姓一起耕种，所以能够了解民间的疾苦，知道百姓的需求，不会违背百姓的意愿。后来，他到了朝廷之上，居于庙堂之高，但是在内外施政的时候，还是设身处地，从正反两方面来考虑事情，最后采取一个折中措施。这样的措施在朝廷中能得到一致认可，在外面也被百姓所广泛接受。尧帝经过考察之后，肯定舜的“中道”，将帝位传给了舜。

第二，周文王告诉儿子，关于上甲微如何为父亲王亥报仇的事情。“昔微假中于河，以复有易，有易服厥罪。微无害，迺（追）归中于河。”这里要补充一段背景，就是自从甲骨文出土后，王国维等学者从《周易》《山海经》《纪年》里考察出一段史实：商族部落的首领王亥曾经赶着牛车，到有易部落去进行贸易，结果在那里发生了不光彩的事情，据说是中了有易部落国君绵臣的阴谋，被设计杀害。后来，王亥的儿子上甲微积蓄力量，联合河伯，战胜了有易。在这里，周文王临终提及此事，显然大有深意，就是上甲微的“假中”与“归中”。这是什么意思呢？学者在这里产生了重大分歧，争论不休，总结起来，有以下三方面观点：一说“中”是军队。上甲微向河伯借了军队，组成联合军队去攻打有易，胜利之后又将部队还给了河伯。二说“中”是正义。上甲微从河伯那里借来了讲述事情发生经过的证词，也就是请河伯作为见证人，制成诏书，讨伐有易。胜利之后，又让绵臣写了一份认罪的亲笔供词，然后将这供词和原来的河伯证词一起交给河伯，请河伯作为最后的审判者。河伯做出了公正的处决，不过也并没有赶尽杀绝，而是只处罚了首恶，让绵臣的子孙离开了有易，另外组建了一个摇民国。三说“中”是天道、天命。上甲微“假中”是在出师前祭祀山川大地与祖庙，请求得到“天”以及先人的认可，授予他以“天命”。带着这种来自上天和先人的认可，上甲微的军队士气高涨，顺利地击败了有易部落。然后，在为父报仇后，上甲微又祭祀上天和祖先，禀告自己已经取得了胜利，顺利地完成了“天命”。

以上三种解释，都各有道理。我们不必苛求谁对谁错，只想说明一个问题，就是周文王在生命最后关头，传授给儿子的“中道”，是他最为看重的。作为一个大政治家和一个充满人生智慧的智者，他给了儿子一道人生的黄金方程式：“求中—得中—假中—归中”。求中，就是要时刻牢记，将求取“中道”作为自己最高的追求，任何时候都不能偏离这一追求的方向。得中，就是做事情一定要从正反两个方面去考虑，最后采取一个折中的方案，尽可能将各方面的利益照顾周全。假中，就是向上天去借天命，要跟随天命的指使行事，这样就不会有大的过错。归中，就是不贪天之功，事成后要将功劳归于天道。

对于周文王临终授给儿子的遗训，孔子显然是知道的。在《论语·尧曰》中有一段与此相关的记载。尧命舜：“咨，尔舜，天之历数在尔躬，允执其中，四海困穷，天禄永终，”并云：“舜亦以命禹。”从尧到舜再到大禹，都重视“中道”，并且一脉相承，因此成为中国的一个“道统”。朱子撰《中庸章句》说：“道统之传有自来矣，其见于经，则‘允执厥中’者，尧之所以授舜也。‘人心惟危，道心惟微，惟精唯一，允执厥中’者，舜之所以授禹也。尧之一言，至矣尽矣，而舜复益之以三言者，则所以明夫尧之一言必如是而后可庶几也。”因此又称“十六字心传”。

在这里，我们粗略来说，可以将“危”看作“端正”，将“微”当作“隐藏”，这样一来，这句话就可以理解为：人心是变化不定的，一念为善、一念为恶，因此需要不断地加以引导、端正。但是道心是隐藏的，因此不要以自己的欲望作为判断事情的标准，而要客观、公正地去处理事情，如同《中庸》说的那样：“明明德，亲民，止于至善”，就是要以天下百姓的福祉为出发点，专注于此，将此作为唯一的出发点，以此来裁量事情，就会做到不偏不倚，就能够永远保持在“中道”上了。

“中庸”这个词，很多人今天已经无法理解其本来含义，其实，“庸”，就是用。《说文解字》解释为：“庸，用也。”中庸，就是“用中”，用中就可以有功效；一直坚持用中，就会取得长久的功效，就这么简单。

需要注意的是，“中庸”如何运用，如何才能实现“中”的功效、功用，分为两个方面：一是完成自己的“内业”，就是修养心性，超越人的动物性欲望，超越具体现象和知识的约束，从而开发出自己的内在智慧，儒家将这个过程称为“诚意正心修身养性”，也就是“内圣”。二是完成社会上的事业，《周易》说：“形而上者谓之道，形而下者谓之器，化而裁之谓之变，推而行之谓之通，举而措诸天下之民谓之事业。”将自己内在对道的体认转化为外在的应用，就是事业，通常又称为“事功”。事功的实现，就是“外王”，最后就是“王天下”。

在《论语》中，“中庸”这个词语只出现了一次：“中庸之为德也，其至矣乎！民鲜久矣。”虽然孔子只提到了这一次，却对其推崇备至。

孔子之所以对“中庸”说得不多，还因为中庸其实是一门实学，以实践为主。

孔子一生都在实践中庸之道，可以将他的实践归结为三个方面。

第一是中节。“中”，是人的内心一种与生俱来的状态，也是一种混沌状态。“喜怒哀乐之未发”叫作“中”，发而皆中节就是“和”。什么叫中节？节，就是竹子的竹节，也指人的骨节，是关键部位的意思。中节，就是能够命中关键部位，如同射出去的箭一样正中靶心。不管是喜、怒、哀、乐哪一情绪，都必须在合适的地点、合适的时机，以合适的方式表现出来。例如应该笑的时候不能哭，应该哀的时候不能乐，否则就不是正常人，而是疯子了。更进一步说，应该微笑的时候不能大笑，哀伤的时候即使伤心也不要死去活来，这都要掌握好一个“度”，要掌握好关键的分寸，这样就能够做到“和”，反之就是“不和”。我们常说：“世事洞明皆学问，人情练达即文章”，其实就是要懂得人和事的关键环节在什么地方，应该如何去做到时时处处“中节”。

第二是中用。中用就是如何很好地做到“用中”的意思。《论语·先进》中记载：“子贡问：‘师与商也孰贤？’子曰：‘师也过，商也不及。’曰：‘然则师愈与？’子曰：‘过犹不及。’”子贡问老师：“子张和子夏谁更贤一些？”孔子回答说：“子张经常会把事情做过头，而子夏经常会在做得不够的时候就停下了。”子贡问：“那么还是子张的做过头好一些吧？”孔子回答说：“做过头和做得不够是一样的。”

关于“过犹不及”，有一个故事。《荀子·宥坐》中记载：孔子观于鲁桓公之庙，有欹器焉。孔子问于守庙者曰：“此为何器？”守庙者曰：“此盖为宥坐之器。”孔子曰：“吾闻宥坐之器者，虚则欹，中则正，满则覆。”孔子顾谓弟子曰：“注水焉。”弟子挹水而注之。中而正，满而覆，虚而欹。孔子喟然而叹曰：“吁！恶有满而不覆者哉！”这个故事里面的欹器，是一种倾斜着的器具，如果倒进去的水到一半，就会端正，如果继续倒水，满了之后就会倾覆。据说这是鲁桓公放在自己座位右边，时刻用来警惕自己的，我们今天的座右铭就是从此演变而来。

那么，究竟如何才能把事情做得恰到好处呢？《论语·子罕》中记载：“吾有知乎哉？无知也。有鄙夫问于我，空空如也。我叩其两端而竭焉。”孔子说：“我是个聪明的人吗？我并没有那么聪明啊。有个乡下的人问我一件事情，我对这件事情一无所知。不过我从正反两个方向发问，不断地将事情一分为二，最后就找到正确的答案了。”“两端”，就是事物的正反两面，将两个方面都分析透了，从两头往中间靠，就会达到最佳。这里要注意，“空空如也”很重要，可以理解为不带任何的主观判断，不先入为主，尽可能保持客观和公正，这和当年舜在山野之地耕种，为百姓处理事情、明断是非用的是同一方法。

总之，持中、用中，这是古圣先贤留给我们的最高智慧，也是需要我们用一生去加以反复实践的。

那么，这种持中、用中的智慧，在企业文化的建设实践中如何运用呢？

第一要有系统思维，也就是整体性思维，要认识到企业本身不是一个独立的存在，而只是一个自给自足的小系统，企业内部有无数的小系统，企业外部则有着一个个的大系统，各个系统之间构成了整体性相互依存关系。

在这个世界上，没有任何孤立的事物，万事万物在宇宙这个大系统里都是紧密联系在一起的。就我们每个人来说，都是一个个独立的人，有着独立的思想和意识，有着鲜活的、完整的生命，但同时，我们还是人类群体的一部分，是天地宇宙的一部分。我们虽然自诩为万物之灵，是地球生命的最高形式，但是我们与一朵花、一只蝴蝶，与天上的日月星辰依然是联系在一起的，是密不可分的。我们是整个存在的一部分，而企业不过是我们创造出来的一个现代化的社会生命，如此而已。

有了这种系统思维，就会给我们一个大的视野、大的认识，让我们在看事物的时候，首先是从事物的全貌去观察，而不是像瞎子摸象一样，摸到什么部分就以为大象是什么形状，也不会是管中窥豹，只见到一点形状就以为全都是那样的。从整体上去认识和把握以后，我们才会有一个清晰而明确的定位，知道自己在什么位置上，要做什么事情，而我们的文化建设就会与之相适应，服务于这个清晰可见的目标即可。

第二要有辩证思维。辩证就是我们传统文化中的阴阳，正如我们的手掌有手心手背一样，看到手心就看不到手背，看到手背就看不到手心。那么，请读者试着来做一个小实验：如何同时看到自己的手心和手背？乍一听起来似乎很难，其实却再简单不过：你伸出一只手，手心朝上，伸出另外一只手，手背向上，手心和手背就同时呈现在眼前了。但就是这么简单的事情，很多人却似乎忘记了：自己有两只手，这也是我们在看事情、处理问题的时候，为什么很多时候只会看一个方面。

要学会正反两方面去看，将这样的思考方式养成习惯。同时，还必须懂得，正和反都不是静止不动的，而是在时刻向着对方的趋向转化。我们都熟知的代表中华文化智慧成就的太极图，有一阴一阳两条鱼，首尾相衔，你中有我，我中有你，一刻不停地在变化，所以没有绝对的正反、对错，但是却有着一种一直保持的、永远处于平衡状态的秩序。

这种秩序，我们有一个词语描述：和谐。和谐可以说是宇宙规律，从我们肉眼所能看到的，春夏秋冬，四时有序；昼夜交替，日升月落……即使在夜空中排列得貌似不规则的星辰，其实也各自按照一定的轨迹运行……不知道怎么，古代的人们发现，在夜晚的星空下观察星空，总会油然而生一种亲近之感，为什么会这样呢？就是因为星星按照一定的规则排列，展示了一种伟大的宇宙秩序，而在我们的内心，也有一种同样的“秩序感”。宇宙秩序存在于我们每个人的内心深处。

我们的祖先很早就观察到了这种宇宙秩序，而且认识到其并非只存在于星空中，还实实在在地存在于我们每个人的身上。我们的身体本身就是一个“和谐”秩序的呈现：宇宙是一个大系统，我们每个人的身体则是一个小系统，也有人将其称为“小宇宙”，这个“小宇宙”不仅有四肢百骸、血液细胞，还充斥着看不见的“气”。无数个“小宇宙”和“大宇宙”按照一模一样的规律在运行，无数的“小和谐”构成了宇宙的“大和谐”。我国传统文化的瑰宝——中医，最著名的理论就是“治未病”。当病还没有来到你身上的时候，就要对其进行预防了。在一定的季节，要根据时气的变化，通过补充吸收天地日月精华的草药，对身体进行调和，通过对“气”的改变，达到与自然保持一致。

第三要有戒盈思维。我们每个人都拥有简单而平凡的生命，其实仔细想来，似乎它也并不那么简单。关于生命，迄今为止有两种主要论点，一种是不可知论，另一种是可知论。持“不可知论”者认为，生命是一连串偶然的集合，随时面临中断和改变，一切都无法控制，所以说“不可知”。而持“可知论”者则认为：一切都是可以了解的，例如你的一生其实早在你出生之前，在生命形成之初就已经注定，你的遗传基因中携带着从父母身上传承而来的密码，而你的父亲和母亲的生命质量，将直接决定你的生命质量，后天的环境也许会影响你的性格形成，从而部分改变你的人生走向，但基本上，生命是一个早已写就的剧本。

其实，不管是“不可知论”，还是“可知论”，都走向了各自的极端。

生命并非“不可知”，但也并非全然“可知”。生命不可捉摸，但有一点可以肯定：生命从一形成开始，就是一个持续不断地发展、复杂多变的、高速运动的过程，要把握这一运动过程中的规律，着实不易。

老子经过深邃的思考和周密的观察，对生命规律进行了总结，得出了结论：生命忌“满”——正如一张弓不能拉得太满，否则就会折断一样；生命忌“刚”——过于刚强的东西，一定不会长久。因为过于刚强，就意味着处于一种持续对抗的状态，很容易“折断”，即死亡。生命忌

“骄”——富贵而骄，是人生的常态。霸王项羽曾说：“大丈夫衣锦荣归，如果不加以炫耀，就等于衣锦夜行。”但是，项羽最后的下场大家也都知道了。

对于企业来说，也是如此。不要太“满”，正如同高空走钢丝的艺术家一样，诀窍是听从心而不是服从脑，企业也不要总是那么理性，一味地以数字来衡量。有时候，要诉诸直觉，直觉会告诉你什么时候该做什么。永远不要执着于同一个地方，永远记得保持变化，在变化中发展。不要太“钢”，就好像一个人学习游泳，只有放弃和河流的对抗，才能真正学会游泳，体验到快乐。企业一定不要给自己四面树敌，而是要学会合作，最大限度地减轻来自竞争对手的压力。要学会与大家共存、共赢，不要太“骄”。据说有一个著名的“九十九块钱定律”：如果你挣到了九十九块钱，那么，你一定不愿意停下手，而非要去挣到那第一百块钱！但就是这一块钱，有时候就超出了限度，招来祸患。因此，对企业来说，还是应该牢记自己的社会责任，一边挣钱，一边将口袋里的钱拿出来一部分，反哺社会，积极去做公益，做慈善事业。

第十八章
通达

中国企业文化第八个品格，通达。

“通”，这个字从一开始出现就很简单，《说文解字》中说：“通，达也。”就是从一个地方到另外一个地方。我们知道，中国地大物博，从一开始，我们的祖先就被大山大河层层阻隔，各个部族的文化在很长时间里是各自发展的，彼此不相往来，甚至不知道对方的存在，这就是天然的阻隔。

我们都学过一篇课文《愚公移山》，一上来就说：“太行、王屋二山，方七百里，高万仞。”这样两座大山，自然阻隔了以愚公为代表的部族通向外面之路。为了实现“走出大山”的梦想，愚公带领子子孙孙，准备代代接力，将大山挖通，以致精诚所至，感动神灵，将两座大山背走了。这当然是神话，可是却反映了远古时期古人的真实生活状态。

通，还有流通之义。我们都知道，中国有世界上最早成熟的商业文化。这种商业文化是内陆型的，和西方近代以来形成的海洋型商业文化截然不同。而内陆型商业文化的形成和早熟离不开一个大前提，就是中国有着广袤的国土，从南到北、从东到西，有着数千千米的漫长贸易路线。从最早时候见于文字记载的商族部落领袖王亥赶着牛车开展贸易，一直到后来的十大商帮，两三千年间，浩浩荡荡的中国商人，不停地奔走穿梭在中国的南、北、东、西各个方向的贸易旅途上，将一个地方的物产贩卖到另外一个地方，这叫作“搬有运无”，在一个地方低价收购商品，然后运到另外一个地方，高价卖出，赚取差价，这叫作“货殖”。一般来说，早期的商人都是“行商”，有了一定的本钱之后就选择一个商业鼎盛之地定居下来，开设店铺，创立字号，这就成了“坐商”。中国的语言文字里有专门为此而创造的一个词语，叫作“商贾”，简单地说，就是“行商坐贾”，商人要四处去行走，贾则是坐地买进卖出，二者的相同之处，都在于一个“通”字，致力于为市场上增加新鲜的、急需的商品，为人们的日常生活提供便利，因此又叫“无商不活”。

然而，消除地理意义上的阻隔只是第一步。不同部族的人们，从四面八方聚集到一起，形成一座城邑，在一起共同生活，彼此的文化交汇融合，形成一种新的共同文化。在这个过程中，人们发现，要想真正地去了解他人，“通”到别人的心里面去并不容易，但文化就是这样，凡是那些不能真正作用于人们的心灵、真正影响人们由内而外改变的文化，都不能称之为真正的文化，而只有共同的文化经过演变，不断地丰富完善，发展到一定程度的时候，才能称为文明。这是一个漫长的过程，需要不同的人群彼此之间反复地、深入地沟通，最后产生变化。

《易经·系辞上》说：“一阖一辟谓之变，往来不穷谓之通。”就好像两扇窗户一样，一下子闭上，一下子又打开，一闭一开叫作“变”，有往有来而不停下，这就叫作“通”。白天和黑夜就好像两扇窗户，不停地更替，永远不会停歇的时候，这就是大自然的“通”。同样，对于人生来说，也要注意效仿自然，尤其是注意有往有来。我们活在这个世界上，不是孤单的一个人，而是生活在社会中，是要和人群发生往来的。我们要依靠社会提供的资源，创造性地实现自我的价值，同时，我们也要贡献自己的力量，反哺社会，帮助人群实现群体性价值。

我们常说，人生不外是“舍得”二字。很多时候，我们都太过关注“得”，而不懂得“舍”。我们出于人性的本能欲望，在得到一些东西的时候，总会觉得满心欢喜，不管这东西是有实际用处还是没有实际用处。有时候，我们甚至不是自己想得到，而是被商家的广告所诱惑，被社会的一些观点所误导，认为我们应该得到，然后我们就匆匆忙忙去争取，生怕落在别人后面。但如果我们认真想一想，我们真的需要那么多东西吗？是不是还有人比我们更需要这些东西呢？如果我们将这些东西赠送给需要的人，是不是我们会觉得更快乐呢？

是的，其实仔细想一想，快乐才应该是我们每个人所应该追逐的目标，也是唯一我们能自己掌控的。钱财名利，都是身外之物，身外之物有得有失，“得不到”和“将失去”都会令我们忧心忡忡，因为那些都无法由我们做主，甚至我们这个生命也是无法自主的。每个人从一生下来，就注定了要走向死亡，只不过有的人人生长一些，有的短一些，但长一些也不过一百多年而已。死亡的结局早已注定，那么，我们能掌控的究竟是什么？就是自己的生命体验和感受，就是自己给自己找的快乐。

有一个故事，说的是一个百万富翁在海边度假，看到一个年轻人正在海滩上悠然地晒着日光浴，于是富翁上去问道：“年轻人，你这么大好的时光，不去开拓一番事业，怎么在这里虚度光阴？”年轻人不解地问：“我要去做什么事业？”富翁说：“挣钱啊，像我一样开公司，把生意做到全世界去。”年轻人问：“然后呢？”富翁说：“然后你有了很多钱，就可以像我一样，悠闲地来到海边，晒日光浴了。”年轻人哈哈一笑：“我现在不就在晒日光浴嘛！”这个故事说明，快乐不是以外界的条件来衡量的，它就在你内心深处，你觉得快乐便是快乐。

快乐，也是会传染的。当你一个人觉得快乐的时候，是快乐，当你把你的快乐传递给别人，和大家一起快乐，那就是更大的快乐了。《孟子·梁惠王下》里面就讲了“独乐乐不如众乐乐”的道理。齐王喜欢听音乐，孟子就给他讲了一个人听音乐，不如和大家一起听音乐的道理。

毕竟，音乐是用来欣赏的，而对一国之君来说，与其在宫廷里和少数人一起听音乐，不如到外面去，和自己的百姓一起欣赏音乐，与民同乐。

在我们人类还没有文字的时候，音乐就产生了，它是我们表达自己思想情感的一种艺术形式，是我们的祖先对天地自然韵律的首次模仿。不同部族的人们，语言不同、文化背景不同，可是只要听了和谐的音乐，没有不心旷神怡的，没有不手舞足蹈的。通过这种最基本、最古老的交流方式，大家就会心意相通，就会在情感上有认同感。周公就是利用音乐这种方式，寓教于乐，来教化天下四方的百姓。

孔子也是一位音乐大家，他的一生都与音乐密不可分。小时候，他是跟随母亲学习各种乐器的。长大之后，他要恢复周公的礼乐之治，自然对于乐有了更深一层的研究。他曾经专门在鲁国的太庙里面学习音乐，后来他又跟随鲁国的大乐师师襄子学琴，精进到连老师都惊叹的地步！

孔子弹琴，不仅是通过音乐抒发自己的心声，而且能够通于天地。他在周游列国的时候，“弦歌诵读”不绝，和弟子们读书、弹琴，一天都没有停止过。他在陈蔡之地遇到危险的时候，弹琴以安抚诸位弟子；他在山谷中遇到兰花的时候，弹琴作《幽兰操》以明志；即使在晚年，生命最后的几天里，他还在倚门作歌：“泰山其颓乎，梁木其坏乎，哲人其萎乎？”像他这样一位人生的智者，真可以说是抵达了“通”的化境了。

孔子教育弟子，有一个很重要的思想，就是“己欲立而立人，己欲达而达人”。《论语·雍也》中记载：子贡曰：“如有博施于民而能济众，何如？可谓仁乎？”子曰：“何事于仁？必也圣乎！尧舜其犹病诸。夫仁者，己欲立而立人，己欲达而达人。能近取譬，可谓仁之方也已。”子贡很有意思，他是孔子门下言科第一，很会说话。他想问自己做的事情是不是仁，却假借他人之口说：“有一个人，他能给老百姓很多好处又能周济大众，怎么样？可以算是仁人了吗？”这其实说的就是他自己。子贡本身就是个大商人，利用自己的财富做了很多好事，因此认为自己应该是一个“仁人”了。孔子的教育也很有特点，就是因材施教，对每个人回答同样的问题，答案都不一样，他很清楚子贡的优点和缺点，因此就先说一番使他高兴的话：“这样的人岂止是仁人，简直是圣人了！就连尧、舜都尚且难以做到呢。”接下来他给出自己对“仁”的解释：“仁人，就是要想自己站得住，也要帮助人家一同站得住；要想自己过得好，也要帮助人家一同过得好。凡事能就近以自己做比，而推己及人，可以说就是实行仁的方法了。”这一段话真是太重要了，孔子直接告诉了我们，如何在我们每个人生命中去实践“仁”的方法，归结起来就是十二个字：“自立立人，自达达人，推己及人。”

近代，曾国藩是一位用自己的一生实践这十二字真言的典范。他在写给儿子的遗嘱中，语重心长地说：“孔门教人，莫大于求仁，而其最切者，莫要于‘欲立立人，欲达达人’数语。立者，自立不惧，如富人百物有余，不假外求。达者，四达不悖，如贵人登高一呼，群山四应。人孰不欲己立、己达，若能推以立人、达人，则与物同春矣。”自立、自达，你充其量只能成为一棵参天大树；立人、达人，你才能够培育一批树木，成为一片森林。当狂风暴雨袭来的时候，一片森林肯定比一棵单独的树木更有抵抗力，而且，森林所构成的是一片生态，能够庇护、哺育更多的生命，发挥更大的力量，做出更大的贡献。自立、自达，不过是自己发达，自己得利；立人、达人，却是帮助一批人成为栋梁之才，成为对国家和民族的有用之士，因此而成就更大的功业。

通达，最后还有一层境界，也是最高的境界，就是精神上的逍遥。庄子的《逍遥游》中给我们描绘了这样一只大鸟：“水击三千里，抟扶摇而上者九万里。”这样一只大鹏鸟，翱翔于彩云之上，背负青天，俯视大地，尘世间的一切对它来说不过是暂时的栖身之地，而神秘遥远的南冥天池才是它要去的地方。这当然只是一个神话，其实作者所描述的，是我们的精神，是“乘天地之正，而御六气之辩，以游无穷者”，只有当我们的精神高高翱翔，获得了这么一个广阔无垠的空间，我们才能从人世间的羁绊中解脱出来，才不会再去计较“鸟雀之讥”，才会始终专注于自己的追求，最后实现梦想，圆满完成自己的一生。

那么，如何将这种“通达”的品格与企业文化建设的实践结合起来呢？

第一，强化共生意识。共生本来是一个自然术语，意指两个生物体之间生活在一起的交互作用，两者构成了一个“共生体”，这种“共生体”有时候只是无意识的存在，也就是彼此不知道自己和对方是“共生关系”，只是为了自利生存的本能，但一旦离开对方，一方就会大受影响。

人与人之间，从本质上来说，也是共生关系。我们在家庭中和家人是共生关系，在学校中和同学、老师共生，来到社会上和工作同事、领导，构成共生关系……整个地球，包括人类在内就是一个巨大的共生体。

共生，有时候是被迫的，这主要来自外部环境的压力。很多时候，企业在创始阶段，从领导到员工都会紧密团结在一起，这种紧密共生关系主要来自巨大的生存压力。一旦过了这个阶段，外部压力减轻了，就会出现人心不一致的混乱情况，似乎凝聚力也没有那么强了。传统上，我们把这叫作“可共患难，不可共富贵”，其实就是被动性共生。

有被动性共生，就有主动性共生，这可以称为互利共生。人类作为高级智慧生物，自然会认识到，共生是最好的获取和利用资源的方式。互利共生，就是要在几种共生形式中选择最好的一种：比如竞争性共生，实际上是一种双方都受损的共生；还有偏利性共生，只对一方有利；偏害性共生，只对一方有害……这些都不是最佳的共生形式。互利共生，顾名思义，就是对所有的共生关系方都有利，彼此都得到好处。

企业要有主动的互利共生意识，并不断加以强化。在企业内部，企业与员工互利共生，这就要求真正将以人为本落到实处，要时刻以员工的福祉为出发点；在企业外部，企业与利益相关方互利共生，股东、伙伴、政府、广大的消费者，这就要求企业以诚信为根本，要持续提升自己的格局、能力；在更大范围内，企业则是与人类、大自然互利共生。

互利共生，有一个基本原则要注意贯彻始终，就是平等。这种平等是没有条件的，是要求将所有的生命都看作一个整体来看待的。“我”就是芸芸众生、大千世界，大千世界、芸芸众生就是“我”。恰如陆九渊所说：“吾心即宇宙。”天地宇宙，连接一体，是一个整体性的存在。

第二，提高共情能力。“共情”，这个词是由人本主义大师罗杰斯提出来的，又称为“同理心”，就是体验别人内心世界的能力。如何去体验别人内心世界？首先是要观察对方的言行举止，通过他的一行一动、语言和神态表达，了解他的内心世界，其次是通过观察者自己的知识和经验，进一步去了解对方深层次的体验乃至人格形成的联系，最后则是观察者通过特定的技巧，把自己的共情传达给对方，施加影响。

共情，有点类似范仲淹所说的“居庙堂之高则忧其民，处江湖之远则忧其君”，一个人只想着自己是不够的，还必须关怀别人，而如何去关怀？就是在身居高位的时候，想到自己的子民还有生活在水深火热中的；当自己退隐山林的时候，想到朝廷之上君主还在为国事操劳……

设身处地，将心比心。人都是需要被理解的，都是需要被关怀的，没有人愿意孤独一生。当你处在艰难困苦中的时候，你希望可以有人倾听你的不幸遭遇；当你功成名就达到事业巅峰时候，你希望有人分享你的成功喜悦。这就是人之所以为人所具有的独一无二的丰富情感。也正因此，我们在身体健康、智力健康之外，还会有一个情绪健康的“情商”。很多时候，真正决定成功的因素不是我们的智商，而是情商。

企业，是人的集合。“企”字是有人则有企，无人则无企，“厂”字的繁体字是上面一个“厂”字，下面一个“敞”字，可以理解为每个人都必须敞开自己的心扉，阳光、透明、积极，主动去关怀别人，了解别人。人与人之间做到坦诚以待，心心相印，只有这样才会心往一处想，劲往一处使。

第三，追求合作共赢。合作，就是要开放，要主动走出去，放眼世界，放开襟怀，永远不要给自己画地为牢，永远不要只待在自己的舒适区里。对很多企业来说，它们是在一个特定的地区、在某个特殊的历史时期，依靠着特殊的国家政策或者特别的资源而获得竞争优势，从而成功生存、发展、壮大了起来。但是这样的企业优点和缺点一样突出，如果只是盯着自己的优点看，自我感觉良好，就会陷入“夜郎自大”的虚假的自我满足感中，外面的世界发生了天翻地覆的变化而不自知，等到因环境变化而引发的危机排山倒海般袭来，悔之晚矣！

走出去，意味着你是谦逊的，是善于学习的，是主动寻求改变的，同气相吸，你很快就会找到志同道合的一个群体。大家都愿意学习，都愿意改变，于是就彼此认同、接纳，走到一起，构建起一个更大的共同体，一个个共同体之间又不断地融合，最后构成了全人类的共同体。

第十九章 俭朴

中国企业文化第九个品格，俭朴。

“俭”这个字，对中国人来说是再熟悉不过了。像我们从小接受的第一次郑重其事的教育就是在饭桌上，父母会告诉我们，要爱惜粮食，要努力将饭碗中的每一粒米、每一口饭都吃干净。我们也在学习《唐诗三百首》的时候，翻开来就是那首著名的《悯农》:“锄禾日当午，汗滴禾下土。谁知盘中餐，粒粒皆辛苦。”的确，对今天的孩子们来说，他们已经很难知道在田间地头辛苦劳动是怎么一回事了。但在教育中，我们还是一有机会，就让孩子们去学农，去体验农民的劳动辛苦。毕竟，在中国，十几亿人口的吃饭问题是第一等的大事。要吃饭，粮食从哪里来？第一等大事自然要靠自己解决，靠自己的双手最靠谱，也最有保障，我们也可以从国际上进口粮食，但是一旦遇到突发情况，人家不卖给我们了怎么办？总不能去逼着人家强买强卖吧？总不能去人家的粮仓里抢吧？归根结底，还是要靠我们自己。

中国人对土地的感情，大概是世界上所有民族中，感情最深厚，也是最牢固的。我们有着几千年的农耕文化，有着世界上最早成熟的农耕文明。我们国家的土地资源并不是最丰富的，但我们的土地所养活的人口却始终位居世界第一。靠的是什么？就是我们的精耕细作，就是我们的勤劳，就是我们的“俭”。“勤俭”是所有人公认的中国人的标签，“勤俭”的习惯和品格也是中华民族世代相传、独一无二的传家宝。

“俭”这个字，《说文解字》中的解释很简单：“俭，约也。”就是节俭、节约，不敢奢侈、浪费。其左边是一个“人”字，右边是三张“嘴”、两个“人”，加起来就是三个人、三张嘴，也就是吃饭的人多，因此要节俭、节约。

我们知道，中华民族在最早的时候形成了几个文化群落：在南方的沼泽地带，人们耕作水稻，发展出了早期的稻米文化。在北方的平原地区，人们种植粟，也就是小米，发展出了早期的农耕文化。但是，不管是水稻还是小米，它们有一个共同的问题，就是单位产量并不是很高，即使辛苦耕作，一年下来，所能够养活的人口也是有限的。因此，长期以来，中国在古代社会的人口总量都有一个上限。一旦超过了这个上限，就会爆发大规模的饥荒，引发社会动荡。

后来，直到明朝，玉米和红薯两大农作物传播到了中国，这两类农作物的单位产量比稻米和小米高出好几倍，中国人口顿时来了一个大增长，从宋、元时代的上限一亿人一下子提高到了明、清时代的四亿人。可是，吃玉米和红薯只是生存的下限，人不能一天三顿只吃这些，还想吃得更好一些，甚至饱暖之后还想得到一些其他的东西，于是，我们仍然需要“俭”，需要时刻自我提醒，减少欲望，过简单生活。

俭，有简单、简化的含义。老子在《道德经》六十七章中说得很清楚：“我有三宝，持而保之。一曰慈，二曰俭，三曰不敢为天下先。”这里的“俭”，就是简化的意思。老子看这个世界，和我们普通人眼中看到的不一样，我们是尽可能地用加法，老子是尽可能地用减法，化繁为简。不要让外在的事物迷惑我们的心智，耗费我们的精神，因为那样是对元气的损耗。要迅速地看到事物的本质，这样一来就能保持元气的充沛。以简御繁，以一颗淡泊宁静的心而去应对天下万物的千变万化。

在中国历史上，有一个很有意思的现象，就是聪明人似乎都懂得做减法。老子不用说了，他的再传弟子范蠡也是一个有大智慧的人，一生中以“天下三徙”而闻名于世。他每一次的改变都非常成功，每到一个新地方后，他都会很快在事业上取得成功，而他的最大成功则是他的“减法”。第一次减法，是他帮助越王勾践复国成功以后，他选择了激流勇退，而且力劝自己的好朋友文种一起走，“狡兔死，走狗烹；飞鸟尽，良弓藏”。这个道理他懂，文种不懂，于是文种最后惨死。范蠡逃亡后，化名鸱夷子皮，到了齐国。在齐国海边，他经商致富，很快被齐国人所尊崇，以至国君要请他当卿相，而他却将自己的财富都散给了百姓，然后带着贵重珠宝逃走了。之后，他来到鲁国的定陶，改名陶朱公，很快又积累了千金之富，名闻天下。

其实，范蠡的智慧用一个词就可以概括，就是“节制”。他曾经对勾践说过一段著名的话：“夫国家之事，有持盈，有定倾，有节事。”大致意思就是要做好三件事情：持盈，在发展顺利的时候，保持好兴旺的发展势头；定倾，在遇到危险的时候，能够转危为安；节事，对于人力、物力，要加以节制，集中力量办大事，不可以轻易加以消耗。天道，就是盈而不满；地道，就是能够孕育转化；人道，就是懂得自省、克制。范蠡的一生堪称自我克制的典范，人生圆满无憾。

还有一位聪明过人的人物大家都知道，就是诸葛亮。诸葛亮在三国群雄争霸的乱世里，以自己的智慧经营天下，帮助刘备开创了“三国鼎立”的局面，建立了蜀国。他先是辅佐刘备，后来又辅佐刘禅，虽然只是一个臣子，却鞠躬尽瘁，死而后已，最终将名字写上了千秋青史。但人们很多时候，只对诸葛亮的智谋津津乐道，却忽略了他的修身功夫。诸葛亮在临终时候，给八岁的儿子诸葛瞻写了一封《诫子书》，开头第一句就是：“夫君子之行，静以修身，俭以养德。”古人写的家书都是很私密的，因此他语重心长地告诉儿子，自己的一生所实践的就是这八个字：“静以修身，俭以养德。”静，是要时刻保持内心的安静，心境就像一泓清泉，没有代表着欲望的石子丢进去，就不会起涟漪。水平如镜，就会照出世间万物的本来面目。俭，就是要时刻约束自己，不放纵自己的欲望，不去沉溺声色犬马，不去浪费物力和人力，这一世，为自己积德，过了这一世，也是为子孙后代积德。

当然，俭，并不是说因为自己不需要那么多，就不去努力争取，就不去做事情。俭，是要将有限的力量聚集起来，从而做大事，成大事。

俭，通常和“朴”联系在一起。朴，本义是指树木的皮，就是自然、本真的意思。我们说，普通人的一生，其实就是一个不断地在社会中迷失自我、距离自我的本真越来越远的过程。从古到今，我们从农耕文明进入工业文明，从农村的田园生活来到都市的现代生活，从地上的交通工具不断进步，到能够“上九天揽月，下五洋捉鳖”，看起来似乎无所不能。但是人类一代接一代地从事于“物”的创造发明，结果就是“役于物”，我们越来越被自己创造发明的这些外在之物所迷惑，也越来越执着，但我们在向内心的本真探索方面，又有哪些突破性成果呢?

最初的时候，我们的祖先是能够和天地自然沟通的，是生活在一个人、神、灵、兽万物一体、和谐共生的大千世界里的。后来，到了周朝，就只剩下了“天—人—地”的精神世界结构，人除了和天地沟通，就只剩下和自己的祖先沟通了。孔子“不语怪力乱神”，对其他的一概不予理会，甚至连“生死”也被他一刀从中斩断，“未知生，焉知死”，结果就是只专注于这一生怎么去活着，去成为一个理想中的君子，最终成为圣贤。但是，有人将这一追求俗化，结果就有了民间流传的“好死不如赖活着”的说法，于是我们的哲学就成了实用主义哲学，成为世俗和大众哲学。

“俭朴”，是一条完全相反的道路，是指向出世、指向背离世俗和大众甚至可以说回归虚无的一条神秘之路。只不过这并不是神秘主义，它仍然是可以体验的，可以把握的，是可以通过实践去达到的境界。这里涉及一个根本的问题：作为人，我们为什么而存在？我们活着的目的究竟是什么？我们存在于这个世界上，究竟意义何在？难道仅仅是为了活着本身吗？仅仅是为了活得更长久一些吗？那么，我们和普通的动物有什么不一样？如果我们真以智慧生物自居，是高等动物，那么我们的智慧、我们的高等，究竟体现在什么哪里？是体验，还是追求？

体验，应该并非人类生命所独有。我们且不说稍微有一些智慧的生命，例如黑猩猩、海豚等，即使普通的生命，它们也应该是有体验的。乌鸦反哺、羔羊跪乳，难道说它们完全是出于本能吗？动物之间，母子分离的时候，尚且哀嚎声声，即使百兽之王的老虎，也虎毒不食子，难道它们没有一点情感吗？显然不是。再比如山野之中，一花一草，如王阳明所说，我们带着高兴的心情看它们，它们就活泼起来；我们带着悲伤的心情看它们，它们就枯寂下来，反过来看，这何尝不是它们感知到了我们的心情，随着我们的心情变化而呈现不同面目呢？

追求，有意识地为了某个目标而奋斗，才应该是我们人类所独有，也是唯一超越其他动物的特点。为了实现自己的追求，我们会主动选择合作，而且随着合作的规模越来越大，我们的追求目标也会越来越高。前面说过的上天入地，都是我们大规模合作的结果。我们还在给自己设立更高的目标，例如人类的永生，例如向着宇宙深处进发……

但是，追求太多是好事，也是坏事。说它是好事，是因为它促使我们不断地进步、演化；说它是坏事，是因为我们忘记了最初为什么而追求，忘记了出发原点在哪里，最初的目的是什么，这就需要我们回过头来反思和自省。而这就需要修炼“俭”的功夫，将自己简化，将违背自己初心的一些东西去掉，轻装上阵，这样反而更利于我们认清自己的主要追求目标，这就是诸葛亮所说的“非淡泊无以明志，非宁静无以致远”，擦去了尘垢，内心的镜子就明亮了。

那么，具体到企业来说，如何将“俭朴”的品格运用于文化建设实践呢？

第一，养成勤俭节约的习惯。尤其是在创业阶段，企业生命还很弱小，很脆弱，这时候必须尽可能地积蓄力量，“勤俭节约”几乎是所有创业阶段企业的一个必然选择。但这也正如前面所说，这是外部环境逼迫的结果，不得不这么做。一旦过了创业阶段，企业就会在不自觉中由俭入奢——一旦入奢，可就很难再回到“俭”的轨道上来了。“由俭入奢易，由奢入俭难。”过苦日子的时候，大家都是一样的，都没有怨言，一旦日子好过了，大家都争着比享受，比荣华富贵，这时候就会起争执。辛辛苦苦建立起来的感情受到冲击不说，事业更是会毁于一旦。

在中国的一些家族企业里，因为要传位给自己的儿子、女儿，也就是“富二代”，这个问题就更加突出。对“创一代”来说，勤俭节约是自然而然的事情。但对“富二代”来说，他们从小就习惯了丰衣足食，要想让他们去勤俭节约，他们就会不懂得为什么要这么做，也不会做。结果就会形成“富不过三代”的魔咒：如果第二代将勤俭节约的习惯不知不觉丢到了脑后，到了第三代那里，就只会更加大手大脚，最终葬送企业。

要想主动勤俭节约，也许只有一个方法可行，就是通过教育、学习，主动追寻、树立更高的精神目标。只有确立更高层次的目标，才会懂得简化其他一切不必要的欲望，集中精神，调集人力、物力去实现追求。

对于家族企业的财富传承，“保富”不一定是最好的选择，最好的选择应该是继续“创富”，通过财富的再创造，发挥其更大功用，走到更广袤的天地中去。

第二，保持好一个“真”字。这个“真”是什么？可以理解为人性的善良。每个人的“真”，就是从一生下来带着的人性的善良。对于人性，西方人认为是“恶”的，每个人一生下来都带着原罪，所以要救赎。但是我们中国人认为，人性是“善”的，每个人一生下来，都带着“善”的种子。我们的一生，就是要培育这颗种子，让其生根发芽，开花结果，然后成长为参天大树，连成森林，泽被世人，荫及后世。

企业是追逐经济利益的组织，但我们很容易在追逐利益的过程中迷失。为了追求更大的利益，我们往往会选择铤而走险，甚至有时候违反法律。而企业的经济力量很大，拥有很多资源，这就决定了企业一旦为“恶”，那么其破坏力量将远远大于个人。甚至有时候，人类命运的未来，就在某些企业的研究室中，在企业的决策者们向善还是向恶的选择上面。

今天，人类科技已经高度发达，但是科技向善还是科技向恶人们居然还在争执不休。科技本身并没有善恶之分，归根结底，还是看利用科技的人们自身。一念向善、一念向恶，这时候能够约束人们自身的，只有自己。

所以，我们才要不断地寻找自己内在的“真”，保持这个“真”至关重要。

第二十章 仁爱

中国企业文化第十个品格，仁爱。

“仁”这个字，解释起来很复杂。据考证，这个字最早和东夷人联系在一起。东夷，就是生活在山东半岛海岸一带的古老部族，大约在五六千年前，这里就已经形成了中国历史上最早的文化之一——大汶口文化。这里出土的陶器、陶片等极其精美，而且陶器上还出现了明确的文字，说明这个部族的文明在当时已经发展到了很高的程度。太昊、少昊都是东夷部族的首领，后来的舜据说也是东夷人。

在东夷文化里，有一个比较突出的概念（或者叫作习俗），就是“尸”。“尸”字和“夷”字在甲骨文中的写法差不多，什么意思呢？就是说，东夷人有一种风俗，当祭祀成年的丧者的时候，一定要找一个活着的人，来装扮成鬼神，象征性地代表逝者接受对他的哀悼和祭祀。这种由“尸”承担的活人对死去之人的感情，据说就被称作“仁”。《说文解字》中的“夷俗仁”，明确指出东夷部族就是这种尸祭之礼的发源者。

这种在今天看来似乎有些无法理解的风俗，其实在《论语》中也有体现。孔子去世后，他的弟子有若很像孔子，大家就把他供奉起来，向他行礼。而有若的一段话也非常有名，就是直接解释“仁”的：“其为人也孝弟，而好犯上者，鲜矣；不好犯上，而好作乱者，未之有也。君子务本，本立而道生。孝弟也者，其为仁之本与！”这段话说到了“仁”的两个最重要内涵，一是孝，就是要孝敬父母，二是悌（古通弟），就是要尊敬兄长，友爱兄弟。这两点也正是“仁”最本初的含义。

孔子从小是由母亲颜征在教育下长大的，而颜征在出身的颜氏一族极有可能正是东夷部族的一支后人，很好地继承了东夷文化的精髓。所以，孔子很小就接触到了“仁”的概念，并且通过母亲颜征在的言传身教，对于“仁”有了最初的理解，懂得“孝”和“悌”在家庭内的重要性。

后来，孔子又将这个概念往社会上延伸了一下，“谨而信，泛爱众，而亲仁”。一个人在家里面做到“孝”和“悌”，那只是出于人性的本能，到了社会上之后，还要做到言行一致，和同样有着“仁”的追求的人群聚集到一起，爱人、立人、达人，把没有血缘关系的陌生人也当作自己的亲人，这样就能够在社会上赢得信任和尊敬，推行仁政了。

在《论语》中，孔子并没有明确解释什么是“仁”，因为这是不需要解释的，正如我们在一起，并不需要讨论什么是“人”，因为我们本身都是人。但是，我们却需要讨论一个最基本的问题：如何做人？这就有很多种方式和方法了，因人而异。同样，孔子的弟子都来问“仁”，孔子根据每个人不同的情况，给了他们不同的答案。有的弟子可能比较自我一些，如樊迟，孔子就告诉他：“仁者，爱人。”你要多去关怀别人，多替别人着想一些。子贡问仁，孔子告诉他：“工欲善其事，必先利其器。居是邦也，事其大夫之贤者，友其士之仁者。”这也是根据子贡的情况来说的。子贡善于经商，走到哪里都是豪华的车马随从，排场很大，经常和国君称兄道弟，他的眼睛很高，经常看不上不如自己的人，孔子就告诉他：“你要和那些贤大夫多走近一些，和有仁德的士人交朋友。”颜回问“仁”，孔子回答：“克己复礼”，又说：“为仁由己，而由人乎哉？”努力约束自己的行为，处处符合礼的要求，就是“仁”了，但最重要的是，“仁”是由自己去努力实现的，而不是听别人怎么说。

“仁”，还和“美”联系在一起。《诗经·郑风·叔于田》曰：“洵美且仁。”《诗经·齐风·卢令》曰：“其人美且仁”，这里的“仁”，就是指人的心里美和外形美是联系在一起的。我们常说：“相由心生”，一个人外在的气质如何，是和他的内心直接相连的，如果内心是美的，那么表现在外面的气质，就让人如坐春风；如果内心是丑陋的，表现在外面的气质，就让人觉得冷若冰霜。当然也有虚伪的人，表面上和蔼可亲，实则一肚子阴谋诡计，不过这样的人终究会有露出本来面目的一天。

仁，虽然早在孔子之前就已经出现，并且经过夏、商、周三代演变，已经有了丰富的含义，但是最终还是经过孔子的凝练升华，被赋予了更大的内涵，才真正成为指导人生和社会实践的哲学，其主要有三方面。

第一，和平理想。孔子所生活的时代，是一个“礼崩乐坏”之世，天子无力号令诸侯，而诸侯之间醉心于武力兼并，常常是为了一己野心，发动战争，让百姓苦不堪言，每一场战争都会将成千上万人卷入其中。因此，人们渴望和平，而孔子就被认为是奉了上天之命，给人间带来和平的那个人，他出生的时候就有麒麟来到他家的庭院里，这被认为是和平的祥瑞。孔子继承了父亲叔梁纥的一身武艺，精通御、射，但是却在母亲的影响下养成了温和的性格，成长为一个文质彬彬的君子。他宣扬仁爱之道，游说各个诸侯国的君主，告诉他们要爱护百姓、彼此之间和平共处的道理，虽然一生未被采纳，却播下了仁爱的种子。

关于孔子的和平理想，其实是有一个“理想国”原型的，就是《诗经·大雅·绵》中记载的故事：周民在十三世祖古公亶父的率领下，进行了一次大迁徙，来到岐山脚下的渭河平原，在这里定居下来，筹谋规划、虔诚占卜、娶妻建交、营造房屋，建设城市，开渠修路，睦邻友好，抗击外敌。从古公亶父开始，历经三代经营，周族终于强大起来。《周易》中专门有描写这件事情的一卦，叫“同人”。这一卦中描述的是一个君子从踏出自己的家门开始，与人沟通，超越自己的宗族，而以自己的理想去号召天下，最终带领大家一起和合天下，走向大同。

孔子对“同人”卦高度重视，这一卦的卦象上面是“天”，下面是“火”，天是乾，是天道，象征君子；火是自然界中最常见的，积极向上，刚健进取，和君子的精神非常相像。那么君子如何才能实现“通天下之志”呢？本卦按照顺序展示了这一过程：初九是“同人于门”，在门外和人交往，公正、开阔，象征从一开始就没有私心。六二是“同人于宗”，这是从反面来说的，就是不要只用和自己有血缘关系的人，而要将胸怀放开，将交朋友的圈子扩大开去，团结方方面面不同的人。九三是“伏戎于莽，三岁不兴”。戎是军队，将军队埋伏在草丛中，警惕对方来进攻自己，三年都不出兵，这是强调要做好自我保护。“人不犯我，我不犯人。”有武力而不用，才是真正的和平之道。九四是“乘其墉，弗克攻”，意为军队发动进攻，已经登上了对方的城池，却选择放弃进攻，这是在功利与道义之间最终选择了道义。然后是九五：“同人”，经历过一番痛苦的磨砺后，终于找到了真正志同道合的人。孔子对此在《系辞传》中专门加了解释：“君子之道，或出或处，或默或语。二人同心，其利断金。同心之言，其臭如兰。”最后是上九，“同人与郊”，君子即使是在不得志的时候，也不会选择与人群分开，这也是孔子一生的写照。孔子为了自己的理想奔走，被嘲讽如同“丧家之犬”，甚至连耕田的隐士都嘲笑他，孔子却回答说：“人不可能采取逃避现实的态度，永远和禽兽在一起。我不与人群在一起，又能和谁在一起呢？”他的这种人间情怀，我们接下来还会讲到。

第二，天下意识。中国人从很早就开始有了“天下意识”。天下不是国家，不是一个具体的地理和政治意义上的概念，而是一个文化概念。“天下”的“天”，在殷商之前一直是自然的“天”，是对自然与鬼神想象的结合。到了周朝，又加上了“祖先”，“天”便有了自然、鬼神与祖先三重含义，而且，周人还给“天”配上了一种美好的事物：德。

德是天和人所共有的，天之德，在于好生恶杀；人之德，在于敬天保民。在高高在上的天和人间万民的中间，有一个“天子”作为媒介，也就是中间代理人，上接天道，下保万民。如果这个天子是有德的，那么整个天下都会安定，风调雨顺，人民安居乐业；如果这个天子是没有德的，那么整个天下就会混乱，天怒人怨，百姓陷入水深火热。这样一来，就会形成所谓顾炎武说的“亡天下”。《日知录》中说：“有亡国，有亡天下。亡国与亡天下奚辨？曰：易姓改号，谓之亡国；仁义充塞，而至于率兽食人，人将相食，谓之亡天下。”“亡国”就是政权的更迭，“亡天下”则是文明的衰败，最终走向灭亡。

第三，人间情怀。人是一种智慧生命，是有着丰富情感的高级动物。人从禽兽演化而来，但是人最终摆脱了禽兽的动物性，而成为“人”，就在于人是有情感的。而且这种情感不只是对自己父母、妻子儿女、兄弟姐妹的基于血缘关系的本能情感，更是对于和自己没有血缘关系的社会上其他人群的正面情感，包括同情、怜悯、关怀、帮助等。这些情感是带着温度的，是可以传递温暖的，是可以消除人的那种与生俱来的孤独感的。有人说，人类在这个世界上，最大的敌人就是孤独，也许，人类是唯一能够体会到孤独的。要消除孤独，就必须去和别人沟通。而正是在从古到今成千上万年中，人们通过沟通、合作，创造了文明。

人贵有情。孔子之所以被认为是中华民族文化的奠基者和代言人，就在于他首先是一个真实的、有血有肉的人。我们读《论语》，看到的是一个和我们一样，有着七情六欲、会哭会笑甚至有时候还会自我嘲笑的孔子。孔子被尊为“圣人”，但他首先是一个人，他不否认：“食色，性也”，他也因为自己的理想一次次在现实世界中碰壁而苦恼，但他有一点，就是他始终抱着一颗炽热的心，始终充满真挚的情感，为了恢复周公的礼乐之治，为了一个幸福安定、和平美好的人间秩序而去努力奔走。他从来没有想到过逃避、消极遁世，他清醒地看到了社会的弊病，深刻地洞察了人性的复杂，却选择去面对，去拯救，去行动。这样的一个孔子，永远值得我们尊敬和学习。“高山仰止，景行行止。虽不能至，然心向往之”，孔子给我们指明了方向，做出了榜样。我们也许永远达不到那样的高度，但我们总可以去做一些温暖他人的事情吧？

说了这么多，那么具体如何将“仁爱”的品格与企业实践结合在一起呢？

第一，和为贵。这也是中国商业文化两三千年来最牢固的精神核心。有人说，商场如战场，但商场毕竟不是战场，不是你死我活的战争。市场上的竞争固然很激烈，但双方还是有着共同的追求和理想的，那就是为了全人类的福祉，为了帮助人们创造更加美好的生活和未来。在这样一个大前提下，竞争对手也可以说是伙伴，双方是“竞而不争”的关系。“竞”，是向着同一个方向前进。“不争”不是没有竞争，而是不用阴谋诡计、用恶意竞争手段去打击对方，不做损人利己甚至损人不利己的事情。“竞而不争”鼓励的是双方致力于共同开辟新的市场。

尤其在当今时代，企业与企业之间的联系空前紧密，真正是你中有我、我中有你，谁也离不开谁，合作、共赢几乎可以说是唯一的选择。虽然因为这样那样的原因，短时间来看，企业之间还有壁垒的存在，但最终，企业还是会走向大联合，“企业无国界”将成为一种常态。

还有一点，企业之间率先走向联合，形成企业共同体，对于促进人类的文化交流、文明互鉴，是一个极大的促进，也是最好的载体。企业的产品就是最好的工具，每一个企业的产品都承载着特有的文化内涵和文明精神，产品在全球范围内的流通，实际上正是文化和文明传播的最有力媒介。因此，如果说人类最终走向文化和文明共同体是必然趋势，我们“天下大同、四海一家”这一朴素而真诚理想真能实现，企业在这个过程中就可以充当先锋，先行一步去探索出一条路来。

第二，生态意识。对中国人来说，人人心中都有着一个文化意义上的天下，“天下兴亡，匹夫有责”。而对企业来说，则应该每个企业都心里装着一个“生态”。这个“生态”同样含义丰富，它包括自然界的生态，也包括企业所在的行业生态，乃至一个企业所在国家和地区的文化、文明生态。企业发展到今天，规模大的已经可以媲美一个小型国家，是名副其实的商业帝国，拥有的资本力量和科学技术力量更加不可小觑。全球范围内的企业巨头，一举一动牵扯到的不仅是股市，是资本市场，更是所有人的生活，是人类的明天和未来。企业要想做大、做优、做强，“生态型”已经是必然的选择。

企业要成为生态型企业，离不开资本、技术等传统要素，但最关键还是人。人是构成企业的主体，也是企业参与市场竞争的最核心竞争力，生态型的企业，首先需要培养生态型的企业人才。这就需要企业要有长时间的打算，“十年树木，百年树人”，要保持足够的战略定力，还要有超越功利之上的道德塑造，构筑利他而非利己的核心价值基石。

第三，生命尊严。很多企业在做了很多年之后都没有明白自己要的是什么。正如我们有很多企业家，在改革开放四十余年的大潮中顺势崛起，成就一番事业。可是很多人在功成名就之后依然惴惴不安，内心焦虑甚至惶恐，因为他们找不到自己安身立命的精神归宿。对企业家来说，企业是自己一手创造的生命，自然应该视企业为自己的精神归依之所。可是，他们的企业和他们自己一样，除了积累了一定的财富，在社会上有一定的知名度之外，其他可以立得住、留得下的优势点，就寥寥无几了。有人将其怪罪为“野蛮生长”，根本顾不得去思考和总结其他，但正如“野蛮人”终归要变成“文明人”一样，企业也最终要走过“野蛮生长”阶段，进而来到“文明生长”阶段。只有“文明生长”，才有可能不是以野蛮的力量而是以文明的力量赢得尊敬。

“尊敬”这个词分量很重。企业家也好，企业也罢，要想赢得尊敬，活出尊严，靠的一定不是资本的力量、技术的力量，而是文化的力量。你的产品可以很好用，但只是会让人感到舒适；你的产品可能很注重顾客体验，但只是赢得更多的认同而已，这些都谈不上尊敬。所谓“尊敬”，一定是你做出了某种超越功利之上的、在道德层面的抉择。例如，有的企业为了国家发展而无怨无悔，一代又一代人前赴后继、接力奋斗，为的是实现强国梦；有的企业为了让中国在某一个领域做到世界第一，宁肯牺牲一部分自己的利润，也要投入大量资金搞科技研发，让中国在第四次工业革命的浪潮中能够和世界强国高手过招、同台竞技，甚至引领风骚；还有的企业为了打造中国品牌的世界级影响力，数十年如一日，耐得住寂寞，专注于创新创造，一次次自我革新……

总之，企业和人一样，要想活出尊严，赢得尊重，不是看你说了什么，而是看你做了什么；不是看你得到了什么，而是看你付出了什么；不是你自己过得如何体面，而是你在多大程度上让更多人获得了尊严。

愿所有的中国企业，带着和合天下的坚定追求，带着炽热的情感和对人类命运的深刻关怀，带着长远的培养人才、构筑生态的准备和安排，着眼未来，立足当下，认真去做好每一件利己和利他的事情，真正把经营企业当作经营事业，以事业家的高瞻远瞩、雄才大略和豪情壮志，赋予企业以蓬勃旺盛的精神和活力，努力实践“仁者爱人”的人间大道！

卷三

互联网时代企业文化十大关系

——知名企业之文化比较

第二十一章 综述

没有人会否认，当前我们正处于一个旧时代和新时代交汇、碰撞、融合的关口：这个旧时代就是我们熟悉的传统工业时代，这个新时代就是我们已经完全置身其中，但始终没有能够完全看清楚其庐山真面目的万物互联时代。

20世纪60年代末期，美国国防部和BBN公司签订合同，正式研发适合计算机通信的网络。70年代中期，网络基本完成，覆盖范围横跨美国整个大陆，并通过卫星连接到了欧洲，形成了一个世界性的通信网络。80年代初期，互联网技术开始研究，最终形成了我们现在所说的因特网，又叫互联网。

但是，真正标志着互联网大规模应用的是20世纪90年代初期，美国不再依靠政府推动，而是选择了鼓励商业部门介入推广。互联网真正开始具备了后来所呈现出的激动人心特征：拥有可以分享的内容和无所不能的服务。

1994年4月20日，中国正式开通国际专线，实现了与互联网的全功能连接，宣告中国的互联网时代大幕正式开启！

古老的中国，曾经在2000多年中都是世界的中心，在经历了近代

150多年落后于世界的苦苦挣扎、奋起追赶之后，终于迎头赶上，和现代世界的脉搏又一次同频振动，与世界各国共创人类的美好新时代。

那么，这个当时对中国人来说充满陌生甚至有些神秘的互联网时代，究竟是一个什么样的时代呢？它和传统工业时代有什么本质上的不同呢？

这可以从三个方面来看：

第一，互联网时代不是凭空而生的，它虽然是全新的存在，但还是脱胎于旧的工业时代。工业时代自从启蒙运动发端，始终都有一个根本特征，就在于对“人”的发现。启蒙运动让人摆脱了神的控制，而还原为个体的人。亚当·斯密说，“利己”加“市场”，就可以概括全部的市场经济。工业时代，不管机器如何随着变革创新而向前演进，有一个主题始终不变，就是人与机器。人，最初被看作“机械人”，在流水线上作业，只是一个操作机械的标准“机器人”；但是，人不仅能创造剩余价值，还能创造机器所不能创造的一种价值：文化。因此，人就超越了“机器人”，而上升成为“价值人”。但在组织中，人的价值究竟如何来衡量？是个人的价值优先排序，还是个人为了集体的价值必须牺牲一部分自我价值？这个问题一直困扰着整个工业时代，并且在后工业时代成为喧嚣不已的话题。正是贯穿了人的这条主线，最终迎来了互联网时代的大爆发。互联网是什么？其本质就是“人的互联互通”。个体的人代替了群体组织，成了新时代的主角。

如果用一句话来概括，互联网时代是一个真正属于每个个体的人的时代。我们知道，互联网技术在最初诞生的时候，被认为是利用了仿生技术，仿生就是模仿自然界中的鱼群、蜂群、蚁群等。以鱼群为例，一个庞大的鱼群在大海中自由游动、捕食，躲避来自各种敌人的攻击，实现完美的群体生存与发展，那么，决定这个群体能否成功存在的主宰是什么？难道真的有一个无所不能的主宰，有这样一条“超级鱼”存在着吗？显然没有。每条个体的鱼都是这个群体的主宰，如果有一条鱼在里面横冲直撞，破坏群体规则，鱼群就受到了威胁。只有每条鱼都遵循群体生存的法则，才能够保持群体的和谐，展现出所谓“魔力”。

同样的道理，互联网也没有一个“超级中心”，美国可以引领开启互联网时代，可是美国也无法成为互联网的“超级领导者”。真正赋予互联网“无所不能”的神奇功能的，是在网络终端无数的匿名者、无数看不见的个人。这些普通人像一条条的鱼、一只只的蜜蜂、一只只的蚂蚁一样，貌似渺小，只是一个个网络上的代码，可是，正是这些人，成就了一个个世界级企业：微软、雅虎、亚马逊、谷歌、阿里巴巴、腾讯、百度……

第二，“人”在互联网时代经历了启蒙运动以来的又一次重新定位。启蒙运动最大的贡献，就是赋予了人以“人性”。互联网的出现，则进一步赋予了人以“自我性”。在马斯洛那里，将人的需求分为生理需要、安全需要、归属与爱的需要、尊重的需要、自我实现的需要五个层次。对于前四个层次，我们在传统工业时代基本得到了全部实现，可以说每个人的这四种需求都得到了基本满足。唯有自我实现的需要还只是一小部分精英阶层的专利，而不能普及到所有人。因为自我实现是有条件的，是需要耗费资源的，而资源是有限的。但互联网的出现改变了这一切，无处不在而又无边无际的虚拟空间让每个人的“自我实现”变得不再是梦想，而成为一种现实的可能。只要你愿意进入这个世界，愿意和别人进行连接沟通，那么就可以“海阔凭鱼跃，天高任鸟飞”。你只要有能力，想实现一个怎样的“自我”都可以。传统工业时代那种人与机器的对立，在这里实现了合二为一。

第三，互联网时代与工业时代最大的不同，在于它是非竞争性的。传统工业时代遵循的是“物竞天择，适者生存”，是弱肉强食的丛林法则，残酷的甚至是血淋淋的竞争无处不在。这还是由于资源的有限性引起的。资本竞争超越了传统资源竞争，但还是一种资源竞争的形式。但在互联网时代，虚拟空间里的虚拟市场超出了我们想象的边界，你甚至不知道竞争对手在哪里，自然也就无从大动干戈，也许唯一的竞争对手恰恰是我们自己。在互联网时代，丛林法则不再普遍适用，取而代之的是“开放平等，合作分享”，似乎“乌托邦”“理想国”一下子就实现了。

那么，具体到企业，互联网时代的企业文化，与传统工业时代的企业文化有什么不同呢?

20世纪80年代，一场关于企业管理的反思热潮蓬勃兴起：企业不仅仅是结构和战略，也不完全是一个理性的创业实体。相反，如同远古的部落一样，企业中同样存在着根深蒂固的传统和得到广泛认同的共享的信念。这些传统和信念，就是被特伦斯·迪尔和艾伦·肯尼迪命名的“企业文化”。

作为“企业文化”理论的缔造者之一，特伦斯·迪尔和艾伦·肯尼迪两人归纳出了五个不可或缺的要素：企业环境、价值观、英雄人物、礼仪和仪式、文化网络。其中，企业环境是指企业所处的具体外部环境，价值观是指企业的基本理念和信仰，英雄人物是指企业精神的鲜活化身，礼仪和仪式是企业独特的生活行为方式，文化网络是指企业中非正式的沟通手段，有点类似“小道消息”。总而言之，企业文化的五大要素都指向一个核心：人。企业本身是一个鲜活的生命体，因为企业并非只是由贪婪的资本和冷冰冰的机器组成，企业说到底是由人——具有明显社会性特征的人组成的。

当然，以今天的眼光来看，尽管二人建立了最早的企业文化理论，但是，当时毕竟还属于工业时代，不可避免还带着工业时代思维方式的烙印。这个烙印有着三个鲜明的特征：一是中心化，例如英雄人物，通过榜样的作用来激励其他人；二是单向化，例如价值观等的确立是通过企业管理者共同的强烈信念来确立的，大多来自一个或者几个强有力的创业者，而广大员工只需要被动地、强制性地接受，所以这是一个自上而下的单向过程；三是封闭化，例如文化网络，主要是公司内部的人互相交流，而与外界仍处于一种封闭乃至隔绝的状态。

那么，进入互联网时代，企业文化的经典理论还适用吗？又发生了哪些变化和创新呢？企业文化理论能否适应新的发展或者必须做出改变呢？

我们知道，互联网时代和传统工业时代不同，有着三个显著特点：一是去中心化。互联网一个最根本的理论支撑，就是不存在一个绝对的中心。正如宇宙中并没有中心，我们的地心说、日心说乃至银河中心说，都已经被证明只是想象。宇宙并没有一个唯一的中心，而是多中心并存，是互为中心。无数个中心自成中心而又互相依存，因此，某一个乃至几个中心的坍塌，并不能改变什么。因此，宇宙中并不存在一个至高无上的全知全觉的“神”，而是每个中心的生成和联结才构成宇宙。每个个体都同等重要，处于平等地位，这才是互联网时代的本质。二是多元化。互联网既然由多种并行平等的个体组成，那么它就并没有一个预设的、统一的价值观，而是各种价值观不断冲突，最后走向融合共生，形成一种大家都能接受的共享的价值观。这个过程不是自上而下的，也不是自下而上的，而是四面八方的，在一个个层次上同时产生融合，用生物学的比喻来说，这就是一个生态系统，而不是一个人造系统。三是开放性。互联网是完全开放的，可以在任何时间、对任何一个人开放，谁都可以主动联结，随时随地，自由地与他人链接沟通分享。互联网的这一特点不但突破了传统的地理界限，而且突破了时空限制，自由自在。

正因如此，传统的经典企业文化五要素可以说都不复存在，下面我们来分析一下。

第一，企业环境。传统企业的环境因素不外是产品、竞争对手、顾客、技术以及与政府的关系等，所有的这些，都可以称为“市场环境”。不管怎样的环境，所有企业都遵循着一个共同的、简单的追求，那就是“成功”。为了成功，要么在销售上使尽招数，要么在技术上不断创新，要么在管理上降低成本，总之要将企业竞争力提高到最高。

但是在互联网时代，企业的追求已经不再是“成功”，因为“成功”是一种“成功/失败”的二元对立模式，是非此即彼的竞争思维。但是，在互联网时代，企业所追求的却是“价值的共同实现”，企业所存在的环境是由无数大大小小的价值系统组成的，企业就是要不断地将自身与这些价值系统进行连接，最终实现企业价值的不断提升与超越。因此，在这里，竞争就变成了“合作”关系，企业的重心从“利己”变成了“利他”，这是一个根本性的变化，只有利他，企业才能拥有一个更好实现价值的环境，环境不再是由外部决定而是由企业自身决定。

第二，价值观。价值观就是信念，什么是信念？就是必须被遵守的东西。每一个企业都有自己的价值观，一旦这种价值观形成，所有后来的人就必须遵守。价值观被认为是企业探寻自己存在意义的一个终极答案。正如一个人会思考：“我存在的意义是什么？”一个企业也有其存在的意义。从这一点上来看，似乎价值观永远都不会有过时的一天。

但是工业时代的价值观，仍然有着一个根本性的指向，那就是“利润”，企业说到底还是一个要营利的经济组织。

可是在互联网时代，企业的根本性指向却发生了变化。企业的存在并不一定要盈利，例如很多网络公司，在很多年中都无法实现盈利，可是仍然得到了几十亿元乃至上百亿元的市场估值，为什么？因为在新的时代，企业的存在意义已发生了变化，从追求利润变成了追求价值。所谓“价值”就是你的存在能在多大程度上影响、实现和成就他人，一个企业影响和成就的群体越大，这个企业的价值就越大。当一个企业的一举一动都和几亿乃至几十亿的人生活密切相关，那么这个企业的价值自然不可估量。

第三，英雄人物。英雄人物对于企业的重要性不言而喻，一个企业英雄人物的出现，对于鼓舞人心、激励士气都有着重要作用，尤其在创业阶段，英雄人物会发挥出巨大的影响作用。通过英雄人物来建立企业文化，实现文化的传播，可以在短期内收到事半功倍的效果。

可是，英雄人物也存在缺点，一是特定的英雄人物具有无法复制、不可模仿性，二是英雄人物一旦犯了错误（例如一些明星企业家），对企业的影响太大，英雄人物的形象坍塌对企业的生存起着毁灭性作用。

互联网时代的企业，英雄人物的角色发生了一个重大变化，就是变成了明星人物。明星人物不再承担英雄人物的塑造和传播企业文化的功能，也不再像英雄人物那么高大上，近乎神而不食人间烟火。明星人物的一个最大特点就是可亲近性，身上多了一份人性而少了一份神性。英雄人物是用来被模仿和学习的，但明星人物是用来被亲近和消费的。

第四，礼仪或者仪式。仪式是人类从远古时期就产生的，是通过仪式和天地神灵所沟通的一种方法，其最大的功能在于神圣感和庄严感。

工业时代的企业仪式，很大程度上在于一种理性崇拜。尤其是自工业革命后，从理性觉醒到理性张扬再到理性崇拜，西方一直在强调理性。但是，互联网时代却是一个真正的人文时代。人文精神得到了复苏，人不再居于神的仆人位置，人就是人，每个个体的人都是一个完美的存在。无数的个体有着无数的存在价值，这种生命的活力是随时随地迸发的，所以不可能有一个统一的、完整的仪式来象征这种存在。

和工业时代的工人们穿着整齐的服装，行为规范统一而有秩序的状态不一样，互联网时代的企业员工们衣着随便，甚至在办公室里可以到处涂鸦。或许在没有了统一的仪式之后，这种无仪式就是企业新的礼仪或仪式了吧！

第五，文化网络。传统工业时代，企业里的消息传播主要是口耳相传，这是企业内获取有效信息的最直接手段。往往事实的真相和解决问题的办法就隐藏在一个个普通员工看似不经意的话语传播过程中。

然而在互联网时代，信息传播成为最方便快捷、成本最低的一种手段。一切都是公开的、透明的，企业和社会的关系从来没有如此密切。

不管在任何时代，人们获取或者传播信息的目的只有一个，就是寻找自己以外的志同道合者，建立所谓的“圈子”。这些大大小小的“圈子”，其实就是自组织。

在传统时代，企业对这些自组织的“圈子”进行管理是极其困难的，但是在互联网时代，这些“自组织”却往往成为企业创新的一个个主体。

总之，通过以上详细分析，我们不难发现，在互联网时代，企业文化的经典“五要素”，的确已经过时了，如果再用这“五要素”来构建企业文化，那么就根本无法适应这个新的时代。问题是，新的要素又有哪些呢?

我们试着做一个探讨。

第一，企业环境。任何时代的企业都需要面临一个环境问题，不过这个环境在传统时代里是空间意义上的，现在则加入了时间意义。

互联网，简单来说，是一个时空集合。如今的企业更容易在网络上存在而不是在现实中。一家网络店铺可以同时容纳几万、几十万、几百万人购物，但在现实中，哪里才能找到这么大的商场?一家网罗公司可以网络全球各地的精英，而大家并不需要在一起办公，只需要通过网络会议就可以实现沟通。

因此，“企业环境”这个词被注入了新鲜内容：一是虚拟性，二是时间性。这个新的环境是随时随地在变化的，因此对企业来说，重要的不是关注环境，而是从关注环境到关注自身，所强调的只有一点，就是服务!

请注意，不是产品创新，不是技术开发，不是销售渠道，也不是和政府协调关系，而是从所有外部因素中脱离出来，只关注自身服务能力建设即可。这是一个由外而内的过程，环境仍然重要，但是更强调转向内部。

第二，价值主张。请注意，价值主张不是“我们一定要做什么”，不是信仰和信条，而是“我们能为别人带来什么有价值的服务”，是主张。这个主张不是一成不变的，只是提出一个建议，一个识别的功能，供大家分享和讨论。如果追随的人足够多，说明这个价值主张是成立的；如果遭到反对意见，则可以立即根据反对意见提出修改，直到收获认可。

价值主张和价值观最大的不同，在于价值观是强制性的，一经确立就不可更改，而价值主张是随众性的，价值主张的重点在于分享，而非坚持什么。

第三，明星人物。明星人物只是作为价值主张的一个宣传传播载体，起着推波助澜的作用。价值主张可以随时变化，明星人物也可以随时撤换。价值主张可以有不止一个，明星人物也可以随时制造。

第四，公共事件。和企业文化的传统要素礼仪或者形式不同，那些只是属于企业内部的独特事件，但是公共事件，却强调突出企业的公共色彩，企业说到底是一个社会组织，必须承担社会责任。企业的责任体现在公共事件中的承担上。公共事件可以是社会事件，也可以由企业策划发起的，但一定是具有社会影响力的，公众都可以因此受益的事件。

公共事件不但是企业责任的体现，也是对企业综合能力的考察，说到底还是锻炼了企业的服务能力。企业每个人都具有服务意识，服务文化就建立起来了。而互联网时代所有企业的文化，一定是服务型的文化。

第五，创新组织。创新能力永远是每个企业都需要的，但是如何内生这种能力呢？必须通过建立创新组织来实现，而创新组织就是自组织。只要不违反国家政策法规，不损害企业利益，企业中可以允许各种自组织存在。自组织不是按照企业意志而是按照个人兴趣自愿结合起来的。众多的自组织构成一个个自组织生态系统，宝贵的创新能力就会自然生发。

另外，在以上五个要素之外，也许还要加上一个新的要素：文化认同。传统的企业文化要素，都是出于管理“人”的需要，企业文化主要针对的是企业内部的员工。但是，互联网时代企业文化所影响到的有两类人：一是企业内部员工，二是企业外部的合作伙伴，包括顾客、合作伙伴以及与政府关系等，这两类人同样会对企业文化的各个要素产生影响。企业文化不再是企业一家的产品，更成了企业提供的公共服务。因此，不管是内部还是外部，文化认同就变得至关重要。文化认同是对你的企业文化最高等级的肯定，也是最大限度的忠诚。文化认同不是一时一地的，而是一生一世的，一旦有了文化认同，就会永远合作下去。

以上所述，就是传统工业时代企业文化和互联网时代企业文化的对比分析。接下来，让我们更进一步，看看从20世纪80年代中期开始一直到今天，中国企业文化在经历过“引进—模仿—实践”三个阶段之后，如今来到了一个更为高级也更为关键的崭新阶段——创新。那么，在互联网时代，要想创新自己的企业文化，先要面对中国企业文化十大关系。

第一，文化与环境，就是新文化与旧文化或者原生文化之关系，这是第一个必须面对的问题，也是首先要解决的。文化不能离开具体的环境而存在，什么样的环境决定了有什么样的文化，文化只能选择与环境相适应。

第二，文化与基因，就是企业家精神、企业精神与员工的个体追求、价值实现之关系。企业家精神是企业精神的基因和灵魂，但是企业文化不是企业家文化，只有广大员工认同、接受，并在实践中加以再创造的，才是真正的企业文化。

第三，文化与人才，就是以人为本与资本驱动、技术驱动之关系。企业不是简单的“资本+人才+技术”，而是真正意义上的以人为本，是将人的全面发展、价值实现和幸福追求放在第一位的，企业应该建设成所有人的精神家园。

第四，文化与战略，就是文化和战略阴阳和合、互为补充之关系。战略决定了企业的发展方向，而文化则驱动着企业实现战略目标。战略目标是不断变化的，而文化则是不变的，彼此构成了动态平衡。

第五，文化与创新，就是文化和创新一体共生、融合发展之关系。文化要保持活力就必须不断创新，而创新离不开文化提供的动力支撑。

第六，文化与品牌，就是文化与品牌互为表里、互相支撑的关系。品牌是文化的终极载体，文化是品牌的最深内核，二者谁也离不开谁。

第七，文化与知行合一，就是文化与合作伙伴、顾客之关系。这就好像一片竹林，根系交错，互相提供营养，却又各自生长。

第八，文化与义利合一，就是文化与社会责任、慈善公益、诚信伦理之关系。义利观是中国的特色伦理，在社会主义市场经济中将起到重要支撑。

第九，文化与天人合一，就是文化与自然环境保护、绿色发展方式之关系。环境保护是人类面对的共同挑战，绿色发展是唯一可持续的发展方式。

第十，文化与和合全球，就是文化与跨文化管理、民族化与国际化之关系。

需要指出的是，上面这十大关系，都是中国企业在长期实践中不断探索、创造和创新出来的，与西方企业文化有联系，又有区别，更重要的是，这十大关系都深深地打上了中国企业在互联网时代的独特实践和创造创新的三大烙印。

第一，变化性。互联网时代是一个飞速变化的时代，唯一的不变就是“变化”。上面的十大关系也都在不停地变化，都处于动态的发展过程中。这与中国人自古以来对世界的动态平衡把握是相一致的。

第二，整体性。互联网时代是一个万物互联的时代，即使时空也不能阻隔人们之间彼此的联系。世界一体，全球一体，宇宙一体。十大关系彼此之间也不是孤立的，而是互相影响的，同时十大关系与时代乃至全球也都在时间和空间上同时发生着关联，是多时空、多维度的存在，这又是与中国文化自古至今对人与宇宙关系的整体性把握是分不开的。

第三，人文性。互联网的目的是人，是真正意义上的以人为本。人文关怀可以说是互联网时代的本质特征，而人文精神又是中国文化、中华文明的一个最显著标志，也是我们中国文化、中华文明最独特的特征。源于西方的科学技术加上传承自中国文化、中华文明的人文精神，二者是最完美的融合，也是我们走向未来最强劲、最持久的驱动力！

第二十二章

文化与环境

文化与环境，即新文化与旧文化或者原生文化的关系，这是第一个必须面对的问题，也是首先要解决的。文化不能离开具体的环境而存在，什么样的环境决定了什么样的文化，文化只能选择与环境相适应。

环境影响文化，或者说得更大一点，环境影响文明，这是一个显而易见的事实。马克思就认为，生产力作为历史发展的终极原因，地理环境对其有着重要影响，作为生产力发展所必不可少的自然环境，在特定的时期和地区甚至具有决定意义。普列汉诺夫认为，地理环境在人类的形成、工具的制造、生产的种类、生产力发展速度等方面，无不具有巨大甚至决定性的力量。英国著名历史学家巴克尔也在其《英国文明史》中提到，“地理条件优越的地方，生产的粮食必然丰富，粮食丰富了，就可以使一部分人从体力劳动中脱离出来从事智力活动。”所以，在地理条件越优越的地方，文明也就越发达。以人类四大文明古国为例：四大文明古国无一不是诞生在大河之畔的，两河流域、恒河流域、尼罗河流域、黄河流域，滚滚奔腾的河水冲积形成了大片的肥沃平原，发展农业无疑成为在这个流域生活的人们的最佳选择，农业生产相比于游牧活动更加需要分工合作、协调组织，人们聚集在一起，沟通交流更加频繁，语言、文化也就得到了更加丰富的群体性发展。

自然环境之外的第二个因素是经济因素。农业生产有着显著的两个优势：一是稳定性，每年都是春种秋收，人们可以通过兴修水利工程等，抵抗旱涝不均的年景，因此可以确保稳定的收成。二是积蓄性，当粮食积蓄到了一定程度，就可以解放一部分人出来，从事其他的活动，例如从事商业贸易活动，这时候就会获得除了土地产出之外的更多财富。有了财富就会带来生产技术上的持续改进，人们的生活从生存向艺术化发展，人们对生活有了更高要求，精神层次不断提升。

第三个因素是人文因素。同样是农耕文化，有的地方因为有天然地理环境的庇护，例如高山或者大江大河，从而避免了遭受外来的掠夺威胁，就会形成安逸享乐、不思进取的性格。还有的地方因为缺少庇护，随时会遭遇外来力量入侵，就会形成敢打善拼、强悍勇武的性格。这种性格很容易演变为对力量的崇拜，进而走上战争之路。战争是掠夺财富的最快方式，也是对文明的最直接破坏，战争摧毁着旧的文明，也不断催生着新的文明。千百年来，战争的存在一直威胁着人类。

也许还有一个因素，就是宗教因素。战争虽然在世界各地都存在，带来的结果却不一样：世界上农耕文化最早成熟的亚、欧两个大陆，文明演进的路径和结果截然不同。在欧洲大陆上，不断的战争催发了无数的小国家诞生，而在亚洲大陆上，尤其是在中国，则是不断地合并最后形成大一统。在欧洲大陆，战争不但在内部发生还向外部延伸，从欧洲延伸到了美洲、非洲。而在亚洲，战争一直是被压抑、克制甚至是厌恶的，中国人对于和平的渴望超过了世界上任何一个国家。同样是拥有强大的力量，中国选择的不是走向战争而是和平，这里面可能有复杂的原因，但其中一个重要因素应该是宗教。欧洲林林总总的宗教派别信仰导致了他们的争端，最后撕破脸兵戎相见，而中国人的信仰更多是一种对“人”的信仰而非对“神”的信仰。可以说，中国从周朝取代商朝开始，就确立了“人”的主体地位，所谓“神”也不过是人的“神化”而已。

从这个角度上来说,《周易》为什么是中华文明的一大源头，被尊为“百经之首”，就是因为“人”的地位得到了确立。中国文化以“人”为主体的实用性和实践特色一直保留至今。

那么，具体到企业来说，环境起着怎样的重要作用，又有哪些影响因素呢?

第一，时间因素，也可以叫作时代因素。一个企业在什么样的时代，诞生在什么地方，决定了其一生不可逆转的发展方向，其影响是根本性的。这就好像我们传统文化里所讲的一个人的生辰八字。生辰八字，就是出生时的年月日时，一个在今天出生的人可能和古人出生拥有一样的生辰八字，但是命运则全然不同，这就是时代的差别。古代和现代不同，传统的工业时代和今天的互联网时代又截然不同。一个在20世纪五六十年代诞生的企业和后来改革开放年代诞生的企业不同，八九十年代诞生的企业又和今天互联网时代诞生的企业截然不同，这就是时代属性。时代的烙印是无法摆脱的，正如张瑞敏所说：“只有时代的企业，没有成功的企业。”成功只是描述了一个企业在某一个时期的发展状况，时代则揭示了企业的根本属性：谁都无法超越时代，正如一个人不可能拽着自己的头发离开地面一样，这就是时代。

第二，空间因素。空间就是企业所在的具体方位，例如是在欧洲还是在美洲、亚洲、非洲，是在中国还是在日本、韩国、印度，是在中国的北方还是南方，是在一线的大城市还是在三四线的小城市，是在制造业密集的地方还是在服务业发达的地方，是自然资源得天独厚还是人力资源取之不尽用之不竭，是交通便利有着良好的区位优势还是生态丰富有着可以实现赶超的后发优势……有什么样的地理环境，决定了有什么样的文化。这是一种自然而然的适应能力，是企业生存发展的本能。

当然，进入互联网时代以来，还出现了一个存在于网络上的虚拟空间。虚拟空间超越了一切现实空间，无所不在，无际无涯，而且这种空间还可以层层折叠，一个网上电子商城可以容纳几千、几万乃至几百万商家，可以展示成千上万种琳琅满目的商品，这在现实空间中根本不可想象。很多新诞生的互联网企业正是利用了这种无限性，只用百八十个人，每人一台电脑，就可以链接全世界，其创造产出可以媲美传统由几千、几万人组成的企业产值，这在以前根本不可想象。

第三，文化因素。文化一经形成就有着强大的惯性，有着强烈的吸引力和同化力。一个企业诞生在中国和诞生在美国是截然不同的：在中国诞生，企业天然就带有中国文化的“和平”基因，所崇尚的是和为贵，是不争而胜。而在美国，企业天生带着美国文化的“竞争”基因，崇尚的是“物竞天择，适者生存”的丛林法则，尊重个人，强调个体自由。中国的企业则会更多在发展过程中依靠集体的力量，选择合作、协调。

即使同样在中国文化的环境里，也还是会有更加细微的分别。例如在北方和南方的环境里，北方的企业更加注重公平，南方企业更加注重效率。北方注重稳健经营，南方注重灵活发展。这些都是地域文化差别使然。

第四，制度因素。制度因素主要是指国有企业和民营企业。国有企业又被称为“共和国长子”，带有鲜明的国家属性。在文化上主要表现为文化的复合体，包括中华传统文化，例如儒家文化的爱国主义、集体主义、讲忠诚、强调奉献等。再就是红色革命文化，东西南北中，党是领导一切的。中国共产党从成立开始到最终领导全国人民成立中华人民共和国，建设中国特色的社会主义，实践证明，中国共产党的文化是优秀的，是有效的。还有就是当代先进文化，包括改革开放过程中我们的拼搏奋斗文化，开放进取文化、合作共赢文化等。民营企业文化相对来说要简单一些，但也有着自己鲜明的特点，那就是更加强烈的个性色彩。

国有企业和民营企业有一个共同之处，就是对于社会责任的担当。企业具有天然社会属性，必须承担社会责任，企业为创造经济价值而生，但是必须兼顾社会价值，经济价值只能决定企业能否做大做强，社会价值则决定了企业能否做久。一个不顾社会价值或者说漠视社会责任的企业，即使短时间内取得成功，也早晚会被时代的大潮吞噬的。

第五，行业因素。一个企业处于什么行业，决定了拥有什么样的文化。如果企业处于一个成熟的行业，那么它很快就会拥有一个成熟的文化，只要遵照行业的整体性文化标准就可以。但如果是一个新生行业，则必然会拥有创新的文化，因为没有现成的东西可以拿来用，这就需要走出一条自己的路。如果行业是朝阳行业，企业的文化就会充满活力；反之，如果企业选择了一个即将没落的行业，那么即使是一个新诞生的企业，其企业文化也难免会暮气沉沉，这是行业的整体命运使然。因此，企业应该做到跨行业，“跨界”不失为一种创造创新的发展模式，摆脱命运轨迹的办法。

第六，人的因素。企业是人的集合，有人的地方就会有不同的文化背景，主要是世界观、人生观、价值观的冲突和碰撞，其中作为企业创始人、领导者的“三观”如何尤其重要，因为这决定了企业能否成功生存，以及在发展道路上究竟能走多远。这就好像一颗种子，一棵小草的种子和一棵参天大树的种子在土壤里很难看出差别，可一旦破土而出，未来的命运也就决定了，无法更改。

人的因素，还在于同气相吸、同声相应。有什么样的文化，就会招来什么样的员工，形成什么样的文化人群。例如武大郎开店，他首先要考虑的就是身高，比自己高的一律不要，这样的店命运如何，我们可想而知。

第七，资源因素。资源包括资本资源、技术资源、人力资源等，有多大的资源，做多大的事情。企业在不同的发展阶段，所拥有的资源是不一样的。受到资源的制约，所制定的一系列战略战术自然也就不一样，文化也是如此。在资源不足的时候，文化一定是内向性的、收敛性的；当拥有充足的资源时候，文化一定是外向性的、扩张性的。尤其现在的企业，在全球化的背景下，全球化发展已经是必然趋势，如何在全球化发展过程中选择合适的文化并最大限度地适应当地环境，成为一个迫在眉睫的课题。

第八，顾客因素。企业说到底是为顾客服务的，顾客才是影响企业的第一关键因素。一个企业失去顾客就不能生存，而对顾客来说能否满足自己的需求才是第一位的。顾客的兴趣和爱好不可捉摸，在信息高度发达的互联网时代，顾客的需求就更加瞬息万变。这就需要企业打造出足够有影响力的品牌，用来吸引顾客。这一点可以自己去创造，也可以通过并购来做到，但一定要遵循“顾客至上”这个最根本的规律。

第九，社会因素。当今时代，高度发达的互联网网络形成了一股力量，就是公众的舆论力量。企业因为某一件小事情处理不当，就可能引发一场公共危机。公共危机的频繁发生考验着企业的文化随机应变能力，只有你的企业文化真正将社会价值、社会责任放在第一位，而不是只考虑企业的经济价值，才会在公众心目中赢得高分，否则很可能被迅速抛弃。

第十，国家因素。全球经济一体化带来全球市场的同时，也带来了巨大的不确定性。美国总统特朗普上台后就比较“任性”，例如其对中兴通讯的突然发难，贸然发动对中国的贸易战，在全球范围内对华为的围追堵截，这些都是不可预测的。中美关系陡生变数，众多的中国和美国企业都难以避免地受到巨大的冲击。这样的不确定性因素会随着全球经济一体化的推进而增多，需要企业有足够的韧性。

以上，我们从十个方面分析了企业环境对文化的影响作用。那么，具体来说，企业在确立自己的文化、从事自己的文化建设和提升的时候，应该如何做呢？有什么原则是可以切实有效地应对这些因素并长期适用的呢？

第一，因地制宜原则。人最大的特点就在于能够适应环境变化。从古老的进化角度讲，人类之所以今天能够成为地球上的统治者，就在于人类具有适应自然的能力。我们以前也有过“与天斗其乐无穷”的说法，但最终还是认识到人类对于自然环境首先应该尊重，其次应该顺应，最后才是改造和利用，这是一种最高明的适应策略。

企业的文化建设也应该遵循这个原则，并不一定非要坚持说“我要建设什么样的文化”，而是应该思考“我们需要建设什么样的文化”；要放弃“以我为主”的思想，转向以需要为主；不一定非要强调什么是“我”，而应该认真去发现和思考“什么是环境和市场所需要的我”。文化如水，要根据所流经的地形不同，随时调整自己。水可以是液态，也可以是固态，甚至可以变成雨、雪、雾、雹，被风化和蒸发，最后复归于大地。

第二，因人而异原则。任何一种文化，要想成功生存并长期传承发展下来，一定要有自己的个性。世界参差不齐，万物多姿多彩，文化就是因为具有个性，众多有个性的文化彼此冲突、碰撞、融合，才会保有共同的活力，对于企业来说也是如此。一定要认真分析聚集在这个企业的人群的文化背景是什么，有着什么样与众不同的文化个性，要想方设法保持住这种文化个性，并围绕着保持这种个性发展出独一无二的文化。这种独一无二有时候表现在企业家身上，但更多时候表现在群体上。

第三，因时而变原则。文化并不是一经形成就一成不变，“流水不腐、户枢不蠹”，文化也要经常变革才能保持健康和旺盛的生命力。文化变革的第一个推动力就是外在的“时”的变化。这个“时”可以是时代变化，例如从工业时代到互联网时代的巨变，也可能是技术潮流的变化，甚至可能是文化潮流的变化，不一而足。不管如何，是大的变化还是小的变化，企业的文化都要随之而变，做出自己的调整。这种变化是必然发生的，也是有着自己的生命周期规律的，涉及很多方面的课题。

同时，企业在不断地变化以适应环境同时，还要坚持自己的三个不变。

第一是企业精神不变。正如每个人都有自己的精神追求一样，企业也有着自己的精神追求。有的企业追求比较大，为人类贡献自己的聪明才智，也有的企业追求比较小一点，着力于解决某一个行业的问题，为某一个地区的人们提供现实的生活便利，无论如何，其出发点都是服务社会，奉献他人，追求的都是利他而不是利己，是“穷则独善其身，达则兼济天下”，都是值得肯定的。企业必须有这种积极向上的精神才能够持续发展。

企业精神一经确立就不再改变，成为企业压箱底的传家宝。例如“大庆精神”“铁人精神”，航天“三大”精神，“两弹一星”精神，等等，并不会因为时代的变化而变化，不因为企业的起伏而改变。企业精神和国家精神、民族精神一样都具有恒久性。

第二是企业核心价值观不变。核心价值观决定了企业实现追求目标的方式，正如同我们中华民族的核心价值观那样——“自强不息，厚德载物”。我们像水一样，善利万物而不争，人人抱着一颗与人为善之心，争着去实践善，奉献善，给这个世界带来善良、美好和希望，带来光明。

对企业来说，致力于推动社会发展和进步，服务于人们日益增长的对美好生活的需求，为人们追求幸福和快乐而贡献力量，这就是最大的善。通过尽最大努力帮助每个人，企业获得了存在价值。

第三是以人为本的根本目的不变。对企业来说，所有人都是目的而不是“手段”。不管是企业内部的职工，还是外部的顾客，都是企业的目的。企业的存在就是为这些人谋福祉的，最终要帮助所有人实现全面发展。

“以人为本”不是一句简单的口号，而是要真正做到以人为中心。我们说，互联网时代最大的特点就是去中心化，就是没有中心，但其实，这个中心还是有的，那就是“人”。互联网时代的“人”获得了前所未有的解放，人工智能时代的到来更将进一步解放人类的绝大部分体力劳动。但是人的思想意识、人的尊严、人的精神追求是不可替代的，这是因为人有着和天地万物相通的“灵性”。这种“灵性”就是创造力，是人类作为智慧群体不断创新的“涌现”能力。人类无论过去、现在还是将来，永远是最独特和最珍贵的存在！

案例：阿里巴巴与亚马逊之文化比较

2019年9月10日是中国的第35个教师节。但是，这一天在中国最受关注的一位老师，竟然不是培养出了多少杰出弟子、桃李满天下的教育家，也不是在各大名校培养出了多少状元的名师，而是一个企业家，一个曾经的大学老师，然后他“不务正业”、单枪匹马杀入互联网江湖，50万元起家创办了中国最大的电子商务公司——阿里巴巴，并且在短短20年内将其打造成了市值高达4600亿美元，自己个人也积累了370亿美元财富，在世界范围内缔造了非凡影响力，堪称中国最成功的企业家之一。他就是阿里巴巴集团董事局主席马云。

作为阿里巴巴的创始人，马云的人生充满传奇。只要看看他的一系列头衔就知道：中国浙江杭州佬、阿里巴巴001号员工、阿里巴巴合伙人、阿里巴巴一号公益志愿者、阿里巴巴脱贫基金主席、马云公益基金会创始人、乡村教师代言人、桃花源生态保护基金会联席主席、TNC（大自然保护协会）全球董事、联合国青年创业和小企业特别顾问、联合国世界妇女峰会联席会议联合主席。马云有一个广为人知的“花名”——风清扬，我们就用武侠小说的江湖来打一个比喻：一个荒山僻村的穷小子，忽然在山洞里得到了一本绝迹江湖的武林秘籍，练成了独步天下的“独孤九剑”。于是踏入江湖，挑落一个个成名成家的江湖好手，从而声名鹊起，创立了一个属于自己的门派，崛起于江湖，最终在与其他各大门派经过一番激烈比试后，被推举为武林盟主，一统江湖。这真是要多传奇就有多传奇，难怪有那么多青年人对马云推崇备至，在中国，在世界，将他视为这个时代最璀璨的偶像星辰！

但是，就在这个教师节，马云却返璞归真了，抛弃了所有的光环和头衔，而只给自己保留了一个最原始也最崇高的身份：老师。当然，他也不是真的退出“江湖”，而是要做更重要的事情：教育。而这件事情在中国一直是深受关注却又被认为问题重重、短时间内无法解决的难题。所以，当马云一宣布要踏足教育行业，很多人立即振奋起来：教育有希望了！

这就是马云，正如他的名字“风清扬”一样，云淡风轻。从一个普通的老师起步，不经意间创造了一番事业，站上了人人羡慕的成功云端，成为所有人仰视的高高在上的偶像。而他自己则根本不在乎，在多个场合宣称：“创建阿里巴巴是我一辈子最大的错误。”正当人们以为他在开玩笑时，他却毅然决然选择了行动，开始来修正自己的“错误”了。

马云无疑是让人钦佩的，是高明的。但是人们在谈论马云的时候，还是忽略了一点，就是马云和阿里巴巴是在中国这片土地上诞生的，是在中国文化的环境里成长起来的。马云是中国本土的企业家，阿里巴巴也是标准的中国式企业。不从这一点去解读，就无法认识真正的马云和阿里巴巴。

说马云高明，还要从马云一直念念不忘的“老师”情结说起。他一直认为自己是个老师，在学校如此，在创立了阿里巴巴之后也是如此。他在阿里巴巴，始终喜欢人们称呼他“老师”，而他也的确是一个老师。他所做的工作，就是培养一大批优秀的人才，让他们成长，最后他培养出了“逍遥子”张勇这样新一代英才，顺利从他手中接任掌门。

在中国历史上，有一个很重要的传统：师道。“用师者王，用友者霸，用徒者亡。”请老师来辅佐自己成就事业、取得天下，周文王和姜子牙就是一个最好的例子。周文王本来只有方圆70里的土地，最后却推翻了商朝，建立了周朝，就是因为他拜了一个钓鱼的老人姜子牙为师。姜子牙当然不是只会钓鱼，他是一个谋略大师，策划帮助了周文王一统天下。类似的例子还有汉高祖刘邦与张良的“运筹于帷幄之中，决胜于千里之外”，以及刘备三顾茅庐，请出来一位智慧之神诸葛亮，硬是在两手空空的情形下与魏、吴三足鼎立，建立了蜀国，成就了帝业。

“师道”和霸道不同。霸道是用自己的一帮朋友打天下，天下打下来，就会“狡兔死，走狗烹；飞鸟尽，良弓藏”，最好的情况也不过如赵匡胤那样“杯酒释兵权”。至于用自己的徒子徒孙扩张势力的人就更不行了，那只是江湖性质的松散组织，一门一派，最后不是内讧就是被别人消灭。

马云无疑是懂得中国文化的。他从少年时代起就开始练习太极功夫，一直坚持了几十年，为此他还特地拍了一部电影《功守道》，诠释了自己对功夫的理解。懂得太极的人都知道，太极不是用来竞技的功夫，而在于“阴阳转化”，与天地宇宙合而为一。练习太极就是体味那种阴阳之间的流转，体会人与自然的和合。太极最强调的一点就是不争，不与人争，不与天地争，不争就可以得到一切，争则必为人所乘。

太极，是以自然为师，以天地为师。在跟自然天地的学习中，体悟到人的渺小，从而学会顺从之道。太极可以让一个人变得柔软，领悟到以柔软胜刚强的道理。马云从中领悟到的这一套就是“师道”，学会顺从而不是去抗争。他当年创立阿里巴巴的时候，根本没有想到和什么人争，他只是抱着一个朴素的愿望：让天下没有难做的生意！他要为所有的商家提供一个服务交易的电子平台，让所有人都从中获利，仅此而已。而阿里巴巴、淘宝等都是本着这个宗旨，他只是搭建平台，让大伙儿自己到上面来交易，这和太极顺从自然的道理是一样的。

太极之道，还有一个精髓所在，就是化育。“太极生两仪，两仪生四象，四象生八卦，八卦演万物。”太极通过阴阳不停地交替，在这个过程中孕育出新的生机。这一个“化”字神奇无比，只可意会不可言传。马云领悟到了这一点，所以一直致力于在阿里巴巴内部培养继承事业的人才。从一开始，他就不是一个人，而是十八罗汉集体创业。后来阿里巴巴上市，马云也没有亲自去敲钟，而是选择了创业伙伴和他的客户代表。再后来，当阿里巴巴正当鼎盛的时候，马云就开始思谋退出，有意物色接班人了。从10几年前，他就在认真地下这盘大棋，直到今天。

如今的阿里巴巴，最大的优势就在于储备了一批年轻人才。而这些人因为是阿里巴巴自己培养出来的，因此对于阿里巴巴文化发自内心认可，他们是事业的继承者，更是阿里巴巴文化的传承者，后一点尤其重要。

马云对中国文化还有一个传承，就是对水文化的传承。阿里巴巴为什么诞生在杭州，而不是北京或者上海？一个重要原因，就在于杭州有着代表江南文化的水文化。杭州有西湖，有钱塘潮，西湖的水是温柔的、多情的，钱塘潮却是汹涌澎湃的。“壮观天下无”，这正是水的特点，可以小溪潺潺，也可以大江奔涌。水可以因地制宜、因时而变、因势而变，它可以随心所欲地改变自己的形态。同时水还具有变幻不定的力量，有着至高无上的品德，即“上善若水”。这些品质都从小蕴藏在马云的基因中，最终通过创立阿里巴巴得到了显现。阿里巴巴的成功，来自中国的小商小户。无数的水滴一样的小生意人，成就了阿里巴巴，至于淘宝更是如此，是无数个体尤其是中国正在崛起的女性个体，成就了“买买买”的淘宝辉煌。马云甚至因此创立了一个节日“双11”，后来发展成了全球最大的购物狂欢节。

水有善德，因此马云始终心系教育和慈善。他多次拿自己和比尔·盖茨比较，发誓说一要比比尔·盖茨退休早，二要比比尔·盖茨在教育和慈善领域更出色。他的第一个誓言已经实现了，第二个誓言正在努力实现中。

以马云为代表的中国企业家，展示了在中国这片土地上、在中国文化的环境里，他们能够做到怎样的规模，所创立的企业能够达到怎样的层次和境界。那么，和阿里巴巴同样是电商领域巨人的亚马逊又是怎样的呢？

谈论亚马逊，就不能不提到其一个著名的“按灯制度”。原来，亚马逊赋予了一线客服员工极大的权限，其中一个突出的范例就是“按灯制度”。“按灯制度”是什么呢？比如，一个客服发现某本图书由于某一问题被客户投诉了两次，该客服就可以“按灯”，将这本图书全线下架，不管这个问题有多微小，不管这本书会带来多少的营业额，也不必经由谁的批准或审核。一个小小客服就做出了直接的决策。

而这个看上去超乎常理、不合规矩、不顾成本压力的制度，恰恰是亚马逊创始人杰夫·贝佐斯力主上线的。当年，他在观察客服工作时发现有很多问题被客户重复投诉，而一线客服明知是批量问题却无能为力，这些问题既破坏了客户体验，又反复出现无法根绝。贝佐斯深知客服是接触客户的第一线，也是接收客户反馈的第一站，是对客户问题反应最快的部门。“所有顾客的声音都是重要的，消费者同时能充当我们的审查员。在亚马逊，我们认为消费者的反馈是宝贵的消息来源。”于是他顶住各方压力，上线“按灯制度”，完全授权一线员工，而下架商品只有追根溯源解决问题之后才能重新上架。这个制度看起来是如此大胆甚至是疯狂，然而其背后恰恰是亚马逊文化的最核心内容——顾客至上。

是的，顾客至上，而不是股东至上，更不是利益至上。在贝佐斯心目中，顾客永远是第一位的。早在公司创立之初，亚马逊就区别于其他以股东利益为先的企业，而将“顾客至上”的基本理念刻入了文化基因。贝佐斯在致股东的公开信中，着重强调了顾客至上、长期目标等词汇，甚至表明企业盈利优先用于投入发展而非股东分红。一个企业家，不优先考虑盈利，不把股东放在首位，如此的特立独行、不合规矩，然而他却成了电商的“领头羊”，成了互联网时代当之无愧的商业巨擘。这是为什么呢？其实很好理解，因为他建立的亚马逊文化，是以“人”为中心的，处处体现的是对人的尊重，而这份尊重被“顾客至上”这一旗帜鲜明地表述了出来，并且通过授权一线客服的极端手段，惠及顾客并赢得了亚马逊长期稳定发展壮大的基础——顾客的忠诚与信任。

贝佐斯为亚马逊搭建了基于客户、基于人的文化基础，这源于他尊重人的思想，而这种思想的形成与发展，又与他的成长环境息息相关。

贝佐斯作为一个世界性大企业的掌门人，他给我们的印象和那些日理万机的大企业家截然不同。在他的眼中，家人远比财富更重要，有了空余的时间，他更愿意陪伴家人，而非奔波于各类采访、演讲等活动。他从不在早上开会，尽量不在家里打工作电话，最喜欢做的事是洗碗，他每天和家人用早餐，送孩子上学……他是如此普通、如此平凡，正常得甚至反常。但这其实源于他的一段童年经历，他在童年时代，曾经和外公外婆一起生活过一段时间。在一次旅行途中，他通过听一则广告做了个计算，颇有些骄傲地对坐在前面正在吸烟的外婆称："每天吸2分钟的烟，你就少活9年！"而出乎他的意料，外婆听了他的话之后就哭泣了起来，而后，他的外公单独叫出他，在他忐忑不安、不知所措的时候，轻轻地、平静地告诉他："杰夫，有一天你会明白，善良比聪明更难。"这个安静且智慧的老人的一番话给贝佐斯带来了巨大的影响，使他在自律之外，开始注重对家人、对他人的尊重。而正是这份对人的尊重，成了他创立亚马逊公司的文化基石。

当然，对人的尊重不仅是亚马逊一家公司的文化，而是几乎所有美国公司共有的文化和精神。其根源可以追溯到当年的"五月花号"，一帮形形色色的人决心逃离由王权和神权叠加统治的英国，这群由清教徒、工匠、渔民和农民、奴隶组成的队伍在途中就迫不及待地制定了《"五月花号"公约》，宣布"人民可以由自己的意志来决定自治管理的方式"。"人"第一次和王权、神权以及冷冰冰的机器分离开来。到了后来的《独立宣言》，更是响亮地喊出了"人人生而平等"，"政府的正当权力是经被统治者同意所授予的"，人的自由意志必须被尊重，人的基本权利必须得到保障，人、人权，构成了美国的立国精神和基本内容。

贝佐斯是土生土长的美国人，亚马逊是土生土长的美国企业，他们无疑受到美国文化环境的影响，也注重对人的尊重和人的价值的实现。很多在亚马逊工作过的员工都描述过他们"打了鸡血"一般的工作热情，就是因为他们意识到，他们是在为自己而工作，是在为自己的尊严、价值，自己的未来而工作，而不只是公司庞大经济组织的一部分。而这种共鸣更能够触动客户——不仅仅是有文化共鸣的美国人，还有更多的追求尊重与被尊重的人——因为这正是现代人的共同和根本追求。

往更大的环境里说，亚马逊公司文化还受到一个影响，就是互联网时代精神。互联网时代的发端，可以追溯到20世纪90年代美国信息高速公路的开通。其实，比这更早的是在20世纪60年代就存在并后来成为热潮的"黑客精神"，也可以叫"黑客文化"。黑客是一个群体，他们不甘心受到技术的限制，而决心解决问题，克服限制，从而实现自由。黑客们都有着共同的特点：单纯、拥有强烈的好奇心、痴迷、专注，甚至有些偏执。他们并不是神秘的破坏者，相反，他们是一群勇敢的挑战者，敢于挑战未知，敢于建立新秩序和新未来。同时，他们又是传统道德的坚定捍卫者，是自律、克制的典范！

以上，我们对比了阿里巴巴和亚马逊，我们发现二者的成功，都在于他们拥有自己的文化，同时很好地适应了环境。他们在不同的环境里生存、发展、壮大，而且最后都通过自己的存在推动了环境的改变。这是所有成功的世界型大企业走过的共同轨迹，也是必然的轨迹。

最后，我们想说，即使有着在中国和美国这样不同环境里的巨大差异，我们还是可以看到阿里巴巴、亚马逊二者之间的一些文化共同点。

第一，理想主义。阿里巴巴是东方神话中年轻、富有活力、充满理想主义色彩的青年人，而亚马孙河是世界上流量和流域最大的河流，象征着充沛的能量、动力和无穷无尽的生命力。二者都给人以美好联想。创业者以此作为象征，本身就具有理想主义情怀，他们将此融入了企业。

第二，人文关怀。阿里巴巴和亚马逊都不是为了赚钱、盈利而创造的。他们共同的目的都是“人”，阿里巴巴的“让天下没有难做的生意”，亚马逊的“顾客至上”，他们所追求的都是对人的尊重和实现人的最大价值。

第三，社会责任。正如我们知道的那样，55岁的马云“退而不休”，宣布将用余生投入教育和慈善；贵为世界首富的贝佐斯，也慷慨大方地成立了20亿美元的慈善基金，用于救助无家可归的人。他们没有惊天动地的誓言，却用实实在在的行动将个人财富和智慧用于解决最紧急的问题，发挥最大的作用。正如贝佐斯所说：“世界上的‘善良’在哪儿？要去如何传播？哪里有让一切变好的机会？”他和马云都不仅仅是伟大的思考者，更是坚定的行动者。他们不愧是全球青年人的偶像，他们伟大的远见和坚定的行动，将吸引无数人跟随他们一起前进！

第二十三章
文化与基因

文化与基因，即企业家精神、企业精神与员工的个体追求、价值实现之关系。企业家精神是企业精神的基因和灵魂，但是企业文化不仅仅是企业家文化，只有被广大员工认同、接受，在实践中加以再创造才能构成完整的企业文化体系。

据学者研究，企业家（Entrepreneur）一词最早出现于16世纪，是从法文中来的。本意是指“冒险事业的经营者或组织者”。请注意这里强调了三个基本的要素：一是冒险事业。所谓冒险事业，就不是平常的事业，在最早主要指的是军事意义上的，从事远征的军队的组织和指挥者。军事征服和经济行为是两回事，是需要流血乃至牺牲的。从根本上来说，从事军事远征，有三个基本条件：理想主义、个体的勇气和智慧、组织和指挥才能，三者缺一不可。因此，从一开始，这样的人才就是优秀人才，从而也就成了稀缺的资源。二是经营。当工业革命在英国兴起以后，企业家被列为和土地、劳动、资本并列的四大要素之一，而且是最重要的要素，因为企业家承担着将土地、劳动和资本整合在一起，从而实现利润最大化的艰巨使命。他要面对的是“破产”的时刻威胁和从事“创造性破坏”的挑战，不能墨守成规，不能一味地死守经济规律，而必须经常创造性地变更轨道。三是组织。组织就是管理，就是领导。如何成为一个领导？很多人都对这一点感兴趣，却似乎没有注意到，真正的领导者从来都是天生的。领导才能是一种特质，而领导能力的大小和强弱直接决定了团队的成败。

当然，最终熊彼特告诉我们，企业家最为重要的使命或者说根本特质，就是创新。创新是灵魂，企业家就是创新者，就是勇于承担风险、有目的地寻找创新源泉、善于捕捉变化并利用变化的人。

通常，我们所说的企业家都是指创业意义上的企业家。而这样的企业家，对企业来说，就好像孩子的父母一样，是赋予企业以生命和精神的人。

我们说，生命的本质，其实是基因的传承和组合。任何一个生命，从形成的那一刻起，都带着来自母体的基因。这基因决定了你是怎样的一个生命。正如我们人类看上去都一样，但每个生命所携带的基因却是不一样的。因为这基因来自你的父母，而在你的这一代，这基因多少又经历了重新的排列组合，在某一个细微的地方出现了变异，正是这一点轻微的变异，让你成为你，而不是你父母的复制。

对于企业来说，同样如此。世界上没有两个完全相同的企业家，同样也不会有两个完全相同的企业。因为企业是由企业家创造的，企业家从创立企业的第一天开始，甚至在创立企业之前，有些特定的基因就已经存在并且固定下来了，例如胆量、眼光、行动力、善于用人、恪守诚信……不管是什么样的基因，总之都会带入他所创立的企业中，企业因此而被他打上了独一无二的烙印，清晰可辨。

企业家为企业所注入的最初这些基因，成了企业的文化基石。

企业文化基石一经奠定就不可动摇，但企业文化并不是一成不变的，而是在不断的传承与变革中向前发展的，这个变革的主体就是企业员工。

很多人讲企业文化的时候，很容易将企业文化等同于企业家文化，而忽略了企业文化是企业所有人创造出来的文化。企业家文化固然是本源，是主体，是最令人瞩目的，但是企业家文化毕竟只是一个人的，要将这种企业家文化普及所有人那里去，让所有人都接受，形成一致的共识，最后经过长期的实践形成不令而行、不约而同的行为规范和文化自觉，这样的企业文化才是有生命力的，也才是完整意义上的企业文化。

企业员工对企业家文化的接受、消纳和转化、升华，其实就是一次二次创造的过程。请注意这里用的是“创造”一词。创造不是照搬，不是死记硬背，更不是机械和教条地去运用，“创造”是根据变化的外在环境，和企业职工不同的文化背景、人生阅历和职业经验，而采取的一种“主动性扬弃”。“主动性”是一种文化自发，是有强烈的认同企业文化和融入企业主体的愿望。“扬”是发扬，是将精华的东西加以传承和发展。“弃”是丢弃，是将那些看起来美丽实则对自己无用的部分加以丢弃。要允许这种丢弃，因为只有适合自己的才能激发最大创造潜力。

以上三者，都是以员工为主体的，一个最大的好处，就是充分尊重了员工的个性，在尊重个性基础上给予其广阔的空间，从而将企业家文化的个性转化为员工文化的个性。从企业家的理想、情怀、价值和责任，转化为员工个人的理想、情怀、价值追求和自觉承担的责任。

从企业家文化到企业员工文化的转化，有三个方面必须重视。

第一，尊重员工的尊严被满足的需求，也就是真正把员工当“人”看。企业价值排序，人一定是排在第一位的，其次才是资本、技术、机器。企业的“企”字是非常形象的，有了人，就有了企业；没有了人，企业就止了，也就死了。所以，企业是从人开始的，有什么样的人，决定了有什么样的企业、企业能走多远、能达到多高的高度。企业当然也需要资本和技术、机器，但那些都是要靠人的智慧和能力来驱动的。

第二，提供广阔的员工实现自我价值的空间。每个员工都有自己的价值实现需求，这一点马斯洛早已告诉我们。而在今天，这个价值需求是多元化的，更加富于个性，也更加难以面面俱到。因此对企业来说，最好的办法就是“无为而治”，只需要提供一个基本的、广阔的空间，让员工自己去实现价值即可。不要戴着有色眼镜去看员工，不要去想当然以为或者规定我这个企业的员工应该是什么样子的，要像一个母亲接纳自己的孩子一样，去全然地接纳自己的员工，要以最宽容的心态、最宽松的制度，允许他们失败，尤其是在创造和创新道路上的失败。

第三，力争将企业建设成为员工的精神家园。员工既然是人，那么他们最大的需求自然还是精神需求。员工到企业中来，绝不只是追求物质上的报酬，薪酬只是他们劳动价值一个基本体现，他们还需要得到认可，为自己的精神寻找一个归宿。尤其中国员工，大部分都没有宗教意义上的信仰，企业作为一个大家庭，为员工提供情感的温暖和精神的归宿，就显得尤其重要。企业不是家庭，但却是比家庭更高级的存在。企业精神所能赋予个人的能量越多，员工对企业的信赖感和归属感就越强。

那么，我们如何带着一种共性的眼光去看企业家文化和企业员工文化之间的转化，如何衡量呢？以下10个方面的指数可以作为参考。

第一，家国情怀。家国情怀是中国企业家共有的情怀，也是中国企业家精神的内核与特质。也许有人会说，企业家、企业家精神的概念，是从西方传来的，为什么我们要以此标准来衡量中国企业家呢？澄清这一点疑惑非常重要。因为我们看到，西方企业家和企业家精神，说到底是追求利益最大化的，为了冒险事业的成功，是不惜采取极端的掠夺式手段的，也就是逐利是唯一的目的。而对中国文化来说，还有一个比利更高的存在，就是义。以义制利，见利思义，只有建立在义的基础上的利，才能真正造福社会，让所有人公平地享受到你的企业所创造的利润和奉献的社会价值。否则，企业就只是股东利益至上。企业是有社会属性的，要承担社会责任。企业的存在一定要最大限度地利益社会大众，而不是只成为少数人攫取财富的机器。

第二，基因可变。企业家精神是企业家为企业注入的原始基因，但是这个基因并不一定就是“善”的，也可能是“恶”的，是“有毒”的。正如有人怀有崇高的理想要改变世界，也有的人只是为生活和环境所迫，甚至铤而走险，创立企业之后，为了获取利益不择手段，疯狂地占有资源，破坏资源，对人类赖以生存的自然环境造成重大破坏而无动于衷，对社会秩序和道德伦理造成重大干扰不以为耻反以为荣，这样的企业也可能一夜暴富，但他们给社会带来的负面价值远远大于正面。正所谓“其兴也勃，其亡也速”，这样的企业文化是带着“病毒”的，就需要在后期刮骨疗毒，进行变革，甚至重新编辑，让其最终造福于社会和人类。

以前，我们认为人的生命基因不可能重新“编辑”，但现在也可以了，发达的科学技术让“超人”出现成为可能，科幻小说里的完美人类已经不再遥远。但是，编辑人类的基因，仍然是一件极其凶险的事情，必须慎之又慎，要有强有力的政府监管，甚至要得到全世界科学家、全人类的一致同意才行。否则就是挑战人类道德伦理的底线，一旦失控，后果难料。

对企业来说，基因可变，但同样要慎重。很多家族企业请来职业经理人进行管理，就是要将家族企业基因转变为现代企业基因，但有的成功，有的失败，说明这件事情的复杂程度远远超出想象。

第三，英雄情结。企业文化是舶来品，有一个很核心的要素就是英雄主义。企业家创立企业，从根本上来说是一种英雄行为，这是值得肯定的。但是英雄主义自有其弊端，就是会带来英雄的个人欲望膨胀，英雄会变成“狂人”，造成自己无所不能的错觉，在决策上过分依赖自己的直觉判断，从而因为关键决策失误给企业带来毁灭性影响，成为“罪人”。这种“成也一人，败也一人”的决策机制，对企业的持续发展极其不利，因为信息更迭太快，造成企业家决策失误的因素越来越多。作为企业的关键人，企业家一旦犯错误，成本就会非常高昂。

企业家并非天生的英雄，而是在企业创立过程中从平凡人成为了英雄，所以，企业应该有企业家从英雄再成为平凡人的过程，也就是退出机制。这是对企业家的保全，也是为了让接班人更早地脱颖而出。

第四，人治与法治。企业家以其创造企业的非凡壮举，获得了两种领导力：一是权力性领导力，高高在上，是企业的总决策者和领头人。二是非权力性领导力，企业家的人格魅力和精神光芒对身边的人有一种无形但却强烈的光环效应，吸引着无数人心甘情愿追随他。

判断一个企业是人治还是法治，就看企业开会的时候是一言堂，还是大家踊跃发言，群策群治。企业家管理企业如同带领军队一样，对于如何“治军”，每个人都有自己的风格，但有一点是相同的，那就是曾国藩说的“千金在前，猛虎在后”，也就是要做到赏罚分明。只要坚持严厉的赏罚制度，做到公平分配，其他的问题都很容易解决。反之，任人唯亲，唯亲不唯贤，容易造成人心不稳，最终有用的人才就会失望而去。

第五，选贤与用贤。作为企业创始人的企业家，通常都是能力突出的人，但容易陷入一个误区，就是什么事情都自己干，风雨一肩挑，自己日理万机，累得要死，其他人却帮不上什么忙，这就如同父母替孩子包办一切一样，最后将孩子培养成了百无一用的废人。企业家一定要懂得放权、放手，要提拔和使用人才，而且不仅使用人才，而且要人尽其才，要任才、信才、尽才，让人才不是一个两个，而是一茬接一茬群体性涌现出来。要做到这一点，除了企业家本人有宽广的胸怀，还要在股权上给予实际性的体现，要真正将企业从企业家的企业变成大家的企业。企业家与员工的关系一定不能是单纯的雇佣关系，而应是合伙人关系。只有合作才能实现共赢，风雨同舟，如同左右手一样互相帮助。

第六，价值主体。企业家在创立企业的时候无疑是价值主体，但在企业进入正常的成长轨道之后，就应该将价值主体变更为广大员工。“员工在企业中的主人翁地位”不应该是一句空洞的口号，也不应该在民营企业中不让员工参与企业管理决策。员工是企业的员工，企业的盛衰与每个员工的利益息息相关，没有人愿意待在一个危机四伏的企业里面，也没有人愿意陪着一个没有情义的老板一起走向没落。企业家应该意识到自己角色的转换，一开始也许是为了个人理想和利益而创造企业，企业一旦创立成功，就变成是服务于员工和社会了，这是一个根本性的转变，不如此就不能得人心。不能将广大员工作为价值主体，激发所有人的创造活力，企业就不能创造更大价值。

第七，共同信仰。创业成功的企业家通常都具有偏执狂的特征，有着强烈的个人信仰或者原则，这很容易为企业打上企业家的个性化标签。但问题是这种强烈的个性色彩要为企业后来的员工所接受并不容易。每个人或许都会困惑于如何将自己的个人信仰、原则与企业的信仰、原则结合起来，谁结合谁？谁融合谁？如何在不失去自我的基础上共同构建一个“大我”？这里面要明白一点，这不是一个1+1=2的简单问题，而是1+1=N，这里面有无数的可能性，需要企业和员工共同努力。在一些细枝末节的地方，企业可以更加顺应年轻人的兴趣、爱好、习惯，更加个性化、多元化，但是在大的方面，例如善恶方面、道德操守方面，则一定要有企业的强制性信仰，没有规矩，不成方圆。

共同的信仰产生共同的凝聚力。共同的凝聚力会转化为巨大的生产力、创造力。企业将因此而获得抵御风险甚至超越时代的力量，经久不衰。

第八，创造创新。企业家是企业初始阶段的创造创新主体，到了后来，企业家就成为一个符号、一个标志、一个象征，激励更多的人去创造创新。广大员工接过这面旗帜，本身就是一个再创造过程。

没有永远能够创新的企业家，却存在永远创新的企业。创新文化是企业最重要的文化，创新的永续动力从哪里来？答案就是从广大员工中来。自然界有“涌现”规律，企业中同样存在。只要创造出创新文化的氛围，只要长期坚持创新精神和创新战略，只要在长期的实践中，多鼓励，少批评，多包容，创新就一定会如同泉水一样自己汩汩奔涌。

第九，自主管理。企业在创始阶段通常规模都很小，企业家可以对企业每个生产和管理环节了如指掌。但是当企业快速发展以后，就不可能面面俱到了。这时候，管理成本就会加大，问题越来越多。很多企业家因此而陷入无穷无尽的事务管理中，身心疲劳，效率下降。

其实，真正的管理是无为而治，是让每个环节、每个员工，都实行自主管理，这也是我们说的将员工当“人”的真正内涵。人是可以自我反省的，可以通过严格的自我审查以后实现自主管理。在《周易》中，这叫作“群龙无首”，不过，这不是一个我们通常误会的贬义词，而是从领导力的最高层次上来讲的，是无领导的领导力，让每个人都成为一条龙，自己领导自己。

第十，奉献社会。企业来自社会，最后归于社会，顺理成章。企业家说到底，是为了社会而创造财富，是财富的管理者而不是拥有者。当拥有了这样的财富观，企业家就不会是那种一掷千金、挥金如土的暴发户，而会懂得珍惜每一分钱，将钱用在社会最急需的地方。

对于广大的企业员工来说，企业家就是身边的榜样，很多大企业家不但深刻影响自己的企业，也深刻影响着社会，是一代代青年人的偶像。正如美国的大企业家和大慈善家卡内基说的那样：“一个人在巨富中死去是一种耻辱。”洛克菲勒也说：“多挣钱就是为了多奉献。”他们是这么说的，也是这么做的。企业家通过创造财富，通过正确地使用财富，影响着这个世界，也改变着这个世界，这就是其价值所在。

案例：华为与IBM、苹果之文化比较

自从2018年美国发动对中国的贸易战以来，这场史无前例的贸易大战波澜起伏，牵动着全世界每一个人的神经。2020年1月15日，经过1年多的反复较量，长达13轮的反复磋商，终于，双方签订了第一阶段贸易协定。然而，这并不是一个句号，而只是一个逗号。第二阶段、第三阶段谈判还在路上，中国和美国的竞争也正在从经济领域扩展开去。

在这场犹如大戏般的竞争过程中，有一家企业分外引人注目，就是中国的华为。美国特朗普政府似乎认准了华为是代表中国科技崛起的一个标志。华为的5G技术在世界范围内一枝独秀，遥遥领先，这让当惯了世界老大的美国很不习惯，如鲠在喉，如芒在背，于是又开始耍流氓手段，以一个国家的名义，打压一家中国企业。更令人惊诧的是，美国近乎疯狂地挥舞着大棒，居然并没能把华为一棒子打死，华为反而逆势而上，展示了足够的韧性和一系列化解风险的智慧手段，令美国徒唤奈何。正如任正非所说："华为要感谢美国，因为美国替华为在全世界做了一个大大的广告。"如果举美国之力尚且不能够击败华为，那么华为作为一家世界级的企业无疑将更奠定其巨头地位。

一年多来，华为以一家企业对抗整个美国，让人看到了一个企业的力量可以强大到什么程度。而任正非通过一次次召开新闻发布会，接受媒体采访，向全世界袒露自己的心扉，让人们看到，华为在褪去神秘面纱之后，原来是这样一家有着旺盛灵魂和强大文化驱动力的企业。

的确，如果单以技术而论，华为是无法抗衡美国的。因为美国还有那么多高新科技的大公司、大企业，华为毕竟是和这些企业有着千丝万缕的合作关系的，无法一下子从全球供应链的链条上"脱钩"。华为要真正走一条独立自主研发的道路，还需要很多年，而华为也并没有想要孤军奋战。华为的目标是让科学技术造福全人类，同样，华为的策略是联合全世界的有识之士，与最优秀的科学家合作，共同创造未来。

面对特朗普的步步紧逼和全面打压，华为做出了一系列精彩反击：一是坚持自己完整的出口控制系统，政策严格执行欧洲、美国和联合国的所有法律法规。二是继续开放，选择最好的技术、最好的产品。三是继续保持和美国的合作，采购高通芯片，与高通、Intel、博通、苹果、三星、微软、Google等永远都是好朋友，坚持走全球化之路。

同时，华为也有自己的重磅王牌：自主研发的芯片。中兴通讯事件让全国人民都认识到企业必须自主掌握核心技术，而同时也让人们惊奇地注意到，华为其实一直在走自主研发芯片的道路。本来行事低调、神秘一贯是华为的风格，这一次，华为被逼到了墙角，才被迫亮出自己的战略预备武器。2019年5月15日，美国总统特朗普签署行政命令，宣告禁止企业使用对国家安全构成危险的公司所生产的电信设备，美国商务部宣布将华为和中兴等70家中国科技公司加入出口管制“实体名单”。正当人们认为中兴悲剧又将在华为等科技企业身上重演，5月17日，华为亮出了自己的“撒手锏”，向全世界宣告：在多年前“云淡风轻”的时候，华为就准备好了“战略预备”！人们这才知道，早在多年前，华为就做出了“极限生存”的假设，预计到有一天，所有美国的先进芯片和技术将不可获得，而华为仍将持续为客户服务。为了这个“以为永远不会发生的假设”，华为公司的数千海思人走上了“科技史上最为悲壮的长征”，为公司的生存打造的“战略预备”，如今一夜转正，标志着华为的“科技自立”正式摊牌美国。而正是这一“战略预备”武器登场，令美国一再延长对华为制裁的实施时间，一拖再拖……

华为的坚韧、大气、睿智和远见，让人们看到了一家顶天立地的中国企业！而这也是中国企业应该具有的中国气象、中国风范和中国力量！

那么，华为的底气、自主创新能力和铁汉式的坚韧，来源于哪里？相信所有人对此都有一致的答案：来自其创始人任正非。

有外媒这样形容华为：“如果移动行业是一片汪洋，那么用‘大白鲨’来形容华为再适合不过。这个中国巨人动作迅速，强势凶猛，甚至于你在几英里以外都能嗅到血的味道。”这是外国人眼中的华为。带着几分敬畏，几分恐惧，更多还是带着一种经过切实较量后的心悦诚服。

而在中国人眼里，甚至是任正非自己，却对华为有另外的一个比喻：狼。华为最早被国人所熟悉就是其“狼文化”。狼，在中国农耕文化的传统认识里，似乎并不是热别受欢迎的动物，因为中国农耕文化是独特的君子文化，所推崇的是儒家文化像孔子那样“温良恭俭让”的形象，推崇的是通过自己的辛勤劳动来创造、收获丰收的果实，而狼似乎是掠夺的象征，是不劳而获。狼更多地属于游牧文化，是周期性对中国农耕文化进行破坏的另外一种文化，但正是凶猛、野性十足的狼让农耕文化温情脉脉怀抱所哺育的人们时刻保持警醒，“羊”终于没有被吃掉、吃光，羊群反而不断进行更新，优胜劣汰，不断保持健康发展。

任正非取法于“狼文化”，正是看中了以下三点特质：一是狼群有高度的组织性。狼群隐秘而不为人们广泛所知，其实狼群的组织非常严密，分工有序，高度合作。正是这种组织性保证了其上百万年的繁衍存在。二是狼群有严格的纪律性。狼群的作战能力非常强悍，然而这并非来自其残忍、嗜血、好斗，而是来自严格的纪律。一旦任务确定下来，它们对目标的追逐是非常坚定的，不达目的誓不罢休。如果有谁违反了纪律，就会被逐出狼群，而被逐出狼群通常就意味着死亡。三是狼群特有的集体性。狼群不推崇单打独斗，而是共同进退，得到食物后也充分照顾到团队里的每一位成员，对于老弱病残，狼群都会优先照顾。集体的利益高于一切，这是狼群所以能够对付老虎等战斗力更胜一筹的大型对手的秘诀所在。而所有这些都符合市场经济环境下，中国企业面临国内对手竞争和强大的国际对手“围剿”情形，尤其作为高科技企业，华为如果不依靠狼文化，也许根本生存不下去！

“生于忧患，死于安乐”始终是任正非给华为定下的一个基调。当大部分的中国企业都在盯着成功，研究成功，只有任正非在思考失败，研究失败，他认为成功是没有意义的，只有失败才能让华为警醒。成功99次都说明不了什么，而失败1次就足以致命！正是这种反向思考、逆式思维，让华为与众不同并脱颖而出！

当然，狼文化只是任正非的一个比喻，任正非真正让国人所钦佩、华为真正成长为巨人的根本原因，还是由于其强烈的家国情怀，这也是中国企业家所共有的，只不过在任正非身上表现得特别突出：一是他特殊的成长环境，童年和少年时代对饥饿的感觉刻骨铭心，兄妹七人，他是老大，一家九口人，全靠父母的微薄工资维持，吃饭实行分饭制，都有份，但都不多，任正非上高中时，常常饿得心发慌，却只能用米糠充饥，后来他结婚时，拮据的家境仍未改变。创办华为后，最初任正非是和父母、侄子住在一间十多平方米的小房里，在阳台上做饭。为了节约钱，母亲只能买死鱼、死虾，晚上出去买便宜蔬菜与西瓜。但他并没有因此而怨天尤人，反而更加懂得了“艰苦奋斗、自力更生”的道理。这八个字是华为事业的根基，也是中华民族自强不息的一个缩影。二是父亲告诉过他：“知识就是力量”，他19岁考上重庆建筑工程学院（现并入重庆大学），尚未毕业就因当时的特殊事件被迫立即回校。分别时，父亲脱下唯一的翻毛皮鞋给他，特别嘱咐：“记住，知识就是力量，别人不学，你要学，不要随大流。”他听从了父亲的话，排除干扰，苦修数学、哲学，并自学了三门外语，奠定他事业基础的计算机、数字技术、自动控制等技术也是在这个时期开始入门。后来，任正非入伍当了通讯兵，参与一项军事通讯系统工程时取得多项技术发明创造，两次填补国家空白。33岁时，他还因技术突出被选为军方代表，到北京参加全国科学大会。学习改变命运，他比谁都懂得这个道理，他也将这个道理也告诉了一批又一批到华为来的年轻人。华为是典型的学习型团队，其学习氛围和学习能力在中国企业里无出其右，其坚持每年至少以销售额的10%作为研发投入，即使在世界范围内也鲜少有企业可以比肩，持续学习、不断创新是华为稳健发展的又一基石，也是改革开放40余年来中国向世界学到的宝贵经验。三是任正非的军旅生涯，从军队学习到的中国共产党领导下的人民军队红色革命文化，并将这种文化融入企业管理的方方面面，让华为真正拥有了钢铁般的意志力和“攻无不克”的执行力以及“严格把关”的自我批判、自我审查能力，从而一次次度过了危机。家国情怀、铁血作风、“活下去”的坚定信念以及专业化管理模式，铸造了“华为精神”。

华为是硬汉，崇尚阳刚和智慧，但并不是说华为就一味地追求绝对力量，而是始终坚持以人为本，在企业内部，以员工为本，也叫作以奋斗者为本。任正非是华为的超级领袖，但是他在华为的股份仅有不到1%，其他都是由员工持股会代表员工持有。这样一种体制的设计，是全球没有的。任正非透露：设计这个制度受了父母不自私、节俭、忍耐与慈爱的影响。任正非还创立了华为CEO轮值制度，每人轮值半年，避免成也一人，败也一人，防止一个人因为权力太大而反过来伤害到公司。任正非最喜欢将公司比喻成一条江河，江河自然流淌，最终奔向大海，管理者只要修筑好堤坝，确定好制度就足够了。《华为基本法》就是任正非为华为修筑的一道百年基业的大坝。对于公司外部，以顾客为本，以客户为中心，华为的一切都是围绕着客户来转的，战略始终随客户需求而动，组织变革，流程再造，一次次优化管理，向世界上最先进的企业拜师学艺，不惜付出令人咂舌的巨额学费，一切都是为了客户，整条价值链最高点从来不变，就是“客户”！

有人问，华为有什么成功的秘密，任正非的回答是：没有秘密，华为任何人都可以学。华为没什么背景，没什么依靠，也没什么资源，华为只是一棵小草，但这棵小草脱胎换骨变成小树苗，最终长成了参天大树，这其中最大的秘密，其实还是在中华文化的深厚土壤里，吸吮了足够的营养。这些营养任正非是通过一连串的比喻告诉我们的：“企业不能穿“红舞鞋”——“客户绝不肯为你的光鲜以及高额的福利多付出一分钱”；深淘滩，低作堰——“节制自己的贪欲，自己留存的利润低一些，多一些让利给客户，并善待供应商及其他合作伙伴。”“跳芭蕾的女孩都有一双粗腿”——不存在绝对的精致完美，奋斗者最美；引路人的责任——“我们肯定可以找到方向的，找到照亮这个世界的路，这条路就是‘以客户为中心’，而不是‘以技术为中心’”；不做“黑寡妇”——“华为跟别人合作，不能做‘黑寡妇’”；要开放、合作、实现共赢，多把困难留给自己，多把利益让给别人；灰度——“开放、妥协、灰度是华为文化的精髓，也是一个领导者的风范。”“你中有我，我中有你，你活我也活，黑中见白，白中有黑。”这是围棋之道，也是中国太极文化的精髓。正是中华文化的滋养，让华为和中国一道“中华有为”，一起在改革开放的伟大实践和社会主义建设的伟大事业中崛起！

说过了华为，让我们再来看一下华为早期对标的美国企业：蓝色巨人IBM。

在IBM历史上，有三个人为其打下了深深的烙印。第一个是老沃森，这是一位充满了传奇色彩的销售天才，他本身就是美国精神的写照。他从一个贫困的苏格兰移民家庭走出来，父亲是一名伐木工人，而他只念了几天书，就开始打各种零工，向人们推销缝纫机和各种乐器。21岁，他进入全国现金出纳机公司，经过一番努力取得了辉煌成绩，但也遭受了厄运，最终愤而离开。40岁，他开始来到纽约闯荡，寻找人生新的机会，最终和IBM的前身“计算制表记录公司”结缘。这是个每天向人们推销天平、磅秤等工具的小公司，但老沃森充满信心，认为公司只要重点发展制表机、计时钟等办公自动化工具，一定会有很大的市场。利用他出色的销售能力，一战结束后，几乎所有的保险公司和铁路公司都用上了他们公司生产的制表机，美国政府也发来了订单。1924年，沃森将公司改名为“国际商用机器公司”，简称IBM。之后，他想要将自己的儿子小沃森也培养成为出色的推销员。但小沃森对父亲的事业一点都不感兴趣，甚至因为父亲的强制行为得了抑郁症，后来参加战争经历了炮火洗礼才自行痊愈，最终接过父亲的事业，以整个IBM的命运为赌注，投入50亿美元，成功启动了一条全新的计算机生产线，IBM也成长为计算机界的蓝色巨人。

一对沃森父子，二人截然不同。老沃森充满自信，但同时也是一个自大狂，他保守而固执，比如喜欢雇用已婚的人，要求推销员穿白色衬衫和黑色西装，他还主张给员工良好的福利和终身工作的安全感。在经济大萧条期间，IBM是那些迫切需要工作的人最向往的地方。在公司，他需要的是员工对他绝对服从并仰视高高在上的自己。他被评为“美国商界规模最大、成就最辉煌的独幕剧表演者”，每个员工都没有独立的价值观，2万多人都只不过是他的“个人的延伸”，连他的儿子都是如此。但小沃森最终从父亲的黑色阴影里顽强地站了起来，将保守而严厉的黑色变成了开放而浪漫的蓝色，“蓝色巨人”绝不仅仅只是颜色上的改变，而是企业基因的一次重新编排和书写。在他们身后，老沃森给企业留下的财富是两个字——思考，小沃森留下的也是两个字——服务。思考是自我主观的一种感受或者行为，服务则是以他人为中心，尊重他人感受的行为，二者之间存在着本质上的不同。因此，老沃森被称为20世纪上半叶最伟大的企业家之一，小沃森则因为任职期间IBM为股东创造的财富超过了商业史上任何一家公司，而被《财富》杂志在1987年宣布他“或许是当代最伟大的资本家”。

沃森父子之后，第三个给IBM打下印记，也再一次改变企业基因的是郭士纳。郭士纳的人生哲学十分简单，也可以概括为两个字——务实。他从小聪明、诚实、十分率直，对于他认为愚蠢的观点，他从来都是直接指出，从不委婉，直截了当——这就是人们给他贴上的个性化标签。他毕业于哈佛商学院，在麦肯锡工作13年，创造了很多奇迹，又为美国运通公司立下汗马功劳，最后却以一个门外汉的身份接掌了IBM，他在发布会上只说了一句话：“别问我问题在哪儿或是有什么解答，我不知道。”但他的确知道解决之道，那就是要“务实”。“仅拥有深思熟虑的战略重点与使这些重点付诸实施并取得成效完全是两码事。这也正是公司文化的关键所在。”“我最重要的工作就是推动文化变革。”作为他的务实哲学引领的一系列行动，都是狂风暴雨式的：半年内果断裁人4.5万，彻底摧毁旧有生产模式，开始削减成本，调整结构。重振大型机业务，拓展服务业范围，并带领IBM重新向PC市场发动攻击……蓝色巨人重新站起来了，1992年，郭士纳上任前，IBM亏损达50亿美元；1993年，郭士纳接掌时，IBM这个蓝色巨人步履蹒跚，当年亏损达到了惊人的81亿美元；1994年，IBM盈利30亿美元，此后被认为笨拙无比的大象跳起了轻盈的舞蹈，巨人重新焕发青春！

如果说，IBM通过两次基因重组，都获得了新生，那么，这已经足可以得出结论：在其他企业，基因重组也是可行的，只不过有的基因重组可以成功，有的却很有可能会失败。这注定是一项危险而复杂的工作，如今在全世界风靡、被年轻人所喜爱的苹果，就向我们展示了这一点。

提起苹果，人们都知道其有一个大名鼎鼎的灵魂人物——史蒂夫·乔布斯。

人们对乔布斯的一个共同印象就是：追求完美，在一些知情人口中，乔布斯是个追求完美到了极端地步的人，但就是这样一个追求完美的人，他在苹果公司最初设计的形象标志，却是一个被咬了一口的苹果。是谁咬了一口？有人说是上帝，有人说是不完美的直观展示，会催促人们去思考并以切实行动去追求完美。也有人说这个苹果就是从苹果树上掉下来砸在牛顿头上的那个，但不管如何，这已经反映了乔布斯为苹果打下的烙印坚不可摧。他以天才的方式创造了苹果，也因为他的天才和极端的行为方式，不被自己的合作伙伴所理解，一度被迫离开。

但乔布斯离开之后的苹果完全变了味道：失去了创新创造的活力，而且更重要的是失去了激发人们思考的那种神秘的哲学意味。后来苹果公司做出了一个当时唯一正确的决定，就是以4.29亿美元收购乔布斯的NeXT，使得乔布斯重新回到了苹果公司，之后乔布斯又一次重塑了苹果。

这一次乔布斯给苹果带来的一大特质是“合作”。他依然特立独行，但现在他是带着一个团队一起，用“改变世界”的梦想凝聚起一帮才华横溢的天才，相互碰撞、辩论、争执甚至大吵，相互磨砺彼此的想法，每个人都让对方变得更棒，激发更多的创意，最终创造出了令全世界都着迷的“苹果”。以前他是一个人，现在他是带着一群才华横溢、不甘平庸的天才，不是B级或C级，而是真正的A级人才。这些人跟乔布斯在一起，大多数团队成员都认为那是他们这辈子最辛苦的日子，也有些人觉得那是一生中最幸福的日子，但是没人否认，那是他这一辈子中最难忘、最珍贵的经历，这就是乔布斯个人魅力之所在。

当然，乔布斯从一开始就带给苹果一个基因，不管他离开还是回归，一直都没有变化，就是“分享”。有人问乔布斯，“你的动力是什么？”他说：“大多数创造者都想为我们得以利用前人取得的成就表达感激。我的食物不是我做的，衣服也不是，我所享受的每一件东西都有赖于其他人的贡献和成就。很多人都想回馈社会，我们也一样，只是试图用我们的天分去表达我们的深层感受，去表达我们对前人所有贡献的感激，去为这种贡献的洪流中再添上一笔。”改变世界不是为了名垂青史，而是发自内心地想为人类社会的进步发展贡献自己的力量。事实上，即使像乔布斯这样才华盖世的天才，他的成就也离不开前人的提携：他在12岁的时候就因为制作频率计数器遇到困难，而打电话给惠普创始人比尔·休利特，不但得到帮助，而且被邀请到惠普去打工。正是从这里开始，乔布斯找到了通向计算机世界的新世界入口。

以上，通过对华为、IBM、苹果的对比，我们不难看到，一个企业之所以是这个企业，而不是其他企业，企业家精神在企业基因塑造过程中，起到了决定性的作用。而一个企业在进行基因再造的过程中，最大的困难或者障碍恰恰又是对传统基因的传承和革新，这是一个世界性的难题。只有解决了这个难题，企业才能真正拥有永葆青春的生命活力，企业也才能真正实现基业长青的梦想！

第二十四章
文化与人才

文化与人才，就是以人为本与资本驱动、技术驱动之关系。企业不是简单的“资本+人才+技术”，而是真正意义上的“以人为本”，是将人的全面发展、价值实现和幸福追求放在第一位的，企业应该建设成所有人的精神家园。

在传统工业时代的价值排序里，通常第一是资本，没有资本就不会有企业的诞生。第二是技术，技术的力量仅次于资本，一种新技术的发明应用就可以带来一个行业的变革甚至整个时代的巨变。第三是人才，人在工业时代始终有一个“经济人”假设，也就是被看作创造经济价值的工具。这一工具而非目的的根本定位使得“人”一直被当作“物”来看待，而没有能够恢复到“人”的真正地位和终极属性上来。

但互联网时代发生了巨变，最大的变化就是“人”的价值重新被发现，即人是目的，不是工具。当人被作为目的以后，一切都改变了：在企业的价值排序里，第一就是人。企业的存在不再仅仅为了经济价值，而是为人服务的，只有真正以人为本，全心全意为人服务的企业才有存在价值。人，也不再仅仅指企业内部的人，还包括企业与之合作的伙伴，以及社会上的所有人。人的需求、人的体验、人的情感，企业调动一切资源，以最高的效率配置，但都是为了“人”这一主体。第二是资本，资本仍然有着神奇的魔力，也仍然有着谋求利润的本能冲动。但是，这一冲动在原来纯粹理性的基础上融入了感性，资本不再是冷冰冰的，而是披上了一层人文关怀的外衣，否则资本的力量也无从最大化，因为它会发现自己失去了作用的对象：人。第三是技术，技术的力量仍然强大，甚至举足轻重，但技术本身也更加依赖于人的创造，依赖于新创造出来的技术能够在多大程度上满足人的需求、体验、情感。纯粹的技术只能局限在实验室里，只有对人有用的技术才会有市场。

说到底，“人”在互联网时代是最高的目的，也是唯一的价值核心。

在传统时代，企业只有一个最简单的使命：为创造利润而生。其他的不管是资本，还是技术、机器、人，都服务于这个单纯的使命，日复一日、年复一年，机械地重复着这个使命，无数要素的组合和无数资源的配置，最终促成了资本一天比一天强大，企业一天比一天更有力量。但进入互联网时代，企业的使命则似乎变得复杂起来：在最简单的创造经济价值基础上，又加上了社会价值，以及面向未来的生态价值。

社会价值也可以看作社会责任。很多跨国公司在20世纪六七十年代就意识到社会责任的重要性。企业如果不创造社会价值而只是一味追求经济价值，很难走向全球化。如今社会责任、创造社会价值已经成为每一个企业的自觉担当，是普遍的责任意识和主动承担的使命追求。

生态价值则是在互联网时代涌现出来的新使命。所谓“生态价值”就是企业不单是自己要追求经济价值、社会价值的最大化利己，还要追求自我发展同时有利于其他企业的生存发展，从而共同构成良性生态系统。一荣俱荣，一损俱损，这是对自然界的生态模拟，也是智慧的更高结晶。

最终，以上企业的价值排序变化以及使命升级，直接的反映还是在“人”上面。企业能否完成这样的转变，能否在互联网时代更好地适应内在和外在环境的变化，能否和其他企业一起更好地协同发展。说到底，还是要依靠“人”。人，真正成了所有企业的终极目的。

既然“人”对所有企业都如此重要，那么，我们就会发现有三个问题随之而来。

第一，企业如何培养自己的人才或者依靠什么样的魅力可以吸引人才到来？

第二，企业怎么样使用人才，给人才提供全面发展的机会，怎样留住人才？

第三，企业怎样使得人才的价值从个体化实现到群体化实现，构建精神家园？

先来看第一个问题。正如一句电影台词所说：“21世纪什么最贵？人才。”是的，相信今天所有企业都已经意识到人才的重要性。但问题是，比钻石和黄金更珍贵、能够决定企业生死存亡的人才，究竟从何而来？在传统工业时代，这样的人才主要通过自己的培养，企业最简便易行的方法就是建立企业大学，通过企业自己的培训、讲课，以及最传统的师带徒、传帮带等方式培养人才。当时企业之间流动性很差，一个人才在一家企业干一辈子是很普通的事情，这是企业的内生式人才。还有一种，是外来式人才，也被人称作“空降兵”。通过高薪聘请，甚至通过企业之间的挖墙脚的不光彩方式，从竞争对手那里挖来人才，一举获得竞争优势。这样的人才的确可以在短时间内改变局面，但长远来看，这样的人才也是留不住的，其带来的优势明显，但伤害也是巨大的。

在互联网时代，获得人才有一个更简便易行的方式，就是开放。开放企业的资源，将原本一件由企业自己完成的事情，交到全世界去，让所有这方面的顶尖人才一起来完成，从而制造出世界一流的最高端产品。

在当今时代，企业正逐渐变成一个平台，这个平台最吸引人的地方，就在于它好像一个流光溢彩的大舞台，为全球各地的各路高手提供施展才华的机会，只要你有一技之长，就可以尽情表演，华丽绽放。

因此，我们可以给出对第一个问题的回答：企业要想对人才有吸引力，就必须将开放作为自己的第一法则，敞开胸怀，如同海纳百川一样，广揽天下英才。这比自己培养人才要快得多，而快正是互联网时代的重要制胜法宝。

我们再来看第二个问题，当人才被吸引进入企业之后，如何使用人才？如何留住人才？通常有这么几种方式：一是薪酬留人。这是最基本的方法，毕竟高薪是人才价值最直接的市场化体现。二是事业留人。企业所从事的事业具有远大的前程，有着令人激动的愿景。有时候，人才为了加入这样的事业，宁可放弃一部分薪酬待遇，毕竟人才之所以是人才，就在于比普通人更加有前瞻性，以及更强的自主性。三是文化留人。有的企业创造出独树一帜的文化，这种文化本身就有着强烈的吸引力，其以尊重人才的个性作为基础，以包容各种各样人才的不同个性而充满磁性，这样的文化自然能够吸引一部分人，尤其是年轻人。

但企业和人才的结合，只是“恋爱成功”的第一步。真正“步入婚姻殿堂”以后，开始“柴米油盐过日子”，需要的就是层次更深也更为博大的“爱”了。企业要真正留住人才，必须在保持开放的特质之外，再加上一种特质：包容。这种包容是多方面的，是有条件的，要求既包容人才的个性，也包容人才的失败，甚至要包容人才给企业带来的损失和破坏。毕竟人才也是人，没有十全十美的人，也没有十全十美的人才。企业要像父母一样，具有对孩子的无穷无尽的爱心。对父母来说，爱孩子是没有前提条件的，是没有“放弃”这个字眼的。父母的爱是人类最深沉最伟大的感情，只要有这种爱，就会有一代代的孩子长大成才。同样，企业像父母爱孩子一样对所有人才一视同仁，人才一定会有所成就。

因此，要留住人才，企业必须将包容作为不可动摇的第二个基本法则。当然，这种包容不是无底线的，不是溺爱，更不是放纵，而是有母亲的慈爱，也有父亲的严厉，要刚柔相济，赏罚并用，掌握好分寸和界线。

第三是如何将人才的单一价值实现转变为团体实现，构建精神家园。企业是所有人的企业，不是仅仅依靠三两个一流人才就可以做成事业的。企业要基业长青，尤其需要人才的接力棒式、群体性涌现，而不是昙花一现。那么，如何做到这一点呢？这就要构建共同的精神家园。

构建共同的精神家园，必须有理想情怀。中国从古代就有伯夷叔齐那样“饿死不食周粟”的高洁之士，也有屈原那样伤怀国家之衰败而投江的忠贞之士，这样的人被称作“国士”。后来这种精神渐渐演变成“士大夫精神”。对于这种精神，范仲淹的概括是“先天下之忧而忧，后天下之乐而乐”，是在出世和入世之间把握好一个合适的度。作为高级知识分子，作为优秀人才的“士”，自然而然有着一个不被世俗污染的精神家园。而互联网时代企业的虚拟性，则更为这个家园增添了独立性和神秘性。

构建共同的精神家园，要有普适价值。我们讲企业要创造经济价值、社会价值、生态价值，其实企业还要创造文化价值，也就是普适价值，其核心可以用两个字来表达——自由。自由是人类自古以来的共同向往和追求，上飞九天揽月，下潜大海遨游。一篇庄子的《逍遥游》让一代又一代中国人神往，而西方文化的“伊甸园”“理想国”则寄托了人们的美好想象。自由是共通的，古今中外皆然。尤其在企业全球化的今天，能让各种肤色各种文化背景的人共同接受，就只有自由。

构建共同的精神家园，要共同创造。共同创造就是所有人都成为创造的主体，都充分发挥自己的主人翁精神，将企业当作自己的家庭，将同事当作自己的亲人。共同创造的目的是让所有人都能分享到创造的果实，因为只有参与过创造劳动的人才能体验到果实的甘甜醇美。

以上，我们讲了人是企业的目的，以及企业为了吸引人才、留住人才、实现人才团队的传承，而需要做的一些事情。那么，具体到实践来说，如何衡量一个企业是否真正做到了以人为本，是否真正构建起了自己的企业精神家园，让企业文化成为所有人共同创造和分享的硕果呢？

下面，我们根据国内外企业的案例总结出了十大标准，具有普遍的参照性。

第一，求贤若渴。企业对人才的渴望永远存在，也是永远不会满足的。只是这种渴望要以一种众所周知的方式呈现出来，需要一些宣传手段。在我国古代有燕昭王求贤，千金买千里马的尸骨而筑造黄金台，也有刘备三顾茅庐请诸葛亮出山，这些都是做足了姿态的。但比起这些充满传奇色彩的做法，真正需要的还是一颗真诚的心，唯有以心换心，才能招来真正的人才。因此企业招贤还是要在注重方式方法的同时，多走心。

第二，知人善任。知人善任是一项了不起的本领，汉高祖刘邦就说，自己比项羽什么都差，就有一样是优势，懂得用人。项羽只有一个范增而不能用，刘邦则有号称“汉家三杰”的张良、萧何、韩信，最终成就了帝业。知人需要一颗真诚的心，一双敏锐的眼睛，更要善于任用人才，需要想方设法和人才多做交流沟通，允许人才犯错误，要给人才成长空间。

第三，人尽其才。要善于使用人才，还要让人才充分发展自己的才能，这里面牵涉到一个授权的问题。在古代，功高震主是一个普遍现象。领导者一方面渴望人才，另一方面又害怕人才过于厉害，给自己带来威胁，这是一柄“双刃剑”。因此很多人才并不是本领不行，而是毁于猜疑。其实很多企业并不缺乏人才，但缺少的却是供人才尽情施展的舞台。

第四，才有所值。是人才就一定有着巨大的价值，这个价值如何体现？最简单的方法就是物质。例如最基本的薪酬，以及高额的奖金，还有吸引人才长远合作的股权激励。人才并不是不食人间烟火的人，他们只是某一方面有特长，企业用的也就是这一特长，因此物质方面一定要给足，这样也可让所有人都看到人才的价值，令其他人产生奋起直追的冲动。

第五，职业规划。人才不是全才，很少有人在各个方面都出类拔萃。因此人才的全面发展就成为企业的一个重要课题。其实人才一般总会意识到自己的不足，从而产生强烈的学习欲望，利用超人般的学习能力让自己更上一层楼。对于人才要因人而异，因才制宜，为每个人量身打造成才和上升的通道。人才和企业一起成长，给企业带来的贡献也会更大。

第六，创新氛围。人才在很多方面都是创新、创造的专家，是有着强烈革新意识的人。而创新创造需要一种与众不同的工作氛围，在这种工作氛围中，一切围绕着人的个性情感而设计：可以随时随地，激发灵感的火花迸发。而一个灵感、一个创意就有可能改变企业的命运，决定未来。这种创新的氛围很容易将单打独斗的创新者连接成为一个创新团队。

第七，专属仪式。对于人才创造创新的成功，应该设立一个专属的庆祝仪式。这种仪式可以是一个节日，也可以是一个宴会，以及一种特殊的标记，例如功勋墙或者以人才名字命名的奖项等。人才一定有着自己卓越的精神追求，有超越于物质之上的思考和需求，企业应给予其满足。

第八，社会评价。企业不是独立存在的，它是一个社会生命。企业所服务的用户，包括社会公共舆论，对企业的评价直接影响到人心的安稳。即使是再默默无闻奉献的人才，也需要积极的评价和正向的反馈，永葆动力。

第九，追求卓越。企业一定要为自己设立长远和高尚的目标，不能执着于单一经济价值，不能为了阶段性的利益而放弃自己的使命。企业要生存，要发展，但生存和发展的根本不是为了自己，而是为了给人们创造更加美好的生活，为了人类社会更加充满希望的未来而奋斗。

第十，进无止境。企业和人才都必须仰望星空，脚踏大地。要有宏大的追求，但更要有每一天的勤奋工作，进取开拓。要从一点一滴的进步开始做起，要以匠心和毅力在时间的长河里一毫一厘地雕琢。当今时代一切都追求“快”，但人类文明的前进却很相当缓慢。只有耐得住寂寞并且有着超乎寻常的恒心和毅力才能真正有所成就。

当然，企业和人才的关系不像以上列举的这么条理分明，清晰可见，而更多呈现出一种互相交织、交叉的混沌状态。这就需要企业更用心，在实践中更多地摸索适合自己的经验和方法。在这个过程中，有以下三点需要注意。

第一，适度激励。企业建立一种明确的激励文化是必须的，人才也的确需要在激励的氛围中保持激情，但这种激励需要设定一个限度，因为人才所取得的成功并非一人所为，而是集中了企业的人、财、物，是通力合作的结果。因此激励的对象应该包括整个团队，而非一味突出个人。

第二，适度竞争。人才与人才之间难免会有竞争，甚至有激烈的冲突。这就需要在保护人才积极性的同时，设定一个适度竞争的范围，人才在这个范围内可以各展所长，合理竞争，一旦超出了范围就要变竞争为合作。合作机制可以让人才更好地融合，互相激发，释放更大潜力。

第三，适度集中。企业通常需要大量资源向人才集中，以帮助其发挥所长。但这样一来很容易出现企业被人才所裹挟的情形，一旦人才离开，企业就会伤筋动骨，因此有必要限制项目规模、团队人数等，当达到了一定的规模和人数，就给予分散，从而保持动态平衡。

案例：联想与微软之文化比较

2019年12月18日，联想控股集团宣布了一个令人有些措手不及的消息："根据公司既定计划，董事长柳传志提交书面辞呈，辞任本公司第二届董事会董事长、执行董事及提名委员会主席职务，由本执行董事宁旻接任，自2020年1月1日起生效……"随即，柳传志写给联想控股全体人的一封公开信也公布开来。在公开信中，柳传志深情地回顾了创立联想、一路走来的艰难而辉煌的历程，并再一次强调了"产业报国"的大旗对于联想的引领作用，激励一代又一代人前赴后继、勇往直前。35年风雨无悔，告别联想后继有人，未来更加可期……

作为被誉为"中国民营企业家教父"级别的人物，柳传志、张瑞敏和任正非堪称“三巨头”。如今，柳传志以75岁的年龄第一个宣布正式退休，令人唏嘘的同时，也为联想能够后继有人感到欣慰，和他上一次宣布“退休”相比，这一次他真的是可以“放下”了，在他身后接班的两个人，宁旻是联想自己内部培养起来的，土生土长的“联想人”，跟随柳传志多年，对于柳传志的思想和精神能够深刻领悟其中三昧，由他来接棒联想，最能够保证联想精神和联想文化的原汁原味传承。李蓬是具有国际化背景的优秀高级管理人才，是联想继续走全球化之路的保证。一土一洋，二人又同样年轻，深深获得董事会和广大员工认可。联想在柳传志手上一直坚持的“带队伍”举措如今终于结出了硕果……

是的，对企业来说，真正决定企业能否成功生存与发展，能否在激烈的市场竞争中脱颖而出的，始终是人才。联想当年之所以能够肩负起中科院的重托，能够在“科技产业化”的道路上引领时代潮流，一马当先，靠的就是柳传志、倪光南等当时的一批才俊，聚集在“产业报国”的旗帜下，才让中国刚刚兴起的科技产业有了更多的“联想”……

如今，像柳传志这样第一代创业企业家退出历史舞台，其实也是必然。长江后浪推前浪，更何况现在的时代一日千里，35年的岁月在科技发展史上仿佛已经跨越几个世纪：从最初的PC机，到互联网，再到移动互联网，如今则已经是5G、大数据、人工智能……在一次次令人眼花缭乱的“迭代”中，那些天马行空的设想由谁提出？由谁实现？不可思议的成果由谁设计？由谁创造？答案都只有一个：人才！在这30多年中，人才的重要性始终如一：专业人才、跨界人才、人才流转、人才留存，对企业来说，人才的话题永远是讨论不完的话题，也永远是最令企业头痛又不得不最优先考虑解决的问题！

“以人为本”，绝不仅仅只是一句口号而已，而是要回答一系列的问题：人在企业中究竟处于什么样的地位？什么才是真正意义上的以人为本？

在这方面，联想无疑很有代表性，也很有发言权。

联想，是中国知识分子下海创业所结出的第一枚知识经济硕果，这一点非常重要。在今天的知识经济时代，知识分子下海创业似乎天经地义，可是在20世纪七八十年代，改革开放的初期，大部分知识分子仍旧怀抱着“万般皆下品，唯有读书高”的那一份清高，仍旧习惯于在高高的象牙塔里闭门造车，埋头搞科技研究，致力于追求纯粹的学术成果，而根本不顾学术成果如何转化为应用，如何在市场上获得成功。

1978年，在全国科学技术大会上，邓小平同志做出了一个十分重要的论断，即“科学技术是生产力，知识分子是工人阶级的一部分”。10年之后，也就是1988年，邓小平同志更进一步提出“科学技术是第一生产力”。知识分子不能只是局限于搞研究、做学术，而要积极投入“生产”中去，而且应该成为重要的生产者。当这个论断在全国广为传播的时候，柳传志已经和一批先行者悄悄创立了联想，在市场的海洋中摸爬滚打四年了。作为中关村第一批下海的科学家之一，柳传志一开始也是茫然的，也呛了几口又苦又涩的海水，但是他和最初的一批联想人最终成功地学会了“游泳”，联想得以茁壮成长了起来。

柳传志和联想的成功，有许多因素，但最重要的一个因素无疑是人才。他自己本身就是卓越的人才，但他不是一个发明创造式的科学家人才，而是将科学技术成果转化为市场产品的企业家，这一特质其实是后来全面开启的知识经济时代最重要特质之一。联想最初也有倪光南那样的天才科学家，发明创造水平一流，但最终联想成为一家世界级企业时，起到决定性作用的还是柳传志。柳传志从一开始创立联想，就将人当作目的，而不是工具。他自己就经历过一个苦闷和茫然的漫长过程，他希望更多的年轻人不再迷茫，不再苦闷，而是投身到知识创富的海洋中来。他说：“我的人生目标，不是追求个人财富，而是要让我的家人以及所有与我一起努力奋斗的同事们，都能够与我共同分享联想的成长。”联想的成长，其实就是人的成长。柳传志对于联想的管理经营，留下了著名的九字真言：“建班子、定战略、带队伍。”其实在企业一开始，很多时候班子是不成样子的，战略也是模糊不清的，只有人是最重要的，树立人的志向，展现人的情怀，发挥人的创造，守住人的坚持，把握人的选择，最终走出一条属于联想自己的道路。联想生存下来了，得到长足发展，人的价值才能实现。否则，有再好的梦想、再大的潜力，也终归是一个零。

对此，联想员工写过一篇轰动一时的文章《公司不是家》，讲述了联想在最困难的时候，大幅度裁员的真实情况，甚至有些不近人情，认为联想这样一家提倡“以人为本”的企业一点情义也没有，实在令人心寒，最后作者得出结论：“员工和公司的关系，就是利益关系，千万不要把公司当作家。”该员工的信得到了柳传志的回复，以公开信的形式发表。柳传志说，“一个企业应该遵循的最根本原则就是发展”，“在家里，子女可以有各种缺点，犯各种错误，父母最终都是宽容的，企业则不可能是这样的”。他还回忆了自己在交班给杨元庆时候说的三句话：“一、牢记你的目标，牢记你的责任，进取、创新、突破！此外没有别的出路；二、要爱惜资源，特别要爱惜员工，牢牢记住以人为本；三、去打仗，十仗中胜七仗就是优秀的指挥官！”最后他说：“只有从企业发展的角度，从大局的角度看问题，这才是最根本的以人为本。”

以人为本，企业不是家，企业就是企业，企业可以成为员工的精神家园，但前提是员工必须把实现自我价值融入企业发展的长期目标中去。员工与企业不是互相依赖的关系，而是互相鼓励、互相扶持，共同去迎接竞技场上的种种挑战，去搏击市场经济海洋中的风暴！

也许，正因为摒弃了中国传统农耕文化中的“家文化”，而选择了更符合现代市场经济的“竞技文化”，联想才能在国内站稳脚跟，在激烈的竞争中脱颖而出，成为巨人，并且有能力到国际上去并购世界巨头，将工厂开到全世界各地去。作为最早“走出去”的中国企业之一，联想的员工中，有中国人，也有外国人，如何让外国人认同联想文化，成为一个摆在面前急需解决的问题，而联想又是如何对待这些国际人才的呢？联想并没有采取差异化政策，而仍然是一视同仁，坚持“以人为本”。“我们能使全体员工能与企业一同发展，使我们的员工由于他们的贡献得到社会的尊重。”柳传志的这一原则是不分国籍和肤色的。

在国外知名人力资源网站Glassdoor.com上，有一个“雇主测评区”，作为一家分公司覆盖面较大，尤其在美国有很大影响力的企业，联想共收到1400多条评论，评分3.4分。虽然这个分数并不是最高的，但仔细分析评论会发现联想很少受到员工的“差评”，这些员工对公司的同事、管理和企业文化都有着深深的认同感，即使在撰写负面评价，也往往使用着深情而且眷恋的口吻。当与其他中国企业，尤其是在海外有较多分公司，有着大量外籍员工的企业相比时，联想这份测评答卷更加亮点纷呈——如果只看外籍员工的评分，会发现这个分数基本没有变化，而其他很多企业外籍员工相对于本土员工给出的平均评分往往会呈现断崖式的下跌，很多企业的评测里存在的歧视现象、语言障碍、文化冲突甚至是道德违规等等在联想的答卷中几乎绝迹，这说明联想在吸纳外籍员工时做到了真正的“化为己用”，用心思考了跨文化的企业文化如何得到员工认同的问题，而更加令人感动的是，在每一份测评表下，都有联想详细、贴心的反馈。联想对人才的重视和尊重是细致入微、一视同仁的，不分岗位、不分级别、不论中外。

“假如失去联想，人类将会怎样？”也许柳传志和联想当初都没有想到，正是这一句简单而著名的广告词，不经意流露了他们卓越的“人类意识”：人才、人本、人类！最终联想在无数人才的接力棒式贡献下成为巨人！

在国外，也有一家员工很少“给差评”的企业——微软。无论是在国外Glassdoor.com上的雇主测评，还是国内知名网站“看准网”上的点评区，微软都拿到了4分以上的不俗成绩。与联想一样，在这里工作过的员工，无论离职与否，都对这家企业有着很高的认同度，保持着深厚的情感。可以说，在“以人为本”上，微软与联想是高度相似的。

微软渴望顶尖人才，比尔·盖茨“求贤若渴”。众所周知，他认为微软的核心竞争力不是技术，也不是资产，而是人。“人是微软真正最大的财产。”作为美国知识经济时代大门的开启者之一，他对于传统企业将资本和技术当作最重要的资产嗤之以鼻，他认为相比于“知识资本”，传统的资本、技术、机器，又算得了什么呢？但在筛选人才时，微软是热情而又苛刻的，他对所有人才敞开怀抱，但比尔·盖茨也有自己的选人标准，那就是“顶尖人才”。他要求的人才必须是聪明、敏锐、富有激情和进攻性的。而比尔·盖茨和微软的工作就是“使世界上的个人和企业实现其全部潜能”。这是微软赋予自身的使命，由此可以看出，微软对人的潜能的重视与追求，“人尽其才”是其最好的写照。

那么，如何做到人尽其才呢？如何让所有人都发挥其100%的潜能呢？在比尔·盖茨看来，只有学习这一个途径。在微软，员工能够通过多种方式获得知识，进行学习，提升自己，尽情去开发自身的潜能。2012年12月，微软停用了广受大型企业青睐的绩效强制分布法——尽管这个方案曾让杰克·韦尔奇在通用电气大获成功。据《财富》杂志统计，世界五百强中有近三成企业在使用这个严格的方案，而微软在经过相当长时间的实践之后还是放弃了它，因为员工在这样的“规矩”下虽然能够受到激励，但是也会被制约，他们的潜力在发挥到70%左右时就会受限，而微软需要的是一个更加关注员工、团队成长和能使其潜能100%发挥的体系。这不仅仅是一套激励体制的改变，而是微软对自身人才价值观的升华。

最终，微软建立了自己独特的以“100%潜能”为目标的培训体系。在微软，员工开发自身潜力时所学习的知识、技能等，70%直接来源于实际工作过程和在职培训，20%来源于同事和导师，10%来源于专业培训等其他培训形式。对于任何一个微软员工来说，他们随时随地都在学习，遵从“明确需要学习的知识技能，到执行学习计划，再到构想达到下一个目标需要的新的知识技能”的模式并不断循环，不断地达成一个又一个目标。在微软，工作就是学习，学习就是工作，这无疑是人们所能想到的最理想工作环境，也是最吸引人才的地方。

除了由微软的培训体系来打磨人才，微软还有一大法宝，就是“自由”。在达到一定要求之后，微软允许员工自由申请换岗，鼓励员工尝试自己的想法，发掘自己的能力，而且当员工发现自己走错了方向，还可以回到原来的岗位。这样灵活的内部调动世所罕见，而微软愿意冒险，和员工一起冒险，因为这能让员工更有机会找到适合的岗位，充分发挥自己的潜力。企业也将因此而最大受益，这让每个员工都充满激情。

在很多人眼中，微软已经不是一个企业，而是一个“迷你创新和冒险乐园”。微软研究院干脆就有一个别名就叫“campus”——这里有足球场、篮球场、花园、草坪甚至湖泊，有“导师”，每个人都是“学生”，大家互相学习、研究、共同努力。微软有“树屋办公区”，建造在当地特有的道格拉斯冷杉树上，屋顶有天窗，室内有壁炉，有摇椅、木桌，有Wi-Fi、充电口，还有自助餐厅和烧烤餐厅。微软把Redmond总部建成了一座“迷你城市”，甚至打算在这里架设空中桥梁和轻轨！“城市”里还要建一个板球场——多数美国人是不玩板球的，这是为来自印度和其他曾是英国殖民地的国家的员工特地设置的。微软的员工享有独一无二的“家庭假期”政策。产假（20周）、陪产假（6周）、领养假（6周）、家庭看护假（4周）……微软员工获得了充足的“幸福感”和“获得感”，不必再为未来担忧，可以全身心投入工作。

以上，联想和微软的“以人为本”因为国家文化的大背景不同，而呈现出各自的缤纷色彩，但在企业文化的角度，则是完全一样的，都是将“人”置于最中心的地位，都是致力于为“人”提供和打造一个完美的精神家园。企业不是“家”，但企业却是比“家”更高的地方：来自世界各地五湖四海的人们，通过工作和生活，彼此之间建立起一种超乎血缘关系之上的“超链接”，这种“超链接”是心灵与心灵的直接沟通，是精神与精神的完全融合，是无形的，却是稳定而持久的。也许，这种“超链接”才是未来企业所能够贡献的一种最新型社会关系，毕竟它使得人们自古以来所追求的100%实现自我价值成为可能！

第二十五章

文化与战略

文化与战略，是一种阴阳和合、互为补充之关系。战略决定了企业的发展方向，而文化则驱动着企业实现战略目标。战略目标是不断变化的，而文化则是不变的，彼此构成了动态平衡。

文化与战略，打个比喻来说，就像我们的灵魂和我们的身体。我们的灵魂就是文化，是看不见摸不着的，但是灵魂决定了我们的前进方向，决定了我们要做这一件事情而不去做那一件事情，做出这个选择而不是那个选择。我们的身体则负责沿着灵魂选择的道路前进，做事情。但在具体前进的道路上，做事情的过程中，我们的具体行为又会影响到我们的灵魂，会让我们的灵魂变得躁动不安，或者相反——更加沉静空灵。更极端的时候，行为甚至会背叛灵魂，这时候我们就会完全失控。

在中国的文化中，我们把这个世界分为阴和阳两部分，直观地表示出来，就是一幅太极图，是黑和白两条鱼的形状，首尾相衔，你中有我，我中有你。这是我们对白天和黑夜的观察，也映照出了人们心中的善与恶。人是万物之灵，是天地造物的产物，带着宇宙的信息和痕迹。每个人身体内的小宇宙和外面的大宇宙是完全一样的。小宇宙就藏在我们的灵魂里，大宇宙则包括我们的身体，与日月星辰连接为一体。

文化与战略的关系，就如同阴与阳，是对立的，也是互相转换的。它们是一个不可分割的整体，是互相推动向对方转换的力量。文化和战略也是如此：战略决定文化，文化反过来又通过实践为战略提供更加坚实的支撑，让战略更加具有可落地性和可执行性，从而更好地实现。

具体到企业来说，我们可以更清晰地看到文化与战略的这种阴阳互补。

一个企业要发展，首先需要的是什么？是战略，还是文化？这好像一个“鸡生蛋、蛋生鸡”的问题。因为企业发展离不开战略选择，但任何战略选择背后又离不开文化的支撑。所以，这是说不清楚的问题。

但我们可以跳出这个层面，在更高的层面上进行思索：企业发展当然需要好的战略，而与之对应，就需要好的文化，反之，就要摒弃不好的战略、不好的文化，而不好的文化是任何人都可以一下子做出判断的：对我自己不好的，对他人不好的，都是不好的文化。因此，谷歌曾经的企业文化才那么简单明了，只有三个字：“不作恶。”这就是拒绝不好的文化。拒绝不好的文化，就意味着不会选择不好的战略，企业就不会因为战略的错误选择而犯下致命的错误，就会奠定基业长青的基础了。

判断一个战略或者文化好还是不好，有下面四个基本的标准：一是害的判断。这是最基本的，也就是“坏的”和“更坏的”，两害相比取其轻。二是利的判断。这里面包括利与害的直接对比，也包括小利和大利的对比。三是义的判断。这是中国文化所独有的。义也有小义和大义，小义是江湖义气，是兄弟之义和朋友之义，大义是社会之利，国家和天下之义。四是终极价值的判断。这一终极价值是指全人类，是人类的最高价值。

对于企业来说，仅仅有一个好的战略或者文化还不够，还需要以下四个最基本的要素。

第一，企业战略的选择与外在环境和内在能力之间的匹配性。这是非常重要的，并不是说好的战略和好的文化对任何企业都适用，因为你需要在了解自己内在能力的基础上，再根据外在的具体环境做出正确选择。其实对于中国大多数企业来说，不是“做什么”和“怎么做”的问题，而是“能做什么”和“该做什么”的问题。前者考量的重要因素是环境，后者考量的重要因素则是你的能力，企业对此必须有清醒认识。

第二，立足现在与总结过去和展望未来之间的连续性。这个连续性的时间在缩短，从过去的几代人到几十年、几年乃至现在的几个月，时间这个变量的数值越来越小，而战略的适应性则需要不断地提高和优化。

第三，建立在目标基础上的起点、行动的一致性。目标相对来说具有遥远性和模糊性，而起点则要求必须清晰，行动则要求必须具有坚定性。

第四，建立在竞争基础上的战略和战术的独特性。企业是在市场竞争中生存、发展和壮大的，竞争是基调。战略决定了企业前行的方向，使企业在可持续的竞争优势中稳定发挥自己的实力，战术则是各个职能部门的灵活作战，协同取胜。不管是战略层面，还是战术层面，有了自己的独特性，胜率就会大增。

那么，我们如何来衡量一个企业的战略与文化匹配程度呢？

根据对中国企业的普遍观察，我们总结出了10个标准。

第一，共赢追求与文化共建。共赢，在中国古代兵法思想中叫“全胜”，是最高明的战略思想，也是更高层次、更高追求的真正意义上的胜利。与共赢对应的则是文化共建，文化不能是老板的文化、领导的文化，而必须是所有人的文化，每个人都应该是创造者、实践者和分享者。

共赢，还有一个企业之外的层面，就是企业和社会的共赢，与之对应，企业的文化建设也应该与社会的文化建设一同进行。企业的社会属性必须得到重视，企业自觉承担社会责任也是应有之义。企业不仅仅是创造利润的经济组织，更是社会组织，要创造更大的社会价值。

第二，专注策略与以人为本。专注策略就是指集中优势兵力，打歼灭战。要求将所有的资源集中在一起，更好地为“全胜”的目标服务。这就要求将自己本身的力量发挥到最大，从而在战争中更有效地取得对敌优势。

对于企业竞争来说，就是要专注于自己的目标达成，摒弃游击主义、短平快思想，机会主义的投机思想更是要不得。要明确地知道自己需要什么和该如何去实现目标，要长期耐心执着地向同一个方向发起攻击，正如任正非所说，“28年只对准一个城墙口冲锋”，这就是华为成功的秘诀所在。

当然，专注策略离不开人才去实行，想要人才耐得住寂寞，执着地为企业追求胜利，一定要有能够让人才人尽其才的文化，要做到真正的以人为本。

第三，卓越精神与进取文化。卓越就是在某一个领域出类拔萃，用杰克·韦尔奇的话来说，就是要成为“数一数二”。他这样说道：“成为数一数二绝不仅仅是个目标，而是实实在在的要求。”不想当将军的士兵不是好士兵，同样，一个企业没有在全球范围内做到数一数二，就很难称之为卓越。

有了卓越的目标，还必须有进取的文化作为匹配。进取的文化因人而异，保持一时一地也许并不难，但如果要持续保持进取，一定需要某种特别的精神动力。这动力在西方可能是宗教，而在中国则需要企业有更多的人文关怀，真正把企业建设成为全体员工的精神家园。

第四，独特价值和个性文化。一个真正意义上的战略，一定是富有创意，与众不同的，而且通常都很超前，这样的战略会造就真正具有价值的企业。通常，这样的企业也会在公众眼中呈现出极具个性的企业文化。

现在，很多企业被称为“独角兽”企业。独角兽是神秘而高贵的，是纯洁而骄傲的，它的个性鲜明，从内到外散发着不可抵挡的魅力。这样的企业在市场上也是人人争抢的“宠儿”，常常估值达到几十亿上百亿元。而人们之所以将大把的钞票投向它们，就是被其价值和文化魅力吸引。

第五，以小胜大和团队文化。以小胜大、以弱胜强是我国古代军事思想的精髓，老子的《道德经》、孙子的《孙子兵法》都阐述了这样的思想。

中国的企业整体上相对于欧美、日本等企业而言是小企业，是弱势企业，因此采取以小胜大、以弱胜强的战略选择几乎成为一种必然。但要实现这个战略，就必须有规模小而效率高的团队，用毛泽东主席的话来说，就是要建立“根据地”。每一个根据地都是一个团队，在不断的实践中磨炼、总结，等待机会，最后连接成一个整体。这是全球性竞争的长期性和残酷性的根本特点所决定的必然选择。

第六，质量第一和诚信文化。质量是企业生存的根本，不管你提供的是传统工业时代的有形产品，还是互联网时代的无形产品，甚至是未来由人工智能提供的虚拟产品，质量始终是第一位的。因为质量关系到用户的体验，而用户的体验直接决定了企业的生死，这是生死攸关的。

与质量相关联的就是诚信文化。随着科学技术的日新月异发展，大数据成为支撑信息社会运行的关键，诚信社会的到来也成了必然。在一个诚信社会里，诚信不再只是道德意义上的约束，而成了你的身份证，构成了一切社会活动的基础，诚信就是我们每个人的第二生命。

第七，不断改进与创新文化。不断改进是在确保质量的基础上，让产品更多地向用户倾斜，满足客户更加多元化的情感需求。客户至上永远是第一原则，以客户为中心也永远是企业生存的第一法宝。企业能够在多大程度上发展壮大，这个决定权始终在客户手中，客户才是第一推动力。

要满足客户的需求，尤其是赋予其更多的情感体验，就需要将创新文化放在核心文化地位。创新其实每时每刻都在发生，这个世界也每时每刻都在变化，但对企业来说创新意味着越来越大的投入，意味着成本。创新文化就是要不惜成本，鼓励冒险，允许失败。因为所有人心里都清楚：创新是唯一能够通向未来的道路，在这条路上，必须咬紧牙关走下去。

第八，多元发展与设立界限。如果说企业战略中专注是第一原则，那么第二原则就是多元发展。也就是在专注的基础上不断地扩大自己根据地。单一的业务也许不变，但是在市场上的占有份额必须持续扩大。另外，围绕单一业务为核心，可以构建产业链，向上下游延伸，最后控制整条产业链。当你从单一业务冠军成为整条产业链冠军，就完成了蜕变。

设立界限与之相反，是懂得有什么是自己不能做的，是以减法来遏制盲目扩张的冲动。立界限是给自己立界限，也是给市场立界限，为自己构建保护的壁垒。这一类壁垒的设立主要表现为各种技术专利享受有法律层面的硬性保护；制定行业标准来维护企业顺利运行，这是产业链的最高权力。

第九，职业教育和培训文化。很多企业在成功之后，第一个选择就是建立企业大学。企业大学可以为自己的企业培养带有鲜明企业文化烙印的员工，也可以为社会上培养成熟的、高水平的职业人才。这些人才即使到了别的企业，也因为会有着相同的文化认同，而在未来带来更多合作机会，合作共赢有了文化的基础将变得更加容易。

培训文化就是鼓励人才持续学习、终身学习。学习本身就是工作，而且是最重要的工作。企业存在的最大价值，就是创造和实现人的价值。

第十，团队传承和"第一文化"。好的企业战略和文化都离不开决策者，这个决策者通常就是企业家。企业家如何通过个人的能力和精神实现团体化传承，这是一个难题。但不论如何，"第一文化"都必须作为最重要的文化加以传承，永争第一，企业就会在战略和文化上最大化一致，赢得未来！

案例：万向与通用之文化比较

2018年是中国改革开放40周年，是年11月26日，《人民日报》发布了一个100人名单，是党中央决定表彰的一批为改革开放做出杰出贡献的个人，其中有21位是企业家代表。而在这些企业家中，有一个引人注目的名字：鲁冠球。虽然他在2017年已经去世，但他的故事还在被人们反复提起，他所一手缔造的万向集团的企业传奇和企业精神也仍在继续。

提起鲁冠球和万向集团，人们最先想到的一个词就是“中国企业的常青树”。当鲁冠球在20世纪60年代末以4000元资金在钱塘江畔创办农机修配厂的时候，谁又能想到这个企业在近半个世纪的风雨中，以年均25.89%的速度，发展成为营收超千亿元、利润过百亿元的现代化跨国企业集团。作为中国本土企业家的代表人物，鲁冠球早在1991年就登上了美国《时代周刊》封面，万向集团在他的带领下，从一个小作坊发展为第一个进入美国市场的中国汽车零部件企业，并开创乡镇企业收购海外上市公司的先河，成为中国企业向世界名牌进军并展现国际竞争力的最早企业之一，向世界展示了中国企业家的风采和智慧。

鲁冠球的成功，有人说得益于他传承自浙商文化的实干精神。的确，务实、进取是浙商的突出特点，正如浙商一直以来秉持的一个道理：“做事情一定要沉下心，踏实肯干，经过十几年的历练，一定会有收获。”还有人说这也是得益于浙商跟水学习的灵活，鲁冠球的灵活是出了名的，从一开始寻找“生路”，挂着十几个名字的厂牌，到以乡镇企业的弱势身份参与市场竞争，从大而多到小而专的及时转型，从资源竞争到技术竞争、管理竞争和人才竞争，从国内市场到美国市场，“做洋人的老板，用洋人的资本，收购洋人的企业，赚洋人的钱”，他的每一步都体现了如水一样的灵活多变。

但鲁冠球真正厉害之处，还是在于他的滴水穿石，在于他始终将战略焦点或者说中心聚集在万向节这么一个小小的汽车零部件生产业上，要么不做，要做就做到全球第一。正是从这么一个小零件出发，最终万向走出了农村小作坊，走出了浙江，走出了中国，走到了美国，走向了世界。

那么，鲁冠球对于战略为什么会这么敏感，或者他为什么会有这么高的天赋？是否是因为他本就是一个天生的战略高手，还是他在实践中认识到战略的重要性呢？

我们从万向集团的成长中，可以看出他的战略并非一蹴而就，而是在实践中不断摸索，不断根据企业发展总结出相对应的策略，从而步步为赢，其过程如下。

第一，战略的起点，也就是初级阶段。这时候，其实鲁冠球也没有明确的目标，他并非一开始就盯上了万向节，还生产过犁刀、铁耙、船钉、失蜡铸钢等五花八门的产品，总之，市场需要什么他们就生产什么。这是一种本能的生存意识，是成长过程中根据环境变化做出的反应。这时候的市场，是纯粹的竞争市场，在这个市场中作为弱小企业、后发企业是没有主动权的，只能被动求生，因此谈不上清晰的战略。

第二，战略的目标。经过一番绝地求生后，企业积累了一定的技术和资金，鲁冠球表现出了企业家的卓越素质，开始带领企业从竞争市场向细分市场进军，选择了汽车万向节这个产品，开始走专业化发展道路，这就是军事思想里的“根据地策略”了，这是需要企业家的视野、眼光和判断力的。事实证明鲁冠球选择对了，万向节“根据地”成功建立起来了。

这个时候，如果说鲁冠球的想法就和他的名字一样想做全球冠军，也许还为时尚早，但他的确在瞄着国内市场占有率第一的同时，瞄上了国际市场，他认为：“单是会赚本国的钱，不算什么本领，有本领就要去占领国际市场！”

第三，战略的实施行动。再好的战略也离不开行动，那些看似不起眼的最基本的行动，往往决定着战略的实施情况。据说在美国西点军校100多年的发展历史上，无数的课程都根据时代变化做了改变，只有一门课程从来不变，那就是“如何看地图”。同样，对于生产型企业来说，不管到什么时候，有一个基本要求从来不变，那就是“保证质量”。在质量管控上，鲁冠球曾一次将3万多套有质量缺陷的万向节产品送往废品公司，这和后来张瑞敏抡起大锤砸冰箱如出一辙，正是这种“质量至上”的朴素意识，造就了中国的企业巨人。依靠质量，万向走出了国门，走到了美国，并且走向了英国、德国、加拿大等，走上了国际一流和基业长青的发展道路。

鲁冠球又不仅仅是一个实践者，还是一个思考者，他对于理论有着炽热的追求和热爱，在繁忙的工作之余，在《求是》《人民日报》《光明日报》《经济日报》等各类报刊发表论文60多篇，被称为“农民理论家”，香港理工大学于2001年底授予他名誉工商管理学博士学位。

作为中国本土的企业家，鲁冠球在改革开放的大潮里应运而生，顺势而兴，实现自我，也和无数的本土企业一样助推了改革开放的伟大事业。鲁冠球和万向的贡献不仅仅在经济方面，在文化的建设和实践上也独树一帜。

万向的企业“三观”颇有意味：一是财富观，“财散则人聚，财聚则人散。取之而有道，用之而欢乐”。二是人才观，“有德有才者，大胆聘用，可三顾茅庐，高薪礼聘；有德无才者，委以小用，可教育培训，促其发展；无德无才者，自食其力；无德有才者，坚决不用”。三是公私观，“舍己为公，大公无私，公而忘私，是先进的；先公后私，公私兼顾，是允许的；先私后公，私字当头，是要教育批评的；假公济私，损公肥私，是要制止与打击的；表面为公，暗中为私，乃伪君子，是要防止的。”这是多么朴素的话语，又是对中国传统文化多么有力的实践！

利他共生，共创共享。万向的文化浸透了水的精神，也蕴含了中华优秀传统文化的核心。从万向身上，我们可以看到从中国古代的陶朱公范蠡、猗顿、子贡到明清十大商帮，再到洋务运动中自强求富的企业家和中华人民共和国成立后尤其是改革开放以来中国现代企业家的精神追求和集体风采。万向是一个企业，更是一个文化的典范，一个值得学习的楷模！

和万向一样，在美国企业中，也有一棵常青树：通用电气。

通用电气最早的历史，可以追溯到1878年发明大王爱迪生创立的电灯公司。该公司在1892年与另一家电气公司合并，成立了通用电气公司（GE）。但真正让通用成为一家世界性企业并赢得盛誉的却是20世纪80年代初期，通用电气公司迎来了自己的第八任董事长杰克·韦尔奇。这位董事长给通用电气带来了大刀阔斧的变革，而且主要是在文化上进行了变革，最终通过文化变革重塑了通用。他执掌通用20年间，通用电气的市值达到4500亿美元，从最初接手的时候增长了30 多倍，世界排名由第10位提升到第2位，成长为名副其实的世界巨人。

杰克·韦尔奇在45岁的时候来到GE，和公司的年龄相比他还只能算是一个毛头小伙子，但他却带来了年轻人应有的活力，一来就提出一个清晰的愿景定位："世界上最具竞争力的企业"。他敢于主动挑战一切的传统，例如反对独断专行，反对官僚主义，他认为GE要实现远大愿景，必须是一个"梦想实验室"，要允许任何人发表自己的观点和看法，哪怕只是一点点的创新和创意就应该得到尊重。他提出，公司的战略制定和远大愿景的实现不应该只是高层领导的事情，而应该是"让人人参与游戏"，他甚至还提出，任何人都应该成为领导，而不仅仅死守严格的等级制度。他给GE带来的一个最大的改变就是"欢迎变化""拥抱变化""让变化发生"，只有变化才能让GE公司成为世界上最具有竞争力的公司，他对这一点坚信不疑，而且行动果敢无比。

变化之一是战略上的。"战略"在很多人眼中被视为"魔法"，在战略咨询专家那里则是专业的论证、图表分析和复杂的实施方案，这些都对企业的战略选择造成了困难。但杰克·韦尔奇却认为："战略不过是鲜活的、有呼吸的、完全动态的游戏而已。”“战略其实是非常直截了当的。你选准一个努力的方向，然后不顾一切地实现它罢了。”对于GE，他给出的战略是“数一数二”战略，“No.1 or No.2”，如果不能够成为业界前两名的领导者，那么就不可能成为真正意义上的赢家。

变化之二是理念上的。和战略的高度简化一样，杰克·韦尔奇给GE带来的新理念可以用最简单的两个词来表示，那就是“竞争”与“沟通”。“竞争，竞争，再竞争；沟通，沟通，再沟通。”竞争，已经不只是获取成功的必由之路，它更是一种每天持续不断的工作状态。韦尔奇认为：“我们每天都在全球竞争战场的刀光剑影中工作，而且在每一回合的打斗之间，甚至没有片刻时间休息。”竞争的价值就在于“最残酷的竞争同时却是最令人兴奋、最有犒赏价值、最令人感到充实的时刻”。那么，什么确保在竞争中不断地进取呢？那就是“顺畅地沟通”，企业的成败最终都要基于企业能否构建一种利于沟通的机制。

变化之三是行动上的。杰克·韦尔奇要求员工一定要专注于真正该做的事情。“勤奋”对于成功是必要的，但它只有在“做正确的事”与“必须亲自操作”时才有正面意义。再就是他提出了一个“扩展”的概念：“当我们想要达成看似不可能的目标时，自己就往往就会使出浑身解数，展现出一些非凡的能力。即使到最后我们仍然没有成功，我们的表现也会比过去更加出色。”这实际上是要求每个人实现自我超越。当然，最重要的还是行动本身，必须“更精简、更迅捷、更自信”，而为了培养员工的自信，企业最根本的做法就是充分放权与尊重每个员工。

在杰克·韦尔奇看来，一个企业的“硬件”是非常重要的，但是真正决定企业与众不同并达到卓越的，则是它的“软件”，也就是价值观。他认为：“要说成功的模式，它的独特之处在于其一致性，那就是让员工实践共同的价值观……用具体而伟大的目标去吸引员工，鼓舞员工，放手让他们自由表现，最后我们会发现，员工们精神振奋，生产效率也会大大提高……人类的思想创造绝对是毫无限制的，你只管去与他们交流就行了。

我不喜欢‘管理’这个词，我喜欢‘创新’，我确信每一个人都很重要。”

所以，与其说是杰克·韦尔奇对GE的变革选择的战略方向正确，或者说他的从重塑价值观的文化变革入手“赌”赢了，倒不如说，他始终对人的尊重，对人的创造和创新能力的信任，他的“群策群力”的思想真正意义上改变了GE，让GE彻底从少数精英的公司变成了每一个GE人的公司。这是一个巨大的变化，也是一个根本意义上的改变。

“群策群力”并非像看上去那么简单，杰克·韦尔奇开始也只是在了解GE的全面情况后，根据自己的直觉做出的一种判断，应该采取这种新的方式，但他也不能一下准确描述出来这是什么样的方式，他说过：“有一种办法可以证明群策群力已经成功了，那就是我的领导方式再不用被大家忍受。”在刚开始的时候，这一策略被戏称为“没有大脑”，人们“只要带着理解力与想象力来就可以了”。但是奇怪的事情发生了：虽然没有固定的议程、主题和分组方式，一切都依靠全体与会人员的临时沟通，根据大部分人的意见来决定，并且综合所有人的意愿达成最后结果，但在这个过程中，随着一个个的“议题小组”热烈讨论，负责主管的领导在会议上对每一个议题立刻做出“对”或者“不对”、“是”或者“不是”的判断，“自由发挥”似乎一下子将每个人身上的枷锁打开了，开放、自由的精灵被释放了出来，而且再也关不回去了！

无数的人员、合作关系、对话、辩论、谈判……从怀疑到好奇，从好意到乐意尝试，从尝试到乐在其中，从部门到整个公司，从公司到顾客……都发生了脱胎换骨的变化，GE从“不自然地点的不自然行为变成了自然地点的自然行为。”有十几万人参与其中，公司的生产力普遍提升，节约且创造了数亿美元，获得了应对挑战的足够能力。至今，永无休止的群策群力的过程仍然是GE最核心的文化特征之一。

更重要的是，GE的管理思想和方式可以运用于全世界所有企业，也许这才是杰克·韦尔奇的最大贡献。从这个意义上说，他是一个当之无愧的管理大师，一个文化变革的天才和经营管理创新的实践者！

第二十六章 文化与创新

文化与创新是一种一体共生、融合发展之关系。文化要保持活力，就必须不断创新，而创新也离不开文化的内生动力的驱动。

看过印象派画展的人们，尤其在面对凡·高笔下的向日葵、鸢尾花、麦田、星空等这些本来司空见惯的事物时候，无不目瞪口呆：这是什么？这真的是我们所面对的现实世界里的事物吗？还是只是作者头脑中的谵妄想象？可是说来也奇怪，当你静下心来，仔细去看那色彩、那线条、那恣意流淌的笔触和几乎要从画布上跳跃起来的蓬勃原力，你就会发现，这就是世界本身，这就是和我们的呼吸、精神一脉相通的活的生命。从以凡·高为代表的印象派作品中，我们感受到了思想的自由流动。作者的思想和观察者的思想冲破了物理阻隔和时空，合二为一了。

正如2018年诺贝尔经济学奖获得者保罗·罗默所说的那样："易于让想法与点子流通的社会，是培养有用发明的最佳环境。"对企业来说同样如此。追求利润、保持增长是所有企业作为经济组织的共同追求，但是如何保持持续增长的充沛动力，按照保罗·罗默所给出的新的"增长四要素"，在传统的劳动和资本因素外，第三个要素就是人力资本，第四个则是新思想，后二者又都指向了共同的创造创新主体：人！

人，作为高级智慧生物，就在于其有思想能力。但是光有思想能力还不够，还必须有不断创新思考的能力。不断创新思想的能力如何获得？答案就是开放和沟通，这一点我们已经从人工智能Alpha系列身上得到了验证。第一代AlphaGo基本上是在模仿人类思想，第二代AlphaGo Master已经可以通过和第一代交流学习后进行独立的学习和思考，而到了第三代AlphaGo Zero，已经完全具备了自主学习的能力，也就是说它自己创造出了一套人工智能的思考系统，而这无疑是建立在它和前面两代系统每天24小时不间断沟通的基础上。人类也许还需要休息，机器则永远不知道疲倦，甚至我们都不知道，是否还应该称其为“机器”。毕竟在2017年10月25日，在沙特阿拉伯举行的未来投资计划的会议上，一名叫索菲亚的机器人已经被授予沙特阿拉伯国籍，并在第二天正式被授予了公民身份。地球公民中又多了一员，而这一员正是我们人类思想能力的最新结晶。

对企业来说，要处理好文化与创新的关系，有三个基本问题需要回答。

第一，文化创新创造的主体，究竟是少数的精英群体还是广大的普通员工？

第二，如何激发各类创新创造的个体活力竞相迸发并转化为集体性创造创新？

第三，如何将企业创新创造的成果推广到全社会乃至全世界去，实现效益最大化？

先来看第一个问题，其实这有些类似传统企业文化要素中的“英雄”，也有点类似“英雄创造了历史，还是大众创造了历史”的设问，答案自然是后者，是最广大的人民群众创造了历史，而英雄不过是其中的佼佼者，是领导者，但是只靠英雄是创造不了历史的。同样，英雄对于企业的创造和创新，也更多只是推动作用，真正创造创新的主体还是广大的普通员工。这一点在互联网时代尤其明显，互联网就是依靠网络实现了全世界最广大人群的连接，而涌现出不断迭代的创新，直到今天。

第二个问题更加引人关注也更为迫切：如何激发创新的主体活力？也就是如何激发各类创新人群头脑中的新思想？既然作用的对象是思想，自然要以同样的理念来同气相应，其大致包括如下：首先是理想情怀。例如中国的企业普遍具有家国情怀，这是最崇高的理想追求，也是最强烈的原动力。其次是着眼长远，也就是拒绝功利主义，不因为眼前急于赚钱、急于变现的浮躁心态而影响未来。再次是保持独立。独立发展，保持从一开始就制定的战略，而且要有足够的定力，不要受到大企业的资本诱惑甚至主动“求收购”“求买断”，失去自我。最后是尊重艺术，也就是保持阳春白雪的高雅格调，避免被世俗同化。创新创造是科学，但离不开诗歌、绘画、音乐等传统艺术的滋养。

第三个问题被很多的中国企业所忽视。我们已经习惯了韬光养晦和低调做事，和西方文化的张扬个性不同，东方文化更多是内敛保守的。我们有很多企业即使做到了世界第一，也更倾向于做“隐形冠军”，只要享受到实实在在的经济效益就行了，而不像西方企业有一点新创造发明就开新闻发布会，让全世界第一时间看到他们的创新成果，苹果的乔布斯就是这样在全世界“圈粉”无数，这和中国华为的任正非对比鲜明。相信随着中国企业和企业家在文化上更加自信，推广上也会更勇敢。

那么，我们如何来判断一个企业的文化与创新的融合程度呢？以下有10个方面的标准。

第一，创新类型领导。企业的创始人通常都具有强烈的创新精神，这也是企业家精神中最核心的特质，但是这种创新精神也是最难被后来者继承的。家族企业之所以会陷入“富不过三代”的魔咒，问题就出在创新精神随着代际传承而不断递减上。因此聘请具有创新精神的职业经理人就成为一个合理的选择，企业只要保持住创新精神的因子就不会消亡。

第二，创新类型团队。人们一提到“创新”二字就很容易和年轻联想在一起，的确，年轻人是最具有活力，也是学习能力最强的。他们站在前人创新创造的肩上，充分吮吸着人类代代相传智慧果实的甜美滋养。因此看一个团队是否年轻化，是否拥有高学历的年轻人，就基本可以判断创新能力。当然，年轻人也不可一味任性，而是还要尊重前辈的经验。

第三，创新保障制度。创新不是一时心血来潮，而是一个长期的系统工程，因此以法律的形式来保障创新是最为有效的。这里面包括创新资本支持的强制性投入，也包括对创新人才的制度性保护，开辟绿色成长通道。

第四，创新评价标准。创新是多方面的，创新评价标准也应该是多元化的。创新评价标准首先要科学化、客观化，不以人的主观好恶为标准。其次要包容化，创新并不意味着必然成功，失败的创新也是创新。对于创新失败者同样需要给予鼓励，因为他们会为其他人指明前进方向。再次是精神化。创新要更多地从精神层面上给予肯定，而不是只盯着物质效益。有些创新看起来似乎没有什么用，实则只要看重创新本身即可。

第五，创新文化氛围。创新一定要有一个宽松和包容的文化氛围，可以让各类人才的灵感自由迸发，创新活力竞相涌流。要鼓励创新个体之间的交流沟通，鼓励思想的自由流动和互相碰撞，而不是彼此视作竞争对手。

第六，创新视野拓宽。创新不应该只是局限于企业内部，也不应该只是着眼于行业，而应该将眼光放得更为长远，视野更加扩大化。尤其在今天，国际化视野和全球化经营成为一个不可逆转的潮流，必须有更宽的视野，要鼓励跨国经营和跨文化交流，鼓励更多的“跨界”创新。

第七，创新成果传播。前面讲过，中国人受传统文化影响，有时候过于内敛和谦抑，有了创新成果也不愿意大张旗鼓宣传，这实际上不利于创新成果的价值实现最大化。创新价值不仅是经济层面上，更是社会层面上的，有时候对全人类的贡献都是巨大的，因此一定要让创新成果为全人类共享。

第八，创新伦理规范。创新不能只是一味在技术上创新，而是要遵守人类社会的伦理规范。要遵守社会约定俗成的最基本道德规范，要着眼于创新成果为人类社会的正面发展提供适当的推动作用，而不是与之相反。

第九，创新心理关怀。创新者是伟大的探索者，但往往也是孤独的前行者。创新者所承受的精神压力是常人难以想象的，因此一定要多做创新者的心理疏导工作，多给予其人文关怀。要帮助其从个人孤军奋战转为团队协同作战，利用人际关系和谐的团队来帮助个人发挥更大能力。

第十，创新哲学回归。创新说到底离不开人，而人的一切终极问题都是哲学问题。国外的创新者普遍有着自己的宗教信仰，企业只是他们工作的场所，而宗教则为他们提供了精神家园。我国的企业既是员工工作场所，也是员工精神家园，是“家”。这个“家”除了为员工提供创新创造的技术便利，还要提供精神上的强大归依。因此企业一定要考虑在文化建设中立足优秀传统文化、红色革命文化和当代先进文化，突出中国特色，将西方的“以人为本”升级为中国式的“以人民为中心”，也就是我们前面说过的“家国情怀”，赋予创新者更为持久动力。

当然，在处理文化与创新融合关系时候，有两个指导理念是需要统一认识的。

第一，协作创新。创新在人类文明的发展历史上，很多时候都表现为天才式的个人创新。例如一提到文艺复兴，我们想到的第一个人就是列奥纳多·达·芬奇；一提到苹果智能手机，我们首先想到的就是乔布斯。但是他们真的是依靠个人的一己之力改变了文明进程吗？显然不是。列奥纳多·达·芬奇在那个时代生活在浪漫而充满狂欢气息的佛罗伦萨、米兰这样的自由城市里，和一群天才卓越的艺术家一起成长起来的，他和后来的米开朗琪罗一道拉开了文艺复兴的大幕！乔布斯也是如此，他是在互联网时代的共享精神和连接的狂欢里，无私而大胆地开放了苹果的技术开发平台，集合了全球技术天才而成功的！

第二，创新美学。创新是一种美，现代企业创新是一种工业之美，也是一种科学与艺术之美，更是一种人类的想象之美。这种想象之美在进入人工智能时代显得尤其宝贵，也更值得欣赏、尊重！

案例：腾讯与Facebook之文化对比

2018年10月24日凌晨，腾讯董事会主席兼CEO马化腾忽然通过在知乎上的认证账号PonyMa发出了一个提问："未来10年，哪些基础学科突破会影响互联网科技产业？产业互联网和消费互联网融合创新，会带来哪些改变？"这已经不是他第一次在知乎上提问，上一次是在2012年5月，他在知乎上提出的问题是："整个人类处于互联网发展的哪个阶段？下一个10年，互联网升级的大致方向在哪里？"两次提问之间，整整隔了6年之久，足见马化腾自己也一直在思索。而他两次提问都使用了一个时间段"10年"，这是互联网时代的特有纪元方式，相当于传统工业时代的100年，或者农业时代的1000年。

10年，在人的一生中并不算很长，但是在互联网时代，遵循的是"摩尔定律"——由英特尔创始人之一戈登·摩尔在20世纪60年代提出——当价格不变时，集成电路上可容纳的元器件数目，约每隔18~24个月便会增加一倍，性能也将提升一倍。这个变化的周期按最长2年计算，10年时间中，也将发生5次大的变化，等于一个人重新活过5次了。

技术的变化如此之快，这就逼迫人们只能拼命向前看，而无暇回顾来路。而当全世界所有的目光都盯着同一个方向，在众目睽睽之下想要发现一个新领域，催生出来一个新点子，做成一桩新的事业，难度之大可想而知，无怪乎互联网时代所有的人几乎都患上了一种病：焦虑！

焦虑并不可怕，可怕的是一直停留在对焦虑本身的恐惧而无法付诸行动。这种焦虑感也是很多互联网公司看着腾讯日渐成长的一个共同感受：从一个名不见经传的小公司成长为互联网行业的巨无霸，腾讯的每一步似乎都准确地踏在了时代节拍上，而且每一场腥风血雨的战役，看似孱弱、没有胜算的腾讯，最后都奇迹般地取胜，变得更加强壮和睿智。腾讯的文化似乎简单到可以一眼望穿，但这种简单却是最不简单的。

马化腾本身就是一个简单主义者。他在20多年前互联网大潮初起的时候，就想做一个简单的程序员，专心致志地在电脑前写自己的代码，什么开公司呀、赚大钱呀，从来没有这样的雄心壮志。所以，后来有一篇文章叫《腾讯没有梦想》，作者在将马化腾跟贝佐斯、乔布斯等人做了对比后，得出了结论：马化腾对于这个世界应该有什么是没有强烈预期的。的确如此——但实际上，中国改革开放40余年这样一桩惊天动地的伟业，同样是没有预期的。中国很多的企业和企业家也都没有预期，一切都是自然而然地生长起来的。“腾讯是一家水一样的公司。水善利万物而不争，哪有渠道他往哪里流，优点是他的顺畅性很强，缺陷是他的个性非常弱，几乎没有。”这个评价应该是非常中肯的。马化腾出生于广东，天然继承了粤商的海洋文化属性。水最大的特点是善于变化和柔软性强。水并没有特别强烈的自我意识，甚至为了跨越眼前的障碍而可以选择蒸发掉自己，然后化作雨水落下来。水的柔软也是到了极点的，这种柔软使得它在大自然中几乎没有对手，无往而不利。

其实，正如同每一滴水都渴望汇入江河，最终奔流入海一样，说腾讯没有梦想是不对的。马化腾从一开始也有自己的梦想。只不过不是开公司当老板，而是为用户提供服务。他希望自己可以做个产品出来，并且得到用户的喜欢，然而他所在的单位不支持他这么做，他就离开了。一个人开公司不行，马化腾就选择了几个中学和大学同学，从产品到技术到团队管理，都在各个方面有一技之长，简单一组合，公司就开起来了。

从这里开始，马化腾和他的公司就踏上了为用户提供最好的服务这条道路，用户导向、用户需求和体验，成为他们最关心的东西，每天24小时，头脑里装着的都是用户。只要能为用户体验改善的事他就去努力实现，只要用户一有反馈，就立即投入100%的力量去做调整和改进。

用户需求和体验直接带来了创新。用户基本上都是年轻人，而年轻人是最善于变化的。这种变化直接带来了对创新的要求。永远为客户而创新，成为腾讯创新的原动力，也是最核心的驱动力。他们在很长的一段时间里，甚至顾不上思考创新这回事，因为用户的痛点就摆在那里，不解决痛点，他们就会睡不着觉，经常是一个痛点解决了，又一个痛点接踵而来。解决每一个痛点都绝非易事，而很多痛点看起来并非那么清晰，而是有些不痛不痒，甚至边缘到不能再边缘。可是一转眼，边缘又成了中心，前一天还是浪费时间，后一天就成为超级创新。

创新的动力无穷无尽，创新的方法也是多种多样。创新并不意味着一定要无中生有，其实很多创新更像是拿来主义：你在其他一个地方看到一个方法，拿过来一用，正好可以解决问题，就直接用上了。有时候可能会有些不合适，局部做一点修改，便可解决问题，就变成了创新！

如今，我们回过头去看腾讯在20多年中走过的创业历程，会发现有三大节点：一个是与MSN之战，一个是与360之战，一个是微信之战，堪称腾讯的“三大战役”。第一场大战和MSN打，没有人认为腾讯会赢，但最后腾讯奇迹般地赢了，当然很大一部分原因是MSN被自己给打败了。第二场大战役和360打，腾讯差一点就挺不住了，但马化腾后来也承认，正是360的发难让腾讯有了这么大的痛苦，有了这么多的反思和感悟。也是在这时候，信奉简单主义的马化腾第一次开始思考腾讯的存在价值，以前所思考的简单的“对”与“错”到了这个阶段已经不适用了，取而代之的是“认同”与“不认同”在用户价值之外，还必须考虑公众价值、行业价值和未来价值。腾讯也许从这一刻开始，懂得了什么叫作责任，什么是敬畏，真正从一个孩子成长为成年人。这一仗堪称腾讯的“成年礼”。之后的第三场大战役是推出微信，腾讯自己和自己打，内部三支团队以“兄弟爬山”的友好姿态展开竞争，最终广州做E-mail出身的张小龙团队赢了，腾讯也赢了，如愿以偿获得了一张移动互联网的船票。

对于创新，马化腾很早就认识到，互联网时代的创新依赖于整体环境，而不是一两个企业的创新，因此他很早就放弃了花大力气投入创新，而是选择与其他人合作，他说自己最喜欢的就是“半条命”说法。在这个时代，每个企业都只有“半条命”，将另外的半条命交给别人，这样一来，大家就患难与共、生死相依了。你只能逼迫自己去开放，去敞开胸怀拥抱合作伙伴，除此以外没有更好的方法。谁都不敢说自己清楚地知道明天会发生什么，谁都不知道，相信未来是唯一的选择，也是必须做出的选择。在这一点上，腾讯与相信用户一样坚定。

不管过去还是未来，马化腾认为自己最成功的地方就是团队精神。他从一开始就知道团队协作的重要性，他不止一次说过：“腾讯能走到今天，应归功于集体的战略智慧、执行力，以及自发的危机感。一个人无法预知和操控时代，要懂得分工协作，依靠集体智慧，设定各自的分工和管理权限，群策群力，果断执行。”“传统行业会有资金密集型扭转的机会，但移动互联网基本不太可能，这个市场不是拼钱、拼流量，更多的是拼团队，拼使命感和危机感。一切都取决于你能不能做出精品，是不是Be the Best。”关注团队，致力于团队建设，他为此相当注重人才梯队的交接班，在腾讯推出了硬性的“备份机制”，每个中层干部都要培养副手，找职业经理人，坚持腾讯价值观的第一条——正直。时刻保持清醒，永远绷紧“为用户服务”这根弦不放松！

天下没有不败的企业，腾讯所要面对的用户也将是越来越难以捉摸的几代人：“90后”“00后”，甚至看似遥远却迅速而来的“10后”，但这都取决于腾讯的沟通能力，是否真正了解包括自己的员工在内的每一代年轻人在想什么。从QQ到微信，腾讯始终坚持自己的社交网络属性，其本身就是为了沟通而生，只要人们还有沟通需求，腾讯就会像代表企业形象中那只胖乎乎却生存适应能力超强的企鹅，一次次战胜风雪严冬！生命不仅是为了活下去，而且要书写自己的故事，活出自己的精神！

在美国，同样关注用户体验同时始终坚持社交网络属性的公司是

Facebook。

Facebook，中文翻译为“脸书”，其创始人扎克伯格后来给脸书划定了三大使命：把所有人都联系在一起、了解整个世界和建设知识经济。而在当初创办公司的时候，他只有一个简单的想法：把人们连接在一起。很多时候，越是简单的想法越充满了力量。正是在互联网的神奇世界中，在新闻、音乐、书和电影、买东西这些事情的背后，扎克伯格独具慧眼看到了“人”。是的，只有“人”才是最重要的。每个人都有朋友和家人，而分享和联系可以让生活更加美好，这就是扎克伯格的初衷，他开始投入这项连接人与人的事业，从最初的学校内部做到了社会上，从美国做到了世界，从电脑做到了手机上，现在连接还没有完成，扎克伯格的终极目标是连接全世界，也正是在这个过程中，才有了第二个使命了解。只是“连接”还不够，人类具有强烈的求知欲，因此“连接”之后必然是“了解”，社交不仅仅是通信，还带来知识和解答问题，而这个过程最终又产生了第三个使命：建设知识经济。

说到底，扎克伯格所关注的一直是“人”，而且和那些自诩天才式的精英人物不一样，他始终清醒地认识到，自己就是一个普通人，他也愿意竭尽所能贡献自己的才华，为所有像自己一样的普通人提供服务。他所创造的脸书网站是海洋一般的蓝色，为什么会选择蓝色？真相竟然是因为他是一个色盲，他的眼睛只能分辨出蓝色，所以蓝色就成为他眼中这个世界的颜色。他不为金钱工作，只为自己的兴趣而积极投入。早在就读高中的时候，他就开发出了一款名为Synapse的自动创造播放列表的软件，甚至引起了微软和AOL的注意，但他最终拒绝了7位数字的收购报价，而选择了无偿转让。之后在1996年，他又创造了ZuckNet网站，供家人在上面相互交流。2003年，在读哈佛大学的时候，他开发出了Course Match（课程选择搭配）软件以及富有争议的、但很受欢迎的Facemash网络。后来，该网络被哈佛大学强制关闭了。但几个月后，扎克伯格又开始编写Facebook网站的程序。最终，他的兴趣引导诞生了世界社交网络的巨头，让几十亿人受益。

对于脸书的企业文化，扎克伯格很早就有着自己的思考。这也是因为有微软、苹果等公司在文化建设方面做了很好的示范。脸书要成为一家世界级公司，一定要招揽世界级的人才，而对人才来说最有吸引力的就是文化，只有公司有明确的文化才能招到符合自己文化的人才。

扎克伯格就像他一贯简洁的行事风格一样，只用10分钟列出了“脸书文化关键词清单”：超高的智商；强烈的目的性；不断追逐成功；争强好胜；要求高，接近完美；喜欢改变和颠覆事情；总有新点子，知道如何把事情做得更好；十分正直可靠；被优秀的人包围；注重在原有价值之上创造新的实际价值。这是2006 年的事情，之后他就把这份清单扔进了自己的抽屉，然后，在2009年，他又把这份清单拿了出来，加上了四个字“黑客文化”，于是脸书的文化就定型了，一直到现在。

说起“黑客文化”，比尔·盖茨是重要的源头之一。像比尔·盖茨这样的人，当时有一个群体，年轻、狂热，沉迷于电脑，极其聪明且富有创造力，具有玩乐精神、敢于挑战“不可能”，甚至他们还有自己视为信条的“黑客道德”，比如在电脑上创造艺术和美。其中有一条信念是，电脑应该为每一个普通人提供权利，正是这一点深深影响了扎克伯格。他后来公开为黑客辩护：“媒体将黑客描绘成入侵电脑的为非作歹的人，这是不公平的。大多数黑客都是理想主义者，希望对世界做出积极贡献。”他甚至一度在全世界招募黑客，“率真，破坏欲，革命性，信息流，保守，动手制作，心无杂念”。这些形容词是扎克伯格形容自己的，其实也是脸书公司的黑客们集体写照。一群自由自在的人，创造了一个特立独行的公司，他们认为，有些事情可以变得更好，没有事情是完整的，他们必须不断对其进行改进，因为他们常常面对的人对现状感到不满意。他们试图从长远角度构建最佳的服务，并且通过不断进行小规模创新而非奢望一劳永逸解决问题来实现这个目标。“行动比完美更重要”，他们因此获得了始终保持前进的动力。

第二十七章 文化与品牌

文化与品牌是一种互为表里、互相支撑之关系。品牌是文化的终极载体，文化是品牌的最深内核，二者谁也离不开谁。

前面说过，文化与环境、文化与基因、文化与人才、文化与战略、文化与创新，以上五大关系都属于企业内部关系。企业文化在企业内部发挥着领导力、凝聚力、驱动力、约束力的作用，将企业最宝贵的资源“人”紧密连接成为一个互相协作、共同创造的生产经营管理整体“生命”。企业文化赋予了企业以灵魂，让企业真正成为一个社会生命。

但是，企业文化在企业之外又如何发挥作用呢？除了影响本企业的员工，企业文化又该如何对企业所在的行业、产业，所在的社区、地区乃至全世界范围内产生作用呢？尤其关键的是，一个企业的企业文化如何被外界的消费者所感知呢？毕竟随着互联网时代到来，“用户”已经不是单纯的、被动的消费者，他们的消费理念已然渗透到企业的生产经营过程中，甚至在产品开始设计的阶段就印上了用户个性化的色彩。“顾客第一”被“用户思维”所取代，用户主权的日益凸显事实上已经让他们成为企业的“合伙人”。这就要求企业文化的视野进一步拓宽，企业文化的实践范围进一步扩大，企业文化所凝结而成的品牌也随之发生了变化。

这变化可以归结为三个方面。

第一，品牌的时间属性发生了变化。每个企业都希望拥有自己的品牌，而且希望品牌赢得消费者青睐的时间越长越好。但今天的时代恰恰相反，这是一个日新月异的时代，一切都在飞速变化，时间也似乎流逝得更加快速了。传统工业时代的“不朽”在今天变成了“速朽”，一个品牌从产生到形成再到消亡，甚至不到原来工业时代的一半时间，或者更短。

第二，品牌的空间属性发生了变化。传统的品牌是在看得见的消费者群体中发挥作用的。但随着互联网时代到来和电子商务席卷全球每一个角落，一切都改变了：消费者成为在网络上隐身的一群人，他们如同潮水一样涌动，兴趣变化无从捉摸同时又极易受到集体性的影响。品牌可以在短时间获得无穷大的消费者群体青睐，但也会很快被弃如敝履。

第三，品牌的反馈速度发生了变化。以前我们要了解一个品牌对什么样人群产生影响，要获得反馈信息，需要通过问卷调查，费时费力，但如今通过大数据，可以清晰定位品牌影响人群并且获得第一时间反馈，因而品牌的丰富完善速度更快，学习和适应、创新的活力得以进一步增强。这也是为什么品牌产生的速度更快，本质就在于获得了这种与消费者的连接和互动能力。而这种能力无疑在未来很长时间内都是决定性的。

当然，也不是一切都在变化。对于品牌来说，由于离不开企业文化作为核心的支撑，不管外在属性再怎么变，但“万变不离其宗”，其原因可以归结为三个方面。

第一，品牌要与企业文化相匹配。企业的品牌和企业文化形成的过程是一样的，都必须来自企业的生产经营管理实践。品牌不可能是天上掉下来的，不可能请来创意公司一拍脑门就产生了。有的企业一味追求品牌“高大上”或者标新立异，但是如果品牌和企业文化不匹配，纵然一时会有哗众取宠的效果，但最终一定会给企业带来伤害，弊大于利。

第二，品牌要有成为“名牌”的追求。企业要创造品牌难，品牌要成为“名牌”更难。但毕竟“人的名儿，树的影儿”，一旦成了“名牌”，就会给企业带来巨大的经济效益和文化溢出效益，就会给企业带来加倍的成长机会。“不想当将军的士兵不是好士兵”，企业品牌建设也是如此。

第三，品牌要有真实的情感倾注其中。品牌之所以能够沟通企业和消费者，并且成为一个独立的生命，就在于其接纳了来自企业和消费者共同的情感倾注。这实际上是一种高度的文化认同，一经形成就会在很长一段时间里保持稳定。

总之，当一个企业文化建设与实践积累到一定程度，达到某一个阶段，就会形成自己的品牌。而品牌的日益成熟和不断强大，又会进一步将企业的文化延伸到社会上去，从而在消费者的精神层面打下独特印记。

那么，如何辨析一个企业的文化与品牌关系是否互为依存、互相支撑，其健康、和谐程度究竟处在一种什么样的水平呢？我们也总结出10个标准。

第一，文化底蕴。一个成功的企业一定有成熟而富有个性的企业文化，同样，一个优秀的品牌一定有自己的文化底蕴。所谓“底蕴”，有一条很重要的标准，就是要建立在本国优秀传统文化的基础上。例如中国的企业品牌，不管怎样林林总总、千姿百态，都离不开四个字——“家国情怀”。如果在最深层次的支撑上偏离了这四个字，这样的品牌一定会出问题。

第二，利他追求。企业可以看作“利己”驱动的产物。因为不利己就无法生存。但是，品牌是在产品之上附加了企业精神和情感的，这种精神和情感所指向的却是“利他”。只有“利他”才能打动消费者，才能让消费者心甘情愿地买你的产品。这其实是一种站在消费者角度的“利己”。

第三，道德底线。就是企业必须遵守一些社会公认的道德伦理准则。品牌的形象和所要传播的价值观一定是正面的、积极向上的、催人奋进的。在宣传手段上，可以标新立异，也可以巧妙“借势”，但是一些会伤害大部分人们情感的做法，或者在某些特定环境中，就不可以“炒作”。

第四，社会责任。品牌对消费者的基本要求是“忠诚”，同样社会对于企业的最基本要求是“诚信”。企业和消费者之间彼此建立信任才会有对品牌的共同情感。这种信任和情感一经建立就很难动摇，甚至能经得起时间考验，这也是企业最值得珍惜的，一定要切实负起责任来。

第五，企业个性。企业文化要有个性才会有更加蓬勃的活力，品牌也是如此。品牌的个性可以直接移植企业个性，但品牌同时又要保持自己的独立个性。一个品牌通常只能有一个鲜明的个性，从而吸引特定人群。

第六，情感认同。一个企业的品牌只有先得到企业员工的情感认同，才能打动消费者。如果这个品牌不是从企业文化的母体里生出来的，而是强行移植而来，甚至无中生有，本企业员工不会认同，消费者更不会认同。

第七，品质保障。不管品牌所代表的是什么样产品，是有形的实体产品还是无形的文化产品，品质都是第一位的。因为品质直接带来消费者体验。如果体验不好，那么消费者就没有任何理由掏钱购买你的产品。

第八，时尚元素。所谓“时尚”，就是要与时代保持步调一致，或者超前半步。品牌既然是独立的文化生命，就应该呼吸时代气息，因时而变，顺势而变，不断改变自己的外在形态从而持续保持生命活力和青春魅力。这种改变本身也是一种学习能力，是在适应环境基础上的创新。

第九，传播美学。品牌离不开传播，传播方式甚至在很大程度上决定了品牌的生死存亡。但我们在这里要强调“美学”，而不是所谓病毒式、恶俗式的传播。“美学”强调的是传播的艺术性，本身就体现了品牌的追求和品味。只有兼具实用与美学的品牌才能赢得消费者青睐。

第十，哲学内涵。一个优秀的、经典的品牌一定充满了哲学内涵。品牌的存在不仅是给予消费者以使用功能和体验，更会带来深层次的思考，与消费者进行精神层面上的沟通、交流，和消费者做朋友。这样的品牌才是真正有独立的生命和精神的，也才能成为超越时空的永恒存在！

案例：海尔与三星之文化比较

对世界上大多数企业来说，能够入选哈佛商学院案例库都是一种荣耀。但有一个企业，对此却视为家常便饭。尤其当这家企业还是来自中国时，就更加不简单了。这便是大名鼎鼎的海尔。从1998年第一个案例《海尔：激活休克鱼》正式写入哈佛商学院案例库开始，到2015年第二个案例《海尔：与用户零距离》，再到2018年第三个案例《海尔：一家孵化创客的中国巨头企业》，20年间，海尔三次书写了中国企业在哈佛MBA课堂上的传奇，其自身亦成长为一个世界级品牌。

提起海尔，大家都会想到那个著名的故事：张瑞敏抡起大锤砸冰箱。那是1985年发生的事情。而在此前一年，张瑞敏刚刚上任青岛市电冰箱厂（海尔前身）厂长。这位新厂长上任发布的13项规定中，最引人注目的就是“禁止随地大小便”，可以看出当时企业面临的是怎样的困境。没有人知道该向何处去，前面的路该怎么走，张瑞敏起初也不知道。直到第二年的一天，一位朋友要买一台冰箱，张瑞敏带着他挑了很多台都有毛病，最后勉强拉走了一台。事后张瑞敏带人把库房里的400多台冰箱全部检查一遍，发现有76台存在各种缺陷。他将职工叫到一起，问怎么办？大多数人提出，便宜点儿处理给职工算了，还能凑合用。可是张瑞敏的回答是：“我要是允许把这76台冰箱卖了，就等于允许你们明天再生产760台这样的冰箱。”他接下来的话更令人目瞪口呆：“这些冰箱要全部砸掉，谁干的谁来砸！”说完他就亲手抡起了第一锤。这一锤砸下去，许多人的眼泪就流下来了。毕竟是800多元一台啊，在当时够一个职工两年的工资，但张瑞敏不为所动，他的一番话语重心长："长久以来，我们有一个荒唐的观念，把产品分为合格品、二等品、三等品，还有等外品，好东西卖给外国人，劣等品出口转内销自己用，难道我们天生就比外国人贱，只配用残次品？这种观念助长了我们的自卑、懒惰和不负责任，难怪人家看不起我们！"他最后一句话更是掷地有声："从今往后，海尔的产品不再分等级了，有缺陷的产品就是废品，把这些废品都砸了，只有砸的心里流血，才能长记性！"就是这一砸，砸出了海尔人的血性，也砸响了海尔的品牌。

从张瑞敏一番话中，我们可以清晰看出，当时的他已经具备了让海尔成为一个响当当品牌的三个关键意识：一是自尊意识。一个成功、知名的品牌一定是有着自己的尊严的，唯有自己先看得起自己，别人才能看得起你。二是责任意识。企业必须为消费者负起责任来，这是天经地义的事情。如果你不能为自己的产品负责，那么消费者也不会负责买你的产品。众人拾柴火焰高，反之则是墙倒众人推。企业对消费者负责，其实就是对自己负责。三是质量意识。"有缺陷的就是废品"，这不是完美主义，而是追求"做事情就要做到最好"。企业和人一样，只有对自己有了高期待，才会有严格要求，这是前进的必须动力。

之后的海尔，花了几年的时间苦练"内功"，例如采纳一直盛行于日本和西方的全面质量管理（TQM）技术，具体包括：在发生质量缺陷的生产车间上方悬挂公示牌；员工陈述工作失误时站在黄色脚印上；产品质量不合格的员工将遭到罚款。再就是通过与德国利勃海尔公司合作，增强生产技术、提升产品质量、改善品牌形象。如此下了一番苦功夫后，到1991年，海尔已成为中国最大的冰箱生产商。

但张瑞敏的目光显然不只是盯着国内，他有一句著名的话："国门之内无名牌。"从一开始，他就雄心勃勃地瞄着国际名牌，要做到世界级别。

之后在这一战略目标驱动下，海尔进行了一连串令人眼花缭乱的变革，并在国内和国际上与诸多竞争对手展开了激烈甚至是残酷的搏斗。

最终，海尔交出了一份令人赞叹不已的答卷：2010年，海尔集团超过伊莱克斯成为世界第一大家电公司。2011年，海尔以100亿日元左右的价格收购了日本三洋在日本和东南亚地区的洗衣机、冰箱等电器业务；2012年，海尔又以7亿美元的价格，拿下了新西兰家电企业斐雪派克；2016年6月7日，海尔以55.8亿美元的价格收购了美国通用家电。这一连串的收购，被形象地比喻为“蛇吞象”，令世界震惊！

但人们在震惊之余更加好奇的是：“海尔是怎么做到这一切的呢？正如美国通用的高层不太服气地问张瑞敏：你们拿什么来领导我们呢？”是啊，曾经的小学生如今成了老师，老师能有什么新鲜的东西拿得出手来吗？对此，张瑞敏的回答充满了智慧，也一如既往地真诚，他告诉对方：“你的定位错了，我不是你的领导，也不是你的上级，我只是你的股东而已。我们的上级、我们的领导是同一个人，那就是用户。而GE过去只有顾客，没有用户。顾客只是交易，是钱和物的交易，而用户是交互，一定要加入我这里来，大家共同创造价值，成为一个生态圈。”

是的，从“真诚到永远”到“与用户零距离”，海尔人所关注、尊重、服务的主体始终未变，那就是用户。从提供最好的质量，到提供真诚的服务和最好的体验，到共同创造价值构建生态圈，海尔的用户思维始终如一，简单、执着、极致。而用户也始终被感动着，给予了忠诚的回馈。

张瑞敏在谈论海尔的时候，有一句名言：“没有成功的企业，只有时代的企业。”这句话可以解释为企业要顺应时代发展，但更深层次的解释，也许可以理解为根据不同时代的用户不同的需求而做出改变。企业本身的成功并不是主要目标，只有更好地服务于用户才是恒久不变的主题。毕竟，只有用户的持续追随和深度参与才能与企业共同造就一个真正经得起时间检验的品牌，一个在世界范围内赢得尊重的品牌！

和海尔的张瑞敏抡大锤砸冰箱一样，韩国的三星也有这样似曾相识的一幕。那是在1995年的时候，三星研制的第一款手机不能正常工作，时任三星公司董事长李健熙视察了那款手机的生产厂，并将所有库存的手机全部烧毁，火光冲天。这一幕被公司数千名员工看得清清楚楚。此时距李健熙1993年提出的“新经营”变革运动仅仅两年。

1993年堪称三星历史上最重要的转折点之一。这一年是三星成立55周年，也是“二次创业”5周年，“新经营”变革运动由此开始。同时，三星引入了一个新的公司识别计划，对公司Logo进行了重新设计，力求将所有员工的态度和行为与公众希望三星达到的目标相吻合，强化公司的竞争力，三星的品牌意识开始大举向国际拓展。

此前，三星是一个韩国品牌，是韩国及其人民的骄傲，这与三星文化基因中的“事业报国”理念息息相关。三星创业之初，韩国正处于内忧外患之中，民众生活充满苦难，三星集团创始人李秉喆就是在这个时代长大。在出国留学的客轮上，他和同乡遭到了日本乘警的无礼对待和羞辱，这使得19岁的李秉喆非常愤怒。他认识到：“我们国家必须强大起来，要想强大，首先要富裕。无论如何，我们国家也要成为富裕、强大和独立的国家。”他下定决心发展自身所从事的事业，立志为韩国经济的振兴和发展做出贡献。他说：“对个人来讲，每个人都有自己的长处，而能够最大限度地发挥其长处的岗位，就是为国家和人民服务，对国家和社会尽责任。作为我个人，就是要走‘事业报国’之路，这就是我对国家应尽的职责和应做的贡献。”“事业报国”自此成了三星的创业理念。从小小的食品出口商，到涉足纺织产业，再到进入电子领域，三星逐渐进入了更广阔的市场。“三星”这个品牌开始出现在韩国人民生活的很多方面，国民美誉度日渐提高。“事业报国”的情怀成了三星品牌的“根”，为三星成为“韩国名牌”奠定了坚实的民族精神基础。

而成为“韩国名牌”远远不是三星的目标，随着时代的发展和企业的进一步扩张，三星需要继续扩大品牌影响力，这时“思变”的文化特质成为了推动三星发展的重要力量。

1987年，三星集团第二代掌门人李健熙正式接任会长一职。这时的三星主要经营低利润、低价格产品，并通过前期发展成了韩国数一数二的品牌。李健熙有着强烈的危机意识和思变能力，他意识到："如果不能清楚地认识到自己是从哪里来的、比别人落后在什么地方，我们就无法在这个激烈竞争的时代生存，我们要时刻具备这样的危机意识。"于是，在1988年三星创立50周年庆典上，李健熙宣布集团开始"二次创业"，要把三星发展成为世界一流企业。但是，当时企业的很多高层和员工，沉浸于"韩国第一"的成就，甚至反驳李健熙："每年都说这样发展下去迟早会垮掉，可是现在企业还好好的，每年还有二三百亿的利润，怎么会垮掉？"变革陷入僵局，李健熙的284条变革指令难以执行。他回忆说："50年间形成的企业结构很是牢固，以致三星人无法从'三星第一'的固定思维中摆脱出来。"

1993年2月，李健熙带领各分公司的社长赴美考察，他们真切地看到了国际市场把三星产品视为二流货，产品在商场无人问津的惨象。通过思考、讨论、考察，他们不断发现三星产品、生产各方面的问题，意识到三星的问题不仅是产品质量差，更是很多员工工作态度、质量意识不端正，并对此麻木不仁。《法兰克福宣言》由此而生："重塑'三星'形象，建立符合时代精神的三星文化"，三星开始立足世界变化、时代变化，以"世界超一流"为目标，将"三星"品牌打造为世界名牌。

"新经营运动"被李健熙定义为一场教育运动，是为了将思想文化传递到每个三星人身上。一位三星高层曾说："过去半个世纪，我们以'事业报国'的理念，率先致力于发展国家经济。今天，为了完成时代赋予我们的历史使命和义务，我们的心态和思维应该再一次重新调整。什么在阻碍我们？如果制度存在问题，那就要修改制度，如果我们的意识有问题，那就要端正我们的意识。"在新经营运动中，三星向员工呼吁："变革是为了果敢地摒弃过去以数量为主的意识、陋习、制度和惯例，使我们都能'从我做起'，彻底转为以质量为主，让18万三星员工齐心协力，造就21世纪超一流企业，共同享受高质量的生活。"

从“二次创业”到“新经营”变革，再到不断自我批判发展的新时代，“思变”推动三星从经营到产品，从管理到文化，都成了有自我进步能力的大型企业。通过“思变”，三星逐步成了知名的跨国企业，“三星”逐渐成了享誉全球的世界品牌，而三星的使命也随着发展由“事业报国”上升为“为人类社会做贡献”。

“贡献”同样一直存在于三星的文化基因中。早在创业时期，李秉喆就曾经提出：“我认为人类社会最高的美德就在于贡献，人类所经营的企业使命无疑也是为国家、国民以及为人类而服务。企业的社会性服务就是通过纳税、薪金、分配，为国家的运作打下良好的基础，同时也为企业自身的维持和发展做出贡献。”这个时候，“贡献”表现为“事业报国”。而如今，作为国际型企业，“贡献”的目标升华为为了人类，“贡献”的内容也不再仅仅是物质上的经济效益、产品、技术等。如今的三星，已经是世界名牌，在多个领域名列前茅，电子领域更是独占鳌头。在很多人眼中，“三星”品牌就是三星这个企业的代名词，甚至成了韩国的重要国际形象之一。作为具有这样知名度与认可度的品牌，三星不仅向世界贡献有较高性价比的产品、不断创新的技术、大量的就业机会，更贡献着三星的精神理念与价值观。看到三星的产品，人们想到的不仅仅是产品本身的质量与亮点，更是这个品牌所代表的“事业报国”“危机意识”“创新思维”“贡献人类”“正道经营”“追求共赢”等精神，还包括每个人从这个品牌中理解出的新的含义。

通过以上海尔和三星的文化对比，我们不难发现：不管什么时候，企业发展到哪一个阶段，能够赋予品牌以丰富的文化内涵和坚定的变革精神的，始终是“人”。我们说，一个品牌之所以能够拟人化，像人一样有生命力，有独立的精神和尊严，就在于它的背后站着这样一群人：一群顶天立地的人，一群有着家国情怀和炽热追求的人。他们用全部的心血、精神，拼搏进取，积极奉献，最终孕育出了“品牌”！也只有这样的“品牌”，才能升华为全人类的智慧与荣耀！

第二十八章 文化与知行合一

知行合一，就是文化与合作伙伴、顾客互相信任之关系。这就好像一片竹林，根系交错，互相提供营养又各自生长。

提到“知行合一”，人们最先想到的会是一代大儒王阳明。王阳明的一生充满传奇，而最传奇的还是他在贵州龙场悟道的故事。在那样一个瘴疠横行、毒蛇出没的地方，连最基本的安身之地都没有，王阳明只能在一个山洞中暂时栖身，他被迫思考人生最基本的问题：圣贤至此，更有何为？如果是古代的孔子、孟子沦落到如此境地，还能有什么作为呢？他苦苦思索而不得其解，最后一发狠，自己弄了一个石头棺材，躺在里面，发誓不悟得终极真理就不出来，在里面一死了之。最终，他成功了，带着开悟的光明和圆满的欢喜走出了棺材，他所悟出来的道理就是“知行合一”。而后，他用一生践行并证明了这个道理。

“知行合一”，用王阳明后来更简洁的概括，就是“致良知”。人的一生，就是发现自己的良知，然后将良知通过良能转为为外在的良行。

良知、良能、良行，不是一个单向的自内而外的过程，而是一个循环往复的过程：先由内而外，再由外而内，当一个人发现自己内在的良知，自然就具备了良能，当他通过良能转化为外在的良行，自然就会从良行也就是利他的行为中，获得更为充沛的良能，从而强化内在的良知。

企业文化亦如此。任何一个企业的企业文化，从本质结构上来说，都不外有三个层次：最内层是基本哲学，就是“我是谁”“我从哪里来”“我到哪里去”。中间层是将基本哲学转化为基本实践，通过领导者或者英雄人物的示范和表率作用，从基本哲学的一个点扩大为一整套的价值观。最外层是员工的基本行为、企业产品以及其他直观形式等。这个过程同样是循环往复的：基本哲学决定基本实践，通过基本实践转化为外在直观的基本形式。基本形式被外界所感知，并不断调整做到与环境最相适应，反过来又促进基本实践的改进，从而影响到最核心的基本哲学。

习惯上，我们将企业比作人，这是因为我们假设企业也是有生命的。既然如此，那么，我们不妨就来做一个简单的探讨，什么是企业的良知、良能、良行。

企业的良知，顾名思义，就是企业的“真知”。真知，也可以理解为真理。一个企业存在的根本意义是什么？这是一个首先要回答的问题。企业当然要赚钱，但赚钱绝不是企业存在的唯一目的。正如人活着要吃饭睡觉，但吃饭睡觉并不是人存在的唯一意义，这只能是最基本的意义，对企业而言，最低意义是赚钱。再高一点的意义，是为国家创造税收，为员工提供劳动报酬。但还有更高的意义，即满足人们的美好生活需求，兼顾社会公平、正义，为人类文明的创新和进步而做出贡献。

企业的良能比较好理解一点，就是通过整合各种生产要素，不断提高生产效率。

企业的良行相对来说复杂一些，其包含对内和对外两个部分。对内是为自己的员工提供全面发展机会，将企业建设成为员工劳动场所和精神家园。对外，要为自己的合作伙伴、客户提供共同发展机会，为普通消费者提供最佳消费体验，尊重消费者主权、尊重并满足其个性化服务要求。还有一点，就是处理好公共关系，包括在国内如何与政府打交道，以及在国际上如何维护自己所代表国家的形象，自觉承担政治文化责任。

如果说，在传统工业文化时代，企业良能是决定一个企业是否具备强大竞争力，是能否在市场竞争中脱颖而出的关键，那么，在今天的互联网时代，这个关键更多地转移到了企业良行上面，尤其是对外部分。

互联网时代是一个生态时代，人类文明也随之进入了生态文明时代。生态强调的是整体性概念，这里面包含了三个最基本的构成要素。

第一，最深刻的自我认知。这个自我认识就是要透彻地意识到，自己和这个地球家园是一体的。我们每个人都依赖于地球家园而生存，因此爱护地球家园是最基本的责任。全球气候变暖这一严峻问题并不是别人的事情，而是我们每个人的事情。生态意识应该根植于每个人内心。

第二，最广泛的互联互通。这一点相信所有人都已经深有体会。互联网并不是谁一拍脑门决定出来的，它源自我们人类最根本的沟通渴望，当科学技术足以支撑我们的渴望变成现实，互联网时代就顺理成章地到来了。我们每个人都是这个时代的推动者，同时也是时代的受益者。

第三，最智慧的解决方案。现在互联网时代已经大步向着“互联网2.0”时代甚至“互联网3.0”时代而去，这就是正在到来的物联网和即将开启的人工智能时代。人工智能将彻底改变人类社会的形态，虽然会给人类社会带来巨大挑战，但是同样充满着巨大的希望。正因为有希望，人类才会勇敢走向未来。

既然人们都意识到，企业建立知行合一的系统是多么必要，接下来，就让我们来看一下，衡量企业知行合一系统是否健全的10个标准。

第一，人际关系。这是最简单，然而也是最不好下定义的一个标准。因为每个人对于企业中的人际关系都会有自己的主观感受，受限于不同的文化背景、不同的性格类型、不同的组织地位等，所得出的结论也会大相径庭。不过，我们还是可以简单地做一个区分，即是竞争性的还是互助性的。如果一个企业中人与人的关系都是冷冰冰的竞争关系，那么其企业文化一定是倾向于个人的，反之则倾向于集体。

第二，权力分配。企业说到底是一个组织，既然是组织就不可避免地涉及权力分配问题。企业中的权力不外有两种分配方式：要么集中，要么授权。如果一个企业中的权力都集中在一个人或者一个很小范围的圈子里，那就是集中；反之则是将权力充分授权给个人。还有一种常见的，就是权力性领导力和非权力性领导力。这一点很好区分，想想你的顶头上司是通过权力来命令你还是通过人格魅力来感召你就知道了。

第三，价值判断。这一点受企业主要领导的影响很深。如果主要领导判断一件事情采取的是道德主义的主观评判标准，那么下属也会如此效仿。如果主要领导采取的是现实主义的客观评价标准，那么下属同样会如此效仿。当然不管是道德主义还是现实主义都没有错，这取决于企业所处的具体环境和不同发展阶段。更多的时候，这两种判断标准会同时存在，只是有时候天平向这边倾斜，有时候向那边倾斜，但这种尺度的灵活性变化有时会让普通员工有时候无所适从。

第四，行为准则。这里面包括企业组织成员之间彼此在工作时候的沟通语言、为了表达敬意或者态度而举行的一些特殊仪式，还包括在非工作或者非正式沟通的时候使用的一些特殊性语言。要注意这二者是否有清晰的区分，以及在企业中是否存在看不见却在发挥作用的所谓“潜规则”。

第五，人与企业。对员工来说，是否能够清晰地界定自己和企业的关系至关重要，要弄清企业是将员工只当作赚钱的机器，还是尊重员工的情感需求，主动为员工提供职业生涯发展规划，帮助其实现全面发展，甚至尽力满足其实现美好生活的幸福感。说到底，企业和员工是将心比心，以心换心，最后心心相印，但也要注意这种关系是在法律和制度保障范围内的。企业并不对员工负有无限责任，员工也没有义务无限付出。

第六，人与社会。员工是“企业人”，但同时更是“社会人”。员工代表企业与社会发生关系，是有着企业的统一文化属性和个人的思想情感的，不可能要求每一个人传达的企业风气、情感完全一致，这就要求企业对员工进行统一培训，传授一些基本的技巧或者培养某些特殊能力。这里面有一些政策的硬性成分，但更多是软性的情感，例如感觉、想象等。很难说这些会给企业加分或者减分，但的确会造成一定程度上的影响。

第七，人与环境。这里主要强调的是对环境的适应能力，即企业能否适应变化的环境，能否始终如一地保持灵活的反应和提供快速智慧的解决方案。对于很多企业来说，如果环境发生小的变化还可以迅速调整，而一旦发生大的变化，例如涉及自身的文化变革乃至涅槃重生，就会无能为力，这取决于主要领导者的勇气、魄力和智慧，也取决于每一位员工的思维方式和行为习惯。当然，这些都不是一天两天形成的，而是一种长期素养。

第八，开放程度。企业受限于不同行业特点，有的开放、有的封闭，但那只是形式上的。开放的文化或者说精神应该是所有企业的本质文化和精神。尤其在互联网时代，随着科学技术的日新月异，文化趋向多元，人们的价值观也趋向多元，只有在开放的环境下才能包容这一切。反过来，开放也会加快与外界的信息交流，使得文化保持必需的活力。

第九，创新程度。创新是所有企业在互联网时代的不二选择。不创新就意味着落后、被淘汰，甚至死亡。创新不是属于少数精英群体的专利，而是大众创新、人人创新。每个人都应该具备创新意识，成为创新主体。不管是宏观创新还是微观创新，只有不断地创新，企业才能适应瞬息万变的环境。一个企业的创新程度越高，其与时代契合度就越高。

第十，共享程度。共享包含的范围非常广，从企业创始的奋斗过程开始，到企业的一步步成长壮大，企业积累物质财富的同时积攒起无形的精神财富，企业的这些财富在多大程度上能够被广大职工共同分享，尤其像企业精神这样弥足珍贵而又无形无影的东西，如何被员工自然理解并接受。

此外，共享还包括与伙伴、客户，广大的消费者，乃至全社会、全世界一起共享。只要企业创造的物质和精神财富实现了为推动社会进步做贡献，企业发展融入人类历史的长河中去，就能实现基业长青。

案例：小米与格力之文化比较

2013年12月12日，在“中国经济年度人物”颁奖典礼上，雷军在领奖的时候表示：“小米模式能不能战胜格力模式，我觉得看未来5年。请全国人民做证，5年之内，如果我们的营业额击败格力的话，董明珠董总输我1块钱就行了。”而对于他的挑战，董明珠立即给出了强有力的回应：“第一，我告诉你不可能。第二，1块钱不要再提，要赌就赌10个亿。”于是，“10亿赌约”成了全国瞩目的“世纪赌约”。

一转眼，5年过去了。

2019年4月28日晚间，格力电器披露2018年报，实现营业收入2000.24亿元，击败小米的1749亿元，董明珠正式赢得与雷军的“10亿赌约”。

当然，这个“世纪赌局”其实是没有输家的。雷军和董明珠都从中得到了自己想要的东西。尤其是雷军，因为和董明珠的这一“世纪赌约”，小米一下子成了万众瞩目的“追赶者”。我们可以看一下简单的销售数据对比：2013年，格力1186亿元，小米316亿元；2014年，格力1378亿元，小米743亿元；2015年，格力977亿元，小米688亿元；2016年，格力1083亿元，小米684亿元；2017年，格力1483亿元，小米1146亿元。5年的时间里，小米几乎是在飞速地壮大自己，不断拉近与格力的差距。从一组组数字里面，我们可以看到雷军和小米人对自己的鞭策，看到他们的勤奋和付出，同样，我们也可以看到董明珠和格力竭尽所能，不断求新求变，想方设法提高自己的核心竞争力，继续保持领先！

对于中国企业来说，这是再幸运不过的事情：因为有雷军和董明珠这样不甘人后的企业家，因为有小米模式和格力模式这样看似截然不同、实则异曲同工的商业模式。也许他们代表的是泾渭分明的经营管理理念，在文化上也各有千秋，但他们毕竟都代表着中国企业的制造和创造水平。下面，就让我们来走近他们，一起看看他们的文化故事。

“一个有梦想的人。”相信这是所有人（包括雷军自己）对雷军的一个评价。

雷军的梦想早在他就读武汉大学计算机系的时候就已经萌芽了。那时候，他在大学图书馆里第一次拿起一本叫作《硅谷之火》的书，这本书讲述的是乔布斯等人在硅谷发起技术革命的故事。雷军几乎站着就一口气读完了这本薄薄的小书，一股同样的火焰开始在他的胸口升腾而起。那是梦想的火焰，是将帮助他燃烧一生，照亮自己，也照亮他人的理想之火。此后他便更加努力地学习：20岁，他用2年读完别人4年才能读完的课程，并包揽学校几乎所有的奖学金。22岁，他与人合著《深入DOS编程》《深入Windows编程》，成为程序员争相阅读的宝典。尚未走出校园，他已经开始用自己的方式影响外面的世界了。

毕业后的雷军进入金山公司，他在这里一待就是16年，和自己的同事们一起扛起中国软件的大旗：既有和世界上软件业头号霸主微软的正面抗争，也有面对国内无数山寨软件的背后偷袭，可谓伤痕累累，却始终屹立不倒。金山最终成功了，在香港上市，雷军也得以功成身退，在实现了自己人生中第一个梦想的同时，也实现了财务自由。他可以做自己想做的事情了。

在思考做什么事情的这段时间，他先对自己做了五点反思：人欲即天理、顺势而为、广结善缘、少即是多和颠覆创新。第一点反思让人想到王阳明。王阳明的最大贡献就是肯定每一个人的真实存在，将虚无缥缈的哲学和现实的践行结合在了一起，雷军也认识到了这一点，正视自己的能力和欲望，有多少的能力做多大的事情，获得多大回报。第二点反思是顺势而为，来自他对金山这段经历的沉淀和猛醒。坚持做一件事情固然值得钦佩，但是逆流而上未免太过辛苦。第三点反思来自对他人价值的认可。多去帮助别人，成就他人，其实也是自我价值一个更大范围的实现，为自己赢得一片更加广阔的空间。第四点反思即“少即是多”会让人想到大名鼎鼎的乔布斯。乔布斯是一个禅宗的信徒，是世界范围内的极简主义代言人。雷军将乔布斯作为自己的偶像已经不是什么秘密，他后来成为中国的“雷布斯”也绝非偶然。他已经在互联网行业是一个传奇、一块活化石了，但只有悟到“少即是多”的道理，才可以说具备了真正的互联网思维。第五点反思即“颠覆创新”则已经进入新的哲学范畴，说明他已经脱胎换骨了。

正是在这一番反思之后，他说了那句著名的话：“站在台风口，猪都能飞上天。”

这个“台风口”，就是互联网时代的创业大潮；这头“猪”，就是横空出世的小米。

2011年8月16日，在798艺术中心北京会所的舞台中央，雷军身着黑色T恤和深蓝色牛仔裤，以小米科技CEO的崭新身份和他托在手上的一款“顶级智能手机”开始对台下800多名听众讲述一个关于小米的故事。故事充满传奇性，甚至“小米”的名字本身就令人好奇——为什么叫小米？雷军后来自己做了解释：“我们初期想名字的时候，一开始是考虑叫‘大米公司’，因为今天的互联网公司要接地气，去‘高大上’化，后来讨论很久后，决定叫小米。我们去工商局注册，别人说我们是不是做新型农业的？所以叫小米科技。”原来无他，只是因为要接地气，要让所有的人都知道，这是一款属于“米粉”的独特礼物。

作为一个有梦想的人，“从心出发”的雷军依旧有着自己的梦想，而且很大。“中国作为制造大国，但是中国人自己都看不起自己制作的产品。为什么逢年过节，中国人都到全世界去买买买？我们的产品到底出了什么问题？为什么我们的产品没人买而且还贵呢？我问了业内人员，他们说市场费用很高、促销人员费用很高、渠道很贵……所以物美价廉基本不可能。好的东西贵，因为研发制造成本而被砍掉了，所以才越做越差。”于是，雷军想到了要做一样东西：小米。“我觉得中国制造的核心问题是整个社会的运作效率出了问题。所以我就想，我能不能自己去做一条鲇鱼，搅和搅和，把整个行业带起来。”

尽管这是一个仰望星空的梦想，但他在开始把事情做起来的时候，定位却非常清晰：“米粉”。是的，4月9日是小米诞生的日子，同样是“米粉节”创立的日子。之后的每一年，小米都要在4月举行与粉丝用户的见面会，会上照例有雷军的演讲。“为发烧而生”，小米的品牌定位从一开始就异常清晰，先圈定专业发烧友，也就是“铁杆粉丝”，然后再将半径向泛发烧友群体扩展。而不管是针对哪一类的消费群体，小米都一如既往保持自己的特色生产制造方式：给米粉们提供“参与感”。

正如同苹果造就了全球范围内的粉丝狂欢一样，小米也造就了“米粉”的狂欢，这是一个文化仪式，而不仅仅是一个企业产品、一个产品消费者群体。雷军自己就是一个喜欢做梦的人，因此，他也乐于让米粉们参与进来，一起做梦，一起享受快乐。

当然，雷军还将自己的另外一个特点赋予了小米，也奉献给了众多的米粉，这就是“厚道”。他曾经做的第三点反思“广结善缘”可不是说说而已。早早实现财务自由的他，在投资领域是一位出了名的“天使”。他投资的方式也很简单，就是先看人。如果对方的人品不能获得他的认可，那么再好的项目他也不投。“如果你不是我的熟人，或者熟人的熟人，不用来找我看项目，我不会投的。”结果他投资的17家公司，无一不是成绩喜人。他也将做人的这份厚道带到了小米，他希望成就小米的每一位“米粉”，帮助他们实现梦想。“要做感动人心但价格公道的产品”，这就是雷军给所有“米粉”们的承诺：相信“米粉”、依靠“米粉”，从“米粉”中来，到米粉中去。雷军的想法就这么简单，甚至有时候在很多人眼中是过于简单和执着了。以至在一次访谈中，当主持人问他：“最孤独的时候是什么时候？”雷军一阵沉默后，哽咽着说道：“几乎所有的人都劝我把小米产品卖贵的时候，我感到孤独，因为他们不了解我的梦想和追求。”这就是最真实的雷军。

除了雷军给小米植入的梦想、厚道，他还给小米以及互联网时代的企业带来了一样东西：生态链。小米从无到有，仅仅创办5年，营业额就已经突破了100亿美元。在手机业务取得突破以后，小米希望在未来取得更大的发展，于是在2014年启动了一个叫“生态链”的计划，想法是用小米模式切入100个细分领域，带动整个智能硬件的发展，把小米从一艘大船变成整个舰队。接下来的几年，小米四处出击，一共投资孵化了七八十家企业，绝大部分是从一开始就投资的，涉及各种各样的产品。著名的有小米手环、空气净化器，而且很多都是短时间就做到了世界第一或者世界第二、中国第一。很多人都在奇怪：小米是怎么做到的？其实，雷军讲得很清楚，他有一个著名的“竹林理论”：小米不是自己要单独成长，而是要培育众多的竹笋，共同构建一片在地下根系互相连接、共同支撑、又各自生长的竹林，共享一个良好的竹林生态。正是得益于小米的生态链，才迅速崛起了那么多的后起之秀。

在多年以后的今天，小米从诞生到上市，从籍籍无名到声名鹊起，从仅仅生产小米手机到向着众多的领域大步前进。虽然还在有人疑惑：小米到底是一家什么样的公司？小米的文化到底是什么？小米在世界范围内对标的企业又到底是谁？但不可否认，小米已经成长为一个巨人。正是雷军用纯粹的互联网思维，塑造了一家中国式的互联网企业。也许更为重要的是，众多的米粉从这家企业的诞生和成长中感受到了快乐，更多的青年一代追随着雷军和小米的足迹踏上了追梦之旅。因为雷军和小米，风口、飞猪、竹林……互联网世界越发地多姿多彩！

同样，因为这一场“10亿赌约”，董明珠近年来的曝光频率大为提高。

在很多人眼中，董明珠是一个自带光环的传奇女性，她身上的标签也是多到令人眼花缭乱：“霸道”“任性”“够狠”“硬气”。在她2000年出版的自传《棋行天下》里，“凶”“恶”“狠”“吃人不吐骨头”，一个个传统意义上的负面词汇更是被她演绎出了别样的故事。“我从来就没有失误过，我从不认错，我永远是对的。”像这样广为流传的经典语录和行内传说“她走过的地方，草都不长”，让她成为一位名副其实的女强人——不是一般的女强人，而是“女王”乃至“女魔头”！但董明珠对所有的评价都不在乎，依然我行我素，“棋行无悔”。这里面有性格的因素，但更有着深思熟虑后再行棋的自信。

从她的传奇经历来看，她的确值得自豪。她获得的荣誉有“全国五一劳动奖章”“全国杰出创业女性”“全国三八红旗手”“世界十大最具影响力的华人女企业家”“全球商界女强人50强”“全球100位最佳CEO”等。而这一切都是她最初36岁闯入商海，下海打工的时候所不敢想象的。15年的时间，从最初的一位基层业务员一路做到了总裁，她创造了一个又一个业界传奇，例如“连续40天追讨前任留下的42万元债款”、隆冬季节神话般签下铁板一块的南京市场一张200万元空调单子、个人年销售额从几百万到几千万再到几个亿……可以说，正是每一次的磨砺，每一次的坚韧不拔和成功突围，让她收获了自信，收获了尊严和尊敬，也挺起了作为一个人的脊梁。一个没有脊梁的人，永远站不起来！但她站起来了，“女强人”“空调女皇”“营销专家”是人们对她的羡慕，也是由衷的肯定。而她在入主格力之后，也将这种文化带给了格力，要做有脊梁、有灵魂的企业。

1996年11月，格力电器正式上市，但真正让格力发生脱胎换骨变化的是在1995年。这一年，董明珠真正意识到，能够让格力发生彻底改变的不是“人”，而是“制度”。虽然她自己就是做销售的专家，但是，销售要做到最好的秘诀仍然是制度，而不是人。她在有了这个质的飞跃的认识后，改革了格力的制度，从源头上建立了一套新制度，当然，这个过程的艰难可想而知。毕竟在中国的国有企业，人们已经习惯了人情、关系，也就是中国人所谓“人情味儿”，而制度未免太过冷冰冰的，太过刚性而没有柔性。例如，格力在管理上有这样的制度规定：“行贿、受贿者一律辞退，情节严重者交由司法机关处理。”这是大的方面。小的方面，“格力厂区严禁工人走车行道，只能走人行道。只要被发现走了车行道，一律开除”。董明珠经常给新来的员工上第一堂课：“刚性的制度是不能被逾越的，我就是要做到水至清而有鱼。”有一次，一名工龄10多年的老员工走上车行道，被勒令开除。当时班组长、副总等人都来求情，但是董明珠依旧不改决定。“都说我走过的路寸草不生，其实我走过的路只是不长杂草，这样才能长出好庄稼。”格力制度的严谨，除了规定本身，还体现在对这种规定的自律和警戒上面。为了尽心尽责为客户服务，董明珠还定了一个规矩，谁对客户说这样四句话立即开除：“这不归我管”“我不知道”“他不在”“这个没办法”。为了培养员工养成好习惯，格力100多万平方米的公司场地上，甚至没有一个垃圾桶。没有垃圾桶，垃圾放哪儿？每个人都应该知道怎么处理。事情虽小，却显出董明珠的大哲学。

当然，对企业来说，人才至上，但格力的人才理念也独树一帜。人才，首先是人心。格力认为人才的第一个量化标准就是品德，坚持来格力的人首先必须认同格力的文化。格力坚持自己的人才自己培养，从来不去高薪挖人。据说在格力有一条不成文的规定：如果从格力离开，就永远不要指望再被这家公司接纳；另一方面，只要是从同行其他企业出来的，无论多能干，原则上不收留。“不是说别人不优秀，但如果仅靠别人培养人才，本身就是一个贪婪的行为。”董明珠说。正因为坚持走自己培养人才的道路，格力才倾尽全力打造出了“不搞关系”的文化。也正是众多的人才保障，让格力有了自主创新的勇气和底气。

所以，现在回过头来看董明珠和雷军的一场豪赌，是无意，其实也是有心。格力要想从传统制造业杀出一条血路来，完成一场华丽的转身，就必须搭上互联网这趟时代快车。“我不认为格力是传统行业，互联网属于所有有创新能力的人。”董明珠一向敢于挑战自己，也敢于走新路。正如同她的名字一样，“明珠”，清澈纯净而光芒四射，她是敢于将一切都放在透明的阳光下，不惮于将自己放到大众的眼光下去打量，任由评说，却又坚定地走自己的路的人。格力的目标要做百年企业，同样，她也注定要继续书写属于自己的新的传奇。我们祝福她！

第二十九章

文化与义利合一

义利合一，就是文化与社会责任、慈善公益、诚信伦理之关系。义利观是中国特色伦理，在社会主义市场经济中将起到重要的支撑。

提起中华民族的优秀传统文化，很多人都会想到极富特色的“义利观”。据《论语》记载，在孔子和他的弟子日常讲学中，“义”和“利”二字多次出现，如“君子喻于义，小人喻于利”。后来，孔子的“义利观”又被儒家学派进一步阐发，形成了以义制利、见利思义、先义后利、取利有道等思想，千百年来，经过一代代商人和晋商、徽商等著名商帮的商业实践而影响深远，一直流传至今。

“义”字在《说文解字》中的解释是：“己之威仪也。”这是一个会意字，甲骨文的直观形象就是一个长柄的木杆上挂着一个羊头，中间还横插着一把三叉戟一样的武器，第一眼看上去就有一种威严的气势，令人肃然起敬，因此其本义是古代的一种礼仪象征，又被引申为仪制、法度。在现代，“义”字指的则是合宜的道德、行为或者道理。总之，“义”字强调的都是社会性。也就是我们现在所说的从“自然人”成为“社会人”，类似孔子说的“仁”。

“利”字在《说文解字》中的解释是：“和然后利。《易》曰：‘利者，义之和也。’”这个字的甲骨文有两部分，左边是一棵稻穗饱满的禾谷，右边是一把锋利的镰刀。用镰刀来收割丰收的谷物，就是获利，这是因为“民以食为天”，便以得到食物来比喻利益、财物、私利等。“和”说明要想获利，不是一个人的事情，必须是一群人的事情。

因此，我们的祖先很早就认识到，受限于生产力的不发达，资源有限，要想人人都获得合宜的利益，就只能“义利合一”，也就是每个人都要将自己的自然欲望控制在合理的范围内，并且尽可能地用自己创造财富的能力为他人提供帮助，增加福祉，也就是孔子说的“富而好礼”。

今天，随着我们在40多年改革开放的历史进程中探索社会主义市场经济体制，从“建立”到“完善”，再到“加快完善”，社会主义市场经济的理论和实践不断突破，从最早的家庭联产承包责任制改革，农村经济得到迅猛发展，商品经济的大门由此打开，再到设立经济特区，引进西方的市场经济，使中国经济由此而进入世界经济大循环……“走自己的道路，建设有中国特色的社会主义”，“社会主义的本质，是解放生产力，发展生产力，消灭剥削，消除两极分化，最终达到共同富裕”。伟大时代孕育出伟大理论，伟大理论最终指引推动伟大实践。市场在资源配置中从“辅助性作用”，到“起基础性作用”，再到“起决定性作用”，理论不断发展，社会主义市场经济的运行亦不断迈向纵深。

有一个数据或许更加直观：改革开放40多年来，我国市场主体从不足50万户增加到目前的1亿户以上，增长了200多倍！如此庞大而充满蓬勃活力的市场主体群落，表明我国的现代市场体系已经逐步建立起来并不断完善，社会主义市场经济的大潮已经涌遍神州大地，可以说每个人都在争当时代的“弄潮儿”！

也正是在社会主义市场经济的大潮涌动下，在始终屹立的“共同富裕”旗帜指引下，我们看到中国特色“义利观”更加增添了几分亮色。

第一，中国特色社会主义市场经济的利他驱动与西方市场经济的利己驱动构成了“双驱动”。

利他还是利己这一问题一直被认为是东方文化和西方文化的一个分水岭。利他是中华文明在迅速发展到早熟的农耕文明后，相应形成的一个超越人的自然本能而上升到社会整体层面的认识。人是社会性的高级智慧生物，除了生存本能还有精神上的高级追求。而这种追求必须和他人建立起一种正面的、积极的、互动的关系，这就需要一个秩序井然的社会组织。而要建立这样的组织并保证其能够长久健康地持续运转下去，就需要建立一种利他关系作为基石，“我为人人，人人为我”，在生产力还不是特别发达的情况下，最大限度地做到公正、公平地分配社会资源。倡导利他，通过个体对自我欲望的克制，从而实现整体性的成功生存。

利己则是在西方市场经济出现后，尤其是海洋文明成熟之后与商业文明叠加，又经历了文艺复兴运动完成从神权到人权的重要更替，人的地位得到确立，以人为中心，满足人的欲望和保障人的权利成为基调。通过个体的最大限度地激发自我欲望，从而实现以个体成功带动整体成功。

可以说，中国特色社会主义市场经济因为有了“双驱动”而更加动力澎湃。

第二，中国特色社会主义市场经济的道德追求与西方市场经济的欲望追求构成了“双追求”。

东方文化既然强调的是整体成功，集体优先自然就成为至高无上的法则。集体和个人的存在不同，更多地表现为精神上的存在，因此也获得了一种个人所欠缺的更加强烈的超越性追求。这种超越性追求具有永恒性、无限性等特点，要求集体的每个成员为之奉献，但也对集体的每个成员开放，为每个集体成员所共享，是取之不尽、用之不竭的财富宝库。

西方文化强调的是个人的成功，个人优先成为不可撼动的法律铁规。在权利得到充分保障的前提下，每个人都是一个独立而完整的存在，彼此之间首先表现为残酷的竞争关系，其次才是合作关系。竞争关系的充分展开自然而然带来了效率的提高，个人价值也因此得以实现最大化实现。

如果说，社会主义市场经济对西方市场经济有一个有益的修正或者提升，那就是在集体与个人关系方面强调合作大于竞争，先合作后竞争。虽然看起来这只是简单的词语顺序变化，却实现了道德与欲望的统一。

下面，我们就来看一下企业在践行义利合一方面的10个衡量标准。

第一，使命驱动。对于企业来说，尤其是企业的高层，由使命驱动和由利益驱动的区别非常大。如果是使命驱动，就是超越个人的财富追求，而集体协作去追求一个更为宏大的目标。这个目标小到造福社区、造福企业，带着鲜明的利他属性；中到引领产业、行业发展，先利他、后利己；大到造福人类，为国家和民族做贡献。这样的企业，才有资格谈论基业长青。否则，如果只是一味地由利益驱动，只盯着赚快钱，是没有恒心的。

第二，自觉担当。这其实跟第一条使命驱动是紧密相连的。越是有使命感的企业，越能够做到自觉担当，即自觉对产品负责，自觉对客户和消费者负责，自觉对社会负责。相反，如果眼里面只有钱，一心只盯着经济效益，就会为了利润最大化而无所不用其极，干出昧着良心的事情来。一旦产品出了问题，第一时间想到的是推卸责任，而不是主动担责。

第三，思维认知。这个认识就是指整体思维、系统思维，或者说生态思维。要能够意识到，企业不是一个独立的存在，而是一个社会经济组织，与周围的环境互相依赖，构成了一个个大大小小的生态存在，共生共荣。不管是小企业还是大企业，都必须为自己的战略选择和行为决策负责，牵一发而动全身，任何的细小行为最终都会改变其所处的整体环境。

第四，自我批判。这一条紧接着上一条，具备了整体性思维的认知，就会懂得自我批判的重要性,因为自我批判是促进自我改变的唯一动力。你不可能指望别人来改变你，真正能改变你的只有你自己。必须将自我批判作为提升自我价值最重要的武器，只有不断自我批判才能不断自我超越。

第五，诚信基石。任何企业都应该以诚信文化作为自己的文化基石。互联网大数据已逐渐覆盖我们每个人的生活，诚信个人、诚信企业、诚信社会，已经不是你要不要选择的问题，而是必须在此基础上安身立命。

第六，以文化人。企业文化不是贴在墙上的口号，不是文化手册上僵硬的文字，文化是一种活生生的存在，作用于每个人的头脑和内心，并影响到人具体的行为。企业文化建设的主体是人，最终目的也是人。文化不是属于老板的，也不仅仅是属于管理团队的，而属于从老板到管理团队再到广大员工的每一个人。文化这种非强制性的规范和激励作用有多大，就能影响到多少人。只有真正认同这种文化的人，才是企业所需要的人。

第七，赋能社会。既然企业不是孤立于社会之外的，那么就不可避免要与社会发生千丝万缕的关系。企业通常在生存和发展阶段都依赖于社会环境，但一旦壮大起来，就应该反哺社会，依靠自己的经济、文化、科技等力量向社会赋能，为社会环境变得更加和谐、更有活力而做出贡献。

第八，文化自信。就是要相信中华优秀文化的力量，相信我们所独有的义利观，与西方的市场经济不但不相冲突，而且还可以成为在市场经济发展到高级阶段的时候，解决市场经济内在的冲突、混乱、过度竞争的一剂良药。

第九，道路自信。就是要坚信社会主义市场经济是我们十几亿国人做出的正确选择。社会主义市场经济所追求的共同富裕将从根本上解决西方市场经济的周期性经济危机问题，满足人们对美好生活的需求，实现全面发展。

第十，政治自信。就是要坚定中国共产党的领导，坚持党领导一切。中国特色社会主义建设是一项千古无人的伟大事业，需要进行长期而持久的伟大斗争。社会主义市场经济同样没有现成道路可走，只有不断在实践中摸索前进。而中国共产党无疑是我们最可依靠、最可信赖的引路人！

案例：同仁堂与京瓷之文化对比

在中国，以“义利合一”作为经商追求，在两千多年前就已经有了实践，就是流传至今的“陶朱事业，端木生涯”。陶朱是指陶朱公，即范蠡。他的一生充满传奇，帮助勾践卧薪尝胆，复仇吴国成功，又激流勇退，投身商道，十九年中，三散千金，被司马迁尊为“富而好德”。子贡是孔子的高足端木赐，他被孔子称为“不受命而货殖焉，亿则屡中”。在孔子去世后，他一边经商，一边在列国间传播孔子的仁爱思想。这二人都堪称义利合一的祖师，是中国后世商人从事商业经营的典范。

近代历史上，提起义利合一，人们都会不约而同地想到一个名字：同仁堂。

同仁堂创建于清康熙八年（1669），距今已经有350多年的历史了。这样一家横跨三个世纪的百年老字号，是名副其实的基业长青。而其所以能够历经300多年的风雨沧桑而不倒，能够经历一次次风云变幻而屹立至今，一个公开的秘密就在于其拥有卓越的企业精神和丰厚的文化底蕴，这种精神是在一开始就由其创始人乐显扬赋予的。“可以养生，可以济世者，唯医药为最”，把行医卖药作为一种社会事业来做。正是这与众不同的追求，让同仁堂一成立就与众不同。乐显扬这么解释“同仁”二字：“‘同仁’二字可以命堂名，吾喜其公而雅，需志之。”同修仁术，济世养生，一个“公”字可见他的大利天下之心，一个“雅”字可以看出他的情趣和道德追求。人必有志，而后可以有所作为，企业也一样，必须一开始就立下志向，然后才会大有发展。

同仁堂从清雍正年间，开始供奉太医院御药房用药，这一供奉御药就是188年，历经清朝八代皇帝。乐显扬的三子乐凤鸣，1702年在同仁堂药室的基础上开设同仁堂药店，“遵肘后，辨地产，炮制虽繁必不敢省人工，品味虽贵必不敢减物力”，就是这两个“必不敢”，为同仁堂制作药品建立起严格的选方、用药、配比及工艺规范，造就了同仁堂人在制药过程中兢兢小心、精益求精的严细精神。“配方独特、选料上乘、工艺精湛、疗效显著”，简简单单的16个字，让同仁堂从皇家御药供奉到走入普通寻常百姓家，始终不忘初心，不改初衷，仁心仁术，一以贯之，行于天下。

第一个“必不敢”可以看作同仁堂的诚信观。“修合无人见，存心有天知”，诚信不是做给什么人看的，而是要对得起自己的良心。自古以来，同仁堂选药的标准就是：地道、纯洁、上等。例如，人参用吉林的，山药用河南的，枸杞用宁夏的，陈皮用广东新会的，丹皮用安徽芜湖的，僵蚕不能用僵蛹代替，16头的人参不能用32头的小人参代替，即便是做大蜜丸的蜂蜜，也必须用河北兴隆的枣花蜜。同时，还要用药材最有效的部位，并且在药材有效成分最多的时候采摘，如七珍丹中的寒食，必须在春天柳树发芽时炮制，此所谓“取其地，采其时”。从药材鉴别开始，同仁堂就有自己的专门师傅负责，一直坚持人工鉴别，通过手捏、鼻闻、眼看、口尝、火试、水试，鉴别药材的真伪和品质。有的药材掺杂使假，连精密仪器也化验不出来，却骗不过同仁堂师傅的感官识别。现在，人工检验依然是同仁堂进药的“第一关”。

同仁堂的药材，凡是能洗的都要清洗，干干净净，绝无尘土。植物的根、茎、叶、花、果，清清楚楚，绝不混杂。远志是植物的根，内有一根细芯，这种药材有安神益智之功效，但它的芯却使人烦躁。按照同仁堂的炮制工艺，远志必须去芯，先蒸后割，费工费时，增加成本，但同仁堂不怕麻烦，一直坚持这样做。制六味地黄丸，需要用山茱萸，其形状类似小山枣，入药时应当去核，还要用黄酒蒸制。有的企业为了节省成本，就把山茱萸连核一同打碎，也不用酒蒸，而同仁堂坚持“必不敢省人工”。有一段时间，同仁堂生产的香砂枳术丸在市场上断货，原因是气候异常、种植环境改变，枳实中的主要药用成分橙皮苷含量达不到标准，对此，同仁堂宁可不生产，也不用不达标的原料。

第二个“必不敢”可以看作同仁堂的质量观。“可以质鬼神，可以应病症。”同仁堂生产的中成药，从购进原料到包装出厂，有上百道工序，加工每种药物的每道工序，都有严格的工艺要求，投料的数量必须精确，各种珍贵细料药物的投料误差控制在微克以下。例如犀角、天然牛黄、珍珠等要研为最细粉，除灭菌外，要符合规定的罗孔数，保证粉剂的细度，此外还要颜色均匀、无花线、无花斑、无杂质。特殊药材如制作乌鸡白凤丸的纯种乌鸡，乌鸡的羽毛骨肉稍有变种蜕化，就必须立即予以淘汰。历史上，乐平泉就曾经因纯种乌鸡一时购买不到，做出过暂停生产乌鸡白凤丸的决定。2006年初，供应澳门饮用水的珠海市水库发生海水倒灌，致使珠海、澳门出现了长达4个月的“咸潮”期，自来水全部成了咸水。同仁堂药店一直以来就有代客煎药的服务传统，因为担心“咸潮”期用自来水煎出的药苦咸难以入口，还影响药效，澳门同仁堂药店经理赵学成当即做出一个决定，改用纯净水煎药。即使面对彼时珠海、澳门的矿泉水、纯净水价格不断上涨，同仁堂也毅然决定用纯净水煎药保证疗效，自己为增加的费用买单！2003年，北京“非典”疫情肆虐，抗“非典”中药供不应求，同仁堂毅然拿出1000万元来平抑中药市场价格，供应了北京地区近一半的用药需求，甚至为此专门停掉其他产品生产线，以保证抗“非典”中药的生产。

当然，同仁堂所以能够享誉海内外，几百年来长盛不衰，最根本的一条还在于其“顾客至上”的服务意识。不管是从最初乐氏先祖摇着铃铛穿街走巷服务零星顾客，还是后来成为御药供奉专门为皇家服务，再到后来为广大人民百姓服务，同仁堂始终没有忘记“顾客至上”这一最根本也最难以念好的生意经。今天，同仁堂还保留了许多古老的服务顾客传统。例如1984年，一外地顾客来店求购4克天仙藤，一位老售货员收方后说：“这药4克值4厘钱，给你10克，收1分钱。”顾客满意地笑了，为了这一分钱的生意，这位老售货员柜前堂后跑了两趟。事后，顾客投书《经济日报》称赞同仁堂可贵的风格，认为像同仁堂这样的大药店，仍能保持做好小生意的精神，确实难能可贵。例如代客煎药的老规矩，1985年的时候，当时每煎一副药就要赔5分钱，但药店为方便群众，还是把这一服务于民的做法坚持了下来。更早在20世纪二三十年代，同仁堂就有了邮购业务的雏形，1949年后成立了邮寄部，对各地患者有信必答、有求必应，深得人心。1954年同仁堂设立了咨询服务台，为患者介绍适应症的药品，解答顾客提出的各种问题。

薪火相传，代有传人。2006年，“同仁堂中医药文化”入选我国首批国家级非物质文化遗产名录，这为同仁堂的发展带来了新的契机。

作为金字招牌的同仁堂品牌，“同仁堂”商标已参加了马德里协约国和巴黎公约国的注册，受到国际组织的保护。同时，在世界50多个国家和地区办理了注册登记手续，并在中国台湾进行了第一个大陆商标的注册。“同仁堂”的著名商标和优秀品牌已成为同仁堂集团不断发展的特有优势。

目前，同仁堂打破“制药不出京”的传统，除了传承济世养生信念，更主动肩负起了传播中医药文化的使命。同仁堂现在已经拥有境内外两家上市公司，连锁门店、各地分店以及遍布各大商场的店中店600余家，海外合资公司、门店20家，遍布14个国家和地区，产品行销40多个国家和地区。

走出国门的同仁堂，传播的是同仁堂精神，是中医药文化，更是中华优秀文化。相信义利合一的中华文化瑰宝一定能在以同仁堂为代表的企业身上得到发扬光大，让世界有一个更新角度、更深层面了解中国机会！

在日本，也有一家将义利观作为经营哲学并且实践到了极致的企业：京瓷。

“京瓷”的名字和一个大名鼎鼎的人物联系在一起，就是被称为“经营之圣”的稻盛和夫。他在初中、高中、大学期间，考试经常不及格，可见他不是一个人们眼中的聪明人。当想要成为一个医生的梦想破灭后，他来到了一家陶瓷厂。当时，这家企业濒临倒闭，和稻盛和夫一起来的4个大学生很快就离开了，只有稻盛和夫留了下来。他认为，如果自己在这里干不成一番事业，其他地方也将一事无成，结果他竟然发明创造成功，同时也因为太过能干、深受工人拥戴而被家族企业扫地出门。之后，他便创造了属于自己的京瓷，深深地打上了自己的生命和精神印记：“敬天爱人。”

创业之初，对一个连房子都是租来的、只有不到100人的小公司来说，谈论“敬天爱人”这样宏大的哲学观念未免显得有些不切实际。但稻盛和夫却认为这是必须的，因为这就是他的人生哲学。他认为，一个人不管从事什么工作，都必须先弄明白自己人生的意义，而“敬天爱人”的含义包括两个方面：一是“敬天”，崇敬自然，热爱自然，保护自然，为人类做出贡献；二是“爱人”，也就是“利他”。关于“敬天”与“爱人”二者之间的关系，稻盛和夫在《人生与经营》一书中写道：“公司并不是经营者个人追求梦想的地方，无论现在还是将来，公司永远是保障员工生活的地方。”让员工和企业结成“命运共同体”，重视员工的成就感和归属感，强调“物质和精神的双重幸福”，要求员工以光明正大的谦虚姿态对待工作，在追求精神和物质幸福的同时，为社会进步和发展做贡献。“爱人”就是不要“过分自爱”，过分自爱就会不顾及他人。

最终，稻盛和夫把“敬天”“爱人”统一为一个完整的定义，就是“爱、真诚和和谐”。爱，是源自我们每个人内心的最伟大的力量，不论是人生还是工作，要使其产生与众不同的成果，就必须有着一颗大爱之心，爱自己，爱他人，爱天地宇宙。真诚，是人与人之间的坦诚相见，真诚沟通，只有建立在真诚的沟通基础上，人与人才能互相帮助。和谐，是社会的最好状态，充满活力，又洋溢着建立在物质基础上的积极精神力量，物质和精神互相平衡，有机地结合在一起，良性发展。

尊重员工、回报社会。京瓷实施的是员工终身雇用制，即使是在1974年石油危机的时候，京瓷也没有因为企业不景气而解雇任何一位员工。但这并不意味着在京瓷当一名员工是容易的事情。稻盛和夫时刻都要把自己的想法与员工交流，催促员工跟随他一道不断进步："用信念来经营""与自然和谐共存""用乐观去构思，用悲观去计划，再用乐观去实行""以未来进行式对待能力""认清潜在意识，持之以恒地追求理想""经常做创造性的工作""做无愧于社会期望的企业"等。从稻盛和夫为统一员工思想而举办的联谊会次数就知道了：1973年45次，1976年56次，1978年60次……

要说稻盛和夫给京瓷人的思想上打下的深刻烙印，第一个就是"梦想"。京瓷从成立之初，稻盛和夫就提出"放眼全球，向着世界的京瓷而前进"。他要让京瓷成为原町第一的公司，然后成为中京第一的公司，再成为京都第一，成为京都第一后就要成为日本第一，最后是成为世界第一。这是京瓷人的梦想，正因为有了这样雄伟的梦想，京瓷从租借厂房的微不足道的小工厂，最终成长为世界五百强之一！

第二个烙印，可以称为"连心"。稻盛和夫深受中国的王阳明心学影响，认为人没有可以倚仗的东西，人人都有一颗本心。只要将这颗本心发掘出来，勤加擦拭，就一定能够和他人心心相照，最后心心相连。他自己就是这么做的，最初的京瓷，既没有资金，也没有信誉和业绩，所拥有的只是仅有的一点点技术和相互信赖的28名员工。为了公司发展，每个人都竭尽全力。员工们相互信任，不图私利私欲，经营者也拼命工作，不负众望，以在公司工作为荣，盼望公司发展壮大。"每名员工都热爱公司，为了公司的发展不惜一切”，这就是京瓷最早时期形成的企业文化。常言说人心善变，但反过来也没有比人心更为可靠的东西。在京瓷，每个人都不是孤立的，而是心灵相通、互相信任的伙伴关系。同事之间、经营者与员工之间并不是纵向的从属关系，而是为了同一个目标，为了实现共同的梦想走到一起来的同志关系。一颗颗纯洁而质朴的心灵，描绘着共同的愿望——“我将迎来辉煌的人生”，人人都对未来充满信心，并为之积极奋斗，最终创立了伟大的事业。

尽情展示人性的美丽，尽自己最大的努力为他人带来幸福，这样的人生无疑是最圆满的。稻盛和夫并不是唯一发现了人生真相的人，但他的意义就在于给我们带来了一往无前的勇气和永远开朗快乐的坚定信念！

第三十章 文化与天人合一

天人合一，就是文化与自然环境保护、绿色发展方式之关系。环境保护是人类面对的共同挑战，绿色发展是唯一可持续的发展方式。

提起环境保护、绿色发展，很多人认为那是距离自己很遥远的事情，也认为那不是多么迫切的事情，毕竟未来似乎很遥远，但事实真的如此吗？对此，联合国气候变化专门委员会（IPCC）在2018年10月10日，向全世界发出一个警告：如果全球升温幅度不能够控制在1.5℃，那么地球在2030年之后将会迎来毁灭性气候！而这个1.5℃的数值，在2015年《巴黎协定》中的设定值，还是2℃。

近两年来，在世界范围内，气候变化引发的极端现象层出不穷：北极圈内出现罕见高温，气温一度超过30℃，冰川崩裂，积雪消融，无家可归的北极熊不得不跋涉更远的距离去寻找食物；北欧国家瑞典创下百年纪录的高温引发了森林火灾；英国部分地区持续高温干旱，创下50年以来最干旱夏天的纪录；美国加州山火肆虐；飓风弗洛伦斯肆虐，导致620万人眼看着自己家被飓风吞噬，无奈被迫撤离家园；超强台风登陆日本，大阪出现57年来15级大风的最强风力……而自20世纪90年代以来，全球海洋中的美丽生命——珊瑚，死亡数量已经过半，很可能以后我们的后代只能在博物馆里认识它们了……

还需要多说什么呢？人类在过去200多年中，依靠科学技术的爆炸式发展和生产力水平的大幅度提升，创造了超越过去2000多年的物质财富总和，但是对地球资源的消耗也超过了数千年乃至几百万年来的总和。作为万物灵长的人类，前所未有地壮大着自己，也在大步加速地自己的生活环境。

事实上，正是认识到了人类活动对自然的这种影响和可能带来的反噬，早在1971年，联合国教科文组织就面对全球日益严峻的人口、资源、环境问题，发起了一项政府间的科学计划——“人与生物圈计划”（MAB），其目的在于整合自然科学和社会科学的力量，以及合理且可持续地利用和保护全球生物圈资源，增进人类及其生存环境之间的全方位关系。在这个计划中，有一个备受瞩目的概念叫作“生态城市”，旗帜鲜明地指出了人类文明未来的低碳生态发展方向，在经济高度发达、社会繁荣昌盛、人民安居乐业、生态良性循环四者之间，协调建立一种高度和谐的关系，构建一种技术与自然达到充分融合，最大限度地发挥人的创造力和生产力，稳定、协调、持续发展的人工复合生态系统。

从这个概念中，可以引申出一个词语：生态企业。生态企业的低碳生态发展方向无疑是确定的，其着重解决的是经济效益的最大化、员工的价值实现和幸福生活，对外在环境的适应能力和影响作用，以及通过技术创新来不断扩充企业的生态容量这四者之间的高度和谐关系。

第一，经济效益的最大化。企业是经济组织，因此追求经济效益的最大化是其天然属性，也是和自然生态相比的不同之处，即强烈的目的性。

第二，员工的价值实现和幸福生活。企业是由人组成的，要想实现对市场资源的最优配置，就离不开人的主观能动性发挥。而人是兼有物质需求和精神需求的双重需求的，价值实现只是衣食住行之后的一个较高层次，精神的自我超越才是最高层次，合起来才是幸福生活。

第三，对外在环境的适应能力和影响作用。适应环境变化是企业生存的基本技能之一，但是和自然界的生物对环境适应大于改造意义不同，企业的发展对外在环境的更大意义在于影响环境、改造环境。一个企业在一个区域的发展壮大，绝不仅仅只是自己的事情，而是会产生聚集效应，形成一个产业，并带动其他相关产业的发展，进而影响交通、教育等，有些跨国大公司甚至能影响到所在国家的政治、经济、科技、文化等。

第四，通过技术创新来不断扩充企业的生态容量。自然生态的容量有限，而企业则可以通过自己的技术创新来不断扩充生态容量。通过技术不断创新，可以研发出代替自然材料的人工材料，突破自然资源的不可再生限制；产品的不断创新，则可以创造出市场和消费人群，避免过度竞争。

当以上四种关系处理好以后，生态企业就会呈现出与传统企业不同的三个鲜明特点。

第一，高度的灵活自主性。生态企业是完全适应环境变化的产物，真正做到了“船小好掉头”，随时根据市场变化而调整自己的规模大小。和传统企业一味追求“做大做强”不同，“生态企业”追求的是“能大能小”。在“生态企业”中，构成企业组织的是大大小小的不同团队，每个团队之间是平等的关系，根据彼此的需求而或松或紧地联系着，区别只是在于所扮演角色的不同、分工的不同，可以说只有协同而没有竞争，就像自然界中的水一样——无论江河湖泊，最后都同归大海。

第二，有效的反馈调节机制。传统企业通常习惯以自我为中心的单一中心，例如一些大集团兼并了其他企业，也是强调“母子文化”的重要性，要求做到三统一、四统一、五统一甚至六统一等，表面上看起来是文化整齐划一、行为步调一致了，实际上内在的冲突并没有减少，企业整体效率很难有持续的提升。“生态企业”的不同则在于在企业内部系统和外部系统之间存在着明确的反馈调节机制，通过企业内部系统和外部系统之间各个多样化系统之间信息的自由交换，实现“正反馈”和“负反馈”的互相调节，从而确保企业的各项活动得到有效控制。

第三，巨大的发展空间。传统企业通常都会遇到发展的天花板问题，无法依靠自身的力量突破成长上限。而生态企业的发展空间则是巨大的，甚至是无限的。它从一开始就秉持“协同共生”的理念，与产业链上的所有企业一起发展，构成了“你中有我，我中有你”的命运共同体。事实上，生态企业甚至可以与整个产业构成一个小型的“生态圈”。

既然生态企业是面向未来的，代表了企业的发展方向，那么传统企业是否能够向生态企业转型呢？具体的路径又是什么呢？用一句俗话来讲，就是“条条大路通罗马”。由此，我们归纳出了以下10个共同特征。

第一，基本关系。生态企业中的基本关系是平等关系。传统企业中的关系很简单，就是雇用关系。双方的关系是单向的，而且是不平等的。但在生态企业中，这种关系变成了合作关系，或者叫伙伴关系。双方的关系变成了双向的，而且是绝对平等的，没有层级之分，也没有主次之分。

第二，多重角色。传统企业中，倾向于将每一项工作明晰化，每个人的分工清楚化。但是生态企业却恰恰相反，趋向于模糊化和多元化，因为彼此都不能独立存在，都需要和他人协同才能完成工作，因此每个人都拥有多重身份。每一个人都是自己所在团队的主角，同时又是其他合作伙伴的配角，可以根据需要在主角与配角之间自由切换。

第三，信息共享。传统企业中，信息是不对称的，但在生态企业中，既然是协同工作的伙伴关系，就要求一定要做到信息的公开和透明，确保实现信息共享。因为生态企业相比传统企业是一个更加复杂的存在，是一个充满不确定性和不均衡性的崭新的企业组织生命体，在模糊、多元的复杂环境和充满焦虑、压力的心灵高负荷状态下，信息共享可以减低人们的精神压力，从而更好地激发活力，提高效率。

第四，反馈调节。如果说传统企业是建立在资本驱动基础上的，生态企业就是建立在信息驱动基础上的。信息传递和反馈调节成为维持企业活力和团结的最强劲动力。为什么一定要建立实施反馈调节的有效机制呢？因为企业内部存在着数量众多且彼此平等的团队，这些团队都会有迅速成长、不断扩张的本能倾向，从稳定趋向于不稳定，甚至会与其他团队发生冲突，这就需要通过反馈机制进行调节，保持新的稳定。

第五，自我更新。传统企业通常没有自我更新能力，因为不平等的关系决定了彼此之间的“竞争”态势，但生态企业的平等伙伴关系，形成的却是“互补”态势，在资源、信息、技术上均能互通有无，优势互补，变短为长，变废为宝，在循环流动和再生利用中，将效率发挥到最高。

第六，改造优化。传统企业一旦成形，就会难以改造，而且规模越大越趋向于僵化，改变的空间越小。生态企业的特点则是随时随地可以进行改造优化，只要外部环境发生变化，企业就会对自我系统进行改造升级，顺势而变，随时而变，因为其系统中的自组织本身就会有这种改造升级的需求，所以改造进行得越频繁，功能就会越完善，企业系统愈发强大。

第七，趋向开放。传统企业的特点是越发展越趋向于保守封闭，生态企业则是越发展越趋向于开放。因为它是与外在的大环境紧密联系在一起的，是协同共生的关系，只有更加开放，才能从外界获得更多的物质、能量和信息，加快交换速度和促进彼此之间的相互作用。需要注意的是，生态企业的发展不管从时间和空间上都不是趋向于平衡的，恰恰相反，正是通过达到一个个新的不平衡，才实现了在企业和外在环境之间建立一种不断协调的有序发展，从而实现可持续发展。

第八，以心为本。传统企业强调以人为本，已经将“人”放在了主体地位。但是，是否“人”作为主体就能够主导企业的发展了呢？企业的未来就会因此明晰了呢？生态企业给出了另外的答案，那就是以“心”为本。生态企业的一大特点就是不确定性，而人心是最大的不确定性因素。这是因为生态企业将企业系统与社会、经济、自然生态的协同发展建立在人心基础上，而每个人的思维、判断、偏好、认识、需要和动机等各有差异，也就是人心各异，这样就构成了最大的不确定性。但正是这种不确定性会给企业带来跳跃的、非连续的发展，构成了基本演化规律。

第九，创新能力。对传统企业来说，一个最大的苦恼就是创新能力不足；而对生态企业来说，最值得骄傲和自豪的就是创新能力。为什么会有这种区别呢？其中的分水岭就在于传统企业总是暗含着要“控制”的逻辑，而生态企业则完全放任“失控”的情形发生。因为“失控”就会意味着出现多样性、差异性、可变性、奇异性，创新就在这些要素的相互作用之下，在某个意想不到的地方自己“涌现”了出来。

第十，生态思维。可以说，一个企业是否具有生态思维，已经是决定未来能否制胜的一大关键。生态思维首先强调的是高维度，其次是全局性，再次是长期性，然后才是对细节问题的解决。反之，“一叶障目，不见泰山”，或者只是一味聚焦，追求简单化的商业模式和竞争手段，都是错误的。只有先有了生态思维，然后在此思维下展开生态布局，经过长期、艰苦的努力，才有可能在未来的生态竞争中赢得一席之地。

案例：阿里、腾讯、百度之文化对比（上）

据说，在IT创业领域流传着一句话：“一个完美的创业团队是怎样的？答案是：百度的技术，腾讯的产品，阿里的运营。”这句话言简意赅地点出了三家企业各自的长处或者说核心竞争力：百度的技术水平是最高的，腾讯根据市场需要推出产品的能力是最强的，而阿里巴巴的强项则在于运营管理团队的水平。但这只是一方面，如果换个标准，单以文化而言，三家孰优孰劣，各自的长处短处又是什么呢？

回答这个问题之前，先让我们看一个有趣的现象，就是三家企业的办公大楼是什么样子的。首先值得一说的是百度，181米高的百度国际大厦，在深圳后海虽然身高不算是最出众的，但它的造型却绝对是最有内涵的，因为它将“众里寻他千百度”这句著名的古诗词转换成了“二进制代码语言”，充分体现了百度技术为王的商业格言和技术信仰，仿佛在说这是一个属于“程序猿”、理工男的神秘世界，外行止步。

同样是在深圳，腾讯的总部大楼却是另外一副形象：一高一矮两座塔楼，高低相间，宛如两个身高差别很大的人，胳膊却互相环绕，搭肩搂腰地连接在一起，这似乎也在宣示着腾讯社交第一的属性：连接至上！连接人、连接世界、连接万物，只要连接就会产生巨大的市场和商机。

位于杭州的支付宝总部，和以上两个顶天立地的巨人比起来，却是一个懒散地躺着的巨人形象，占地50亩，造价11亿元，蜿蜒曲折，其更像一个迷宫，是一个奇形怪状却又包罗万象的神奇所在，以致让人无法定义这是一个什么样的存在，然而它又是一个实实在在的巨大存在。

在以上三者中，不得不说阿里给人的形象是最模糊的，甚至可以说是四不像。然而这种模糊、混沌、四不像，却正是阿里巴巴独特的文化标志。阿里巴巴从成立一开始就明晰地表达了自己的宗旨：让天下没有难做的生意！但对于这个名字，马云却是经过了很长时间精心选择的。据说他在美国一家餐厅吃饭的时候，忽然灵机一动，将餐厅的侍应生叫过来，问他是否知道阿里巴巴这个名字，侍应生说不仅知道，而且还知道阿里巴巴打开宝藏的咒语是“芝麻开门”，马云大喜。后来他又在世界各地进行了反复测试，最终才确定了这个家喻户晓的名字。

从名字开始，马云就赋予了阿里巴巴以浪漫的色彩：一个青年人，只要一句简单的咒语就可以打开神奇的宝藏大门，这无疑正迎合了青年一代渴望成功的心理。阿里巴巴迅速吸引了众多的青年创业者，共同开启了电商新时代。

当然，理想浪漫，现实残酷。创业对任何人来说都是九死一生的事情。马云自己就经历了向死而生的过程，而这个突破点据说还是受益于他从金庸武侠小说《天龙八部》中虚竹弃子打破“珍珑棋局”中得到的启示，离开北京返回杭州，置之死地而后生。跟随他最初创业的“十八罗汉”，大部分也都是金庸武侠迷，有着共同的侠义精神，“替天行道，平人间不平之事。”这种侠义精神成了阿里巴巴最重要的企业精神。马云自己的花名是“风清扬”，而他更是将阿里企业文化命名为“六脉神剑”。办公区命名也是一派江湖气息：光明顶、桃花岛、达摩院、侠客岛……

在马云看来，互联网就是一个江湖。而人在江湖，最重要的就是要有情有义。一个人本领再高强，如果冷酷无情，连一个朋友都没有，这样的人在江湖上又有什么意思呢？更别提成为万众敬仰的“侠之大者”了！

但马云毕竟又和许多沉溺于江湖空想的人不一样，他是一个天马行空又脚踏实地做事情的人，金庸先生就曾经亲自给他取过一个别名：“马天行”，寓意“天马行云但从不踏空”。马云从创立阿里巴巴到淘宝、支付宝……每一步走的都是没有人走过的路，却又都坚定、从容、稳健。

在世界范围内，像微软、谷歌、亚马逊这样的大企业，每当进入一个行业，都会引发行业地震，甚至是股票狂泻。但是有一个例外，就是阿里，每当马云宣布要进入一个行业，就会引发行业股票整体性上扬。

在很多人眼中，阿里巴巴已经不仅仅是一家自我发展良好的企业，而是能够为大家扬帆出海提供安全保障的航空母舰，甚至是充满拯救意味的诺亚方舟！不但中国企业，甚至很多国际企业巨头也都从阿里受益！例如阿里巴巴推出的“双11”，已经成为名副其实的全球购物狂欢节！

马云豪言，要做102年的企业。如今的阿里巴巴也仅仅是弱冠之年，就已经给我们带来这么多的惊喜，给中国和世界带来蓬勃生机和巨大影响。虽然马云已经选择了急流勇退，但他给阿里注入的精神，他所塑造的阿里文化，他所代表的阿里人的精气神，永远不会改变。我们相信，还将有更多的人会因阿里而受益，并对阿里由衷地心生感激和尊敬！

提起腾讯，最先浮现在人们眼前的就是一只胖乎乎憨态可掬的企鹅形象。这种远在地球一极的动物缘何与一家互联网企业联系在了一起？因为这就是这家企业建立之初的雄心：连接一切！也许是巧合，也许是有意为之：企鹅的确是动物界中群体性生存颇具代表性的一个族群，它们能够在酷寒之地的南极成功生存，靠的就是抱团式生存的超强环境适应能力！腾讯的QQ形象是两只企鹅之间建立紧密联系，而事实上，雌雄两只企鹅一经结为夫妇，即使在百万只企鹅队伍中，它们也能迅速地找到彼此，这种神秘的本领，也许就是腾讯梦寐以求的超能力。

对马化腾来说，当初他创立腾讯时一定不会想到，这家企业会成长为世界级的大企业，会对中国人的生活产生这么深入而广泛的影响，但他的确有渴望连接一切的冲动。在深圳，13岁的马化腾亲身见证了国庆彩车游行活动中“时间就是金钱，效率就是生命”的口号，这一口号后来成为深圳城市精神的核心支撑，也成为中国改革开放的标志之一。那时候的中国，是多么渴望与外面的世界连接啊！深圳则为此打开了一扇窗。

大学时代，马化腾学习的就是计算机专业。大四实习，进入当时南方技术水平最高的深圳黎明电脑网络有限公司，开始真正了解到互联网技术的市场运用广阔前景。毕业后，他正式进入南方最大的寻呼台服务企业深圳润迅公司。似乎他一直走在“连接”的路上，直到后来创业，开发QQ。

也正是从创业伊始，腾讯就基本确立了自己的企业文化。马化腾、张志东、陈一丹、许晨晔和曾李青是一支被誉为“腾讯五虎”的创始人团队。在他们的努力下，1998年11月11日，一个精心挑选的日子，腾讯呱呱坠地！

从创始人团队的组成，就可以看出腾讯公司鲜明的特点：平民化，也就是不依赖某一个“超级英雄”，而是依靠团队的力量，抱团取暖，一起度过寒冬！这大概就是腾讯最初的聊天产品OICQ后来为什么改名QQ的原因。

既然谁都不是救世主，只能靠自己拯救自己，那么每个人就必须全力以赴。少说话，多干事，成为现实的也是唯一的选择。用产品说话，靠每一个人的勤奋、努力和建立在拼搏、奉献基础上的灵感火花突然迸发，腾讯就是这样“自下而上”而不是“自上而下”地走出了一条自己的道路。

这种多元化生存和发展方式，鲜明地体现在腾讯的动物文化上：长颈鹿、海燕、犀牛与犀牛鸟、鹦鹉螺，被誉为腾讯的“四大神兽”。其中长颈鹿象征“正直”，因为长颈鹿的脖子又长又直，正直、向上、挺拔。海燕象征“勇敢”，这让人想到中学课本中高尔基所写的《海燕》，海燕专门挑战暴风雨，时时发出“让暴风雨来得更猛烈些吧”的呐喊。犀牛与犀牛鸟象征“合作”。这是自然界中的神奇组合之一：犀牛凶猛无比，可是却要依靠犀牛鸟帮助清除身上的蚊虫，依靠犀牛鸟报警，防范敌人偷袭，这种优势互补、协作共生的关系在小企业中尤其重要。鹦鹉螺象征“创新”。鹦鹉螺初生时不会上浮，在生长过程中螺仓逐渐变多，成年后的鹦鹉螺便可利用对螺仓充气的方式浮出海面。

以上四种文化，正直、勇敢、合作、创新，构成了腾讯企业文化的基石，也正是这种以动物为喻的特色文化，造就了一批又一批的腾讯人。

（未完待续）

第三十一章

文化与和合全球

和合全球，就是文化与跨文化管理、民族化与国际化之关系。

先来说文化与跨文化，实质上就是中国企业的文化如何去与世界各地的企业文化融合。这个融合有一个前提，就是我们要坚持文化自信，以我为主。当然，我们还要尊重不同国家和地区的不同文化，最理想的境界就是“各美其美，美人之美，美美与共”，最后实现人类文化的大交流、大融合。

再来看民族化与国际化。这里的民族指的是文化意义上的中华民族。中华民族的文化不独为中华儿女所传承和热爱，实际上在全世界范围内，到处都有对中华文明抱有敬意和热爱的人们。正因为有这么多的朋友，有着这样强烈的期许，在当今时代，中国企业作为中华文明、中国文化鲜活、有力的载体，才更应该进一步承担起传播文化的重任，做好中华文明、中国文化的使者，讲好中国故事，彰显中国气派。

而不管是文化与跨文化，还是民族化与国际化，都必须坚持两个原则。

第一，和而不同。这是我们中华民族所独有的哲学，也是中国向世界提供的智慧。“和”字在《说文解字》中的解释是：“和，相应也。从口，禾声。”原意是一种笙类乐器，引申为和谐、协调。在人类没有发明文字之前，就有了音乐。一个人唱歌，其他人跟着应和，就形成了合唱。其实人类文明就是一个大合唱，过去、现在和未来，这旋律始终昂扬！

第二，合作共赢。这是我们在改革开放40多年历程中结出来的硕果之一，也是我们今天通过“一带一路”倡议向世界传播的具有中国特色的发展理念。“合”字在说文解字中是“合，合口也”，一个盛饭的食器，上面的盖子和下面的器体扣合在一起，形成一个完整的整体就叫作“合”。这种整体性、系统性的思维方式，是我们从古到今一直秉承的，当然这并不是因此而否定个体，而恰恰体现了对每一个个体的关注、关怀和尊重。

那么，支撑企业走向全球和合，究竟有哪些要素呢？可以归结为如下十大要素。

第一，整体思维。人类本来就是一个大家庭，每个个体成员都有义务为人类文明的整体发明创造贡献自己的力量，企业也不例外。企业虽然是经济组织，但企业首先应该追求的目标是为人类发明创造做贡献。

第二，包容胸怀。人类文明之所以能够生生不息，就因为其多样性和丰富性。企业应该有着海纳百川的胸怀，开放自己的资源和平台，欢迎一切有共同志向和理想情怀的合作者。我们现在所置身的互联网时代，正是所有人共同合作的结果。随着5G时代全方位到来，人类文明的交流合作将更加密切和频繁，共建共享已经成为每个企业的标配。

第三，开放意识。开放意识说起来容易做起来难，当一个企业在处于落后的时候，最喜欢的是拥有一个开放的、公正公平的竞争环境。而一旦置身于领先地位，企业就往往会不由自主地故步自封，甚至利用自己的技术或者其他力量，设置一些避免其他企业和自己竞争的有利条件。这是一种生存本能，但是企业一定要超越这种本能，时刻保持开放姿态。

第四，平等尊重。一个企业并不是体量越大就越能够赢得尊重。其实这与企业大小无关，关键是看企业是否真正对内尊重员工、对外尊重所有的合作者、尊重这个时代、尊重人类所独有的创造发明和追求卓越的智慧与心灵。只有真正尊重每一个人，才会赢得每一颗心灵的真诚回应。

第五，创新自立。企业不管到什么时候，核心技术的命脉都不能掌握在别人手上，因为那样等于随时让别人扼住自己的咽喉。技术自立应该是所有企业的战略追求，如果靠自己无法实现，就去联络和自己具有同样文化追求、价值认同的企业，这种建立在文化基础上的合作才是最牢靠的。

第六，坚定信仰。企业一定要有信仰，这种信仰包括技术信仰，但更多的是文化信仰。所有的企业都会经历各种各样的磨难、挫折、打击，只有那些有着执着信仰的企业，才能在极端恶劣的困难环境下渡过难关。

第七，乐于奉献。企业在发展过程中需要消耗大量资源，因而成长的同时，也理应回报于社会。这种奉献包括提供物美价廉的产品和服务，也包括提供企业文化和精神作风。有时候，一个企业的价值观往往会影响到一大群人，口口相传，甚至会成为一个时代的精神和价值观，影响深远。

第八，专注务实。企业和人一样，如果想在所有的领域都做到出类拔萃，几乎是不可能的。对企业来说，在高度分工的今天，只能选择一个专业领域，然后十几年如一日地对着一个山头发起冲锋，直至占领制高点。在这个过程中，容不得半点的弄虚作假和心浮气躁，否则就会失败。

第九，愈挫愈奋。任何一家追求卓越、想要做到世界一流的企业，都注定了不可能一帆风顺。有时候上天给你的磨难，其实是对你的奖赏，因为那会让你发现自己的缺点和不足，会帮助你收敛贪婪或者傲慢之心，做好更加充足的准备，以更加坚强和谦逊的姿态去迎接新的胜利。

第十，精神永恒。任何企业不管创造怎样令人惊叹的物质财富，最终都会烟消云散，真正能留下来的只有精神，只有企业在特定时代特定环境里创造的企业精神、作风，这些宝贵的财富将融入人类文明发展的历史长河中，化作璀璨的钻石，为后人所采撷；化作灿烂星辰，照亮未来！

案例：阿里、腾讯、百度之文化对比（下）

如果说，腾讯从一开始就知道企业的成长和成功依赖于每一名普通员工，而不是依赖企业创始人，不是依赖于某一位超级英雄，那么，腾讯的文化也从一开始就不是企业家的文化，不是所谓老板文化，而是员工文化。这一文化最直接的证明或者说表现就体现在企业对员工的关怀上。

关心员工成长，是腾讯管理层最简单也是最重要的理念。在这个大家庭里，每一个人都不会觉得自己是可有可无的一分子：总办午餐日、文体协会、嘉年华活动、圣诞晚会……当然最能体现员工关怀文化的还是企业文化衫。每到公司生日（11月11日）这一天，所有的腾讯人都会穿着由自己的同事设计的统一文化衫，在公司里穿，去见客户穿，在外面旅行穿，甚至被调侃相亲时也会穿，因为这象征着企业的自信。每一年的主题确定下来后，文化衫设计大赛简直成了一个节日：长袖还是短袖？什么颜色？什么图案？表现什么样的时尚或者艺术元素？集思广益，重在参与，每个人的创造力和想象力都被激发了出来。当最终的文化衫设计出来后，从马化腾到普通员工，人人统一着装，摆出各种姿势合影留念，甚至将每一年的文化衫集成某一套神兽或者其他含义的图案……

正如腾讯的发展依靠每一个员工的高度统一认知一样，腾讯同样从一开始就意识到，必须一切为了用户，一切以用户的价值为依归。说到底，产品是为用户服务的，用户才是腾讯真正的衣食父母，用户的满意与否决定了企业的努力方向。腾讯从QQ起步，到后来成功转型到微信时代，再到进军互动娱乐，一举杀入大型游戏领域并推出“王者荣耀”这样的王牌游戏，迅速成长为全球第一的游戏公司，每一步都可以说是深谙用户需求。

但是这种一切为了用户，始终专注于技术改造和应用以求更好地服务用户，是否就是企业的终极追求？是否这样就足以成长为一个受人尊敬的、伟大的公司呢？是否这样就可以成为一家影响中国甚至世界的大企业呢？显然还不够。对腾讯来说，在“3Q大战”之前，是企鹅帝国的疯狂扩张；而在“3Q大战”之后，则是马化腾和腾讯深刻的自我反思。

今天，人们对发生在2010年的那一场“3Q大战”还记忆犹新。腾讯和360为了争夺用户，展开了针锋相对的厮杀，没有硝烟，却是真真切切的刀光剑影。互联网江湖的这一战注定没有赢家，数以亿计的用户被卷入其中，最后甚至惊动了工信部，各打五十大板，责令两家公司向社会道歉。但之后，两家公司又经历了持续3年之久的诉讼大战，这次“战争”总算尘埃落定。

经过这次事件，马化腾也开始进行认真的自我反思：企业是否只有走向垄断市场和自我封闭这一条路？能否选择勇敢地敞开胸怀，与竞争对手一起为用户提供更为优质和高效、低廉和便捷的服务？最终，他选择了后者，主动提出要进行战略转型，并在2011年举行了第一次开放平台大会，马化腾亲自主持，宣布为公司定下开放战略，声称要“再造一个腾讯”——那年腾讯的市值是400亿美元。也正是这一开放战略，让腾讯很快拥有了在移动互联网时代的又一个王牌产品：微信。

微信的出现，对腾讯来说是个意外，但也不意外。说意外，是因为在2010年底的一个深夜，马化腾在自己的邮箱里发现了一封邮件，是广东团队的张小龙发来的，问他是否要在移动端做一款即时通讯软件，马化腾立即回复“同意”，而这时候，领先微信的同类产品已有小米的“米聊”，而且在“米粉”的支持下，“米聊”已经相当成熟。一场没有硝烟的战争又开始了。雷军认为自己的优势很明显，但张小龙以不到10个人的小团队，火速推出了微信。仅仅433天，微信在线用户数就突破1亿。做到这个数据，QQ用了10年，Facebook用了5年。之后的微信更加势不可挡了：微信公众平台的推出，让国内的内容产业一夜之间天翻地覆，无数从事内容生产的个体有了自己的家园；微信红包在不动声色间对支付宝进行了一次“偷袭”，连马云都忌惮不已；更广为人知的是微信小程序已成为移动互联网下半场创业者挖掘流量红利的“富矿”。目前，微信账户数已经超过10亿，有150万开发者加入小程序开发，小程序应用数量超过100万，日活跃用户2亿。

说不意外，是因为马化腾一直坚持平民化战略，依靠每一个腾讯人的聪明才智为企业提供源源不断的智慧和创意。所以，张小龙的出现也可谓顺理成章。

当然，天下没有不散的筵席，“腾讯五虎”团队中，曾李青、陈一丹和张志东先后离开了。但出于对他们的尊敬，腾讯保留了他们离开后的职位空缺，不再设立继承者，象征着那曾经的传奇永不落幕！

之后，腾讯又一次进行了创新，推出了风靡全国的网络游戏“王者荣耀”。这又是一个现象级别的产品，也是一次全民狂欢式的游戏体验，以致很多青少年都沉迷其中，“王者荣耀”的每一个人物、每一句对话都成了他们之间的“暗语”，令非玩家人群不知所云。人们被简单地分为两群：玩“王者荣耀”的和不玩“王者荣耀”的。但是因为太过火爆，“王者荣耀”也遭到了中国家长们的一致诟病，以至腾讯不得不反思自己在赚钱之外的社会责任，出于责任心而对青少年用户做出了限制，在未成年人保护方面投入大量资金，组建专项团队开发防沉迷系统，控制未成年人游戏时长，让青少年健康合理地玩游戏。不但如此，腾讯还在内容上进行调整，加入了诸多中华传统文化元素，与长城、故宫和敦煌等诸多中国传统文化IP达成战略合作，承担起了中华文化使者的重任。可以说，这是腾讯成长起来以后走向成熟的一个积极改变。

是的，从最初创立时的5名员工，到20年后超过48000名员工，市值超过2万亿元，腾讯关注和关爱的对象始终是“人”。只不过，人是会变的，而腾讯最大的特点就是能够根据人的变化而主动调整，随势而变，因时而变。马化腾曾经说过，腾讯有“四个不变”和“两个变化”：“四个不变”是生态战略不变、继续支持优秀的创业者不变、看重长期的投资价值不变和持续地进行海外布局不变。显然，腾讯的雄心壮志从始至终没有改变，那就是链接全世界，为世界上所有的人群提供沟通服务。

“两个变化”，一个是围绕着产业互联网不断加大投资，因为这是沟通的基础工具；二是练好内功，因为服务始终是腾讯的追求，也是立身之本。

也许在很多人眼中，马化腾已经是一个真正意义上的成功者，但是他自己并不这么认为，他对腾讯和腾讯的文化始终有着清醒的认识：“腾讯从来没有哪一天可以高枕无忧，每一个时刻都可能是最危险的时刻。当我们漠视用户体验时，就会碰到真正的危机；当我们丢掉了兢兢业业、勤勤恳恳为用户服务的文化的时候，就会遭遇真正的灾难。”用户！用户！用户！腾讯站在趋势前沿，洞察用户需求，专注创新研发，正是这周而复始的“昨天取得了多少成果”“今天怎样能点滴优化进步”“明天如何应对挑战危机”，三部曲反省复盘、重整上行，二十年如一日的坚持，最终成就了腾讯这只未来无限的“超级企鹅”！

“希望成为最受尊敬的互联网企业，改善人们的生活品质。”腾讯立足深圳，面向全国，放眼世界，一定还会给我们带来更多惊喜、更多改变！

和马云出身浙商、马化腾出身粤商一样，李彦宏也有一个显赫的出身：晋商。曾经在中国商界500年中执掌牛耳的晋商，还真不是吹出来的。学而优则商，李彦宏堪称这一传统的优秀继承者。他出生于山西阳泉，19岁考入北京大学，攻读信息管理专业。1991年，他远渡重洋，赴美国布法罗纽约州立大学，主攻计算机。31岁，他创建了中国最大的搜索引擎公司——百度网络技术有限公司。而早在创立百度之前，他就已经跻身全球最顶尖的搜索引擎工程师行列，其拥有的“超链分析”技术专利，是奠定整个现代搜索引擎发展趋势和方向的基础发明之一。

就是这个并不简单的李彦宏，却立志要做一件最“简单”的事情：帮助全世界的人们“平等、快捷地获取信息，找到所求”。秉承这样的使命，李彦宏毅然决然地放弃了在硅谷的高薪工作，选择了回国创业。2000年1月，在中关村，李彦宏创建了百度公司，注册地在英国的开曼群岛。公式最初不足10人，却有一个响亮的名称：“百度七剑”。剑是中华文化中君子文化的象征，“百度”的名字也从一开始就打上了中华文化的烙印：“众里寻他千百度，蓦然回首，那人却在灯火阑珊处。”如今的百度，员工人数超过18000人，公司大厦里仍然一派的中国韵味：绿草、修竹、小桥、流水，会议室冠以“青玉案”“望江南”“江南春”等词牌名……一切似乎都在说明，百度为中国用户、中国文化而生。

的确，中文是世界上唯一从古代传承到现在的语言，一个个横平竖直的方块汉字，简单的外表下有着最丰富的含义，有着最温暖的情感。中国人的精神生命通过一个个方块字和背后广袤的文化世界连接在一起。现在，百度来了，通过高科技让中文在互联网世界获得了畅通无阻的通行证。

当然，百度的文化，并不是简单的“熊”文化，从根本上来说，可以看作是一种指向以人为中心的“赢”文化。

李彦宏曾经不止一次和自己的员工说过：“百度的技术也好、算法也好，有它的价值观。”那么这个价值观是什么呢？“信息流不仅仅是吸引人们的时间，不仅仅是单纯地追求DAU和用户时长，也要追求给用户提供价值，要教人学习，教人成长，这就是我们的价值观。”是的，用户价值、学习、成长，百度追求的不仅仅是自己成为赢家，而是和用户一起赢，一起去创造价值，一起学习和成长。这才是真正的“百度人”。

那么，如何去赢呢？对此，李彦宏有过一个著名的阐释，就是“简单、可依赖”和“风清气正”。李彦宏表示，“风清气正才能有战斗力”。而什么是风清气正？这包括：用户至上；胜则举杯相庆，败则拼死相救；不唯上；说话不绕弯子；公司没有政治；每个人都要捡起地上的垃圾；总是把最好的结果传给下一个环节……做到了这些，就是“风清气正”。

当然，说起来容易，做起来难。在公司内部或许可以将这些条条贯彻下去，可是企业文化并非只作用于企业内部，还会作用于外部。就对外而言，百度却并非一直得到人们的完全认可，尤其是广告竞价的营销策略，长期以来一直为人诟病，也曾因为魏则西事件一度将自己推上风口浪尖。在百度内部，也曾发生过因为对文化认同的分歧而致使高管流失的情形。

痛定思痛，李彦宏又一次给员工写了亲笔信，宣布百度文化重塑：成为最懂用户，并能帮助人们成长的全球顶级高科技公司。

“最懂用户”那是不用说了，百度已经有多年的技术积累、持续创新的产品以及海量、高质的数据，完全能够做到深刻理解用户、客户、伙伴，并为其提供最贴心的服务。

“帮助人们成长”，就是要让用户从百度提供的服务中不断增长知识，提升技能，而不是沉迷、消磨时间；以技术赋能的方式打造平等商业生态，帮助行业更加健康发展；为员工成长提供最佳的舞台；让百度不仅仅是百度人的百度，而是成为聚焦用户、成就他人，立足全球、有所作为的百度。

“顶级高科技公司”，这是百度的新愿景，也是面对未来AI时代的制胜之道。从一开始，李彦宏就怀抱着“技术改变世界”的坚定信念。20年过去了，这一理想不但没有动摇，反而愈发坚定。百度在科技方面持续加大研发投入，始终保持全球第一梯队高科技公司竞争力。近年来，作为国内最早布局人工智能的科技公司，百度一直致力于加速推进人工智能技术和场景的落地。目前，百度人工智能的影响力已经覆盖国民经济三大产业：在自动驾驶领域，百度先后推出全球首款L4级自动驾驶量产小巴和中国首款L4级自动驾驶乘用车；在农业领域，百度实现了通过智能遥感监测病虫害；在医疗领域，为助力医疗发展，百度AI眼底筛查一体机已经落地使用。此外，AI公园、智能音响、车载系统等也已经走进大众生活，一个技术改变生活的AI时代正在加速到来……

万丈高楼平地起，也许，人们看到的都是百度的荣光或者是喜欢百度提供的便利服务，但要真正了解百度，我们更应该从百度那些平易近人的语录中去仔细感悟：“人一定要做自己喜欢且擅长的事情”“专注如一”“保持学习心态”“百度不仅是李彦宏的，更是每一个人的”“给最自由的空间”“允许试错”“让数据说话”“高效率执行”“用户需求决定一切”“让产品简单，再简单”“认真听取每一条建议和投诉”……

这就是百度，一个力争用人类智慧的头脑，为“科技与人”这样宏大的时代命题提供完美解决方案的公司，一个敢于梦想并且走向卓越的公司！

卷四

中国企业文化名家访谈录

第三十二章

文化与经济：在融合中发展，在传承中创新

——访原商业部部长、中国企业文化研究会理事长胡平

记者： 您好，胡部长。作为中国企业文化的建设者、实践者、领导者，请您谈一谈，企业文化是在什么样的时代背景下进入中国的？中国形成自己的企业文化又是在什么时候？中国企业文化是否有自己的特点？

胡平： 好的。中国的企业文化有自己的历史，有自己的成长过程。西方企业文化进入中国，是在20世纪80年代的时候，改革开放初期。那时候的中国其实已经有了自己的企业文化，就是“爱国、创业、求实、奉献”的“大庆精神”和“两参一改三结合”的“鞍钢宪法”。比如，在“鞍钢宪法”中，“两参”就是干部参加生产劳动，工人参加企业管理；“一改”就是改革企业中不合理的规章制度；“三结合”就是在技术改革中实行企业领导干部、技术人员、工人三结合的原则。这是毛泽东主席在1960年3月的时候批示的鞍钢技术革新和技术革命的经验，将这种“两参一改三结合”的管理制度称为“鞍钢宪法”，成为区别于苏联的我们自己的企业管理制度。强调发挥工人的积极性，工人参与企业管理，慢慢形成了新型的社会主义企业的领导制度和管理制度。

西方的企业文化和我们不同，也自有其形成的背景，其形成过程与资本主义发展的进程是相吻合的。谈论西方企业文化，必须提到马克斯·韦伯的《新教伦理与资本主义精神》。新教伦理是对基督教的革新，主张人们应该从事世俗化的职业劳动，尽最大努力去创造财富，获得成功，同时又实行禁欲主义，最大限度地节俭，这种精神和资本主义精神完全一致，客观上推动了资本主义的发展，构成了资产阶级文化的伦理基础。

简单地说，不管是新教伦理也好，资本主义精神也好，都是提倡和鼓励大家去“争”的。因为他们相信达尔文主义，即“物竞天择，适者生存”的丛林法则。丛林法则就是“你强你吃掉我，我强我吃掉你”，认为这是天经地义的事情。当时资本主义兴起的时候，一些老牌的资本主义国家，例如葡萄牙、西班牙、英国、法国，他们的国王都积极主张扩张，发展海外贸易，实行海外殖民。他们鼓励臣民到处去占领土地，赋予他们对占领土地、城镇的财产所有权、统治权，以他们的名字命名……这和老的基督教的教义和文化是截然不同的。资本主义因此得以迅速发展了起来，一直扩张到五湖四海。不过这种丛林法则指导的竞争行为，后来还是导致了内部产生矛盾，其走向衰落是必然的。

中国的文化和西方的不一样。在中国人的文化里，是没有“争”这个概念的。中国人使用的是“竞”的概念。争，是你死我活，不是你吃掉我，就是我吃掉你，是完全相反的两个方向。竞，是在同一个方向上前进，一起往前走。这个不是我说的，是庄子说的，在《庄子·齐物论》中最早提出：“有竞有争。”后来有人注释：“并逐曰竞，对辩曰争。”在西方是没有“竞”这个概念的，只有中国有。在同一个方向上，一起往前走，你赢了，我赢了，最后大家都赢了。这个概念，在今天来说，就是习近平主席在日内瓦会议上提出来的、中国向全世界倡导的“人类命运共同体”，这是对中国传统文化的一个继承，也是一个创新。

说到底，西方资本主义有它的历史和进步意义，不能否认。但同时我们也应该看到，中国的文化有自己的特色，就文化意义上来说，我们比西方要深厚得多，我们的企业文化，也因此而具备了自己独特的内生文化动力。我们的企业文化在改革开放初期，有过照搬人家西方企业文化的阶段，将人家的理论、口号拿过来贴在墙上就用，但现在我们要创新，不但在国内创新，还要去全世界创新。人类命运共同体、“一带一路”，都是创新，是用我们的文化和经济去帮助全世界共同发展，实现共赢。这是非常了不起的，也是中国企业文化和西方企业文化的本质区别。

记者：请问您从什么时候开始关注企业文化？又是如何领悟和实践的？

胡平：我并不是研究企业文化的专家，我是长期搞经济工作的。1988年，我担任国家商业部部长,那时候，我就提出一个说法：“打破三尺柜台是一场革命。”经历过那个年代的人都知道，那时候你去买东西，是不能自己选的，要什么东西都要服务员给你拿。我记得是在广州，我开了一个会议，在会议上讲“打破三尺柜台是一场革命”。实际上是要大家打破计划经济的旧思维、旧框架，鼓励大家有市场经济的意识。说起计划经济的年代，我们的国家经济贫困、落后，现在想起来那时候百姓的生活真的很苦，很可怜。后来我在重庆的时候，又开了一个会议，叫作“四放开”，就是经营范围放开、价格放开、用工放开，财务收支放开，这就又进了一步。接下来，在我任上，把米票、布票又取消了。为什么？因为供应丰富了，不需要再按照计划供应了。就这样，一步步走过来。

从短缺经济、计划经济走向市场经济，要搞竞争，要解放和活跃生产力，这是当时大家的共识，但是思想的解放是要有一个过程的。我在商业部当部长的时候，朱镕基同志在上海当市长。他有一次向我汇报说，南京路上长不出大米来，要我给他调大米，我让他去其他兄弟省市组织协调，结果他去了，都没有搞到。后来放开了以后，我说：南京路上也能长出大米来嘛。这就是思维的放开了。朱镕基在上海搞了一个证券交易所，这就是走市场经济的路子了。不久，我在郑州也搞了一个交易所。本来要在武汉搞的，武汉研究了以后决定不要，后来就落户在郑州了。其实这个交易所一开始很明确，就是做期货交易。为此我们还派了很多人到日本、美国去学习怎么搞。曾经有个美国专家听说我们要搞期货交易，不屑地说：胡平在做梦！那时候在国内搞期货交易也的确阻力很大，但是势在必行。最终我们搞成功了，不过不叫期货交易所，叫“郑州粮食批发市场”。按我们自己的道路，用我们自己的方法，把交易所开起来了，那位美国专家也不得不服气。当时做这件事情，内部争论多的是，外界也有不少的争论，但是历史发展结果证明，我们走到市场经济这条路上是对的。郑州粮食批发市场开业的时候，我去剪彩，对他们说：“中国主张改革开放的人不会把你们这块牌子摘下来，反对改革开放的人也不敢把你们这块牌子摘下来。”因为期货交易是经过李鹏同志签字批准的，这算是中国期货交易的发轫了。

回顾以前的历史，我个人觉得，不是我这个人有什么先见之明，而是我主管商业部、全国供销社系统，不能不认真地思考这个问题：我们从计划经济走向市场经济，是历史的必然，不走向市场经济，我们就跟不上时代的发展。如何走向市场经济？就只有改革开放，只有创新创造。我是在岗位上不断地思考，然后通过不断实践，悟出来的道理。

记者：中国经济从计划经济走向市场经济，是历史的必然，也使得十多亿人民的生活发生了翻天覆地的变化。您对此可能理解更深一些吧？

胡平：我前面说过，中国有自己的企业文化，有“大庆精神”“铁人精神”，还有以“两参一改三结合”为代表的“鞍钢宪法”，不过那时候我们的企业文化还很不完善。“大庆精神”“铁人精神”究竟是什么？我参加过第一次“学大庆”现场会，当时提出来的口号叫“石油工人一声吼，地球也要抖三抖”，听着很振奋精神，实际上比较虚，没有说清楚在实际操作的层面上究竟应该如何做。

从计划经济到市场经济的转变，最难的还是人们思维方式的转变。旧的计划经济思维根深蒂固，想改革创新，就会有各种各样的“帽子”戴，阻力很大。

1982年的时候，我在福建当省长。那个时候当省长，地方经济的自由度还是比较大的，中央允许你去闯。当时开放搞活，引进外资1亿美元以下的，自己就可以做主，不需要申报中央，外资企业进来要土地，都可以给。那时候环境很好、很宽松，可以有各种经济手段，自主性比较强。但是有一个不得不面对的现实，就是我们的确很穷，福建更是一个穷得不得了的地方。当时一年的财政所收入只有18亿多元，加上中央补贴2亿多元，一年21亿多元，哪里都跟我要钱，我哪里有钱给他们？再到农村去看，穷得更是难以想象。我到安溪县长坑公社青苑大队去，看到的是大队办公场所破烂不堪，屋子里连个立脚的地方都没有，只能站在外面的院子里听汇报。我问支部书记，全大队人均收入多少？回答是74.50元，我问：还有其他的吗？支部书记说：加上劳务收入，82元多，其他再没有了。当时正好一群孩子放学，过来围着看热闹。我一看那些小孩子，一个个穿得很破烂，衣服没有一个不带补丁的，当时我的眼泪就掉下来了。后来又到了另外一个公社，去那里的学校一看，孩子们都在上课，也是个个都穿着打补丁的衣服。我拉住一个补丁最多的孩子，一数，衣服上有25个补丁，实在让人痛心。

这就是我们国家当时的穷困情况，后来经济发展了，一步步走过来了。当时没有公路，都是沙土路，我们提出要把公路修到公社所在地，现在是高速公路、高速铁路了，时代的变化很大。老百姓的生活水平提高了很多，我前面说过那个孩子，后来种茶叶致富，还来北京看过我。可以说现在的发展不但实现了我们那时候的理想，而且超出了许多。

记者：您长期抓经济工作，也对文化建设很关心。党的十一届三中全会就提出“两手抓，两手都要硬”，但是很长一段时间内，一手比较硬，一手比较软，文化和经济建设出现了不相对称的情况。您对文化和经济的关系怎么看?

胡平：文化和经济，有一个共同的特点，就是要讲融合的问题。我们在20世纪80年代的时候，学习西方的企业文化，实现了“请进来”，以西方企业文化为师。后来我们结合中国的企业特点，实现了自主创新，现在，我们通过“一带一路”，我们的企业文化实现了“走出去”。这是一个很有意思的过程。我们要走到全世界去，去帮助别的国家发展经济，同时输出我们的文化，这本身就是经济和文化融合的一个突出证明。

在我们古代先贤圣哲那里，融合的思想当然也是有的。但是经济和文化是分开来的,文化是文化，经济是经济。我在80年代末90年代初的时候，就经常问一个问题：咱们的孙悟空什么时候能打败米老鼠？咱们的孙悟空有七十二变，米老鼠有什么本事吗？没有。可是西方知道米老鼠的人远远超过知道孙悟空的人。那么孙悟空打不过米老鼠的原因是什么？就是文化和经济的结合问题。我们的孙悟空降妖除魔、三打白骨精、大闹天宫，热闹是热闹了，可是没有跟经济挂钩。米老鼠就不一样，是迪士尼公司精心打造的，构建了一个数十亿美元的商业帝国。除了动画片，又申请了专利，开发出各种玩具、礼品、食品……孙悟空的确是打不过米老鼠的。从这一点上讲，我们一直在说“物质文明精神文明两手抓，两手都要硬”，好像是融合的意思，但还是分开的。左手也抓，右手也抓，左右手还是分开的。我的理解是：文化和经济是手心手背的关系，一边是手心，一边是手背，是不可能分开的。只要真正实现文化和经济的融合，我们的孙悟空打败米老鼠是没有问题的。我们现在有世界第二的经济，有中华五千年悠久的传统文化。我们的经济和文化融合起来，要打败米老鼠并不难。不过这需要一个过程，我看可能要到改革开放100周年，也就是到2078年，一定是没问题的。我们一定要有这种自信心、自豪感，要有文化自信。

记者：中国企业文化建设过程中，有一种现象，就是关于国有企业的企业文化和民营企业的企业文化，究竟谁是主流？在发展方向上是否有所侧重？您怎么看？

胡平：我给你们讲一个故事。我去南京中山陵看的时候，看到“天下为公”四个大字，我就在想，这四个字应该如何对。天下为公，我对的是“地上谋事”。天对地，下对上，为公对谋事。天有天上，地有地下，天上、地下都不是人去的地方。人只能处于天下、地上两个层面。天下为公是肯定的，我们中华民族的理想和信念就是要天下为公，但是光有这么宏大的愿望和目标和不行，还不能忘记“地上谋事”，地上谋事就是要脚踏实地，一步步去走，一点点去做。地上谋事，一定要跟天下为公结合起来，否则就会有私心杂念，就会走歪路，变得很可怕。我讲的这八个字，不管是国有企业还是民营企业都是适用的。

关于民营企业，以前一直有个说法，叫“非公经济”，现在很多文件里也还这么叫，我认为是不对的。“非公经济”显得和“公”没有关系，民营企业和“公”没有关系吗？它合理合法地纳税，解决了大批的就业问题，这难道不是“公”吗？所以我觉得，“非公经济”的说法是不对的。应该认识到，民营企业和国有企业，各自有自己的领域，各自有自己的特点。民营企业做不到的事情，国有企业可以做到，例如航空航天领域，涉及国家核心利益的一些领域，国有企业发挥着中流砥柱的作用；反之，国有企业做不到的，民营企业可以做到，例如服务社会，为老百姓提供物美价廉的生活必需品，自主创新推动社会发展。就企业文化而言，我认为是不需要划分国有企业文化和民营企业文化的。企业文化是一个完整的概念，也是一个完整的体系，是不能分割的。

具体到国有企业和民营企业文化建设的发展方向，我觉得国有企业应该努力去进行标准文化建设。我们常说：“三流企业做产品，二流企业做文化，一流企业做标准。”中国改革开放之后，我们的企业都懂得了接受世界标准的重要性。但是只接受世界标准不行，我们还要制定世界标准。我们不能只是跟着人家走，一定要有能力去制定世界标准。我们现在已经制定了很多世界标准，但是还不够，还要有更多。我们目前已经完全具备了这个条件和能力，要有主导世界经济的自信。

对于民营企业的文化建设，我觉得在伦理文化建设上需要加强。大部分民营企业注重的是品牌，是营销，是产品，但是我觉得更应该强调伦理文化。去年（2017年）9月25日，中共中央、国务院颁布了《关于营造企业家健康成长环境弘扬优秀企业家精神更好发挥企业家作用的意见》，对企业家给予了肯定，对企业家精神也进行了详细的概括。这个意义非常重大。企业家应该看到自己的长处，也看到不足，加强自我修养。伦理文化在企业层面，就是要把企业看成一个“人”，企业要自我发展，也要反哺社会，主动承担起应该承担的社会责任。

我觉得，企业文化要强调社会责任，这一点在过去讲得不够。我认为，衡量一个企业，不管你是国有企业还是民营企业，你的企业文化的含金量，一个最重要的衡量标准就是看你的社会责任做得怎么样。我想讲一个历史故事：在明朝朱元璋的时候，有一个大商人叫沈万三，是江苏太仓人，号称富可敌国。在南京修城墙，和朱元璋对半而筑，还能先完工。后来又要出钱代替朱元璋犒军，惹怒了朱元璋，要杀他。幸亏有“大脚”马皇后替他说情，后来不杀头了，改为充军云南。他去了之后就再也没有回来，在临死的时候留下遗言说：不要大富，不要大红，他就倒霉在大富、大红上。我要给他的话再补上两个字：大德。一个企业家如果能做到大富、大红、大德，那么就是了不起的企业家。我们在改革开放40多年中，出现过很多大富、大红的企业家，可是真正有大德的企业家却不多。所以，我认为，作为一个企业家，首先要有大富、大红的愿望，同时又要通过实实在在的作为，主动担当社会责任，赢得大德的社会评价，这就是一流的企业家。

我还想再强调一点，国有企业和民营企业的企业文化建设，都需要一个引领，需要有理论指导。在这方面，我们的企业家协会、企业文化工作者，可以多做一点工作，一定要顺应历史和时代的发展，站在理论创新的前沿高地上，宣传企业文化，创新企业文化，呼吁、引领和培育企业家精神。企业家精神的寄托有两种形式：一种是企业的产品，一种是企业家。一定要全社会协同起来，给企业家创造良好的社会氛围和环境，同时，企业文化工作者尤其是专家学者，要在理论创新上下功夫，要传承中华文化的精华，跟上时代的步伐，将好的理论传播给企业家，在新的历史时期发扬光大，这是所有企业文化工作者的责任。

记者：党的十八大以来，党建工作在国有企业中的重要性不断提高。接着在党的十九大上进一步提出，党领导一切，党建工作更是被放在中心和引领的位置。请问党建和企业文化建设是怎样一种关系？如何融合？

胡平：东西南北中，党是领导一切的。党的建设工作有自己的理想，有自己的思想指导和奋斗目标。过去讲党建喊了很多口号，但是现在就很实际，十九大指出中国进入了社会主义建设的新时代，提出了建设现代化强国的新目标，并且具体提出了加强党的领导和党的建设的方略、方法。同样企业文化也有着自己的建设理想、目标和方法，是一个完全不同的领域，两者的关系可以说是密不可分又各有侧重的。相同之处我认为不管是党建还是企业文化，都要有中国特色，这是本质的问题。都要根据自身的发展需要，不能讲空话，要脚踏实地地去干，一步步引领企业向现代化发展。一定要立足于企业的发展，立足于中华文化的根，这是立于不败之地的前提；各有侧重，就不能是谁取代谁的问题，二者都有各自的体系，两个体系不能完全排斥，也不能完全替代，都有很大的开拓空间。此外还有很多的问题需要去深入地研究，例如中国企业走出去，怎么走出去？和当地的文化如何融合？我觉得在这一点上，我们的“一带一路”和习近平主席提出的“人类命运共同体”就做得非常好。以前我们叫世界大同，现在我们叫人类命运共同体，这就是一个创新，是在传承基础上的创新，将我们的“和而不同”“各美其美，美美与共”的独特理念传播到了全世界。这就是创造性融合。

最后，我还想再说一点，企业文化建设一定要将中国文化融合在里面，要在传承的基础上创新。企业文化要总结历史发展的规律，站在时代发展的潮头。一定要坚信中国文化是世界一流的，有自信才能实现自强！

（本文原载于《企业文化》杂志2018年1月刊。撰稿：刘若凝，林锋）

第三十三章

以企业文化建设提升中国企业“软实力”

——访国务院国资委原副主任、中国机械工业联合会会长王瑞祥

记者：王会长，您好！我们知道，您是企业文化建设战线上的老领导，对于中国的企业文化建设尤其是中央企业文化建设做出了很大的贡献。我们想了解一下，当初您是在什么样的情况下开始关注企业文化的？又是什么样的契机，让您产生了研究企业文化的想法并开始实践的？

王瑞祥：好的。对于企业文化建设，我不敢说有多么大的历史贡献，但是作为中国企业文化尤其是中央企业文化建设的参与者、见证者，如今以历史的亲身经历者的身份来回顾那一段历史，我还是有很多感想的。

应该说，“企业文化”概念是舶来品，最早在20世纪80年代从美国传入中国，但是起源地却在日本。当时有一个背景：日本在“二战”以后迅速实现了经济崛起，尤其是在六七十年代，日本企业生产的产品遍布欧美，令欧美的企业感受到了很大的压力。为了了解日本企业的成功秘密，找出日本企业的核心竞争力究竟何在，美国派了一大批专家到日本去进行实地考察和调研，最后得出了一致的结论：日本的企业所以比美国的企业更有竞争力，就在于日本企业不论规模大小，生产的产品是

什么样子的，都有一个统一的特点，就是都非常重视文化建设。每个企业都有自己特色的文化，企业员工的向心力和凝聚力很强，有强烈的责任感、自豪感和荣誉感，都有视企业为家园的精神归宿感，正因为如此，日本企业才有了令人惊叹的核心竞争力。在这次大规模调研日本企业基础上，美国学术界正式提出了“企业文化”概念，并且出版了一批专业书籍，包括《企业文化》《日本企业管理艺术》《Z理论——美国企业界怎样迎接日本的挑战》《寻求优势——美国最佳管理公司的经验》，标志着企业文化理论正式形成，然后传入了中国。

“企业文化”的概念传入中国以后，引起了当时学术界、企业界的高度重视，像韩天石、胡平、厉以宁、吴敬琏、周叔莲、王珏和贾春峰等一批人就开始研究。我开始关注企业文化，是在中央企业工委当副书记的时候，后来到了2003年，中央企业工委撤销，建立了国务院国有资产监督管理委员会，我是副主任，分管党群工作，其中就包括企业宣传工作。

那时候我就发现，很多人对企业文化说不清楚，也不大重视，认为企业文化就是简单的文化娱乐活动，最多就是弄几句口号，贴在墙上，就叫企业文化建设了。很多人都对企业文化有一种陌生感。那时我就感觉到，企业没有文化不行。这就好比一个人没有灵魂，就不能称为一个真正意义上的人。

同样，企业没有文化就没有灵魂，就不是一个真正意义上的企业生命。企业是有生命的，它不是孤立的，而是要和社会发生关系的。企业文化也不是孤立的文化，而是与社会、时代的文化，与整个人类创造的文化息息相关的。文化是人们创造的物质和精神成果的总和，企业文化同样是企业创造的物质和精神产品的总和。一个企业不管规模大小，一定有自己的文化，而每一个企业的企业文化，一定又是不一样的，各自有各自的个性。只有具有自己个性的企业文化，才是最适合企业的，才能被企业的全体职工广泛认同和接受，才是真正的企业文化。

记者：中国企业文化的形成和发展，可以分为国有企业企业文化的建设和发展，以及民营企业的企业文化建设和发展两大部分。其中国有企业的企业文化建设尤其是中央企业企业文化的建设和发展，有一个里程碑，就是《关于加强中央企业文化建设的指导意见》(以下称“指导意见”)。作为首个以国家部委名义下发企业文化建设指导意见的积极倡导者，以及这个“指导意见”的起草领导者和主要参与者，请您讲讲当时情况好吗?

王瑞祥：是的，自从企业文化学说提出以后，在中国，最早进行企业文化建设的是民营企业、三资企业，以及一批管理意识较强的国有企业。而在中央企业全面倡导和推行企业文化建设的一个标志，就是国务院国资委在2005年正式下发的《关于加强中央企业文化建设的指导意见》，首次系统性地介绍了企业文化学说，强调了企业文化建设实践的重要作用，以及具体对企业文化建设如何进行指明了实践路径。

关于“指导意见”的起草缘起，要追溯到2003年。我在大庆油田搞了一次调研。大庆是毛泽东主席亲自树立起来的中国工业交通战线的一面红旗。1964年2月13日，毛泽东主席向全国人民发出号召：“要学习解放军、学习石油部大庆油田的经验。”此后，全国工业交通战线就掀起了学习大庆经验的运动。“大庆精神”“铁人精神”迅速传遍了全国，家喻户晓。

2003年，是大庆油田“铁人”王进喜诞辰80周年，也是他所在的1205钻井队建队50周年。我去大庆油田参加庆祝活动，抽了一天半时间，马不停蹄地跑了13个单位。我在这些地方看完以后，感受可以用“震撼”来形容，因为我从大庆油田的各个基层单位的干部职工身上，看到了“大庆精神”“铁人精神”仍然在传承，在继续发扬光大。参观完毕后，我就组织召开了一个座谈会，把油田、管理局、炼油、石化四大班子都召集起来，做了一个讲话。我说：“大庆还是大庆，大庆就是大庆，大庆精神没有变，大庆旗帜也不会倒。‘大庆精神’‘铁人精神’仍旧值得肯定和学习。”这番话对于当时正处在特殊的困难和压力下的大庆人来说，是起到鼓舞作用的。

我当时就有一种认识："大庆精神""铁人精神"就是中国特色的企业文化。虽然"大庆精神""铁人精神"总结提炼的时候，还没有企业文化的概念，还没有诞生企业文化学说，但是"大庆精神""铁人精神"就是企业文化，她具有鲜明的民族特色，有着强烈的时代特征，同时又有大庆自己独特的特点，是被广大的干部职工所广泛认可、接受并自觉践行的一种活生生的文化，她就是大庆油田的根和魂。在这个过程中，我就有一个想法，在适当时候组织中央企业的党委书记们到大庆开个会，实地考察学习一下，这次会议的主题就是企业文化建设。

为了筹备这次重要的会议，2003年，我们组织力量，深入50多家企业中去调研、摸清中央企业企业文化建设基本情况，组织了多次不同范围的研讨会议，认真收集和查阅了105家企业上报的260多份相关成果和材料，同时还专门抽调中央企业具有比较丰富的企业文化建设经验的同志，成立了《建设先进企业文化 打造中央企业核心竞争力》课题组，开展深入研究。

2004年，我们在大庆油田礼堂召开了企业文化建设研讨交流会，深入总结和研讨中央企业企业文化建设的基本经验、基本要求，全面部署各项工作。在这次交流会上，我做了两个多小时的报告，系统地阐述了企业文化的概念、企业文化建设的重要作用、企业文化建设的内容、企业文化建设的原则、企业文化建设的方式方法，等等。伴随着这次重要会议的召开，整个大庆油田上下像过年一样兴奋，因为他们觉得自己又一次得到了认可。而来自全国的中央企业单位，也被大庆精神铁人精神所感动，感受到了企业文化的巨大力量。

2005年，我国企业文化建设史上第一份由国家部委正式颁布的有关企业文化建设的重要文件《关于加强中央企业企业文化建设的指导意见》由国务院国资委正式制定下发，明确了中央企业开展企业文化建设的重要意义、指导思想、总体目标与基本内容，提出了组织实施的基本原则和工作要求。2006年，又先后召开企业文化建设研讨会和工作推进会，进一步明确了中央企业企业文化建设的基本要求。2007年，研究提出了建设具有中央企业特色的企业文化建设评价指标体系。

现在看来，《关于加强中央企业文化建设的指导意见》的出台的确是中国企业文化建设史上的一件大事，也可以说是标志性的事件。因为我们第一次用自己的语言，讲清楚了什么是企业文化、如何来建设企业文化等问题。我们认为，企业文化是一个企业在长期生产经营和管理活动中倡导、积累、经过筛选提炼形成的，是具有本企业特色的、以企业管理哲学和企业精神为核心，以企业最高目标、共同价值观、优良作风、行为规范、标识、环境等为主要内容的，能激发和凝聚企业员工归属感、积极性和创造性的人本管理理论和管理行为。企业文化有三个基本内容，即精神文化、制度文化、行为文化，企业文化建设叫“三化”，即内化于心、固化于制、外化于行，这“三化”也就是企业文化建设的过程。

应该说，中央企业企业文化建设，是伴随着国企改革脱困的大的时代背景一起进行的，从对企业文化的不了解到逐步了解，从不重视到越来越重视，从不会干到逐渐熟悉，从片面化、简单化到形成体系、形成机制，最终形成了有统一的组织领导、有明确的目标导向、体现企业特色、与企业改革发展相适应同进步的局面，这是非常可喜的。应该说，企业文化建设从自发到自觉，对打造中央企业核心竞争力，提升中央企业“软实力”起到了重要的推动作用。

记者：在企业文化建设实践中，有人认为，企业文化是没有国界的，但是也有人认为，企业文化一定要有自己的个性。日本企业文化和美国企业文化不同，美国企业文化又和中国企业文化不同。中国企业文化应该有自己的特色并突出自己的个性，对于这个问题您是怎么看的？

王瑞祥：当然，文化是有属性的，中国企业文化首先是中国的，是中华民族的，代表先进文化、先进方向，核心价值观是社会主义核心价值观，是以爱国主义为核心的民族主义，以改革开放为核心的时代精神，这些必须在企业文化中得到浓墨重彩的体现，而且要放在核心地位。企业文化不是什么人一拍脑门，随便琢磨几句话，写在纸上，贴在墙上，就叫企业文化。企业文化建设要避免两个问题：一是复杂化，就是企业老总请来所谓专家，搞一本厚厚的企业文化手册，然后谁也不看，束之高阁，藏之密室。二是简单化，就是喊几个口号，制作几个标识，弄一个厂歌，就当作企业文化，实际则与企业管理、生产严重脱节。我认为一个企业真正的企业文化，一定是在大的方面符合历史潮流，符合国家发展的。具体到企业来说，就是要反映企业的价值观和相关理念，体现企业的道德观念、发展愿景和行为规范，被广大的职工所认知、认可、认同，变成广大干部职工的行为自觉，体现在生产、管理以及经营的全过程。一个国家和民族的企业文化有自己的特点，一个企业的企业文化也必须有自己的个性特点，不如此就不是真正的企业文化，同样只有个性特点而不被员工广泛认可的也不是企业文化，只有被大家广泛认可、自觉接受，并潜移默化变成共同的行为规范的，才是企业文化。

所以我有一个观点，文化不是自然生长出来的，文化是一种养成。要搞好企业文化建设，首先要领导重视，要从上到下，率先垂范。其次是在日常生活中潜移默化，进行培育。最后要遵循企业文化建设的规律，要讲科学。

记者：习近平总书记在全国国有企业党的建设工作会议上发表重要讲话指出，“坚持党的领导、加强党的建设，是我国国有企业的光荣传统，是国有企业的‘根’和‘魂’，是我国国有企业的独特优势”。您认为国企党建工作与企业文化建设工作是一种什么样的关系？

王瑞祥：的确，习近平总书记讲话从根本上指明了党建工作的重要性。中央企业作为践行党和国家政治目的和经济社会发展目标的经济组织，更要始终坚持党的领导、持续加强党的建设，坚决筑牢“根”和

“魂”，推动党的领导、党的建设得到根本加强。

前面说过，从2000年以后，国企改革脱困情况进展逐渐好转，而且不断加快发展。这里面有党的政策，有经济管理面向市场的变化等很多因素，但是最重要的一条还是在于重视党的建设。

其中，重视党的建设，一个主要表现就是重视了企业文化建设。加强党的建设，就是要加强政治思想宣传工作，而企业文化建设是宣传思想工作的一个重要方面，是党的建设工作的进一步延伸。党的建设并不仅仅是党组织的事情，也不仅仅是全体党员的事情，而是要做好广大员工的工作，要和企业发展、企业的经济建设紧密结合起来，要为中心服务，通过文化建设来推动企业发展，通过文化建设来提高向心力，增强凝聚力，提升企业的软实力。所以说，党建工作对企业文化负有责无旁贷的领导责任。

习近平总书记对文化建设非常重视，指出文化是一个民族的灵魂。一个国家和民族不重视文化建设，就会没有方向，对于企业来说也是如此。企业文化建设是党的工作的延伸和扩展，扩大了工作平台，增加了工作内涵，增加了“接地气”因素，因为企业文化建设抓的都是和职工的愿景、职工的利益息息相关的事情，要让职工知道自己的利益和企业的发展是联系在一起的，只有全身心致力于企业发展，认真做好自己的本职工作，企业和个人才能有更好的发展。党建工作和企业文化建设工作是不能割裂的，而是相互融合、相互促进、相互补充的关系。真正了解企业文化是什么，就一定会深刻认识到这种互补关系。

说到底，企业不能为了发展而发展，而是要围绕发展目标，要承担社会责任，要造福社会和人民，这就必须凝聚人心，企业文化最核心的东西就是人本理念。以人为本，调动人的积极性、创造性，增加职工的向心力、凝聚力，这样的文化才是企业文化。

记者：党的十九大报告中指出，文化是一个国家、一个民族的灵魂，没有高度的文化自信，没有文化的繁荣兴盛，就没有中华民族伟大复兴。说到文化自信，我们中国特色的企业文化是否也是一种文化自信？

王瑞祥：是的，中国特色的企业文化当然是一种文化自信，我们也应该有这样的文化自信。我们相信上下五千年中华文化是优秀的，是可以传承的，在整个国家、民族发展过程中，我们是有自己的精神家园的，这种自信应该是理直气壮的。具体到企业文化建设中去，就是要把爱国主义、时代精神融入企业管理中。国家和民族有自己的愿景，企业也有愿景，但出发点一定是首先符合国家和民族的发展大势，要为了实现中华民族伟大复兴的中国梦而奋斗，要为了建成社会主义现代化强国而贡献力量，担当责任，这样就形成了文化自觉。

当然，光有文化自觉还不够，还必须在企业文化的建设过程中去抓落实，要持之以恒，不能忽冷忽热。大家都有了自觉，伟大复兴就有了精神支柱。什么叫灵魂？民族有民族灵魂，企业有企业灵魂，企业文化、企业精神就是一个企业的灵魂。企业文化虽然是舶来品，但是我们的国有企业早就有了自己的灵魂，“大庆精神”“铁人精神”“两弹一星精神”“载人航天精神”“青藏铁路精神”等，都是代表了中华民族的特色文化和反映时代的先进文化，值得我们好好加以珍惜和传承！

（本文原载于《企业文化》杂志2018年6月刊。撰稿：刘若凝，林锋）

第三十四章

让企业文化更有生命力

——访北京大学原副校长、光华管理学院博士生导师张国有教授

记者： 您好，张校长，请您结合个人工作经历，谈一下您从什么时候开始关注的企业文化？最初对企业文化是怎样认识并形成个人理解的？

张国有： 好的。从20世纪80年代我在北京大学开始从事企业管理领域的研究与教学工作。最初几年，并不涉及企业中的文化问题，后来发现，企业的战略经营、未来的持续性、生存与更好地生存等，都与企业的信仰、使命、核心理念、基本规则、习惯、传统等密切相关，于是，企业的文化问题进入我的视野。1988年，“企业文化”在中国受到关注，我觉得很有趣，就在这一年的11月23—27日，中国企业文化研究会在北京举行的“企业文化理论与实践研讨会”上，我提交了一篇文章——《作为运行力的企业文化》。当时我的看法是：企业文化不是一种观念上的描述、理论上的抽象概念或者某种单纯的文化教育形式，而是企业运行力。物质文化是企业生产力，它表达的是企业的生产活动，精神文化是企业生产力精神，它表达的是渗透于生产活动中的理想、价值观、管理方式、行为风范等。除非为研究的需要把它们分割开来，实际运行中，它们总是紧密地融合在一起，共同发挥作用，决定着企业的生

存和发展。这是我首次涉足研究文化在企业运行中的机制性问题。从此，我将企业文化作为企业成长的一部分，到企业做调研，参加相关的论坛，写文章、出版企业文化著作等，逐渐形成自己的见解。

记者：具体说来，您对企业文化是如何理解的？

张国有：关于对企业文化究竟怎么理解，到现在人们仍然在争论。企业管理比较容易理解，企业文化难以捉摸。有人不由自主地将其归为唱歌跳舞、读书看报、思想工作、品牌宣传、形象设计等。其实，这些方面是企业文化或文化活动的组成部分，并不是企业文化的全部或企业文化的核心。企业文化的核心在于它是企业成长的动力机制，企业文化要解决的问题是企业成长的动力系统问题。我的看法是：企业文化是企业人的族群在自己的生存发展中所积累起来的理念、规则、习惯和传统的总和，这个总和形成这个族群成长的动力和生存的机制，形成企业成长的驱动力。我们看生产汽车，如果采用世界最先进的汽车生产线生产同一类汽车，美国人和日本人的企业效率就不一样，因为企业人的族群不一样，不能用鼓励日本人的方式去鼓励美国人。同样，德国人、希腊人、埃及人、中国人、印度人等各自的企业效率、效果也不一样。这里的差别不在技术、资金、设备等硬体结构，而在于组成企业的人的族群及其理念、规则、机制等软体结构不一样，不同信仰的人有不同的动力趋向。

记者：有人认为企业文化是20世纪80年代才出现和发展的，并传入中国，似乎企业文化是一下子出现的，而在此以前则没有企业文化，您认为是这样吗？

张国有：我认为这种看法非常偏颇。因为企业文化是与企业共始终的。如果从世界性的手工制造工厂开始，有法律认可的企业建立以来，也有200余年的时间。那时企业有自己的宗旨，训诫、商号、交易规则、习惯、传统等，这就是文化。只是到了20世纪80年代，有人才将上述的各个方面归结为企业的“文化”，称谓不同而已。例如，北京同仁堂创建于1669年，到2017年，已有348年历史。1702年，北京同仁堂提出了“遵肘后，辨地产，炮制虽繁必不敢省人工、品味虽贵必不敢减物力”的训诫，并为同仁堂制作药品建立起严格的选方、用药、配比及工艺规范。这就是300多年前的企业的生存理念和生存机制的一部分。这难道不是企业文化吗？美国的日裔学者威廉·大内认为：“企业文化是一个公司的文化由其传统和风气构成，此外还包括一个公司的价值观，如进取性、守势、灵活性、确定活动、意见和行动模式的价值观。”这里所指的企业传统、风气、价值观等只是30多年前才出现的吗？显然不是。

所以说，只要有了企业，就有了企业文化。人造了企业，同时也造了企业文化。

记者：对于企业文化的理解，因人而异，但应该也存在一些共性。您认为企业文化的共有特点是什么？

张国有：我认为，看企业文化的视野要有独特的眼光。企业是什么？通常我们怎么看企业？企业有五个特征：第一，企业是人造的机构；第二，具有解决某种问题的能力，提供某些社会需要的成果；第三，以营利为生存的手段；第四，法律认可的法人组织；第五，将相关的资源，组织在投入产出流程之中，形成有效的能量循环。我们看待企业和评价企业，平常关注比较多的是环境（市场变化）、手段（技术方法）、资金（筹资投资）、人员（人力资源）、结构（组织设计）、信息（计划指令）、网络（社会联系）、物流（仓储供应）、盈余（利润、声誉）、战略（发展、变革）等方面的配置和运行，但对这些方面背后的信仰、理念、规矩、机制、习惯、传统等关注的比较少。企业文化关注的重点就是这些平时关注的比较少的背后的部分，而这些恰恰是企业的持续发展的动力系统。如果把企业看作一个人，那么，刚出生的婴儿，无论在哪个国家，其物理结构、化学结构、生命机制，除男女差异外，没有什么区别。根本区别在于把他（她）放在哪里，受什么样的教育，从小灌输给他（她）什么语言、什么信仰、什么规矩，就会在他（她）

的身上体现出什么风俗、什么习惯、什么传统。其实硬件都差不多，区别在软件。所以，企业文化要追寻的是企业运行背后的人的信仰、理念、规则、习惯和动力机制问题。企业文化就是在企业“硬件系统”的基础上，侧重追寻企业的“软件及软件驱动”问题。

记者：今年（2018年）是中国改革开放40周年，中国特色社会主义也进入了新时代。40年来，伴随着中国企业的实践与发展，企业文化建设取得了丰硕成果，也从感性认识进入了理性思考阶段。请问您认为在新时代里要让企业文化更好地发挥作用，还应该从哪些方面加强和提升？

张国有：40年前，那时强调的是企业精神、作风、制度、传统，如“鞍钢宪法”“大庆精神”“吉化作风”以及模范人物、企业目标、企业传统等，这些属于精神文明建设。企业设立有宣传部门，主管企业的党的宣传工作和精神文明活动。这个时期，虽然没有用“企业文化”来概括，但做的是企业文化的事情。改革开放后，“企业文化”及其一套概念逐渐成形，与此相关的企业使命、价值观、愿景、目标、规范、故事、形象设计等新的思维，接连出现。将过去的精神文明活动纳入“企业文化”的轨道，推动“企业文化建设”，用“企业文化”的一套范畴来解释企业文化活动。有的企业，将企业文化部和宣传部合署办公，两块牌子一套人马，将企业文化与企业宣传又连在一起。最近5年，开始有人将企业文化上升为企业生存的机制来考虑，我就是其中一个。我主张将企业文化看作企业成长的动力系统，看作生存和更好地生存的机制。2017年我出版了一本书——《企业驱动力：文化的力量》，讲的就是这个道理，并用十多个企业的经历来说明这个道理。我觉得企业文化应该在新时代有新的升华，用新的视角去观察，用新的理念去解释企业文化问题，这样才能让企业文化更加具有活力，具有生命力。

（原文载于《企业文化》杂志2018年2月刊。撰稿：刘若凝，林锋）

第三十五章

塑造中国企业之魂

——访清华大学经济管理学院人力资源与组织行为系原主任、博士生导师张德教授

记者：张教授，您好！今年是中国改革开放四十周年。回首四十年，中国取得了世界瞩目的经济成就，并在这个过程中实现了文化的传承、文化的变革和文化的创新。这其中就包括中国企业文化从理论引进到实践探索再到创立有中国特色的社会主义市场经济企业文化。作为中国企业文化学界最早进行理论研究和实践探索的第一批学者，也是企业文化“中国学派”的主要代表人物，请问张教授，您是从什么时候开始关注和研究企业文化的？中国企业文化兴起的时代背景是怎样的？

张德：的确，我最早是从1986年左右开始研究企业文化，当时企业文化的概念和理论刚刚传到中国，是中国第一批从事企业文化理论研究和实践探索的学者，而且从一开始就旗帜鲜明地提出要创立中国特色的企业文化，所以被称为“中国学派”。

说起来，企业文化并不是什么新鲜玩意儿，有企业就有文化，它是一个客观的存在。中国的企业文化伴随着中国现代企业的发展，已经走过了将近一个世纪的历程。尽管中国过去并没有企业文化的说法，但是早期民族工业的儒商色彩、革命战争时期军工企业的优良传统、社会主义建设时期国有企业的制度特色和精神传承，都基本上反映了中国企业

文化的阶段性特征。

1978年以来，改革开放把中国从封闭中解脱出来，中国企业在西方物质文明面前看到了差距，引进外国设备、技术以及管理成为许多企业管理者的共识和企业经营的潮流。在管理方面，我们是学习泰勒的科学管理、从严治厂？还是学习行为科学、企业文化理论，实行以人为中心的管理？在认真学习西方的管理理论、深入考察发达国家先进企业后，使中国企业界颇为惊讶，并很快从企业文化这一新的管理思想中受到启发和鼓舞，企业文化建设的热潮很快在中华大地蓬勃兴起。

一方面，我们出版了许多介绍美国和日本企业文化理论和实践的书籍，普及企业文化的理论、扩展企业文化理论的影响，同时总结中国企业培育企业精神、企业作风的经验，进而迅速推动了对中国企业文化的研究，相继出版了一些关于中国企业文化的专著。影响较大的中国企业文化专著有:《中国企业文化——现在与未来》《企业文化学》《企业文化论》《企业文化建设的运作》《中国名牌论》《企业文化与CI策划》《文化力制胜》《企业文化》《企业文化——人力资源开发与经济增长的关键》《企业文化建设》等。同时，《企业文化》《中外企业文化》等期刊创办，很多经管类期刊也开设了企业文化专栏，中国企业文化研究会、中国企业文化促进会等学术团体先后成立，对推动企业文化建设起到了积极作用。

另一方面，企业界借鉴了企业文化理论，快速推动中国的企业文化的实践，很多地区和企业纷纷召开企业文化研讨会，互相交流和学习。20世纪80年代中期，二汽、长钢、大同煤矿、白云山制药厂等，在企业文化建设上取得突出成绩。20世纪90年代以来，海尔、长虹、华为、万科、联想、海信、红塔、同仁堂、宝钢、中兴通讯等企业，以引人注目的业绩跃居行业前茅，并培育出各具特色的优良文化。外资企业、合资企业在文化冲突与融合的过程中，探索出中外合璧的企业文化，例如西安杨森、北京松下、扬子石化—巴斯夫公司等。广大民营企业从诞生伊始就从市场经济的搏击中体会到企业文化的重要性，像华为、海底捞、天正、美特斯邦威、亚都、奥康等都形成了品位较高的企业文化。《联想为什么》《亚都物语》等书籍就反映了中国企业家在改革开放的早期实践中对企业文化的思考。

也正是因为有了以上大批中国学者的努力，和中国企业、企业家的探索实践，大约从20世纪90年代中期开始，形成了中国特色的企业文化理论。

记者：说到中国特色的企业文化理论，不能不提您写的《中国企业文化——现在与未来》一书。该书被誉为“中国企业文化研究第一部专著”，也是企业文化“中国学派”的开山之作。请您谈谈这部书好吗？

张德：好的。《中国企业文化——现在与未来》的确是第一本研究中国企业文化的专著，是我和刘冀生合作完成的，1991年由中国商业出版社出版。时任中国企业管理协会会长袁宝华题词“艰苦奋斗，爱厂如家，开拓创新，振兴中华”。中国企业文化研究会副会长陈清泰题词“建设企业文化，开发精神力量”。当时，这本书在学术界和企业界引起了很大反响。

应该说，这本书的贡献在于初步构建了中国特色企业文化理论的框架。

第一，提出了对企业文化内涵的中国理解：企业文化是企业全体职工在长期的生产经营活动中培育形成并共同遵循的最高目标、价值标准、基本信念及行为规范。

第二，提出了对企业文化结构的中国理解：三层次模型。第一层是物质层：包括厂容厂貌、产品的外貌和包装、技术工艺设备特性等；第二层是制度层：包括工作制度、责任制度和特殊制度；第三层是精神层：包括企业经营哲学、企业精神、企业风气、企业目标、企业道德等。

第三，界定了企业文化与企业思想工作的关系：作为中国特色，中国国有企业中设有党委，主要负责开展思想工作。该书指出其利是企业文化建设的优越条件，其弊是容易发生党政“两张皮”的问题，也容易用思想工作取代企业文化建设。为了解决此问题，必须界定两者的关系——相互交叉、互为依存。这一观点今天看来仍然不过时，充满积极意义。

从内容上看，企业文化的精神层都属于思想工作的内容，而其制度层和物质层则属于企业经营管理范畴。

第四，揭示了企业文化的性质，即无形性、软约束性、相对稳定性、连续性和个异性。

第五，明确了企业文化的作用，即导向作用、约束作用、凝聚作用、激励作用、辐射作用。

第六，归纳了企业文化的影响因素：民族文化因素，制度文化因素，外来文化因素，企业传统因素，个人文化因素。

第七，分析了中国企业文化的民族土壤：包括对中华文明的辩证分析；传统文化的十大观念——入世精神、伦理中心、重义轻利、中庸之道、重视名节、勤俭传统、廉洁意识、家庭观念、任人唯贤、辩证思维。

第八，总结了中国企业文化建设的有益经验：早在20世纪50年代初，我国企业就广泛开展了以技术革新、劳动竞赛为内容的职工小组活动；我国职工长期培养了“爱厂如家”的精神；我国企业长期形成了艰苦奋斗的优良传统；我国已初步摸索出一些先进的管理思想。

第九，对外来文化的正确取舍：对外来文化的借鉴，最忌盲目照搬。我们应该立足于中华民族文化传统和社会主义企业的独特个性，吸收外来文化的优秀成分，舍去外来文化的劣性成分。

第十，我国职工队伍素质与企业文化：根据全国总工会的职工调查数据，分析中国职工的需要层次分布，指出企业文化的设计不能脱离职工队伍素质的现状。

第十一，创造性地提出了中国企业文化建设模式：一是中国企业文化的观念体系——振兴中华的共同理想、爱厂如家的主人翁精神、艰苦奋斗的优良传统、以人为本的经营思想、友爱和谐的同志感情、四海一家的服务观念、求实严谨的科学态度、开拓创新的变革精神、追求最佳的竞争意识、合法求利的效益观念、唯物辩证的策略思维、走向世界的战略眼光；二是中国企业文化的道德规范体系——忠诚、无私、勤劳、节俭、团结、廉洁、自强、礼貌、遵纪、守信；三是中国企业文化的制度体系——厂长负责制与党委领导的和谐一致、“各尽所能，按劳取酬”的分配制度、物质激励与精神激励相结合、职代会的参与决策与监督制度、任人唯贤平等竞争的人事制度、严格管理与思想政治工作相结合的管理模式；四是中国企业文化的物质文明——产品和包装的审美价值、厂容和厂貌的文化功能、技术和设备的精神凝聚、物资和能源消耗的节约。

第十二，中国企业文化建设机制、企业文化建设的实施艺术。

该书后还附录了中国解放前民族资本企业10家、当时中国企业230家、外国企业30家的企业文化，其中128家作为案例在该书正文中进行分析。

可以看出，该书不论在理论框架、还是在具体观念上，都体现了中国特色，而且逐步取得更多中国学者和企业家的认同，形成了中国特色的企业文化理论。

从1991年至今，又过去了近30年，中国特色的企业文化理论与实践，又有了很大发展，但是根本宗旨和主要内容都没有脱离本书范畴。

记者：改革开放以来，企业文化也跟随时代大潮起起伏伏，有热潮，也有遇冷。其中您的关中国企业文化建设的“两次热潮”论，得到很多人认同。请问您具体是如何划分的时间段？您认为解决了什么问题？

张德：如前所述，中国企业于1984—1988年经历了第一次企业文化建设热潮。当时，中国企业界对西方的企业文化理论进行热烈的研讨，并结合中国企业情况，完善了自己企业的企业精神、企业作风等等。与第一次企业文化建设热潮相伴随的是第一次思想解放运动，企业初步从计划体制的羁绊中解脱出来，开始树立商品经济观念、竞争观念、追求利润的观念、效率和效益观念、开拓创新观念、市场营销观念、战略观念、人力资源开发观念等，极大地推动了中国的改革开放和企业生产力的提高。

第一次企业文化建设热潮主要解决的是改革开放以来思想如何解放，如何借鉴发达国家的企业经营管理理念，如何总结中国企业自身的经验和教训，企业文化理论的“中国学派”如何构建，如何推动中国企业文化的创新和发展。

2001—2008年，是中国企业文化建设的第二次热潮。面对经济全球化和知识经济的挑战，特别是中国加入WTO，发展社会主义市场经济，越来越多的企业管理者学习企业文化的理论，越来越多的企业把企业文化策划和企业文化更新列上议事日程，越来越多的学术团体和政府部门召开了丰富多彩的企业文化研讨会。与第二次企业文化热相伴随的是第二次思想解放运动。如果说，20世纪80年代第一次思想解放运动的主题，是由计划经济体制向市场经济体制转轨的话，那么第二次思想解放运动的主题则是由不规范的相对封闭的市场经济向规范的、全球化的市场经济转变。它所解决的课题是：中国企业如何走向国际化经营之路，如何面对全球化的竞争，如何与跨国公司争夺稀缺人才资源，如何应对知识经济，如何规范市场运作，如何进一步改革和完善企业经营和管理。总之一句话：如何走出一条独具特色的社会主义市场经济之路。如果说第一次思想解放运动使“社会主义计划体制的意识形态”走下神坛，那么第二次思想解放运动使“社会主义市场经济的意识形态”走上神坛。

在第二次企业文化热潮中，中国企业思考和解决的重要课题有：企业文化与企业竞争力；经济全球化与中外企业的文化较量；企业核心价值观与企业可持续发展；知识经济与文化管理；和谐社会与和谐企业、和谐文化建设；企业文化与企业形象战略、名牌战略；中国企业面临的思想伦理道德课题；企业重组与文化融合；企业改制与观念更新；现代企业制度与现代企业文化的同步建设；跨国并购中的文化冲突与文化融合；企业文化与企业凝聚力；企业经营者素质与企业核心价值观；构建学习型组织与企业文化建设；企业文化建设的领导体制；网络时代对企业文化的影响；中国企业文化建设的操作艺术；“深化改革，扩大开放”与中国企业价值取向的变革；等等。

如果说，第一次企业文化热潮回答了中国要不要建设中国特色企业文化的问题，那么第二次企业文化热潮则回答了中国应该建设怎样的特色企业文化以及如何建设的问题。

记者：您认为中国企业文化建设第三次热潮会在什么时候到来？

张德：我认为中国企业文化建设第三次热潮，应该是在2020—2030年。伴随着党的十九大召开，中国特色社会主义进入了新时代。以习近平新时代中国特色社会主义思想为新的指引，以建设社会主义现代化强国为新蓝图，改革进一步深化，开放进一步扩大，中国企业文化也必然面临新的变革。主要内容包括：坚持社会主义方向，坚持技术创新，把“中国制造”转变为“中国创造”，以及在扩大开放中如何解决好跨文化管理的问题。主要回答的问题是：如何在党的领导下，建设社会新时代的企业文化；如何进一步突出社会主义精神，重点是突出人民当家作主的主人翁精神，如何重建企业职工的主人翁地位；如何进一步发扬勇攀高峰的创造精神、大工匠精神，赢得在信息技术和人工智能领域的残酷竞争；如何在扩大开放中赢得与西方的文化较量，如何进一步发扬和谐共赢的精神，促进“一带一路”倡议的实施；等等。

在第三次企业文化建设热潮中，不能忽略互联网时代带来的挑战和机遇。这些挑战包括：应对价值观多元化的趋势，企业如何办好自己的网站和“朋友圈”，以及如何培育一个能够凝聚人心的共同价值观，如何让大家在战略方向上保持一致，形成企业文化鲜明的主旋律，等等。

记者：请问张教授，市场经济的本质规律是讲“竞争”，而中华传统文化是讲“和谐”，二者之间是否存在冲突，如何进行协调?

张德：中国特色的企业文化是在中华文化的土壤里成长起来的，带着传统文化的基因。市场经济是一个舶来品，其本质就是靠竞争促进发展。如果没有外力的干预，就会走向经济上的无政府状态。我们知道第一次世界大战、第二次世界大战都是因为市场经济危机造成的。必须有WTO这样的规则约束，市场经济才能实现多方的共赢。市场经济是以效率为中心的，竞争出效率，而东方文化不一样，是以和谐为中心的。一般而论，和谐（团结）也有利于效率的提升，但是和谐也会带来问题，例如过分讲人际关系而导致效率的低下。因此必须把竞争与和谐结合在一起：在合作中竞争，在竞争中合作，通过适度竞争、良性竞争，达到实现双赢、多赢、共赢的目的。从而实现效率与和谐的统一。

（本文原载于《企业文化》杂志2018年8月刊。撰稿：刘若凝，林锋）

第三十六章

改革开放40年企业文化之作用

——专访中国企业文化研究会理事长孟凡驰教授

记者：孟教授，您好。能请您谈谈是什么样的契机让您开始关注和研究企业文化吗？这么多年来，您一直在企业文化研究、教学和企业文化建设实践领域辛勤耕耘，支撑您的精神动力是什么？

孟凡驰：好的。我选择和确定研究企业文化领域，是在1984年的时候。当时我在一所大专学校教授一门课程——《中国文化概论》。那时候遇到一个问题，就是中国文化这个概念很大，内容很丰富，争论也比较大。在中国近代史上曾经出现过两次中国文化研究和争论的高潮，一次是五四运动，也称新文化运动，争论的是中国文化的方向等问题；一次就是在20世纪80年代初期，掀起一轮新的高潮，争论的是中国文化走什么路的问题，有人坚持中国文化中心论，也有人主张学习西方，认为中国文化可以起到升华境界、陶冶情操、净化心灵的作用，但对于实现中国的现代化没有什么实际性功用。

当时，我并没有参与到这些争论中，因为我有一个感觉，就是这些争论虽然声势浩大，学者们争的是意气风发、面红耳赤，但社会基层却波澜不惊。也就是说，这种文化只是在象牙塔里面研究，并不能为广大的社会基层群众所接受，因此它的作用也受到很大限制。前面说过的五四运动就不一样，工人、学生都发动起来了，对社会基层影响很大。文化作为一种有效的武器，但如果找不到理想的途径和方法来武装基层民众，力量就会大打折扣。

正是在这时候，“企业文化”传入了中国。在20世纪80年代初期，代表企业文化诞生的四本著作:《成功之路》《西方企业文化》《日本企业的管理艺术》《Z理论》，被称为企业文化的“四重奏”，让我眼前一亮，苦苦思索的问题一下有了答案。因为企业文化是介于抽象理论、基础文化和企业实践之间的一种理论，它包括文化学、管理学、人际关系学、行为学多方面的学科，与企业的经营管理实践紧密结合在一起，被誉为西方管理的一颗新星。它有效地把国家的大文化和企业实践结合起来，通过企业与经营、管理、产品、战略相融合，把文化应用到企业的实际工作中，使经济和文化自然融合在一起，搭起了一座沟通的桥梁，解决了彼此间的隔阂。

从1984年到1987年，我潜心研究企业文化。企业文化热潮从沿海席卷内地。1988年，中国企业文化研究会成立，1989年7月，我加入中国企业文化研究会。从那时候开始，我研究企业文化一直到今天。

记者：您认为企业文化理论和研究实践对于中国企业发展的意义是什么?

孟凡驰：企业文化是一个整合的概念，它讲的是企业的文化对企业的发展、生产经营起到了什么样的实际作用，将来在工作中如何继续发扬、继续深化。这是首先要明确的一个问题。我认为，企业文化理论和研究实践对中国企业的发展有三个方面的意义。

第一，企业文化将中国企业管理引领到、推进到一个新的时代。企业文化是一种管理方式，企业文化的核心是以人为本、以文化人、用文化管理企业。从世界范围来看，企业管理经历了五个发展阶段：第一阶段是经验性管理阶段；第二阶段是泰勒式管理，也称为古典科学管理模式；第三阶段是行为科学、人际关系管理阶段；第四阶段是20世纪六七十年代流行于世界的理性主义管理时代；也就是从20世纪80年代开始，就进入了一个文化管理的时代，也就是从世界整体范围看，文化管理阶段代表着世界性的管理新时代的到来。就中国的管理而言，在中华人民共和国成立之前，我们的企业管理很不成熟，基础性比较差，没有经过欧洲那样的长期工业化过程，因此我们整体的管理基础、管理技术、制度建设还处于非常模糊的状态，甚至没有这个概念。而中华人民共和国成立后，我们基本实行的是计划经济条件下的行政管理模式，也不是严格意义上的符合市场经济的现代化的管理方式。到了20世纪80年代，企业文化管理方式兴起以后，中国的管理虽然比较落后，但在企业文化管理方面与发达国家站在同一个起跑线上。这种情况下，使中国的企业管理上升到一个新的管理时代，能够与世界管理并驾齐驱。自此，中国企业管理从比较粗放的原始管理模式一下提升到文化管理时代，跟上了时代步伐。

第二，建立了有效的企业信仰体系，有利于企业形成强大的凝聚力。一个国家、一个民族，如果没有信仰，就没有灵魂。企业也是一样，如果没有这种信仰体系，企业既没有底线，也没有原则，员工发展也没有方向，所以企业的信仰体系对员工的价值追求非常重要。信仰体现在企业文化中，主要是企业核心价值观和外现形式。我认为，在继承传统文化的基础上，用企业文化塑造民族信仰是一条重要的现实途径。未来中国精神的真正建立依赖于中国企业文化精神的成熟。中国文化大厦的形成很大意义上要依靠企业文化牢固和丰富，所以企业文化在塑造信仰体系方面功不可没。像中华人民共和国成立以后形成的“大庆精神”“铁人精神”，还有最近几年的“高铁精神”“载人航天精神”等，都是从企业文化精神开始，最后上升为国家和民族精神信仰。

第三，企业文化成为企业实现两个文明建设最有效的方法。精神文明、物质文明建设是全世界各个企业的普遍课题。在企业文化的建设和实施当中，无非是要解决两个问题，一是人的问题，二是管理的问题。

但是，首先要注意弄清文明和文化的关系。文明这种形态是多元素的复合体，它包括企业的精神、物质、制度、行为习惯、思维方式等，是企业发展到一个阶段的标志性成果；文化则是一个动态的、不断推动文明发展进程的方法和手段。企业双文明建设要达到预期目标，搞好企业文化建设是一个有效的方式。建设企业文明，最好的方法就是通过企业文化。

记者：企业文化启发了企业家的文化觉醒，并经过企业文化建设的实践而达到企业全体员工的文化自觉，这是企业文化的一个特殊价值所在。您认为如何才能做到从文化觉醒到文化自觉和自信?

孟凡驰：对于一个企业家来说，为什么办企业？企业为什么而存在？价值和意义在哪里？这些终极追问，以及对价值的思考，在纯物理化的公司里是实现不了的。只有重视和进行企业文化建设实践，才能思考和回答这些问题。这个过程就是文化觉醒到文化自觉和自信。

懂得了文化的重要性，有了对文化的初步认识，仍旧谈不上文化自觉。文化自觉必须做到三个方面：一是理论性认识。大部分人对文化都停留在感性认识和情绪化冲动上，雾里看花，水中望月。中国的企业里，有20%比较优秀的企业建立了企业文化，很自觉，也较成熟；大致有30%到40%的企业认识到了企业文化建设的价值，但认识还不够深刻，方式方法也不成熟；大概还有40%的企业对企业文化处在一种不重视、未起步的阶段。二是理性化分析。三是实践方式的科学性把握。文化究竟怎么用在企业的经营管理中？文化的核心部分是价值观、企业精神，属于形而上的部分，也就是“道”的层面，要想应用于实践就需要非常重要的转换机制和生成机理。文化需要实践者首先对其有着深刻的理解，然后经过头脑的筛选、加工、消化、吸收，转换为具体可操作的实践方式，这叫“化”。一个完整的文化过程，包括文化主体的意识觉醒，到转化为企业产品，融化在企业经营管理的方方面面，最后形成文化产品，这是一个系统而复杂的完整过程，难度很大，需要掌握科学的方法，而不是管理者领导职务高了，就有文化自觉了。

前面说过，中国文化要走向繁荣，源头在基层，文化的活力和生长点也在基层。如果没有基层创造力的发挥，就谈不上文化的全面繁荣发展。党的十八大报告提出“增强全民族文化创造活力”，十九大报告提出“让各类人才的创造活力竞相迸发、聪明才智充分涌流”，包括我们国家提出的“大众创业，万众创新”，讲的都是对基层创造活力的重视。我个人认为，现在社会已经进入了智慧“集约化”时代。智慧集约化是与劳动力密集型的社会生产发展方式相对而言的，其有两个主要特征：一是知识和信息化引导社会生产，企业在发展过程中不再强调生产规模的外延，而更强调内涵式发展，比的是创新型内容生产的贡献率。二是以人为本的认识和实践进一步深化。智慧集约化时代是知识时代、信息化时代、互联网时代。人们所学的知识性信息在不断地丰富和发展，它超过以往任何时代。尤其是年轻人的文化主体意识在觉醒和提升，文化创造和创新的主要力量不再局限在少数精英的群体中，而是延续到了社会基层的广大群体，呈现出群体性爆发。

新的时代对管理者提出了更大的挑战，那就是对人的管理。而对人的管理说到底就是文化管理。所以说，用文化管理企业是不可逆转的历史趋势，也是一个充满智慧和挑战的必然选择。

记者：企业文化作为一个舶来品，其强调的“以人为本”在日本和美国的实践都有所不同，在中国也是如此。尤其是中国传统文化讲的是集体主义，强调整体至上，而今天是一个价值多元的时代，个人作为文化创造主体的意识和要求会更加强烈。请问在企业文化建设实践中，应该如何看待和处理个人和组织之间的关系？

孟凡驰：这个问题很好，也是现代企业文化建设实践中的一个重大课题。

我们知道，中国传统文化就个人和集体的关系而言，强调集体主义、整体至上，有些时候容易忽视甚至泯灭了个人的创造力，不鼓励个体的创造性。但是，这个集体主义的概念和内涵到了现代是有所变化的。现代集体主义强调个人在组织中发挥创造作用，例如日本的集体主义就与美国的个人英雄主义非常不同。美国的“西部牛仔精神”鼓励的是那种天马行空、独来独往的“独行侠式”的个人英雄主义，而这种英雄主义在日本人看来已经过时，他们更强调每一个人在集体中发挥自己的创造活力，强调个人与集体的融合。只有由充满活力的个体组织起来的集体主义，才会更加有整体竞争力和规模效益，有共同目标和价值观，有共同的愿景和理想追求。如此一来，一方面避免了集体对个人的压抑乃至抹杀，另一方面也强调了不因个人利益而伤害整体利益。为什么企业文化的实践最早产生在日本？就是因为他们很好地处理了个人与集体的关系，这应该是一个重要原因。

今天，已经进入全球化竞争和信息时代，现代竞争环境下的集体主义值得我们重新认识。这个认识一方面包括个人与集体的关系，另一方面也包括企业与企业之间的竞争，不再是遵循你死我活的丛林法则，而是竞争中有合作，合作中有竞争，是同向竞争、竞合共赢。合作方能共生，“道并行而不相悖，万物并育而不相害”。无竞争则无活力，无合作则无发展。只有树立这样的观念，谋求共生共存，共赢多赢，才能共同构建一个良好的企业文化生态。

记者：您从事企业文化理论研究和建设实践这么多年，对于企业文化的认识可谓独到而深刻，文化管理作为一种现代管理的高级方式，已经帮助中国企业发展到一个新的阶段并走向世界。请问您认为未来中国企业文化建设实践的走向和趋势是什么？

孟凡驰：我觉得企业文化未来的发展完全取决于客观的时代和我们所处的环境。随着时代的发展，如同企业文化的诞生一样，企业文化的发展也是不可逆转的，会发挥越来越重要的作用。

第一个趋势，就是企业文化软实力地位不断上升。在这个时代，企业文化会扮演越来越重要的角色。近年来，“软实力”在国际上受到普遍重视，我们国家也提出了软实力建设，制定了一系列措施。所以，企业文化在成功的因素中，扮演的角色会越来越重要，这是毋庸置疑的。

但是，我们也要注意到，在中国企业走出去和“一带一路”倡议实施过程中，我们中国人依靠自己的勤劳和聪明，会很快解决技术上的难题，而有一个困难或者说障碍恐怕不容易突破，那就是文化的隔阂。这也是需要我们的企业主动承担起来的文化责任。企业文化在这个过程中会发挥更大的作用，在承接国家战略落地上，以及中国文化向外传播的过程中，会成为越来越重要的一股力量。

第二个趋势，就是企业文化“以人为本”的认识和实践需要进一步加深。文化具有人的本质规定性，它规定了人作为人的基本特征：文化即人化。但是在企业文化没有被提倡之前，我们的企业多数是把人看成简单的“生理人”“物理人”，没有把人看成“文化人”，且不是职业生涯规划和价值追求的主体。“以人为本”这个方法被广大企业接受以后，在很多企业当中被认同，而且这种方式消减了劳资冲突中的很多矛盾，也避免了很多剧烈冲突的爆发，所以，“以人为本”应该是非常珍贵的经验。以人为本既要对本企业职工关心，也要对客户关心，关心每一个人的成长，对每一个员工进行职业生涯设计，也要注重企业所处的社会环境，注重宏观的以人民为本——这其实就是强调企业必须自觉肩负社会责任。

第三个趋势，是提升产品的文化含量，以适应体验经济的需求。我们正处在一个体验经济的时代，打破了传统经济发展模式。一个国家从温饱到物质繁荣的变化，必定促使人们的消费需求、消费欲望不断升级。产品服务由一般的使用价值追求到现在消费者对产品和服务的文化价值追求，这是一个时代的变化。那么，文化体现在我们日常的企业管理过程当中，怎么样才能看出它的产品所附着的文化价值呢？战略要由文化引领，产品要讲高度文化含量。所谓“文化含量”，一是使用功能多元化，二是色彩，三是造型，四是人性化。如果只是一味注重技术而在文化层面上落后了，企业就会很困难，所以，产品必须加强文化含量的提升，服务要追求全新的文化感受。我觉得，未来的企业管理者一定会更像布道者，领导像老师，公司像学校。经营管理过程中，一定要强调文化思考：如何处理好义利关系？如何把握当下和未来的关系？如何取舍利我、利他的关系？从这几个方面出发，加强文化建设，就能提升文化含量，适应体验经济时代。

第四个趋势，是企业文化的升级换代适应企业快速变化的需要。当今时代最大的特点就是快速变化。面对快速变化的时代，社会发展和企业未来的不确定性增多。企业可能面临不断的重组，所以文化的重新整合会使重组企业得到质量的提升，避免企业重组的失败。

第五个趋势，就是企业文化将中国文化推向世界中心舞台。2018年是中国改革开放40周年，改革开放使中国融入了全球现代经济体系，中国企业的跨国经营格局不断扩大，国际交流成为更多的企业常态。所以，我们必须加大跨文化研究，做好全面准备。跨文化交流合作的文化融合，将是决定“一带一路”倡议成败的关键因素。

在未来，我认为中国企业文化走向国际，使中国文化成为世界主流文化的一部分，会成为一种普遍现象。因为哪个国家的企业生产出来的产品好、经营好、服务好，全世界的人就都会使用它、享受它，也就会从这个国家的产品经营服务中体验到该国的文化。她是蕴含于产品、经营方式和管理方法中的，是客户难以拒绝的。因此，我们的中国企业文化，实际上担负着让国家文化走出去，把中国文化传播到全世界的责任。这也是十九大报告提出的“推进国际传播能力建设，讲好中国故事，展现真实、立体、全面的中国，提高国家文化软实力”。同时，这也是中国企业文化的使命和担当！

（本文原载于《企业文化》杂志2019年1月刊。撰稿：刘若凝，林锋）

第三十七章

从文化自发到文化自觉

——访清华大学马克思主义学院博士生导师邹广文教授

记者：您好，邹教授！请问您是从什么时候起关注和研究企业文化的？

邹广文：我个人开始关注和研究企业文化，要从1992年春第一次在山东大学讲授“企业文化”课程算起，得益于1992年的邓小平“南方谈话”。“南方谈话”是一件对深圳、对中国乃至对世界都意义深远的大事件，有一篇著名新闻通讯《东方风来满眼春》，记录的就是小平同志这次“南方谈话”的整个过程。1992年以后，中国的民营企业开始如同雨后春笋般涌现出来，全社会掀起了解放思想、甩开膀子加油干的热潮。从那时候到现在，我始终在做企业文化的思考、研究和推广工作。而随着中国改革开放的不断深化，我个人对企业文化的理解也不断深入。可以说，企业文化已经成了我个人文化研究向社会延伸的一个窗口。

记者：请您介绍一下，企业文化是在什么样时代背景下进入中国并兴起的？

邹广文：关于对企业文化的认识问题，可以说“仁者见仁，智者见智”。但有一个大的时代背景，就是中国的改革开放，我想这一点大家是有共识的。

2018年是中国改革开放40周年，习近平总书记提出，我们要隆重纪念改革开放40周年。这等于是给改革开放40周年定了一个基调。那么，改革开放40年，给中国带来了什么？一种普遍的社会共识是：只有走出去，迎接八面来风，中国才有未来！回首这40年，可以说我们取得了辉煌的成就。在20世纪80年代初期，我们的经济总量是世界第9，2010年是世界第2，现在超越日本大半个身位，经济总量达到了日本的1.7倍，这当然和中国改革开放的战略选择是分不开的。邓小平是改革开放的总设计师，在每个关键的节点上，他都高瞻远瞩，给全国人民指出了正确的前进方向。不管是做出改革开放的历史性决策，还是1992年的“南方谈话”，提出要进一步解放思想，扩大对外开放，都是如此。回眸40年，我们坚定不移地选择了改革开放，也通过艰苦卓绝的奋斗取得了辉煌成就，这是一个历史性的巨大成就，是一项了不起的事业，也是一个我们的文化从自发走向自觉的过程。

习近平总书记在十九大报告中指出：“中国特色社会主义文化有三种基本的文化构成：一是中华传统文化，二是革命文化，三是社会主义先进文化。”他说：“改革开放特别是党的十八大以来，我国经济建设、政治建设、社会建设、生态文明建设取得的重大成就，都与中国特色社会主义文化建设息息相关。”现在，我们来到了改革开放40年，我们的文化建设也经历了从文化自发到自觉，进入文化自信阶段。在这样一个阶段，我们应该清醒地认识到：没有改革开放的伟大实践，就没有中国的今天。改革开放是一个不可逆的历史过程，并不是说改革开放过程中出现了一些问题，我们就否定改革开放。即使没有改革开放，这些问题也还是会存在的。“在改革开放中出现的各种问题是前进中的问题，只有通过深化改革开放来解决，停顿和倒退没有出路。”我有一个比喻，这就好像我们骑自行车，为了保持平衡，就必须把自行车骑起来，改革开放也是如此。改革开放向谁开放？自然是向现代化开放，向现代文明开放。这40年的历史进程体现在企业中，体现在企业文化上，就是拿来主义，当好小学生。企业通过不断的消化、吸收、模仿、借鉴，最后激发自己创造活力，从追赶现代化，到文化自信，从中国制造到中国创造，再到中国智造，这是一个循序渐进的过程，也是企业文化在改革开放大背景下进入中国的一个轨迹。

记者：为什么说企业文化是从自发到自觉？

邹广文：计划经济时期，企业最大特点是生产什么、生产多少、销往何处，都不是企业家操心的，而在市场经济时代，是企业家自己做决策，企业根据社会需要什么就生产什么，生产多少，如何销售，都需要企业家的谋划构思。中国从计划经济向市场经济转型，是催生企业文化从自发到自觉的一个关键。我们的企业文化第一个阶段是文化自发，“工业学大庆”“三老四严”“四个一样”“铁人精神”，都是在计划经济体制下的自发实践。那时候，还没有“企业文化”这个词，总结“大庆精神”“铁人精神”时也没有用到企业文化的理论。但是，今天我们回过头来看，才发现原来这就是企业文化。在经历了计划经济的文化自发阶段后，进入改革开放，我们就进入了文化自觉，这个自觉也有一个从自发到自觉的过程。

概括来说，中国企业管理模式可以分三个阶段：一是经验管理，摸着石头过河。从计划经济到市场经济，我们没有现成的经验可以借鉴，只能边干、边实践、边总结。二是制度建设。进入20世纪90年代，中国的企业开始大力倡导制度建设。制度建设和经验管理最大的区别，就在于由过程管理走向了目标管理。经验管理是在现场，领导在指挥的第一线，与员工同吃、同住、同生产，制度管理则是定量、定价、定产值，在管理终端检查验收。这就好像是我们的联产承包责任制，给你土地，激活每个家庭的积极性，从“要我干”到“我要干”，企业也是如此，通过目标管理，极大地释放了企业的创造性。过去是大锅饭，干好干坏一样，干多干少一样，现在则不同了，积极性提高了，企业的效率也就上来了。三是文化管理。从2000年以后，中国的企业进入一个新的发展阶段，就是文化管理阶段。文化管理，是对制度管理的补充和优化。打一个比喻来说，就是“外圆内方”式管理。外圆，指的是良好的企业氛围，不是以势压人，而是靠和谐的文化氛围，非常宽松的、包容的、快乐的、积极的氛围来激发人的创造活力，每个员工都知道自己该干什么。内方，指的是制度内化于心。文化管理的核心，就是让制度成为一种习惯，习惯就是自然而然。企业的最高领导人重点工作就是做人的工作，文化的本质就是人化，企业文化就是化人。归根结底，人，才是企业最宝贵的资源，人对企业来说始终是目的而不是工具。

记者：请您谈一谈我国企业文化建设有哪些可以借鉴的经验？还存在哪些不足？

邹广文：总体来说，中国企业文化建设的前半程是消化吸收，也可以说是照抄照搬，模仿移植，毕竟企业文化是舶来品。而进入企业文化建设的后半程，就变成了创造和创新，也就是我们说的从自觉到自信。

企业文化，顾名思义，有企业就有文化，这是企业文化的一个普遍性特点，但是另外一方面，文化的本质是什么，是个性。企业文化在引入的过程中，是可以模仿的，但是简单的照抄照搬并不能产生真正的企业文化，那样只会形似而神不似。这是一个内在的紧张关系，也是一个悖论。

中国企业文化建设的经验，我认为有以下三点：一是取得了企业文化对提升企业管理重要性的共识。大家都认识到，企业文化不是可有可无的，而是企业管理的利器，是企业发展的最内在、最核心的驱动力。二是相当一部分企业探索出了适合自己企业的企业文化建设经验和做法。三是企业家精神慢慢开始引起全社会关注，培育工匠精神成为了企业文化的一大亮点。什么叫企业家？什么是企业家精神？值得我们很好地思考和总结。老板、经理不是企业家，因为老板和经理很多，但是真正的企业家很少。老板、经理只是身份划定，企业家则是市场经济大潮中打拼、历练出来的，是把经营企业作为人生唯一的事业经营和追求的一个群体。

当然，我们的企业文化建设也存在着不足，主要表现在：一是简单地把国家的大政方针等同于企业文化。国家的大政方针当然要遵循，要依法治企，但是简单地拿到企业来是不行的。因为文化的本质是个性，没有企业自己的个性就没有企业文化。大政方针是国家的普遍性要求，但是企业文化则是企业的个性化实践。二是中国企业家群体的先天储备性不足。我们2000多年来的文化是农耕文化，是建立在血缘和伦理基础上的乡土文化。但是，商业文明的土壤中生长出来的是契约精神和自律意识。我们的企业家在这方面还非常欠缺，契约精神很多时候得不到遵守，道德自律意识更是在很多人那里一片空白。关于这一点，我曾经写过一篇文章，叫《要关注中国企业家的"富而不贵现象"》。富而不贵，折射的无疑是中国企业家群体的硬伤。有的企业家财富上千亿，称得上富可敌国。但是你高贵了吗？富是经济指标，贵是文化指标。一个人是否贵，不是你自己说了算，要看你对社会的贡献度，看你在多大程度上是利他的。只有尽到了社会责任，社会承认你，给予了你肯定和赞美，你才是真正的贵。所以从这个角度说，企业家的高度决定了企业的长度。有信仰的企业家才能带出有信仰的企业队伍。

记者：您认为企业文化未来的发展趋势什么？

邹广文：企业文化未来的发展趋势，我认为要从三个方面去具体把握，也可以说要建设三种精神，那就是企业家精神、团队精神和工匠精神。

第一，企业家精神。企业家精神的内容很多，但最本是三种意识：一是创新意识，这是非常重要的。熊彼特将创新定义为一种"革命性变化"，描绘了创新的五种情况：采用一种新的产品、采用一种新的生产方法、开辟一个新的销售市场、获得原材料或半制成品的一种新的供应来源、实现一种新的组织，而实现这五种情况的执行主体就是企业家。创新对企业家来说是全方位的工作，是对一个企业家综合素质的考量。二是服务意识。企业家就是要全力以赴服务企业，服务社会。三是仆人意识。企业家既然把企业经营作为自己一生唯一追求的事业，就一定要不断地把事业推向前进，不断设定战略战术，踏踏实实、一步一个脚印地去完成，不能只指望和命令员工工作。四是自律意识。有些企业家会说，我是企业制度的制定者，制度是给员工来执行的，我可以不执行。那么这样一来，再好的制度和规范又有什么用？

第二，团队精神。企业的中高管理层一定要强调团队精神。“团队精神”这个词，在20世纪80年代以前是没有的，应该是从“亚洲四小龙”崛起以后，人们研究“亚洲四小龙”兴起的原因，才发现和总结出了团队精神。团队精神是什么？最简单来说，就是强调企业追求整体成功。衡量一个企业组织管理运行是否高效的标准，就看你是否能够整体获得成功。在团队中，整体所激发和汇集起来的智慧要远远高于个人，这是肯定的。团队里每个成员之间，心理上相互认同，行为上相互影响、相互激励，协调一致，共同致力于追求整体上的成功，这就是一个高效的团队。反之，过于强调个人成功而整体上失败，就是一盘散沙。

第三，在企业基层员工中，要大力倡导“工匠精神”。为什么要讲“工匠精神”？从大气候讲，这是中国经济发展从量的扩张到质的提升的提质换挡所决定的。过去我们单纯地追求GDP增长，最高时候一年可以增长15%，现在进入了新常态，也还保持在6%左右。但是现在我们已经进入了拐点，去产能、去库存，就像一个人过去吃不饱，拼命吃东西，而现在则是要吃得好，要考虑如何消化的问题。为什么我们要进行供给侧改革，我们的老百姓大量跑到日本、欧美去买东西，说明我们的消费需求是有的，企业提供的产品远远不能满足我们对美好生活的需求。国家在这个时候提出转变经济增长方式，是一种必然。但问题是谁来促成供给侧改革？上面千条线，下面一根针，归根结底，还是要落实到企业的一线员工身上去，落实到他们的生产态度和敬业精神上，这是时代呼唤工匠精神。从个体层面上来讲，工匠精神是什么？就是一个人人生信仰和价值观的折射。有信仰才能培养出工匠精神，要将产品做成艺术，一种灵动的能观赏的艺术品，好的产品就是艺术品。

（本文原载于《企业文化》杂志2018年4月刊。撰稿：刘若凝，林锋）

第三十八章

根植传统文化沃土，探索建立中国特色企业文化理论

——访著名企业文化学者、北京财贸职业学院原院长王成荣教授

记者：王院长，您好！请问您是从什么时候起开始研究企业文化的？企业文化是在一个什么样的时代背景下兴起的？

王成荣：我最早是从1982年开始关注、研究企业文化的。那时候我在搞企业管理教学和研究。时值改革开放初期，我国大量引进西方的管理理论。中国社会科学院工经所、中国人民大学工经系翻译了很多管理学经典著作和教材。那时候，我如饥似渴地读经典，从古典管理理论，到行为科学理论再到现代管理理论，系统地学习、消化。一个偶然机会，我接触到了一本书，社科院的一个刊物翻译了托马斯·彼得斯和小罗伯特·沃特曼的《寻求优势——美国最佳管理公司的经验》一书，作为增刊形式，分上下两期印行，连个封面都没有，但是这本书对我的影响非常大。这本书选定43家优秀的革新公司进行研究，以大量的实例生动地概括了这些优秀公司经营管理的8条经验。它带给我们的启迪是：优秀公司不光注重管理标准，而且特别重视人的作用、重视发挥优势；好的公司是有价值追求和文化原则的。之后，这本书由中国财政经济出版社正式出版。后来，我又陆续读到1983年出版的特伦斯·迪尔、爱伦·肯尼迪所著的《企业文化》，1984年出版的理查德·帕斯卡尔、安

东尼·阿索斯所著的《日本企业管理艺术》，以及威廉·大内所著的《Z理论——美国企业界怎样迎接日本的挑战》，以上这四本书被公认为企业文化理论的奠基之作，加上劳伦斯·米勒所著的《美国企业精神——未来企业经营的八大原则》、埃德加·H.沙因所著的《企业文化与领导》等书，奠定了我研究中国企业文化问题的理论基础。

至于企业文化兴起的整体背景，要追溯到二战以后的日本经济奇迹。第二次世界大战后，日本经济在不到30年间快速发展，这里有美国的功劳。麦克阿瑟将军占领日本后，指导日本制定《宪法》，同时也给日本援助，扶持日本发展。那时，日本从以美国为主的西方国家引进高达5900多项新技术，奠定了其崛起的技术基础。日本经济从20世纪70年代开始腾飞，到了70年代末80年代初，已经令美国非常不安，因为日本的汽车、半导体等电子产品充斥欧美市场，美国人惊呼："我们培养起来的徒弟，要超越师父了！"大量美国经济学家、管理学家涌到日本，研究日本，解析日本发展的秘密和威胁美国的企业核心竞争力究竟从何而来。经过一段时期的比较研究，就形成了以上我说的几本书。这几本书中，《日本企业管理艺术》是以日本企业（例如松下等）为研究对象的，总结了日本企业成功的经验，提出管理要注重组织制度等"硬件"，更要重视人和价值观等"软件"。美国公司的管理是硬性的，日本公司的管理是软性的。美国公司的硬性管理太多了，应该吸收日本公司的软性管理，在公司管理的七大要素——战略、结构、制度、人员、技能、作风、最高价值目标中，美国人过于注重前三个硬性要素，而日本人普遍重视后面四个软性要素，这就是差异。美国公司的硬性管理压抑了人的积极性，不利于员工创造性的发挥，更不利于形成团队精神；日本公司则突出了人的作用，重视家族式文化和命运共同体的培养，重视终身雇员制度、企业年功序列、企业工会制度，更加有人情味儿，也更有利于形成团队精神。最后得出结论，是东方文化底蕴加上西方管理技术，成就了日本的崛起。《寻求优势》和《企业文化》两本书，主要是总结美国公司的成功经验，我认为是作者因为对崇拜日本的舆论不服气写出来的。这两本书指出，美国公司其实也有自己独特的优势，也重视文化，强大的文化几乎一直是美国企业持续成功的幕后驱动力。《Z理论——美国企业界怎样迎接日本的挑战》则是一本比较注重研究的书，研究美日企业的不同特点，提出美国企业应该向日本学习。以上几本书有的说日本企业强，有的说美国企业强，争论不休，但最终殊途同归，得出的结论是一致的，就是美国公司和日本公司在管理上虽有差异，然而成功的公司一定是有优秀文化的、有一贯秉承的价值和坚守的原则的，所以说，企业文化的兴起是比较研究的产物。我也是从那时候开始，一直带着比较研究的眼光，开始关注并且研究起企业文化来，30多年一以贯之，直到今天。

记者：请介绍一下您个人这些年来研究企业文化的轨迹和成果好吗？

王成荣：好的。我是比较早在管理学课堂上开设企业文化专题的，并且将企业文化写入了教材。1986年，我写了第一篇带有观点性的论文《摒弃传统观念，培植新型企业文化》，发表在1986年9月的《经济大学》刊物上。当时，我从八个方面对中国和欧美、日本的企业文化进行了比较，用的就是比较研究的方法。1987年，我读硕士研究生，硕士毕业论文题目就是《构塑中国特色企业文化模式的基本思路》，论文有7万多字，主要观点后来发表在1991年第4期的《财贸经济》杂志上。那时候，我就有了一个认识：日本企业文化有特色，美国企业文化有特色，均源于本国土壤和文化传统，中国传统文化这么丰厚，是不是也应该有自己特色的企业文化？当然，有了文化底蕴，还要与现代企业伦理结合起来。当时，基于这种认识的研究在国内企业文化的学术研究上是很早的。之后，我又一连发表了几篇持有这样观点的论文，如在1991年第4期《商业经济研究》上发表的《试论我国企业文化目标模式》，1993年第1期《北京企业文化》上发表的《社会主义市场经济与企业文化建设》，以及在北京人民广播电台以语音形式播出的《建设有中国特色的企业文化，必须继承我国优秀的民族文化传统》等。

1988年，中国企业文化学界发生了一件大事：中国企业文化研究会成立了，由原中纪委书记韩天石同志担任第一任会长。此前，韩天石同志曾经到深圳等地考察，感受到了那里的改革新气象和新鲜经验。回来后，他和张大中、张同舟等老领导一商量，成立了中国企业文化研究会，搭建了一个全国性研究企业文化的平台。我很快参加了企业文化研究会的活动，开始时是特聘研究员，继而担任常务理事、企业文化研究所副所长，1999年担任中国企业文化研究会最年轻的副理事长、学术委员。当时的学术委员阵容鼎盛，著名的学者有厉以宁、吴敬琏、周叔莲、王珏、潘承烈、贾春峰、庞朴、司马云杰、王锐生、唐仁伍、邓荣霖等人，都是中国学术界很有影响力的人物。那个时候学术会议也较多，我经常出席参加活动。1991年，我出版了《企业文化理论与实践》一书，得到了韩天石同志的鼓励，张大中同志亲自给我作序。我担纲的中国企业文化研究会的第一个国家级课题——全国社科规划课题“中国名牌战略研究”，也是在研究会领导支持下申报的，一举获得成功。在几年时间里，我的《企业经营文化论》《儒家文化与企业家精神的冲突与融合》等学术论文先后在研究会获奖。老一辈革命家对年轻人的关怀和扶持，不管是在学术上还是生活上，都让我终生难忘。

我至今还记得与韩老交往的一件事。1997年，韩老辞去了中国企业文化研究会理事长的职务。有一次，他的秘书给我打电话，说韩老知道我熟悉商业，想让我帮忙买一台电视机。这很容易，我立即联系了贵友大厦的总经理。她是我的一个学生，专门派了一个技师跟我到韩老家中。韩老家中的陈设非常简单，很朴素，客厅很大，有些空荡荡的。我提议韩老买一台29英寸或者更大的电视机，韩老坚持只要19英寸或者21英寸的。最后经折中，韩老答应买了一台25英寸的国产彩色电视机。那时候，党的高级干部严格自律和艰苦朴素的生活作风真的令人敬佩。

我后来因为遭遇车祸，右膝胫骨平台骨折。韩老听说后，立即派秘书给我送来两瓶虎骨酒，说是能强壮筋骨，有助恢复健康，这两瓶酒我一直珍藏至今。2010年，韩老去世，我还写了一篇文章《两瓶虎骨酒，难忘一片情》一文纪念他。韩老对我的帮助和鼓励永远难忘。

说到我个人的研究成果，一路走来，应该说还是颇有收获的。我是国内最早开始研究企业文化的一批学者，最早开设独立课程，最早在全国讲授推广企业文化，石油化工、电力、汽车、造船、中车、家电、航天、通讯、通用技术、造币、粮油、零售等行业的央企基本上都去过了，有的企业（如大庆油田）等还去过四五次。我也帮助一些著名企业进行了企业文化的调研总结、系统设计、提炼定格，例如三峡集团、三一重工、中国农业银行、同仁堂、翠微股份、石油物探等——据不完全统计，一共有50多家。我所做的研究和设计成果多半被企业采纳了，同时还参与央企企业文化评价标准、部分省市企业文化建设指导意见等的讨论与审定。直接服务行业企业，将研究变成生产力，我认为这是我在企业文化事业上做出的最重要的成果。

此外，我结合自己的理论研究和企业实践，形成了自己的思想和观点，开始在一些大学的MBA班讲课，包括北大、清华、人大、浙大、北京交大、西安交大等多所大学。

我所形成的企业文化理论和教学成果，包括相关教材共有4本：《企业文化理论与实践》《企业文化学教程》《企业文化管理》《企业文化》（电大教材）等，有的教材发行了二三十万册，数十所大学和成百上千家企业、培训机构使用我写的教材，在全国产生了比较大的效用与影响。

在学术专著上，《企业文化学》是我和北京大学的周建波合著的，被认为是为企业文化“立论”的一本书。我所编写的《企业文化大视野》《企业文化新思维》《企业文化新使命》“三部曲”，包含了我多年来对企业文化理论研究的不断创新，以及我在企业调研中的案例成果和总结。同时，我参编了《中国企业文化大辞典》《中国企业文化年鉴》以及中国职业大典企业文化师标准、企业文化师教材的编写。我撰写的企业文化方面的论文，已发表的至少有100篇。

总的说来，我不是一个纯粹的书斋式的企业文化理论研究学者，而是注重企业文化的比较研究和实证研究，是从理论到实践的全方位研究。

记者：您很早就提出中国企业文化应该有自己的特色，那么您认为我们和欧美、日本企业文化最大的不同是什么？另外，您也特别强调企业文化要与生产经营相结合，究竟该找到一条怎样的独特道路，进而使企业文化落地生根？

王成荣：是的，我认为中国企业文化应该有自己的特色，创造中国气派、中华风采。我认为，最重要的就是把企业文化深深根植于中国文化的土壤，这些文化包括传统文化、革命文化、社会主义先进文化等。像修齐治平的家国情怀、仁爱之心、人本思想、团队意识、诚信精神、探索精神以及以义取利的商业伦理等，都是我们建设中国特色企业文化取之不尽的精神宝藏。我认为，管理手段可以拿来为我所用，但企业文化不能照搬照抄。

企业文化不能孤芳自赏，在市场经济条件下，关起门来建设企业文化是没有生命力的。企业文化的落地方法很多，但有一条现实的道路，就是企业文化和品牌联姻。建设有特色的企业文化，必须与培育特色品牌结合起来，我在国内学者中是比较早关注并研究这一点的。

我认为，文化没有载体是长久不了的。文化不是写在墙上的口号，文化要落地，一定需要一个载体，这个载体就是品牌。文化注入品牌，品牌承载文化，企业文化绝不仅仅是管理，它还是企业的经营和服务。把文化注入职工灵魂，而职工通过自己的双手制造出产品，产品到了消费者那里，企业和社会产生了互动，企业和消费者找到了共同点，产生了共鸣，共同锻造出来的文化，才是真正的企业文化。从这个意义上说，优秀的企业文化是企业和职工，甚至包括供应商以及社会公众共同创造的。所以，我认识到这一点之后，就开始进入了一个崭新研究领域——“品牌研究”。

1999年，我在人民出版社出版了《中国名牌论》，获得“中国企业文化理论创新奖”，这是中国最早一部揭示品牌成长规律和品牌价值要素的书，胡平同志、贾春峰同志作序，得到了很多学者的肯定。2017年，国家正式提出将5月10日设立为“中国品牌日”。我在差不多20年前就提出这个概念，那时候叫“中国名牌”，提出了中国名牌发展应上升到国家战略，并具体提出“梯级发展战略”。20年后，在国家层面上设立了“中国品牌日”，我个人是很自豪的，多年的倡导终于有了一个很好的结果。

后来，我又在博士论文基础上，出版了专著《品牌价值论》，这本书同样影响较大。后来，我又推出了《品牌价值的评价与管理》，进而从品牌研究到聚焦中国老字号研究，出版了《老字号品牌价值》《老字号品牌文化》《论道老字号》等，同时主持建设了“中华老字号文化”国家级教学资源库。我想，我在品牌研究这一领域最重要的贡献，就是提出了中国品牌价值评价模型。在西方，品牌价值评价的模型是成熟的，但那是建立在成熟市场经济的基础上的，而中国的市场经济在发育过程中，还要考虑中国市场特点、中国国情，这就需要我们自己的品牌价值评价模型。而老字号品牌价值评价模型就更进了一步，多了历史文化价值的因素，很难用单纯的西方模型来评价，所以我觉得做这件事很有意义，在品牌研究上我也发了近百篇文章。在这个过程中，我要特别感谢《企业文化》杂志，因为那一段时期，我研究品牌的文章在这个刊物上发表了很多，也和编辑部的张蕾等老师结下了深厚的友谊。

记者：请谈谈多年来您在企业文化研究上，提出了哪些理论和个人见解？

王成荣：我大致梳理了一下，在这么几个方面形成了自己的一些理论主张。

第一，企业文化民族化理论。我认为，中国的企业文化必须有中国特色，要有自己的目标。我第一篇关于企业文化的文章就持这种观点，一直坚持到今天，36年过去了，还是如此。中国的儒家文化、革命文化、社会主义先进文化对企业文化有很深的影响，尤其对于企业家精神的构建，对于市场经济高级阶段的内在冲突性的解决，起到过积极作用，这和马克斯·韦伯说的正好相反。所以我说，技术可以学习西方，但是文化上我们必须坚持走自己的路，创立中国特色企业文化模式。

第二，企业文化的基因理论。西方很早就提出了企业生命周期说，企业有自己DNA。在中国倡导关注企业文化基因问题，我是比较早的，大概在20世纪90年代开始关注。2002年，我在“中关村文化研讨会”上做了题为“中关村的企业文化基因”发言，2003年又在“学习型中国——世纪成功论坛”上特别讲了这个观点，以后多次在公开场合以此为主题发表了演讲，但是企业文化界似乎对此认识不一致。2004年，我在《中国企业文化年鉴》上发表了《企业文化基因及其再造》一文后，肖坦先生就发表了《对企业文化“基因”说的不同看法——与王成荣先生商榷》一文，和我展开了讨论。为此，我在《中外企业文化》上发表了《对企业文化基因问题的再认识》，从仿生学、生态学、生物学几个方面，展开了详细论证，得出结论：一切生命都有基因，企业作为一种生命现象，也一定有它的基因。而企业是人组成的，人身上除了生物DNA，还有文化DNA，所以企业具有文化基因。不同的是，生物DNA不可以改变，而文化DNA是可以改变的，所以企业的文化基因也是可以改变的。一个企业从诞生开始，人们相互协作，共同劳动，就形成了代代相传的价值观。企业文化从企业诞生第一天起就已经存在了，而不是等企业成功以后才有了企业文化，以后只不过是一个企业文化不断优化和升华的过程。企业根据环境和成长的需要不断改造和优化文化基因，最终才能实现基业长青。

第三，企业文化的“方格理论”。企业文化被很多人认为是专属企业管理学的范畴，其实我认为企业文化已经远远超越企业管理学的范畴，它涉及经济学、营销学、广告学、美学、心理学、伦理学、文化学等，成为一门跨越经济、管理与文化三大领域的相对独立的边缘学科。企业文化有着两个鲜明的内涵：一是人本化，二是市场化。借助美国克萨斯大学教授罗伯特·布莱克和简·莫顿1964年提出的管理方格理论的原理，我从企业文化建设“两点论”出发，建构了一个“企业文化方格矩阵”，分别以“市场化文化强度”为横坐标和“人本化文化强度”为纵坐标，分为9个档次，纵横交错，共构成具有81个方格的矩阵，从沙漠型文化到情感型文化，指出企业文化建设最高目标是在“人本化”与“市场化”的相互推动中建立“理想型文化”模式，这为企业文化建设提供了一个基本思维框架和范式。

第四，企业文化的“三原色理论”。企业文化丰富多彩，但是我认为有三个基本“原色”，一是人本，二是创新，三是信用。人本是第一位的。企业的管理、经营都离不开人，说到底，企业存在的基础就是人。创新是企业的灵魂和生命，企业不创新就等于死亡。企业家是冒险家，企业是在不确定的市场竞争环境中决策经营的。企业的永恒主题只有一个，就是创新。企业因创新成功而生，因创新失败而死。信用是企业生存和发展的基石，企业与企业、企业与顾客、企业与社会之间必须保持高度的信用，维持社会经济的平衡。坚守这三条，企业就不会出大问题，中外企业，概莫能外。“三原色理论”从内容上揭示了企业文化的基本规律。

第五，企业精神家园理论。过去我们从经济学的角度，将企业单纯定义为通过生产、流通等经济活动，向市场提供商品或服务，以收抵支并取得盈利的经济组织。企业的存在就是要赚钱，由此而塑造出来的企业文化就是为这个目的服务的。可是，真的如此吗？别忘了，企业也是一个社会组织和文化单元，企业也是一个活生生的生命，是一个具有双重追求的生命个体，既追求经济利益，也追求精神高尚。作为一个社会成员，企业必须承担社会责任，创造社会价值。著名管理学家德鲁克说："企业的目的在企业之外。"我从读大学一直到参加工作，很多年都在思考这句话，最终明白了他在说什么——企业除了生存，还要服务社会。诺贝尔经济学奖得主赫伯特·西蒙有一句精辟的哲理："生存得最好的生物，是对周围环境最有利的生物。"这句话同样适用于企业，那就是发展得最好的企业，一定是对社会公众最有利的企业。企业作为社会的一员，必须尽社会责任，这不是强加给企业的，而是企业自身的内生动力。企业最大的社会责任之一，就是对自己的员工负责，满足员工的需求，促进员工的成长，实现员工的价值，尤其中国的企业，在很大程度上要满足员工精神层面的需求。因为中国企业和外国企业不同，国外企业的企业文化具有单一性，即推动生产经营。需要满足员工的精神需求时，多数企业会通过宗教的形式来完成。美国有宗教信仰的人超过1.3亿，主要信仰基督教、天主教和犹太教；英国基督教新教教徒占成人的60%；加拿大居民信奉基督教和天主教的人数占总人口的88.5%。澳大利亚74%的人有宗教信仰。这些有宗教信仰的人有教堂和教会帮助他们，提供精神寄托。而我们中国的企业就必须承担员工的精神家园作用，要让员工在企业得到精神寄托，实现个人与企业共同发展。企业在员工心里，可以挣钱养家糊口，更是精神家园，可以陶冶情操、慰藉心灵、寻找精神归宿，满足成就感、分享团队生活乐趣，实现远大理想。从这个角度说，中国企业文化肩负的使命就是给员工创造精神家园，满足精神需求和心灵需求，让灵魂找到可以安放的地方。所以，企业精神家园理论为中国企业文化建设找到了新的着力点和重要目标。

第六，互联网时代企业文化创新理论。互联网以其开放、共享、便利，彻底改变了企业文化生态。在工业时代，老板拥有最多的信息资源，其管理的权威来自对信息的把控，而现在的员工也可以随时随地获取信息。过去的企业文化就是一个企业的文化，现在通过互联网可以即时交流，瞬间沟通世界。过去，社会交往要见面，有活动，有仪式，现在可以在虚拟世界里进行。互联网飞速发展，让企业的文化积累不断加快，市场变化也不断加快，冲突和融合成为一种常态，对于整合、变革和创新的要求也更加强烈。企业现在迫切需要打破单一的自上而下的企业文化建设架构和路径，建立上下互通、互动文化发展机制；改变企业文化管理单一的“工具属性”，建设体验型文化；在发展企业利益共同体的基础上，建设员工价值共同体；推动管理方式的变革。在传统的金字塔式组织结构和自上而下的集中式管理与生产方式受到巨大挑战的背景下，积极推行扁平化组织结构和柔性生产方式，改变层级结构和部门分割的状况，以便使更多的实体贴近广泛的市场，更加敏捷、灵活地满足市场快速多变和个性化的需求；改变传统的层级管理和制度管理等刚性管理模式，建立起适应知识性职工参与管理、参与创新的柔性管理模式。伴随着互联网对生产流程的颠覆和消费者主体地位的提高，改变关起门来建设企业文化的做法，将传统企业文化建设的物理空间延伸至整个供应链、价值链的各个环节，吸收用户、供应商乃至社会参与企业文化建设，并直接分享企业文化成果。

第七，品牌价值与品牌文化理论。我一再强调文化和品牌的联姻，文化的最高境界是品牌，品牌的最高境界是文化，两者相得益彰。品牌没有文化就长久不了，如果文化没有注入品牌，就会游离于企业真正的经营活动之外。这里有两个方面：一是品牌因文化而增值，所以我提出了中国品牌价值评价模型，尤其是老字号品牌价值评价模型，放大了文化价值的作用；二是文化因品牌而有生命，所以我提出了品牌文化主张。从一定意义上讲，品牌文化就是企业文化。关于品牌文化，我提出品牌文化要坚持民族性，即品牌市场无国界，但品牌文化有国籍，著名品牌都是爱国的。我还提出了品牌文化的人本性、竞争性与审美性问题以及品牌核心价值的塑造等问题。这些为品牌文化的创新研究奠定了认识基础。

第八，企业跨文化管理问题。这是经济全球化资本流动背景下产生的一个新课题。资本的全球流动不可避免地会带来企业文化的国际化流动。但是资本可以通过汇率很简单地转换，文化交流就没有那么容易了。不同国家、不同文化背景的人在一起工作，合作办企业，自然会出现诸如核心价值差异与冲突、企业目标、组织规范与制度文化、行为习惯、品牌形象等一系列差异与冲突问题。要解决这些问题，要么同化，要么嫁接，要么维持，但最终都会走向创新。而随着中国企业响应国家“一带一路”倡议，加快“走出去”步伐，中国企业尤其应该有自己的“文化尺度”，在合作共赢、共同发展、包容尊重、注重环境和社会责任基础上，坚定文化自信，充分发挥中国企业爱国爱企、敬业奉献、艰苦奋斗、勇争一流、严细认真、诚实守信、人和亲和、团体和谐等优秀文化精神，在跨文化管理中不断彰显中国优势。我坚信，中国优秀的企业文化，再加上中医中药、中国节日、中国武术、中国美食、中国书法、中国琴棋书画等特有的中国文化形式，中国企业文化一定可以昂首走向全球！

（本文原载于《企业文化》杂志2018年5月刊。撰稿：刘若凝，林锋）

第三十九章

中国企业家精神的历史传承与创新

——访北京大学经济学院王曙光教授

记者：您好，王教授！提起企业家精神，很多人会想到马克斯·韦伯的《新教伦理与资本主义精神》。韦伯认为，中国儒家伦理无法催生真正的企业家精神。对此您怎么看？

王曙光：韦伯的《新教伦理与资本主义精神》在西方和东方影响都很大，他认为在中国和受儒家文化影响很深的东亚国家，无法产生真正的企业家精神，这被称为“韦伯命题”，其观点被很多人接受。很多学者对此深信不疑。但其实，从“韦伯命题”提出之后，反对的声音也同样有很多。这个命题，我在20多年前读本科的时候曾经研究过，当时我和我的导师陈为民先生还合作写了一本书《儒家伦理与现代企业精神的承接》，对韦伯命题进行了详细的分析，并且以东亚经济的崛起作为有力的例子，通过分析以日本为主的“亚洲四小龙”和改革开放后的中国经济崛起，反驳了“韦伯命题”。最后，我们得出一个结论：东亚的现代化，或者说东亚企业的现代化，并没有受到儒家伦理的制约和束缚——相反，儒家伦理在东亚经济的现代化过程中，起到了很好的催生和助推的作用。这实际上是一个完全的颠覆，宣告了“韦伯命题”的终结。

我认为，企业家精神并不是一个神秘的东西，它只是经济活动过程中的产物，伴随着经济活动而存在。韦伯认为是新教伦理催生了资本主义精神，也就是企业家精神，实际上是资本主义经济本身的崛起和企业家阶层的出现催生了新教伦理，改变了传统的基督教伦理。伦理是经济活动与社会交往的产物，而不是相反。

其实，人类的经济活动一直存在和演变着，企业家精神（广义上的）也早已存在着，而绝不因为有了资本主义之后才一下子蹦出来的。拿中国来说，我们有着自己历史悠久的商业传统，我们的商业精神其实跟现代企业精神是很类似的。我所崇敬的赵靖先生是中国经济思想史领域的开创者之一，他的《中国古代经济思想史讲话》《中国经济思想通史》是研究中国古代经济思想的奠基之作。赵靖先生对于韦伯是持批判态度的，认为韦伯的学说在理论上是“头脚倒置”。韦伯把文化，尤其是宗教，看作经济发展的决定力量，其实，新教中的所谓资本主义精神，恰恰是经济发展的产物。是欧洲的经济发展和经济力量的推动催生了宗教改革，从而产生了包含资本主义精神的新教伦理。而新教伦理反过来又促进、加速了经济发展，是这样的一个关系——韦伯却将其颠倒过来说了。所以说，新教伦理不是空穴来风，它不可能脱离经济的发展和企业的实践而独立存在。同样，中国也有自己的企业家精神，因为中国的商业活动数千年来一直没有中断。中国的儒家伦理道德体系也不是凭空形成的，而是受中国数千年经济和社会发展的影响。反过来，儒家伦理道德也在影响着经济活动和社会发展，二者是相辅相成的。

记者：既然中国很早就存在和现代企业精神相类似的商业精神，那么它是什么样子的？又是怎样演变和发展的，可有自己的脉络？

王曙光：我把中国的企业家精神分为四个历史阶段：一是传统的企业家精神，二是近代工业化初期的企业家精神，三是工业化迅猛兴起时期的新中国企业家精神，四是工业化高潮时期的改革开放以来市场经济下的企业家精神。

先说传统企业家精神。这个时间起点是先秦时代，也就是中国的古典主义时代。大概从孔子开始，当时社会上的经济活动比较频繁，伴随着经济繁荣，出现了很多的大商人，也随之出现了大量关于商人精神的讨论。关于商、商人，讨论最多的就是一个人应该如何处理“义”和“利”二者之间关系的问题。实际上就是我们说的“义利之辨”。在中国历史上有三大主题：“义利之辨”“华夷之辨”“君子与小人之辨”，贯穿了中国2000多年的社会发展历史。其中，“义利之辨”是核心，被认为是“儒者第一义”。王夫之更是认为，“义利之辨”是制约“华夷之辨”和“君子小人之辨”的根本，“天下之大防二，而其归一也，一者何也？义利之分也。”我们今天再来看“义利之辨”，会发现在孔子和孟子那里，这是两个完全不同层次的东西。他们二人都强调义利合一，可是又有不同。在孔子的时候，有两种说法，一种叫作以义制利。这是从底线角度讲的，以义来约束人们的本能逐利行为，我认为这可以称为儒家的消极伦理，是一个底线意义上的伦理，每个商业行为和逐利行为都要受到义的制约。第二个层次是儒家的积极伦理，我们可以概括为“义以生利”。只要一个人的经济行为符合义和礼的要求，利就来了。做好事能得到更多利益，这一点和现代企业社会责任理论是完全一致的。作为一个企业家，为什么要强调爱国，要反哺社会，要关注社区利益，促进共同发展，就是因为“义以生利”，利他才能利己。要想最大限度地利己，必须先利他，这就是义和利的更高层面的关系。

后来孟子就不像孔子那么中和，他见梁惠王，说“何必曰利”，不谈利，“有仁义而已矣”。后来一直到了宋代，在南方经济发达的地区，产生了功利主义的儒家，其中有以叶适为代表的永嘉学派、以陈亮为代表的永康学派，都活跃在温州、台州这一带。永嘉学派又被称为功利学派，提倡“经世致用，义利并举”。永康学派的陈亮将道义和功利并列，认为二者不能分开，这都是在肯定人的逐利欲望的正当性。人生来有追逐利益的欲望，无可厚非，但是必须受到义的约束。在当时的士、农、工、商四个社会阶层中，商人处于“四民”之末。应该说，功利主义儒家思潮的兴起，对于商人地位提高和商人逐利精神的肯定，产生了很大影响。而这又和南宋时期开放、蓬勃的经济活动的兴起是分不开的。

其实，早在司马迁那里，就肯定了人们的逐利欲望，提出利是人们的生活要求，追逐物质利益是人们的本性。“天下熙熙皆为利来，天下攘攘皆为利往。”他的《史记·货殖列传》，就是最早为中国商人树碑立传的文字。在肯定人的逐利欲望正当性的基础上，他又提出了“富而好德”，就是我们说的儒商。陶朱公范蠡、孔子的高足子贡都是儒商的杰出代表。知识分子参与商业经营，精英人物参与商业活动，提高了商人的道德操守和社会责任，中国企业家精神的基因从先秦时代就奠定了。

再说第二个历史阶段，就是中国近代工业化初期。当时的中国面临亡国灭种的危机，因此呈现出两个鲜明的特点：一是民族危亡，二是西方对中国的影响。我把这一时期的企业家精神总结为八个字：家国情怀，民族精神。中国传统儒家文化的“修齐治平”，讲的就是家国天下，只不过那是在士大夫层面说的。现在，家和国都要没有了，这句话就跟每一个人息息相关了。当时，民族精神和民族意识空前高涨、觉醒，中华民族如何在世界民族之林自立，成为每个人都在思考的问题。正是这两点，促使中国企业家开始把自己的经营行为和国家命运自觉地、主动地联系在了一起，形成了“家国同构”。这一时期的大企业家如张謇、荣氏兄弟、范旭东、刘鸿生、陈光甫、周作民、卢作孚、穆藕初，还有著名的爱国华侨陈嘉庚、张弼士等，其身上无不呈现出三个共同的特点：一是有担当、有情怀。这些人可不是普通人，都是大知识分子，他们中的大部分人都在国外留过学。例如陈光甫是从宾夕法尼亚大学沃顿商学院毕业的，范旭东是从日本留学回来的，穆藕初是从美国留学回来的。这些人对于西方文化和现代文明都有着深刻的了解。同时，这其中还有张謇这样的晚清状元，中国传统文化可以说已经深入到他们的骨子里。二是强烈的民族意识。这些人可不是单纯做生意，他们办企业都是经过深思熟虑的，有着明确的实业救国、实业兴国的抱负和追求。他们的社会责任意识也是最早自觉觉醒的。在这些人身上，可以说结合了两种截然不同的东西：既有西方现代文明意识，又有中华民族的本土意识；既有开放性，又有传统文化的保守性。在这些人身上，中国儒商文化的一大精神特色表现得淋漓尽致，那就是义利合一。陈光甫开办银行、卢作孚造船，张弼士造葡萄酒，范旭东投身化工业，他们都不是出于个人目的，所追求的也不是个人私利，他们是真正的儒商。三是在这个中国社会从传统向近代、现代过渡的阶段，这些人身上既有独立的企业家精神，又摆脱不了跟官府密切结合的传统官商文化本性——其中一个代表人物就是盛宣怀，一位被誉为“手握十六颗夜明珠”的大企业家。盛宣怀创办了中国近代工业化历史上的无数个第一，但是他的成功主要是善于和政府打交道，利用官府的力量达成目的。他也是冯友兰所说“中国文化2000年解不开的死结”的官商文化代表。

第三个历史阶段，是工业化迅猛推进时期的新中国企业家精神。好多人认为，中国文化产生不了企业家精神，中国没有自己真正意义上的企业家，这个说法有问题，太过绝对化。我们强调，企业家精神并不神秘，它只是一个随着经济活动的繁荣和社会的进步发展而自然涌现出来的产物。其实，中国的近代化虽然开始很早，却并没有完成，一直到中华人民共和国成立，才真正开始了工业化。当时的两大国家任务一是工业化，二是赶超西方，后来被形象地称之为“超英赶美”。在这两大历史任务的指引下，当时的企业呈现出两个鲜明的特点：一是很强的奉献精神，国家至上，国家目标超越企业目标；二是企业与国家同构，自觉将企业的发展和中华民族的伟大复兴挂钩，不分彼此。在解放初期，有一个特殊的公私合营阶段，叫作“一化三改”，“一化”就是逐步实现社会主义工业化，“三改”就是逐步实现对农业、手工业和资本主义工商业的社会主义改造。在这个改造过程中，一批近代有名的企业家纷纷支持国家建设，主动接受改造，放弃私人企业，如荣毅仁先生、同仁堂的乐松生先生，都表现出了极高的觉悟和极大的积极性。也有人会说，他们是被当时的形式所逼迫，是大势所趋。但是，我们应该看到，他们也是经过了反复思考，才做出了最终抉择的。他们这么做，有顺应历史潮流的需要，但更是因为在他们内心里，社会主义的工业化建设以及民族复兴之梦和他们内心的企业家抱负是暗合的。济世安邦，利国利民，何乐而不为？所以说，这既是大势所趋，也是这些企业家的主动选择。在大规模工业化时期，又涌现出了像王进喜这样的人物，我认为他不能被看作一个简单的英雄模范人物，而是一个特殊时代的卓越企业家。王进喜这个人很特别，他的奉献精神和以他为标志的“铁人精神”“大庆精神”代表了那个时期中国特有的企业家精神。我们知道，“大庆精神”最重要的是什么？就是爱国主义，是献身精神。因为当时我们国家的工业基础实在太薄弱了，又没有外援，只能靠自力更生、艰苦奋斗，所以王进喜所代表的企业家精神就更加弥足珍贵。当半个多世纪过去后，我们再回眸历史，再去看这种工业化迅猛推进时代的精神动力，已经很难想象王进喜跳进泥浆池子里，用自己的身体去当搅拌器，可这就是那个年代真实发生过的事情。现在到大庆看看，还有王进喜留下的遗物，还可以看到“铁人精神”所留下的痕迹和影响。可以说，“铁人精神”毫不褪色。

在中华人民共和国成立之后的迅猛推进工业化时期，还有一个特别值得一提的企业文化就是“鞍钢宪法”。这是在中华人民共和国诞生的、特有的企业管理方法，是毛泽东主席亲自命名并做过批示，号召向全国进行推广的。“鞍钢宪法”的基本内容是“两参一改三结合”，即干部参加劳动、工人参加管理；改革不合理的规章制度；工人群众、干部、技术人员三结合。其核心就是“民主管理”，这也是中国共产党的优良作风和成功经验。毛泽东在批示中，将鞍钢的报告总结概括为五个方面的内容，即“坚持政治挂帅，加强党的领导，大搞群众运动，实行两参一改三结合，大搞技术革新和技术革命运动”。“鞍钢宪法”诞生后，不但在中国名噪一时，一些欧美、日本的管理学家也在研究，称之为“后福特主义”“团队合作”“全面质量”“经济民主”。甚至有人认为“丰田生产方式”实际就是工人、技术人员和管理者的“团队合作”，秉承的正是“鞍钢宪法”的核心理念。今天，我们再来看“鞍钢宪法”，仍然有它的积极意义，最重要的一点就是：作为企业领导者的企业家，不再是高高在上，而是和民众打成一片，发挥群众的集体智慧，依靠民众的创新和创造精神，依靠团队和集体力量，形成推动企业向前发展的整体力量。这种团队精神、集体主义精神，对我们今天的国有企业和民营企业来说都非常重要。

第四个阶段，是工业化高潮时期的社会主义市场经济下的企业家精神。20世纪80年代以后，随着改革开放不断深入，企业成了自负盈亏、自主经营的市场主体，现代企业家群体应运而生。这个群体有两个来源：一个是带有集体性质的企业，改制之后成为培育企业家的土壤。例如张瑞敏，海尔当初就是一个集体企业；柳传志，联想也是个科研院所办的集体企业；还有一个来源是乡镇企业，比如鲁冠球，当时的万向就是乡镇企业。这些企业家的出身不同，历史背景千差万别，但是却有一个共同点，那就是都带有现代企业家的精神基因。这一代的企业家处在一个经济转型的大时代，不可避免地带有鲜明的时代特点：一是普遍有着济世情怀。像张瑞敏、柳传志、任正非等人，都不唯利是图，而是继承了原来古典意义上儒家文化“义利合一”的精神。二是普遍顺应时代，具有在转型时代嗅觉灵敏，开拓创新的能力，善于创新，抓住机遇。三是具有国际眼光，他们虽然在家门口艰难起步，但后来都自觉主动地参与了国际竞争。他们和中华人民共和国成立初期的那一代企业家相比，国际格局更为明显，现代企业家意识特别突出，市场意识不断增强，现代契约精神、创新意识、工匠精神、社会责任意识都具备了。这一代的企业家，可以说是真正意义上的现代企业家了。

记者：谈论企业家精神，不能忘记国有企业的企业家精神。国有企业是国民经济的主脉，其在企业家精神方面是否也应该有代表性？

王曙光：是的。就像有人认为中国没有企业家精神一样，也会有人认为，中国的国有企业是没有企业家精神的，这当然是不对的。国有企业在中华人民共和国成立之初，曾经缔造出了代表时代之魂的企业家精神。在改革开放后，国有企业经过改革，一次次焕发出活力，在不同时期都始终承担着中流砥柱的作用。国有企业的企业家精神，也始终没有中断过。

我举一个中央企业企业家的例子，就是宋志平先生，他是中国建材和中国医药两大央企的掌门人，在他的手上，中国建材和中国医药双双进入世界五百强。这两个行业可以说都是我们的传统行业，而且面临如何可持续发展的难题。可是宋志平不但破解了难题，而且走出了转型成功的新路子。他成功的具体原因就不说了，只讲一点，就是他把行业领域内上千家的竞争对手都变成了合作伙伴，这就是典型的中国式思维，是中国儒商文化中最古老的“和为贵”思想的现代化应用。像宋志平这样的中央企业、国有企业企业家还有很多，他们共同的特点，就是自觉地将企业命运和国家命运联系在一起，在中华民族伟大复兴的征途上，主动担当，积极作为，这就是中国特质的企业家精神。

记者：在了解企业家精神发展的几个阶段后，我们对中国企业家精神的发展脉络更加清晰，也更加自信。但与此同时，是否也存在一些问题？

王曙光：中国企业家精神有自己的优势，但我们的企业家也有自己的缺陷。我将这些缺陷归纳了一下，一共分为六大误区：一是缺乏独立的人格，跟政府关系过于密切。官商文化在2000多年中一直存在着，今天叫作政商文化，但还是脱离不了和政府的关系，造成很多企业家对自己的定位不准，不清楚跟政府究竟应该是一种怎样关系。二是很多企业家自私自利。之所以如此，是因为他们误解了西方资本主义精神，他们认为资本主义精神就是利己，利润是资本的唯一追求，做企业只要挣钱就够了，根本没有社会意识。这样的认识可以说相当肤浅、片面。三是投机取巧，不是靠着创新技术去推动社会进步，而是靠着投机取巧去赚钱，通过一些不正当的手段来发财致富，缺乏工匠精神。四是短视和机会主义，缺乏永续经营的思想，没有做百年老店的追求和抱负。五是缺乏契约精神，法律意识淡薄。六是有竞争意识，但没有合作意识。这同样是对资本主义精神的误读。一提到市场经济，想到的就是你死我活的竞争，却不知道资本主义也是讲合作的，而且企业要想真正实现永续经营，长久发展，就必须合作，要有合作精神。

记者：既然我们的企业家精神有自己的传统优势，也有不足，那么面对未来，我们应该如何更好地进行传承，并且在传承的基础上创新呢？

王曙光：我们回眸历史，是为了更好地面对未来。企业家精神是我们珍贵的历史和文化资源，也是我们现代社会稀缺的资源，一定要好好地加以传承，同时在传承的基础上创新。我认为有以下五个方面：一是全社会要给企业家创造提供一个良好的成长环境，要珍惜企业家，认识到企业家精神很宝贵，是不可多得，甚至是可遇而不可求的，要珍惜。二是要用法治塑造好的环境。要给企业家以稳定的预期，用法治的环境和法治的精神来培育企业家和企业家精神。三是保持好政府和企业家的正常关系。作为政府官员，要呵护企业家，和企业家做朋友，而不是像有的地方官员那样杀鸡取卵。要像习近平总书记讲的那样，构建“亲”“清”的新型政商关系，这需要政府官员和企业家一起努力。四是要严格保护企业家的财产安全。在这方面，国家已经出台了法律，给企业家一个稳定、安全的环境，让企业家可以安心地去施展才华抱负。五是在社会意识层面，要给予企业家以正面的认识和肯定的评价。我们过去讲的是商人为富不仁，唯利是图，无商不奸，这都是对商人的偏见。其实商人也好，企业家也好，都是社会劳动者，无工不富，无商不活，士农工商都是给社会做出贡献的劳动者。所以，对于通过自己的辛勤劳动和智慧才华创造财富的企业家，我们不应该仇视，而应该给予尊重。

最后，我想说的是，21世纪的中国企业家必将登上世界舞台的中央。伴随着我们国家提出的“一带一路”倡议，以及参与全球化治理的步伐加快，中国企业大规模地走出去，中国企业家不管是在现实竞争中，还是在精神修炼的更高层面上，都将面临重大的挑战，但更面临不可多得的历史机遇。历经风雨洗礼之后的中国企业家，一定会赢得世界尊重！

（本文原载于《企业文化》杂志2018年6月刊。撰稿：林锋）

第四十章

中国企业文化建设实践的经验与未来趋势

——访北京交通大学经济管理学院企业文化管理研究所所长黎群

记者：您好，黎教授。首先请您结合个人经历，谈一谈企业文化是在什么时代背景下传入中国的？在中国经历了几个阶段的发展，每个阶段有何特点？

黎群：好的。企业文化作为一门新兴的交叉学科，大概是在20世纪80年代，我国处于改革开放初期的时候，从西方传入中国的。最早是美国的一批专家学者提出了企业文化理论，传入中国后，很快得到了中国管理学界的认同和企业界的响应，并掀起了第一次企业文化研究的热潮。

我从很早的时候就对管理感兴趣。我在北方交通大学（2003年更名为北京交通大学）读研究生时，1990年，有一位李培煊教授给我们开了一门“管理心理学”课程，当时讲到了企业文化的内容。我听了之后，就觉得很兴奋，很感兴趣，从此开始了学习和研究企业文化。1991年，我与李培煊教授合作撰写了第一篇企业文化方面的文章：《企业文化和企业文化建设探讨》，发表在1991年第5期的《物资科学管理》上，算是我研究企业文化的正式开端。

毕业之后，我选择了留校。因为自己对企业文化有强烈的兴趣，所以一边教学，一边学习。1996年，北方交通大学成立了经济管理学院。

1998年，我开始在该学院教授“现代管理”课程。伴随着企业文化越来越热，从2002年开始，我从事企业文化实践的机会也多了起来。2002年，我开始做对外培训，2003年开始做一些课题，2004年和中国企业联合会等合作，深入企业调研，总结企业实践经验。2005年，北京交通大学正式成立企业文化管理研究所，我也慢慢地有了一批同事，有了专门从事企业文化研究、教学并承接对外课题研究与交流的队伍。如今一路走来，已经过去了20多年，可以说付出了很多，收获得更多。

纵观我国企业文化建设30多年来的历程，大致可以划分为以下四个发展阶段。一是介绍引入期，即20世纪80年代，当时有没有优良的企业文化被作为国有企业达标升级的条件之一。二是初步探索期，即20世纪90年代，此时我国已逐步告别短缺经济，市场竞争日趋激烈，产品同质化现象十分普遍，企业开始寻求差异化策略。一时间，许多企业纷纷模仿外资企业文化的一些形式，如热衷于喊口号、统一服装、统一标识，大多数企业还聘请广告公司等机构做CI形象设计，并积极导入CIS等。三是蓬勃发展期，即2000—2010年，市场经济的深入发展和经济全球化背景下竞争格局的变化使得加强企业文化建设受到我国越来越多企业的重视，一大批企业开始自觉进行文化建设，纷纷成立企业文化领导机构，并建立了企业文化职能部门，着手构建企业文化体系，全面系统地推进企业文化建设。在此阶段，我国企业文化建设取得了一系列可喜的成绩，主要表现在企业文化建设的广度显著增大、企业文化建设开始由表及里向前推进以及涌现出了一批企业文化示范企业。四是逐步深入期，即2011年以来的阶段，其特征主要表现在：第一，从企业文化体系整体构建深入专项文化建设。如中国航天科工集团公司为建设具有航天特色的企业文化，集团公司紧扣型号科研生产等中心任务实际开展了丰富多彩的专项文化建设。第二，从企业文化的顶层设计深入基层文化建设。如中国中铁股份有限公司大力推进项目文化建设，制定了《项目文化建设指导意见》和《项目文化建设操作手册》，推动项目文化上桥头、进洞口、下工班、到宿舍。第三，从表层活动的氛围营造深入制度载体与机制建设。如中粮集团有限公司在对经理人的管理上提出了“一高一低”的要求。“一高”即高境界，是中粮集团给经理人提出的八点要求；“一低”是经理人廉洁自律十四条，是行为底线。第四，从企业文化体系的规划与实施深入文化管理的评价与提升。近年来一部分企业结合自身特点开展了企业文化建设考核评价体系的研究与应用。

记者：经过改革开放40年的发展，我国的国有企业和民营企业都实现了崛起，应该说企业文化在这个过程中起到了非常重要的作用。您认为我们的企业文化建设实践有哪些经验可以总结？还有哪些不足？

黎群：是的。企业文化不管对于国有企业还是民营企业来说，都是十分重要的。其作用显而易见，可以归结为五个方面：一是用文化凝聚和激励人心。企业文化赋予人们以共同的使命、愿景和目标，使人们心往一处想，劲往一处使，成为具有共识、同感的人群结合体。二是用文化转变观念。全面提升企业竞争力，要求以新的文化思维转变人们的观念。企业通过塑造新文化，树立起新型经营、管理、服务、安全、团队、人才等理念，用这些先进的理念统领各项工作，可有效提高市场应变能力和开拓创新能力。三是用文化提升执行力。企业文化的明确表述使企业的经营管理思想外显化，通过有效的文化宣传和导入，能够很好地在全公司范围起到上下同欲、思想和行为统一，从而起到促进提升执行力的作用。四是用文化规范行为。企业文化的约束功能主要是从价值观念、道德规范上对员工进行软性的约束，它通过将企业共同价值观、道德观向员工个人价值观、道德观的内化，使员工在观念上确立一种内在的自我约束的行为标准。五是用文化塑造形象与品牌。企业文化是企业形象的内在根基，企业形象是企业文化的外在表现。企业文化不仅对本企业产生作用，还会通过企业的对外联系及人员交往等不断地向周围传播和辐射。因此，优秀的企业文化将极大地促进企业良好形象与品牌的塑造，例如中粮、联想、海尔、华为等。

关于中国企业文化建设的实践经验，我觉得有四个方面：一是政府的积极引导。如前所述，20世纪80年代，有没有优良的企业文化被作为国有企业达标升级的条件之一；2005年3月，国务院国有资产监督管理委员会出台文件《关于加强中央企业企业文化建设的指导意见》。二是行业协会的热情推动。例如中国企业联合会、中国企业文化研究会、中国企业文化促进会等相关协会，通过举办会议、组织培训等方式，有效促进了企业之间的文化建设交流与知识普及。三是媒体的有力传播。我国涌现出一小批企业文化主题的应用期刊，例如《企业文化》《中外企业文化》《企业文明》《当代电力文化》《现代企业文化》等，有力传播了企业文化建设的理论方法、典型案例与实践动态。四是企业的多元探索。2005年，我们成立了北京交通大学经济管理学院企业文化管理研究所；2009年以来我们研究所先后主编了5本《中央企业企业文化建设报告》，每本报告选编4个案例，迄今梳理了20个央企的典型案例；2011年以来我们研究所与中国企业联合会企业文化工作部合作，迄今进行了9家企业文化示范基地（2018年更名为全国企业文化最佳实践企业）的前期案例分析；2015年迄今，我们研究所开发了2个企业文化管理的教学案例，均已入选中国管理案例共享中心（简称CMCC）的案例库。通过以上工作，我们可以感受到，我国已经有一大批国有企业和民营企业在积极进行企业文化实践的探索，形成了许多富有启示的经验，的确值得很好地总结。

例如，中粮集团在2010年形成了第一版中粮经理人领导力模型。中粮经理人领导力模型根植于集团的核心价值观，包括高境界、强合力、重市场三个维度。从全体员工的行为规范角度出发，中粮后续又开发了中粮员工行为模型，该模型的建立根植于中粮核心价值理念。通过领导力模型与员工行为模型的开发与运用，有利于培育基于模型引导的理念文化与行为文化，有效促进了理念外化于行。

再如吉林石化。吉林石化从2010年开始实施基层企业文化建设评价工作，形成了“年初体系评价，年中示范推进，年末评先选优”的企业文化建设推进机制。运用持续改进的PDCA管理闭环，并通过典型引路，全面提升了吉林石化基层文化建设的水平。

还有红宝丽集团，在多年的发展历程中，逐步形成了以“点滴管理、全员管理、长效管理为基础的问题动态管理”为特色的企业管理模式。

关于中国企业文化建设的不足，我认为更准确地来说，是企业文化建设实践的不均衡问题。这个问题还需要我们的企业和文化学者共同努力去解决。

记者：关于新时代中国企业文化发展的未来趋势，您能不能给我们分析一下？有什么样的看法？

黎群：好的。我认为就整体而言，新时代中国企业文化建设未来呈现若干发展趋势。

第一，基于战略转型进一步推进集团文化建设。在新时代，我国企业将转变经济发展方式、调整结构、创新技术作为企业战略转型的着力点，重新审视和调整自身的发展思路与战略，纷纷制定出各自的转型发展战略，以实现企业的转型升级。为支撑企业的战略转型，未来我国企业将基于转型发展战略，深入推进集团文化建设，将集团文化覆盖到全资与控股的成员单位，并影响到参股的子公司。

第二，在集团文化统领下切实推动各层面的亚文化建设。企业在坚持统一性的基础上，要给所属成员单位发挥个性留出空间，积极推进各层面亚文化建设。各下属子公司、分公司将在与集团母公司核心文化一致的基础上构建具有自身特点的子公司、分公司文化体系。

第三，创新文化建设。创新文化贯穿于企业创新活动的始终，是企业创新的根基和创新活动的原动力。创新文化是能够激发和促进组织内创新思想、创新行为和创新活动产生的、能够适应复杂环境变化的组织文化，企业未来将抢抓机遇，积极培育创新文化，大力推进企业体制创新、机制创新、技术创新和管理创新，从而转变发展方式，不断提升自身的核心竞争力。

第四，品牌文化建设。随着市场竞争的日趋成熟，企业间的竞争已从局部的产品竞争、价格竞争、渠道竞争、促销竞争发展到品牌竞争的整体竞争时代。品牌文化是企业构建的被目标用户认可的一系列品牌理念文化、行为文化和物质文化的总和。因而，未来品牌文化的培育对于获得竞争优势显得十分重要。

第五，跨文化管理。我国于2001年加入世界贸易组织（WTO），2013年又提出“一带一路”倡议。伴随着中国与世界各国经济交往的增多，特别是中外跨国公司在地域上的相互交叉与渗透，我国企业在跨文化管理方面面临着许多亟待解决的文化建设新课题。

记者：一转眼，您在企业文化领域也辛勤耕耘了20多个春秋了，相信您在这么多年的企业文化研究与实践过程中，一定有对企业文化有了更深刻的认识和自己独特的见解，能请您介绍一下这方面研究成果吗？

黎群：回顾20多年来在企业文化领域的耕耘，我迄今出版了有关企业文化的著作7部，发表企业文化领域的期刊论文70余篇，期间形成了自己的一些见解与思想观点。

第一是形成了自己对企业文化概念的理解。2004年，我出版了自己的第一本企业文化著作《企业文化建设100问》，其中第一问即回答了“什么是企业文化”的问题。我认为，企业文化是指现阶段企业员工所普遍认同并自觉遵循的一系列理念和行为方式的总和，通常表现为企业的使命、愿景、价值观、行为准则、道德规范和沿袭的传统与习惯等，提出了企业文化的4个重要特性：时段性、共识性、范围性和内在性。后来，在2012年出版的《企业文化》（第2版）教材中，又增加了管理模式的外延。

第二是形成了自己对企业文化管理的理解。目前，企业文化管理并无统一的定义。在2012年出版的《企业文化》（第2版）教材中，我认为，企业文化管理是指通过文化建设，形成一套适应企业发展战略的文化体系，并使广大员工普遍认同进而自觉遵循企业所倡导的文化体系，从而有效发挥文化的导向、激励、凝聚、约束等功能，以最大限度地实现企业多层面自主管理的一种现代管理方式。

第三是提出了企业理念文化体系的分类：核心理念和专项理念。在2008年出版的《企业文化》教材中，我提出了企业理念文化体系的分类，认为企业理念文化体系通常包括核心理念和专项理念，并进一步给出了核心理念和专项理念的定义。

第四是提出了专项文化的概念和专项文化建设的观点。在2010年出版的《中央企业企业文化建设报告（2010）》中，我提出了专项文化的概念和专项文化建设的问题，认为专项文化是指企业在不同的经营管理领域或单个层面问题上所信奉和倡导并用以指导此类经营管理实践的价值理念与行为方式，未来中央企业可以分阶段推进若干重要的专项文化建设活动，如一流环境建设、安全文化建设、质量文化建设、服务文化建设、廉洁文化建设等。专项文化建设的重要观点得到了国务院国资委分管领导的认可，2013年7月10日，国务院国资委黄丹华副主任在中央企业企业文化建设经验交流会上的讲话中专门强调了“要进一步加强专项文化建设”。目前，专项文化建设的观点已得到国内众多企业的认可与运用。

第五是提出了企业文化支撑企业战略管理的观点。2003年9月5日，我在接受《中国企业报》的专题采访时，谈到过战略和文化的关系。我认为企业文化与企业战略是紧密相连的。一方面，可以说很大程度上文化决定战略；另一方面，战略形成后在实施过程中，企业文化也起到十分重要的支撑作用。

第六是提出了企业文化建设的三个主要环节。在《北方交通大学学报》2001年第5期发表的论文《试论企业文化的形成机制与建设》中，我提出了企业文化建设的三个主要环节，即：科学地确定企业文化的内容；宣传倡导，贯彻落实；积极强化，持之以恒。

第七是提出了一主多元等三种集团文化管理的主要模式。2013年，我提出可将集团文化的管理模式划分为以下三种主要类型：第一，无主多元型集团文化管理模式，即集团公司文化尚未形成，集团所属各成员单位的文化呈现多元化的形态。第二,一主统领型集团文化管理模式，即形成统一的集团文化，集团所属各成员单位严格执行，集团公司与所属成员单位的文化高度统一。第三,一主多元型集团文化管理模式，即在坚持建立共同的集团文化，保持内部主体文化一致性的前提下，集团所属各成员单位可以保留独特的理念、习惯和规范，发展自身丰富多彩的亚文化。我认为，企业集团在选择集团文化的管理模式时，一方面要适应企业集团化发展的具体阶段，另一方面还要与企业集团采用的管控模式相匹配。

第八是提出了企业价值观管理的思路与重要途径。2014年，我提出了企业价值观管理的思路，首先是梳理提炼价值观，其次是着力培育价值观。谈到企业价值观管理的重要途径，一是建立与完善相关制度，二是将核心价值观转化为行动目标，三是基于价值观的招聘和选拔，四是基于价值观的培训和开发，五是基于价值观的绩效评价和绩效奖励。

第九是提出了领导者培育企业文化的机制。2015年我基于潍柴动力的案例研究，构建了领导者培育企业文化的机制模型。模型表明，领导者的倡导往往成为企业新文化的发端；企业领导者主导管理团队建设，形成管理团队文化；包括领导者在内的管理团队对新文化进行导入和深植，最终形成员工普遍认同的企业文化。

第十是提出了情感体验是促成文化内化的最有效方式的观点。2016年，我基于黑松林的案例分析，发现其在实践中着力通过运用现场会与因人因事施策的自省法等方式实现员工的情感体验，并促成员工对文化的内化。在此基础上，我提出了情感体验是促成文化内化的最有效方式的观点。我认为，在企业文化的培育过程中，可以运用情绪情感记忆帮助员工获得积极的价值观情绪情感记忆，并使之沉淀下来，形成相对稳定的个性成分，即具有个性意义的积极的价值观情感。这种沉淀式的情绪积累让价值观情感得到质的飞跃，最终形成个体的价值观。

（本文原载于《企业文化》杂志2018年10月刊。撰稿：刘若凝，林锋）

第四十一章

新时代呼唤“企业文化的中国化”

——访著名企业文化专家徐耀强

记者：企业文化于20世纪80年代初传入中国已经将近40年了，您对企业文化在中国的总体发展是怎么看的?

徐耀强：2018年是我国改革开放40周年。1978年12月18日召开的十一届三中全会是中华人民共和国成立以来党的历史上具有深远意义的伟大转折，开启了改革开放和社会主义现代化的伟大征程。在方兴未艾的改革开放大潮中，一种崭新的企业管理理论——企业文化——于20世纪80年代初传入中国后，迅速引起了我国企业界和理论界的广泛重视。历经中国的理论探索和实践创新，企业文化这个“舶来品”如今已经成为中国特色社会主义文化的重要组成部分，呈现出蓬勃的生机和活力，并为中国企业的改革发展和现代化提供了强大精神动力。从某种意义上讲，企业文化的中国化进程有其强大的历史和现实必然性：改革开放既是企业文化中国化的前提条件，同时也是企业文化中国化的必然结果。

记者：企业文化的成长和发展似乎都同世界贸易战有着某种关联。在您看来，世界贸易战对企业文化的发展而言，是不是一种机会?

徐耀强：回顾历史不难发现，企业文化的成长和发展似乎都同世界贸易战有关。世界上大的贸易战有两次，一次是20世纪的美日贸易战，再一次就是正在进行的美中贸易战。两次贸易战的共同原因是经济的腾飞使日中两国先后成为世界第二大经济体，对美国这个世界第一经济大国产生了严重挑战，美国为了保持领导地位而选择遏制日中两国的崛起。背后的逻辑是日中企业管理理论和管理方法的革命带来了企业迅速做大、做优、做强的成果，以致成为美国企业强劲的竞争对手。然而，十分巧合的是，两次世纪贸易战却给企业文化的成长和发展创造了非常难得的“风口”。

我认为，第一个“风口”产生于20世纪的美日贸易战期间，它直接导致了企业文化的诞生。

美日贸易战从20世纪60年代一直打到90年代初。其肇始于60年代，激化于70年代，高潮于80年代，基本上跟日本制造业的重生、崛起、鼎盛三个阶段相契合；结束于90年代中期之后，背景是广场协议的签订导致日本掉入了“失去的20年”的深渊，而美国凭借信息产业的优势再度繁荣。日美贸易战背后的深层原因是1946—1976年的日本经济增长了55倍，快速实现了经济的腾飞。在20世纪80年代初期，日本一度创造了高达10300万亿美元的国内生产总值，占世界GDP总量的8.6%，成为世界经济第二大国，特别是在电子、汽车等领域直逼美国。而且统计表明，1981年，美国对日本的贸易逆差达到历史最高记录的180亿美元，占美国贸易赤字总额的45%。日本咄咄逼人的挑战引起了美国社会的震惊。里根政府商务部长助理克莱德·普雷斯托茨就惊呼：“美国的时代已经结束了，本世纪发生的最大事件是日本以超级大国的姿态出现在世界上。”人们在震惊之余，不免思考：日本经济腾飞的奥秘是什么？

日本企业管理模式在竞争中的成功让20世纪80年代的美国管理学家开始对美日管理模式做比较研究。观察发现，在科技水平、管理方法、组织架构等条件差不多的情况下，日本公司的效率要远远高于同类型的美国公司，原因就在于第二次世界大战之后的日本为了从经济崩溃的危机中恢复过来，开始向美国和西方学习经济管理，但日本企业在吸收西方先进经验的同时非常注重将自身的禅宗思想和传统文化融入企业管理中，创造出了自身独特的管理模式，使日本经济快速崛起。于是，美国的一批管理学者到日本考察之后认为，日本企业成功的根本原因在于其强有力的企业文化。哈佛商学院教授约翰·科特和詹姆斯·赫斯科特在《企业文化——企业生活中的礼仪与仪式》一书中就提出，企业是人构成的，文化对人有着深远的影响，因而文化对企业成功起着重要作用，由此开辟了企业文化研究的全新领域。此后，随着《Z理论——美国企业界如何迎接日本的挑战》《日本的管理艺术》《追求卓越》等一批代表著作出版，由此宣告了企业文化理论的诞生。

我预言，第二个“风口”，产生于本世纪的中美贸易战期间，它必将导致企业文化的中国化转向。

改革开放40多年来，从开启新时期到跨入21世纪，从站上新起点到进入新时代，中国的经济实力和综合国力得到了飞速增长。1978—2017年，我国的国内生产总值由3679亿元增长到82.7万亿元，年均实际增长9.5%，远高于同期世界经济2.9%左右的年均增速；我国国内生产总值占世界GDP的比重由改革开放之初的1.8%上升到15.2%，多年来对世界经济增长贡献率超过30%；我国货物进出口总额从206亿美元增长到超过4万亿美元，累计使用外商直接投资超过2万亿美元，对外投资总额达到1.9万亿美元。同时，我国主要农产品产量跃居世界前列，建立了全世界最完整的现代工业体系，科技创新和重大工程捷报频传。特别是我国经济总量在世界上的位次于2008年超越德国后，又于2010年超越日本，现在是世界第二大经济体、制造业第一大国、货物贸易第一大国、商品消费第二大国、外资流入第二大国，外汇储备连续多年位居世界第一。

显然，中国经济高速、持续增长的逻辑特别值得人们去探索，我想其中有一条可归因为企业文化建设的普及带来了企业管理水平的提升。

如果说“二战”以后日本经济的腾飞激发了美国学者到日本去研究它的企业管理，并发现了日本企业管理中的企业文化，那么中国今天这样的一个经济现象，背后支撑企业管理的文化因素同样值得世人去探讨和总结。从这个意义上讲，今天世界企业文化研究的中心已经由日本转移到了中国。毫不夸张地说，企业文化的中国化已经站在了时代和世界的“风口”。

记者：您说了一个很重要的一个概念，就是企业文化的中国化问题。您认为，改革开放40多年来，企业文化的中国化经历了一个什么样的过程？

徐耀强：众所周知，企业文化是20世纪80年代由西方引入中国的，而且人们最初的动机是为了借用这种理论来加强和改进企业的思想政治工作。于是，人们往往不自觉地把它当作一种纯粹的文化理论来看待，并提出了一个由物质文化、行为文化、制度文化、精神文化构成的结构分析框架。从历史起点和逻辑起点相一致的原则来看，由西方舶来的企业文化的本来面目是管理学发展的第四个阶段，即继科学管理、行为科学管理、管理的丛林阶段之后的一种“注入文化要素”的现代管理理论和管理方法，其在本质上是一种现代企业管理理论和方法。事实上，在西方经典的企业文化著作和教科书上，也找不到企业文化这样的结构分析框架。基于此，在许多专家眼中，企业文化传入中国后可能是被“误读”了近40年。

那么，为什么会发生这种“误读”呢？由于企业文化这种融入文化要素、基于价值观管理的高级形态管理的特殊气质，导致了人们关于企业文化到底是“文化”还是“管理”的属性问题纷争。其实，在我们今天看来，企业文化正如一个硬币的两面，它一面是“文化”，一面是“管理”。事实上，企业文化理论的兴起，可以说是对以理性主义为基石的“科学管理”的一次超越。与泰罗制一脉相承的理性化管理缺乏灵活性，不利于发挥员工的创造性和与企业长期共存的信念，而企业文化的本质在于塑造一种心理契约，使员工将个人价值的发挥、心理因素的整合与企业发展紧密相扣，从而对企业的长期经营业绩起到潜移默化却又至关重要的作用。企业文化管理的核心就是“人本管理”或谓“心本管理”。

现在看来，这种“误读”有如歪打正着，其对于中国企业的价值就像是《射雕英雄传》中的西毒欧阳锋通过逆练九阴真经，最后让自己成为第二次华山论剑中的“天下无敌者”。其实，就是在这种模糊认知的指导下，中国的企业文化研究和建设开始了“摸着石头过河”，先后经历了从“学习引进”“消化吸收”“移植组装”到“自主开发”这四个发展阶段。通过学习吸收西方企业文化理论，同时注意向中国优秀的传统文化以及在中国革命、建设和改革时期形成的革命文化和社会主义先进文化汲取营养，并且积极将其与中国国情、行业和区域特色以及企业个性结合起来，努力创造出了中国特色的企业文化。从本质上来说，企业文化在中国被“误读”的过程，正是企业文化中国化的过程。诚如中国企业文化先行者胡平先生所指出的：“中国企业文化发展最根本的问题，是企业文化的中国化问题。”“西方文明与中国历史发展渊源有着明显不同。我们同西方的政治经济基础等方面都有很大差异，所以在发展企业文化时，就应当把外国企业文化与中国历史传统、政治传统结合起来。要想发展繁荣中国的企业文化，一方面要吸收国内国外企业文化的优秀部分，另一方面要把我们好的传统继承下来，在融合的过程中创新，实现两种文化的对接和超越。”“中国文化要超越世界，要融中西之学，走文化经济一体化之路，要创造有中国特色的企业文化。”

据考证，“企业文化”一词，在中国最早见诸于报刊杂志是在20世纪80年代初，在中国知网可以查阅到的最早的一篇以企业文化为标题的理论文章是广州外语学院陈少平发表在1986年第5期《外国经济与管理》期刊上的《新企业文化的八大原则》。如今，在百度搜索引擎下，有关企业文化的记载超过4000万条，召开的有关企业文化专题的学术报告会、工作座谈会更是目不暇接，发表、翻译和编著的有关企业文化著作、论文有如汗牛充栋。目前，在国家民政部正式注册的国家级企业文化社团组织有4个，地区性企业文化社团组织达到50多个。许多高校开办了企业文化本科、硕士层次的全日制专业，一些高校甚至在企业管理或思想政治教育专业下设置了企业文化博士层次研究方向。可以说，企业文化在中国的普及发展已经呈现出了前所未有的“燎原之势”。

回望历史，企业文化传入我国后，在其中国化的过程中，先后掀起过三次热潮。第一次热潮兴起于1986—1991年，标志性事件是1988年“中国企业文化研究会”的成立和在上海、杭州、北京连续召开的几次规模比较大的企业文化研讨会，拉开了我国企业文化建设和研究的序幕。第二次热潮兴起于2003—2008年，标志性事件是2004年国务院国资委在大庆召开的首次“中央企业企业文化建设研讨交流会”和2005年国务院国资委62号文《关于加强中央企业文化建设的指导意见》的下发，由此把中国企业文化研究和建设推向了一个新高度。第三次热潮兴起于2011年至今，标志性事件是2011年12月中宣部和国务院国资委在沈阳联合召开的国有企业推进社会主义核心价值体系建设座谈会，以及2012年11月党的十八大提出的培育和践行社会主义核心价值观，进一步明确了国有企业在推动社会主义文化大发展大繁荣的任务和责任，强调发挥社会主义核心价值体系和社会主义核心价值观对于企业文化建设的引领作用。

需要指出的是，改革开放以来，特别是我国加入世界贸易组织后，面对激烈的市场竞争和国际竞争，中国企业与企业家的文化自觉不断唤醒，由此大力开展企业文化建设，从而推动企业不断做强做优做大。数据表明，2018年进入《财富》世界五百强的中国企业达到120家，已经非常接近美国的126家，远超第三位日本的52家。毫不夸张地说，从早先的海尔、联想、华为、同仁堂，到当前的电力、石油等行业的中央企业，在企业文化上有着非常深入的探索实践，为企业文化的中国化提供了可靠的现实依据。与此同时，通过企业文化学者的研究探索，初步形成了较为完整的学科体系，形成了一批有分量的理论成果，涌现出了一批有影响的学术带头人，也为企业文化的中国化提供了必要的理论准备。

记者：企业文化在中国发展到今天，取得的成绩是不言自明的。问题是，现在大家普遍有了一种困惑，也就是企业文化未来的出路在哪儿？

徐耀强：当前，企业文化理论界和实践者们普遍反映，他们有一个重大困惑是：随着时间的推移，在企业文化引入中国初期，大家形成的一种关于企业文化概念、范畴、做法的"默契"被逐渐打破了，以致越来越无所适从了。特别是在实践上，人们过去的做法往往是以企业形象战略（CIS）的实施为依据和路径的，而当企业完成了形象识别、理念识别和行为识别的建设之后，大家突然一下子发现，不知道在企业文化上还能做什么了。其实，由这个现象就引出了一个非常深刻的话题，也就是在未来如何重构企业文化新"范式"的问题。

毫无疑问，企业文化的中国化过程，必然是一个"范式"重构的过程。所谓"范式"，用美国科学哲学家托马斯·库恩（Thomas S.Kuhn）的话来讲，是指"特定的科学共同体从事某一类科学活动所必须遵循的公认的模式，包括共有的世界观、基本理论、范例、方法、手段、标准等与之有关的所有东西"。而且一个稳定的范式如果不能提供解决问题的适当方式，它就会变弱，从而出现"范式转移"。显然，当下中国的企业文化研究和实践正处在这个"范式转换"的关节点上，而迫切需要建构一种"科学共同体的新范式"。

在我看来，企业文化作为一门现代交叉学科，建构其新范式必然要求有多元视角，可从以下十个方面来研究和探索：一是管理学的视角，从这个视角来看，企业文化的范畴可以包括企业品牌、知识管理、集团管控、企业领导力和执行力等问题。二是文化学的视角，由此出发，服务文化、质量文化、安全文化、廉洁文化、生态文化，包括企业的跨文化交流与管理等可归入企业文化范畴。三是哲学的视角，从哲学的视角来看，企业文化就是一个企业的经营思想和经营之道，这里面包括企业哲学、技术哲学、管理哲学、经营哲学等问题。四是社会学的视角，由此涉及企业传统、企业礼仪、企业习俗、企业英雄、企业图腾、学习型组织等问题。五是传播学的视角，如企业文化传播，企业文化的冲突与整合，包括企业文化认同、企业舆情监测与引导、企业形象建构等问题。六是政治学的视角，涉及公司政治、企业核心价值体系建设、企业价值观管理，包括思想政治工作的文化实现形式等问题。七是伦理学的视角，涉及企业道德、职业道德，包括企业社会责任这些热点问题。八是心理学的视角，主要包括企业人格、企业心理、企业智慧、企业人文关怀、员工心理帮助等问题。九是美学的视角，企业美学、工业美学、企业音乐等也应是企业文化的研究对象。十是统计学的视角，企业文化的测评、评估和诊断、企业文化绩效考核、企业文化力测评等都可有统计学的应用。

实践发展永无止境，理论创新永无止境。显然，企业文化的中国化不可能一蹴而就，而必须坚定理论自信，充分发挥企业界和理论界各方积极性，形成整体合力，不断推进企业文化“范式”创新。尤其需要我们的学者坐得住“冷板凳”，具有甘于寂寞、潜心治学、勇于探索的精神。在这方面，我们应该向《追求卓越：美国优秀企业的管理圣经》一书的两位美国作者托马斯·彼得斯和罗伯特·沃特曼学习。两人曾花费数年时间辗转美国各地，深入企业调查研究，取得了数百个大小公司的第一手材料，然后把样本选了又选，筛了又筛，最后确定选取43家企业（如IBM、通用电器、波音等世界五百强企业）作为分析样本来深入研究，由此才成就了企业文化经典。

（本文原载于《企业文化》杂志2019年1月刊。撰稿：刘若凝，林锋）

后记

本书写作的缘起，始于2018年美国对中国发动的贸易战。

贸易战的烽火硝烟初起，很多有识之士就已经指出：这将是一场持久战！

而对于这样一场持久战，我们必须做好全方位的准备。其中经济、科技、金融甚至军事等，都被大家提到了，拿来反复和美国对比，但是，关于文化，谈论得却不多。似乎在很多人眼中，文化并不在这场与美国旷日持久的较量里占据多么重要的地位。但我坚持认为，如果说真的有决定这场世纪较量最后胜负的一个变量，那就应该是文化。

从那时候起，我就在思考关于“文化”的问题，而且我还有一个比较个人化的看法：中国企业应该是传承或者创造创新“文化”的重要力量！

在收获这一思想之前，几年来，因为工作关系，我行走在各大中央企业、国有企业和民营企业中，从普通的新闻宣传到深入为企业提供文化建设咨询服务。在这个过程中，我始终执着地关注一个问题：中国企业是否在文化建设中，有着自己的民族精神？是否有自己的文化品格？

有的企业在这方面表现得很是突出，例如航天科技的“航天三大精神”已经从企业精神上升为国家精神、民族精神；中国核工业的“两弹一星”精神、中国石油的“大庆精神”“铁人精神”以及中国中车的“中国高铁工人精神”等，都是如此。再比如，民营企业中的“华为精神”，也已经从一个企业的精神财富变成全体国人的精神财富。其他企业，如阿里巴巴、联想、海尔、腾讯、百度等，也都从制造产品到创新文化，不约而同地成了中国故事和中国文化的最佳讲述者和传播者，赢得了国人和全世界的尊重。

但毋庸讳言，有的企业在文化和精神方面仍是“缺钙的”，眼中只有经济利润这一个指标，甚至连企业基本的社会责任都不想承担。这样的企业在顺风顺水的时候得意忘形，一旦遇到艰难险阻甚至灭顶之灾又往往哭天喊地，暴露出真实的“巨婴”面目，让人又怜又恨。

不论怎样，中国和美国的竞争大幕已经拉开。这是两个国家之间的较量，也是两个国家的企业之间的较量，而且企业的较量首当其冲，也更加残酷。一个企业的衰退甚至倒下，往往会带来多米诺骨牌效应，可能让整个行业面临地震海啸一般的强烈冲击，甚至会出现被迫重新洗牌的惨烈局面。谁都不知道，压倒骆驼的最后一根稻草什么时候出现，“黑天鹅”会在一个什么样的瞬间以多么令人瞠目结舌的姿态冲天而起！

当然，对于中国企业，对于我们的“文化”，我是有着三个方面的充分自信的。

第一是我们的韧性。我们也许会在暂时的较量中处于下风，但从长久来看，我们一定会取得胜利。我们的文化传承几千年而不绝，有着足够的韧性。相信美国特朗普政府在对华为的全球打压中，已经感受到这一点。

第二是我们的诗意。中国文化是一个弥漫着诗意的文化，是不以向外扩张为目的的。我们专注于探索自己的内心，专注于人与人、人与自然的关系，而且对这种关系寄予了最大肯定，为其赋予了温情与美好！

第三是我们的长期追求。我们从来不会被眼前的短期利益所迷惑，而始终坚持追求长期价值的实现。我们放眼的是义利合一、天下共利，是构建人类命运共同体，天下大同，四海一家，为人类更加美好的明天而奋斗！

正是基于以上认识，带着充分的自信和对未来的美好期许，我写下了本书中的文字。

还有一件事情值得一提：就在本书完成之时，赶上了2020年新型冠状病毒肺炎的暴发和肆虐。对于经历过2003年“非典”疫情的中国人来说，这一次的新型冠状病毒肺炎尽管来势汹汹，但我们还是能够沉着冷静，坚强面对。以习近平同志为核心的党中央亲自部署、多次动员，全国人民上下一心，众志成城，抗击疫情。天灾无情人有情，世界各国也纷纷伸出援手，有的向中国派出专家，有的为中国提供急需的医疗物资。而在这样一个关键时刻，令人匪夷所思的是，美国商务部长竟然声称疫情有助于部分就业岗位流回美国。2月1日，美国国务院更是发布公告，将对中国的旅行警告提高至同伊拉克、阿富汗一样的最高级别。这种公然与世界卫生组织呼吁各国避免采取旅行限制措施背道而驰的做法，被中国外交部新闻发言人华春莹怒批为“带了一个很不好的头，实在太不厚道”！当然，“厚道”只是我们的一个文化衡量标准，也是我们引以为自豪的一个文化传统。而美国从来就不是一个“厚道”的国家，特朗普政府的眼中就只有“利益”。“美国优先”、美国利益至上，他们所坚持的只有这一个标准，也从来就没有对其自私自利的嘴脸遮掩过！

丢掉幻想，投入战斗！这是我们对待新型冠状病毒肺炎的坚决态度。“艰难困苦，玉汝于成”，中华民族自强不息的民族精神也在这次战“疫”中再次成为最可依靠的力量，成为我们战胜疫情的信心来源！

2020年4月，湖北乃至中国的疫情已然得到控制，但包括美国在内，全球的疫情局势突然失控。截至2020年9月25日，全球累计确诊病例已超过3240万人，其中美国一地就累计确诊719万人。这个“全球第一”拿得着实让人惊讶，而特朗普政府至今还未实行严格的口罩佩带政策，其抗疫成果已然成了笑话。

疫情最终是会过去的，而在经历了一次又一次的风雨洗礼、苦难磨砺之后，再一次战胜前进道路上的艰难险阻之后，我们终将迎来中华民族的伟大复兴，这是14亿中华儿女的誓言，也是谁也无法阻挡和改变不了的历史进程！21世纪的百年，必将见证这一进程的完成！

疫情是苦难，但苦难过后总会孕育出希望。同样，在和美国进行的这场百年变局的文化较量中，我们也许会经历短暂的阵痛，有的人会经历精神上的迷茫，但一切总会过去，我们终将回到自己的轨道上来，回到中华民族自己的文化传统上来，回到我们文化自身发展的正确轨迹上来。“从来就没有什么救世主”，一切只能靠自己，我们所能做的，就是传承我们的民族精神，发扬我们的文化品格，专心致志做好自己的事情，集合14亿中华儿女的磅礴力量，实现中华民族伟大复兴的雄伟蓝图！“穷则独善其身，达则兼济天下”，中国圆梦了，美好了，自然不会吝于和世界分享发展成果，会主动承担起应该承担的责任！

需要说明的是，本书中很多观点，都不是我所独辟，而是我在和专家学者交流的时候、在企业走访调查的时候的所见所闻、所思所悟。恰如牛顿所说的那样：“我不过就像是一个在海滨玩耍的小孩，为不时发现比寻常更为光滑的一块卵石或比寻常更为美丽的一片贝壳而沾沾自喜，而对于展现在我面前的浩瀚的真理的海洋，我却全然没有发现。”本书的写作过程就是一个不断探索发现未知的过程，让我更看到自己的不足。

最后，我要带着最大的诚意，向所有为本书提供帮助的人们表示感谢！当然，本书也必然存在着各种的不足，恳请广大读者批评指正！

林　锋

2020年9月于北京